Traducciones
Junguianas

Psicoterapia junguiana y posjunguiana.
Perspectivas de la psicoterapia dialógica.

Psicoterapia junguiana y posjunguiana

Perspectivas de la psicoterapia dialógica

Ricardo Carretero Gramage

Traducciones
Junguianas

Psicoterapia junguiana y posjunguiana. Perspectivas de la psicoterapia dialógica.
Primera edición: julio 2017
© Ricardo Carretero Gramage
© Editorial Traducciones Junguianas
Av. El Sol Oeste 448 - Barranco, Lima - Perú
Email: traduccionesjunguianas@gmail.com

Editor: Juan Brambilla Vega
Diseño de portada y diagramación: Sergio Márquez
Pintura de portada: *Diálogo* (1937)
Artista: Ignacio Gómez Jaramillo (Medellín, Colombia, 1910-1970)

Hecho el Depósito Legal en la Biblioteca Nacional del Perú
N° 2017-06332
ISBN: 978-612-47453-0-0

Impreso en los talleres de Gráfica del Plata SAC.
Jr. Domingo Martínez Luján 1067 (antes Jr. San Felipe) - Surquillo, Lima - Perú
Julio 2017

A Marcel y a Carlota, por un diálogo sin fin…

INTRODUCCIÓN

*P*sicoterapia junguiana y posjunguiana. Perspectivas de la psicoterapia dialógica, es un libro de vasta amplitud, que además de abarcar el plano histórico y contemporáneo describe los distintos modos y acercamientos relativos a los temas que fundan la psicoterapia y a la expresión de las funciones de la vida intrapsíquica. En particular, el libro profundiza de forma articulada en el área de la psicología analítica junguiana y posjunguiana, y a la vez que delimita sus confines las pone constantemente en diálogo con otros campos del saber psicológico.

Un texto que, pese a la complejidad de sus temáticas, aparece sin embargo pragmático en su sistematicidad, por lo que resulta de indudable utilidad para quien quisiera profundizar en los ámbitos de la psicoterapia dialógica –es preciso aquí considerar la experiencia de treinta años del autor en la enseñanza a alumnos en formación, tanto en Roma como en los cursos del máster en Psicología y Psicoterapia Junguiana impartido por el *Institut Carl Gustav Jung de Barcelona*.

El manuscrito, construido con sabia mano artesana, brilla por la claridad con la que afronta el despliegue del discurso y de los argumentos, a los que organiza en un devenir progresivo hasta conformar para el lector un *crescendo* de conocimientos, desde la genealogía de una praxis hasta sus aplicaciones y desarrollos en las fases de la relación terapéutica que tiene como meta el proceso de individuación.

Entre los objetivos de este proyecto editorial se cultiva también la atractiva intención de ofrecer un panorama de referencia teórica, un paradigma junguiano, que tiene orígenes y raíces en Europa pero que puede ser divulgado y promovido en los países de habla hispana de América del Sur y Centroamérica.

Las reflexiones del autor acerca de los fenómenos psíquicos, del método sintético-hermenéutico y de los respectivos procesos de asimilación e integración, son analizados y conducidos hasta sus últimas consecuencias, y se convierten -precisamente a la luz del proyecto de difusión en Latinoamérica-, idealmente, en mi opinión, en una especie de *puente entre culturas*, al exportar a universos antropológicos y geográficos extraeuropeos aquella que entre todas las psicologías ha sido la más sensible al diálogo intercultural, habida cuenta del valor que le confiere a las imágenes universales arquetípicas, a los mitos, a las leyendas, a las tradiciones y a los ritos.

El análisis de la aplicación del método sintético-hermenéutico que se lleva a cabo en el libro, indaga en sus matices y distintos pasajes cómo el diálogo terapéutico transforma en comprensión profunda los contenidos que emergen durante la relación paciente-analista. Un dispositivo de escucha que confiere a esos contenidos una visibilidad, una realidad psíquica concreta y tangible. A través de la mirada del autor, el libro pone en evidencia en sentido metodológico cómo se realizan esas funciones, de qué manera toman forma. Desde el fondo de la posición del analista, emerge y se trasluce siempre la importancia que Ricardo Carretero atribuye a la mezcla fecunda entre símbolo, creatividad y metáfora en el discurso de la psicología analítica.

Los aspectos más importantes que parecen inspirar la investigación llevada a cabo por Jung, pueden situarse en el *quid específico* de toda psicoterapia: en la personalidad del analista, en su ecuación personal, en la unicidad de cada encuentro concreto, en las historias de vida y en las historias analíticas, en las narraciones que curan.

Para que esto sea posible es necesario que el analista mire siempre hacia su interior, no importa que esté *herido*…, y que pueda en toda ocasión dirigir una mirada hacia sí mismo, una mirada autoanalítica que escuche simultáneamente tanto al otro como al propio mundo interno.

La personalidad del analista se erige de forma decidida como custodio del diálogo, y tiene el papel de comprender, en todas sus capas, la interioridad del otro y las funciones psíquicas que se activan en el campo intersubjetivo a través de ese diálogo.

El libro, que no afronta directamente la clínica, salvo en el apartado de las distintas psicopatologías de los complejos, privilegia la vertiente metapsicológica y las reflexiones filosóficas sobre el cariz de la mirada terapéutica. Por tales motivos el autor ofrece una reflexión crítica y cuidada, que subraya la importancia en campo junguiano del significado contemporáneo de tal orientación teórica y de su marco teórico.

¿Qué expectativas nos aguardan, en tanto que junguianos, en un mundo repleto de inquietudes planetarias, cada vez más globalizado y con el riesgo de perder el valor de la interioridad y del *anima mundi*? Como expertos en Ciencias Humanas, somos testigos de la pérdida de modelos identitarios de referencia que sean profundamente éticos, de perspectivas metasociales y metapsíquicas de confianza.

En cuanto psicólogos analistas, ¿tenemos la responsabilidad en este mundo actual, precisamente a la luz de la subjetividad del analista y de la conciencia de su tipología y ecuación personal enfatizadas por Jung, de analizar nuestra mirada, de comprender hasta el fondo cómo custodiamos las cosas, qué tipo de relación y diálogo instauramos mediante los distintos lenguajes de los pacientes, cómo llegamos a alcanzar ese intercambio profundo a través del *vis-à-vis*, cuáles ventanas abrimos hacia la comprensión de la sociedad, de la realidad de hoy? Pienso que tenemos la tarea de describir, analizar y acoger también nuevas formas de dolor del ánima…

La investigación de Carretero se nutre en su base no solo de su consolidada experiencia clínica, sino también, quisiera añadir, de su ser un *apátrida cultural* respecto a los lugares de la psicología analítica y la psiquiatría. En efecto, gran parte de su formación psiquiátrica y psicoanalítica ha sido desarrollada en Italia con algunos eminentes analistas fundadores de la *Associazione Italiana di Psicologia Analitica* –la primera sociedad que se coligó con el Instituto Jung de Zúrich– y del *Centro Italiano di Psicologia Analitica*. Se especializó en psiquiatría en la *Università di Roma La Sapienza*, donde tuvo intensos intercambios en el campo de la fenomenología y un gran interés por los desarrollos históricos de la psiquiatría. Desde hace muchos años forma parte del comité científico internacional de la histórica revista de psicología analítica italiana, fundada en 1970, para la que ha escrito diversos artículos. Y, sobre todo, su encuentro con Mario Trevi, eminente psicólogo analista italiano, ha marcado su vida profesional respecto al estudio de la hermenéutica. De Trevi ha traducido al castellano el hermoso libro *Metáforas del Símbolo*.

Experiencias multíplices del autor que han inspirado su interés por todas las formas de interpretación que se dirigen hacia lo nuevo, hacia la memoria, hacia el proyecto, y que se entrelazan en una continua tensión prospectiva sin fin. En ese fértil terreno anidan los símbolos, las metáforas, la creatividad, en una conciencia abierta del analista que facilita el despliegue de nuevos horizontes de sentido y de deseo para ambos protagonistas de la experiencia analítica, para ambos "compañeros de análisis".

De la lectura del libro se deduce cómo en diversas partes de este, me refiero en particular a los capítulos sobre la Relación, sobre la Sombra, sobre la Muerte, la máxima atención está dirigida al comportamiento específico de la conciencia, a su orientación hacia lo inconsciente y la interioridad. Una polarización precisa del autor hacia esa fértil oscilación que se concretiza en una modalidad fecunda del *hacer alma*, hacia la significación de la *actitud hermenéutica* del sujeto cuando se dirige a los contenidos más misteriosos e inaprensibles de sí mismo, donde lo interior se enhebra de modo interminable con lo exterior, al tomar contacto con el mundo y con el otro.

También se deduce que, en el fondo, el *hacer alma* remite en gran medida a la *belleza sublime del símbolo*, por el que Ricardo se ha sentido siempre fascinado, no solo en cuanto expresa como fuente el valor que Jung atribuye a la imagen y a la expresión de la creatividad cuales soportes constitutivos del ser, sino además en cuanto expresa también el momento en que se añaden de modo natural a esos territorios de la psique introspectiva los lugares amados del ánima inspirados en la poesía y la literatura. Desde Zambrano a Goethe, Valéry, Eliot, Shakespeare, y aún otros, la palabra poética asoma en todo el libro, y nuestro autor, entre las líneas tomadas de su obra, tan cohesionada y profunda, hace de tal palabra poética un verdadero instrumento de escucha y comprensión que ilumina su viaje por los lenguajes de la Psicoterapia Junguiana y Posjunguiana.

Barbara Massimilla
Médico psiquiatra, analista junguiana (IAAP).
Miembro didacta de la *Associazione Italiana di Psicologia Analitica* (AIPA).
Editora de la *Rivista di Psicologia Analitica*.
Fundadora y editora de la revista *Eidos-Cinema psyche e arti visive*.

Roma, junio 2017.

PREMISA

Quisiera que la obra que aquí le presento al lector, fuera concebida como la suma de interrogantes y correspondientes intentos de respuesta que sobre la psicoterapia, sobre su génesis y expectativas, sobre su procedimiento y resultados, he venido formulándome a lo largo de treinta años de ejercicio de esta fascinante aunque siempre sorprendente labor.

Esta permanente y, considero, indispensable reflexión ha sido llevada a cabo, en especial, desde la vertiente de la Psicología Analítica, pero no solamente desde ella. Porque, en mi caso, qué es la psicoterapia, cuáles sus fundamentos y cuáles sus límites, representan preguntas que exceden un modelo en particular; toda vez que la psicoterapia, en virtud de la condición irrepetible y única del paciente, inexorablemente aportará novedades con posterioridad a la conformación de cualquier modelo.

Habida cuenta de la íntima relación entre psicoterapia y modelo psicológico, es que el presente libro trata de abarcar dos grandes vertientes de la psicología profunda: la vertiente junguiana y posjunguiana, representada por Carl Gustav Jung y sus seguidores, con especial hincapié en los estudios de psicoterapia del primero; y la vertiente que reúne otras psicologías dinámicas, necesitadas igualmente de un aparato de reflexión dialógico capaz de elaborar los requisitos, logros y consecuencias de la psicoterapia en la psique de cada paciente.

La dimensión hermenéutica de cada psicoterapeuta, su desarrollo humano y también la mayor o menor humildad de cada cual a la hora de defender sus propios principios, son factores poco estudiados a lo largo de la historia reciente; como si el resultado práctico de cada psicoterapia dependiera más de la situación y de la disposición de la psique de cada paciente, que de la fenomenología, hermenéutica y disposición de la psique del terapeuta.

Esta obra, pues, trata de surcar, aun en medida limitada, algunas líneas de ese mar desconocido. Trata de apuntalar, desde múltiples ángulos, el papel crucial de la comprensión y acción del terapeuta en el espacio de cura.

Y en ese sentido hay que reconocer que fue Carl Gustav Jung, en los albores de la psicología profunda moderna, el principal valedor del procedimiento dialógico; postura evidenciable a lo largo de al menos una treintena de artículos dedicados en exclusiva a la psicoterapia, concretamente al método sintético-hermenéutico, en los que presta particular atención a la disposición del terapeuta. Por ello es Jung el principal referente de todo el libro, y el astro que brilla en todo momento sobre el firmamento que trata de escrutar el presente trabajo.

En cuanto a su desarrollo, el libro es también deudor de Jung en los capítulos dedicados al estudio del procedimiento psicoterapéutico, entendido este como un proceso evolutivo compuesto por fases y evaluable en sus efectos sobre las funciones psíquicas de ambas psiques (paciente y terapeuta), cuestión abordada en los procesos de asimilación e integración. Igualmente lo es en los capítulos dedicados a las temáticas de la individuación y del sí mismo; y también en aquellos que se ocupan del afianzamiento de las cadenas sugestivas favorecedoras de la relación psicoterapéutica, respecto de lo cual el aparato junguiano puede situarse en la gran tradición de psicoterapias por lo menos desde las aportaciones de Janet y de Bernheim. Por otro lado, este libro es asimismo deudor, y en no poca medida, de un conjunto de autores posjunguianos, tanto los de la escuela llamada arquetipal (James Hillman y otros) como los de la vertiente "crítica" (capitaneada, sobre todo, por Mario Trevi).

Es de destacar, adicionalmente, que la capacidad dinámica del procedimiento dialógico, instaurado en las psicoterapias profundas, afecta también a otras áreas del saber y no solo a las psiques de paciente y terapeuta. Ya se trate de la propulsión cognoscitiva, de la dimensión creativa, de la dinamización de la función simbólica, o de cualesquiera otras propuestas de la psicoterapia, todas susceptibles en mayor o menor grado de síntesis a través del despliegue dialógico, lo cierto es que resultan de potencial interés para otros campos del saber, como la filosofía, la antropología y demás áreas de conocimiento humanístico y de ciencias de la salud, que eventualmente pueden verse enriquecidas de una u otra forma por el estudio del procedimiento dialógico.

Deseo, pues, que este libro pueda aportar claridad y espíritu crítico a las cuestiones planteadas, y también que sirva para acompañar a más de uno durante las complejas tareas de la participación (en cuanto paciente o en cuanto terapeuta) en la gran aventura humana que es la psicoterapia.

RCG.
Palma de Mallorca, junio 2017.

CONTENIDO

CAPÍTULO I

PERSPECTIVAS DE LA PSICOLOGÍA JUNGUIANA[1]

1. Contexto histórico-filosófico de la aparición de la psicoterapia. Una genealogía cultural.

1.1 La Ilustración. El método analítico.

Con el ocaso del Barroco, el contexto cultural e histórico en torno a las enfermedades de la psique cambia profundamente. De las ideas de autogeneración del sufrimiento psíquico se pasa a la posibilidad de una comprensión terapéutica del mismo. En 1775, por ejemplo, las dos maneras de entender el sufrimiento psíquico pueden ser encarnadas por las figuras de Gassner y Mesmer. Gassner, sacerdote y exorcista, se contrapone a Mesmer, laico ilustrado con pretensiones científicas. Gassner, ejemplo de la figura del Barroco, concibe el sufrimiento psíquico como expresión interiorizada del Mal. Este concepto del Mal no puede ser aceptado por Mesmer, quien, por el contrario, concibe el sufrimiento psíquico como un desorden del sujeto, el cual no es capaz por sí solo de comprender la naturaleza a la que pertenece y a la que debe ser devuelto. La Ilustración, en general, defiende la idea según la cual no existen naturalezas humanas incapacitadas *a priori* de usar la razón; aserción, en cambio, en boga en el mundo barroco, y que implicaba la condición de culpa por la propia inferioridad y la necesidad de acogerse a la ayuda de un representante religioso. Para la Ilustración, no es la pertenencia a una naturaleza inferior lo que determina la aflicción del sujeto, sino la falta de decisión respecto al uso personal de la facultad de razón.

Mesmer, entonces, es el primer representante de una práctica psicoterapéutica. Abandonada la idea de la autoridad, y gracias a la consolidación de la clase burguesa en Europa, empieza con la Ilustración del Siglo XVIII la aplicación del método analítico.

La Ilustración, aparte de concebir el método analítico y de proclamar los principios de libertad religiosa y de tolerancia recíproca entre las diferentes religiones (véase la exposición al respecto de Lessing en su famosa obra *Nathan el Sabio*, de 1779), ejerce una directa influencia sobre la medicina en general. Inaugura las disciplinas médicas como la pediatría, la ortopedia, la higiene pública y el inicio de las vacunaciones en masa con la vacuna contra la viruela. Respecto de la psiquiatría, el efecto de la Ilustración empieza precisamente por hacerla laica. Muchos síntomas que habían sido considerados el fruto de la brujería o de una posesión, empezaron a considerarse formas de enfermedad mental. Se empleó para ellas el método científico, al menos en su conceptualización general. Iniciaron las primeras especulaciones racionalistas sobre la enfermedad mental. El empleo de la mecánica –en gran auge-, llevó a que la vida psíquica fuera considerada como perteneciente a la actividad nerviosa. La enfermedad era considerada un problema de la razón. Todas las causas de la enfermedad mental fueron buscadas en una lesión orgánica, sobre todo del cerebro, o por falta de control de las pasiones. Por ello, los representantes de la Ilustración iniciaron la práctica de lo que hoy llamaríamos una "higiene mental", basada en el aprendizaje de la voluntad y en la subordinación de las pasiones a la razón. Kant mismo, en uno de sus libros, escribió un capítulo titulado *La facultad de la mente de controlar los propios sentimientos por medio de la simple decisión*[2].

Otra preocupación de la Ilustración fue la búsqueda del "mundo primitivo". De ahí que la psiquiatría, durante el periodo de las "Luces", se desdoblara en dos intereses primordiales: el método racionalista, científico, empírico, orientado a la búsqueda de una causa orgánica; y la vertiente cognoscitiva, centrada en la comprensión de los sentimientos y de las pasiones, con fuerte influencia antropológica y de retorno al mito. Mesmer fue, ante todo, un representante de la Ilustración, como lo fueron Chiarugi, Tuke, Daquin y Pinel. Y es necesario recordar que si es verdad, por un lado, que durante la Ilustración se erigen los principios de libertad religiosa, de las ideas sociales, de pensamiento y de justicia, es verdad también, por otro lado, que los científicos ilustrados cayeron frecuentemente en una posición que con razón Bachelard llamó "era precientífica". En muchos científicos de la era ilustrada podemos hallar una curiosa mezcla de racionalismo y de especulaciones irracionales, como las que se hicieron en el campo de las ciencias naturales con la obstinada búsqueda de una fuerza universal: electricidad y magnetismo animal.

1.2 El Romanticismo.

El movimiento cultural sucesivo a la Ilustración, originado en Alemania entre 1800 y 1830, y que luego se extiende a Francia e Inglaterra, recoge la idea ilustrada del magnetismo, pero le da una interpretación muy diferente. Fue un vasto movimiento de poetas, filósofos y pintores, con el punto en común de desarrollar una fuerte reacción en contra del excesivo racionalismo de los ilustrados.

El Romanticismo abrió de nuevo las puertas al culto de lo irracional y de lo individual. Reemprendieron entonces las tendencias místicas, y la filosofía de la naturaleza alcanzó el apogeo, al igual que penetró en el "alma" humana. De ahí su interés en todas las manifestaciones del inconsciente: sueños, genialidad, enfermedad mental, parapsicología, poderes ocultos y la psicología, con todas sus manifestaciones en el campo del afecto. De ahí también el interés por el folclore, por la narrativa, por el magnetismo (visto ahora como "el lado oscuro de la naturaleza"), por el estudio sistemático de los símbolos y de los mitos, por las singularidades recogidas de la cultura oriental. Empezó entonces a conceptualizarse la posibilidad y tendencia a la metamorfosis, que significaba una idea mutable del ánima humana, contraria a la idea ineluctable de proceso en que se apoyaba la Ilustración. Empezaron valores tales como la similitud humana más allá de un país o etnia, el valor del individuo como elemento separado de su familia y entorno, el valor del amor y del afecto en la relación entre individuos, en contraste con el "matrimonio entre dos razones" que propugnaba la Ilustración. Así, el Romanticismo dio mayor valor al "sentir" que al "razonar", privilegió la empatía respecto al valor total de la ciencia y de la teoría, o la ironía y la risa respecto a la seriedad o el rigor, o la espontaneidad y el movimiento respecto al sedentarismo y serenidad. En definitiva, los románticos preferían la intuición a la disciplina.

Como bien puede suponerse, este conjunto de valores románticos no lograría formular teorías y sistemas completos en cuanto al sufrimiento psíquico. Por el contrario, lo poetizó, lo narró, lo que dio un enorme impulso a la literatura del Siglo XIX, a la música, al arte. Pero también tuvo gran influjo en la filosofía, en la ciencia y en la medicina. En el ámbito de la filosofía el romanticismo generó, mediante la figura de Schelling, la escuela de pensamiento llamada *Naturphilosophie*, o filosofía de la naturaleza. He aquí algunos de sus principios básicos: la unidad esencial entre el hombre y la naturaleza. *La naturaleza es espíritu visible; el espíritu es na-*

turaleza invisible, en palabras de Schelling, de ahí el interés romántico por la figura de Mesmer y la interpretación de su magnetismo animal. Otro principio es el de las "polaridades", parejas de opuestos o contrarios cuya complementariedad daba lugar al concepto estable de unidad. Otro principio era el de los "fenómenos primordiales y la serie de metamorfosis que de ello derivaba"; idea que en Goethe no significa ni una transformación material visible a través de la simple observación, ni una mera abstracción. Con todo esto, está claro que existía una considerable distancia entre la práctica romántica y el método experimental. Durante el Romanticismo surgieron conceptos de difícil demostración experimental, pero útiles para conceptualizar gran parte de lo que queda más allá de lo observable. El principal de ellos, para nuestros intereses, es el concepto de *inconsciente*. En el razonamiento de un filósofo romántico, la realidad susceptible de ser concebida se ensanchaba enormemente hacia conceptos intangibles y de imposible demostración y observación, pero aceptables desde el punto de vista de la realidad humana o como explicación de sus escondidas pasiones y vivencias. El término *inconsciente*, para los románticos, dejó de significar los recuerdos olvidados de san Agustín o "las percepciones no claras" de Leibniz, para convertirse, por el contrario, en la base auténtica del ser humano. Un ser humano cuyas raíces se escondían en la vida invisible del universo. De ahí que de nuevo se estableciera la conexión entre el hombre y la naturaleza. Relacionado con esta conexión se encontraba, o se trataba de encontrar, el sentido interno o universal de las cosas –el sexto sentido-, gracias al cual cada individuo pudiera conocer la naturaleza real. Aun en estado de imperfección –según los románticos-, este sexto sentido podía dejar caer un cierto conocimiento del universo durante el éxtasis místico, en la inspiración poética y artística, en el sonambulismo magnético, en los sueños…

Para una gran parte de los estudiosos, la filosofía romántica lleva consigo las bases sobre las que se fundarán los grandes edificios de las psicoterapias de nuestro tiempo. Leibbrand afirma, por ejemplo:

Las enseñanzas de Jung en el campo de la psicología no pueden ser comprendidas si no las ponemos en relación con la obra de Schelling[3].

El concepto filosófico romántico *Urphänomen*, no solo reaparece en la obra de Jung con el nombre de arquetipo, sino que también es visible en Freud. En Freud podemos hallar el complejo de Edipo y el complejo del asesinato del padre primordial, y esos conceptos son también *Urphänomen*, es decir, expedientes de la humanidad entera descritos en los individuos a través de sus varias metamorfosis. El concepto de Jung de Ánima y Ánimus es una diversa acepción del *Urphänomen* romántico que se expresaba en el mito del andrógino. Especialmente románticos son los conceptos de inconsciente, sobre todo el junguiano *inconsciente colectivo*, y la particular atención a los sueños y a los símbolos. Es más, a partir de la filosofía de Schelling, pasando por von Schubert, Troxler y C. G. Carus, encontramos la mayor parte de los conceptos de Jung y Freud. Schopenhauer, a pesar de no ser exactamente un romántico, era contemporáneo de ellos y dejó unos cuantos conceptos válidos para la especulación junguiana y freudiana y para la psiquiatría dinámica en general.

Pongamos unos ejemplos: von Schubert (1780-1860), autor de una preciosa visión poética de la naturaleza, dividía al ser humano en tres partes constitutivas (el cuerpo vivo o *Leib*, el ánima y el espíritu); hablaba del hombre como de una "estrella doble", con un segundo centro, su *Selbstbewusstein*, o conciencia de sí, que emergía gradualmente de su ánima durante el curso de la vida; hablaba de dos fuerzas primordiales: el deseo o nostalgia del amor, y el deseo enlazado con el anterior que es el deseo de la muerte, entendido como el impulso a "volver a casa" de la naturaleza y que empuja en la dirección de una vida futura. El mismo autor tiene una obra sobre el simbolismo de los sueños, en la que habla de un lenguaje onírico compuesto por imágenes que son signos universales. Ese lenguaje onírico es una forma superior de álgebra, vale para todos los seres humanos del mundo, sean del pasado contemporáneo, y puede ser descifrado.

Otro filósofo de la naturaleza es Troxler (1780-1866), discípulo de Schelling y amigo de Beethoven, además de médico. Él mencionó cuatro principios en lugar de tres, a diferencia de otros románticos. Cuatro principios compuestos de dos polaridades, soma-ánima y espíritu-cuerpo, tetralogía sostenida por un centro unificador o *Gemüt*, que es, según palabras del mismo Troxler:

La verdadera individualidad del hombre, mediante la cual él es más auténticamente sí mismo, el corazón de su Sí, el centro vivo de su existencia.

Existen claras semejanzas entre la doctrina del desarrollo de la mente humana y el concepto junguiano de individuación, así como también entre el *Gemüt* de Troxler y el *Selbst* (sí-mismo) de Jung[4].

Carl Gustav Carus (1789-1869), médico y pintor, es conocido sobre todo por su obra titulada *Psyche*, de la cual merece recordarse el párrafo inicial:

La clave del conocimiento de la naturaleza de la vida consciente del ánima se halla en el campo del inconsciente. Eso explica la dificultad, o a veces la imposibilidad, de alcanzar una comprensión real del secreto del ánima. Si existiese una imposibilidad absoluta de encontrar el inconsciente en lo consciente, entonces al hombre no le quedaría ninguna esperanza de poder conocer de su ánima, esto es, de conocerse a sí mismo. Pero si esa dificultad es solo aparente, entonces la primera tarea del ciencia del ánima es la de afirmar que el espíritu es capaz de descender hacia aquellas profundidades[5].

El mismo autor ejecuta una serie de distinciones en el inconsciente: el inconsciente general absoluto; y el inconsciente relativo o secundario, que abarca la totalidad de sentimientos, de percepciones y representaciones que existieron un día como formas de la conciencia. Aparte de constatar la falta de libertad con que obra el inconsciente, Carus sintetizó el concepto de "función autónoma", función creativa y compensatoria de la conciencia respecto al inconsciente, que, más tarde, casi medio siglo después, se encontrará entre las armas de Jung.

De Arthur Schopenhauer (1788-1860), baste recordar su obra principal, *El mundo como voluntad y representación*, para constatar el influjo que dicho autor ejerció especialmente sobre la figura de Freud, influencia ya señalada por Cassirer, Scheler y sobre todo por Thomas Mann. En Schopenhauer, la locura se explica con el fenómeno de la represión:

La oposición que ejerce la Voluntad respecto de que el intelecto llegue a saber todo aquello que le repugna, he ahí el punto donde la locura puede penetrar en el espíritu[6].

En el campo de la medicina romántica, por ejemplo en Reil, Heinroth, Ideler y Neumann, encontramos ejemplos de una terapia psíquica en desórdenes mentales, junto a teorías variadas sobre la causa de tales enfermedades.

Dos elementos tardíos de la escuela romántica, Fechner y Bachofen, se ocuparían de llevar a la luz una cantidad aún mayor de conceptos más tarde usados en la psicoterapia. Fechner, físico y literato, al cabo de una enfermedad de tres años de duración en la que una grave depresión se alternó con breves periodos de euforia exaltada, sintetizó el concepto "principio del placer"; después comenzó sus estudios acerca de la filosofía natural y psicología y acabó formulando el "principio de la tendencia a la estabilidad", principio derivado de la teoría darwiniana que forma, junto con la ley psicofísica fundamental y el principio del placer, la base de sus especulaciones. Con estos principios de Fechner tomó inicio lo que vino a llamarse psicología experimental. Su más importante discípulo, Wundt, se encargó de profundizar y perfeccionar el campo de investigación. La importancia de Fechner en la aparición de las grandes psicoterapias de nuestro siglo, está corroborada por las citaciones de Freud, en *La interpretación de los sueños* (1899), en *El movimiento del espíritu y su relación con el inconsciente* (1905), y en *Más allá del principio del placer* (1920). Las influencias sobre Freud pueden comprobarse en el concepto de energía mental, en el principio de placer-disgusto, en el principio de constancias y en el de repetición. Una buena parte del marco teórico del psicoanálisis no habría sido posible sin las especulaciones del hombre que Freud llamaba "el gran Fechner"[7].

Bachofen (1815-1887), llamado el "mitólogo del Romanticismo", abogado e incansable viajero interesado por la arqueología, es conocido por la teoría del matriarcado. Estudió multitud de símbolos en el arte y en la mitología antigua. La influencia de sus estudios y de su método interpretativo puede notarse en casi todas las concepciones evolutivas de Freud, que van desde las etapas de desarrollo hasta la especulación sobre las defensas y la aparición de los síntomas. El concepto de Adler de "búsqueda de poder" se ampara en una compensación de la ancestral dominación que las mujeres ejercían sobre los hombres (teoría del matriarcado) que ya aparecía en Bachofen. Muchos de los conceptos junguianos, como Ánima y Ánimus, como la imagen del "Viejo sabio" o la "Gran Madre", son conceptos desarrollados a partir de los estudios de Bachofen.

Aparte de estas reflexiones sobre las influencias de la Ilustración y del Romanticismo en los conceptos basilares de las escuelas psicoanalíticas, es preciso añadir la contribución de otros personajes históricos no pertenecientes a esas dos escuelas o periodos históricos. Charles Darwin (1809-1882), con su teoría sobre la evolución de las especies, sobre la lucha por la supervivencia –con el privilegio del animal más idóneo y la eliminación de los menos idóneos-, y sobre los mecanismos de adaptación y transformación, tuvo gran influencia sobre casi todos los campos del saber. Su influjo sobre el nacimiento de las escuelas psicoanalíticas es evidente. Freud se inspira en la teoría de los instintos de Darwin para proponer su teoría sobre las pulsiones e instintos de la especie humana. Freud debe a Darwin, además, la perspectiva genética desde la que observar las manifestaciones de la vida, la fuerza motriz de la libido, los mecanismos de regresión y fijación (que en Darwin se llamaban "parada del desarrollo" y "reversión"), y la teoría biológica sobre los orígenes de la sociedad y de la moral humana.

Karl Marx (1818-1883), junto a su amigo Engels, desarrolló un sistema filosófico –el marxismo- que bien pronto se convirtió en una filosofía de la historia, en una teoría económica, en una doctrina política e incluso en una manera de vivir. Al igual que en Darwin, la idea progresiva de la humanidad es central, aunque en Marx ese proceso es ante todo dialéctico y no siempre mecánico y determinado biológicamente, como sí lo era en Darwin. El marxismo pone el acento en la alienación humana, esto es, en el concepto según el cual el hombre está "alienado", alejado de sí mismo, debido a un conjunto de factores sociales que lo determinan. No solo las religiones y filosofías abstractas se convierten en alienantes, sino que también existe una alienación política, una social y una económica. El marxismo postulaba la desaparición de las clases sociales como mecanismo para acabar con la alienación humana. Esos aspectos, si bien no la totalidad de los presupuestos teóricos o políticos, inciden en algunas de las suposiciones de Freud y Adler. En el caso de Adler el nexo es indiscutible, aunque no fuera comunista ni marxista ortodoxo. Adler consideraba las neurosis como la consecuencia de las relaciones sociales interiorizadas, por trazar tan solo un paralelismo. En Freud la relación con el marxismo es más lejana, más cultural. Freud consideraba la religión como una "ilusión" determinada por el autoengaño, tal como puede verse en *El porvenir de una ilusión* (1927), y utilizaba en su psicoterapia el desvelar los conflictos interiores a través de un "análisis" de las normas sociales, aunque privilegiase mucho los aspectos individuales de las premisas analíticas, cuando en Marx estos aspectos siempre fueron sociales. No cabe añadir más al respecto, pues las diferencias entre ambos pensadores son claramente más numerosas que las posibles semejanzas.

2. Contexto médico-psiquiátrico.

2.1 La genealogía de una praxis.

> *El concepto de dolor se asemeja, por ejemplo, al concepto de sensación táctil (por sus conocidas características de localización, de duración, de intensidad y cualidad) y, contemporáneamente, al concepto de los movimientos del ánima, por medio de la expresión (rostro, gestos, sonidos)*[8].
> **Wittgenstein.**

Con esta cita de Wittgenstein se abre el campo de las especulaciones que, sobre el sufrimiento y el dolor de la psique, han venido haciendo las diferentes escuelas de psiquiatría durante la historia. La psiquiatría, cual ciencia que pretende curar el sufrimiento psíquico, ha buscado desde el principio aclarar o especular sobre la naturaleza de la psique. De ahí han surgido los diferentes sistemas organizativos de la psiquiatría. Mente-cuerpo, emoción-impulso nervioso, terapias psíquicas-terapias físicas, órgano-complejidad, determinación-desarrollo, genética-biografía. Esas son algunas de las parejas de contrarios que han dado material a las diferentes especulaciones del campo médico psiquiátrico. Desde ahí se escinden, se complementan, se contraponen, siguiendo un curso histórico solo parcialmente lineal.

Los psiquiatras, antes de la incursión de la figura innovadora de Freud (si bien la discusión ha continuado después de él), se decantaron hacia uno de los lados de la pareja de contrarios. O pusieron el énfasis en la centralidad del órgano, por ejemplo, o lo pusieron en la emoción y el "mal" oscuro del alma. O siguieron la vía experimental de los estudios del sistema nervioso central y del cerebro, o se pusieron a disposición de los redescubrimientos de los mecanismos afectivos, artísticos o simplemente culturales seguidos por la historia de la psique y sus producciones.

La primacía del sistema nervioso como explicación de los trastornos mentales y de la locura, fue una línea sintética y aunadora de todo el saber médico-experimental surgido entre el Barroco y la Ilustración. Llegó un momento, entre el Siglo XVI y el Siglo XVIII, en que todas las enfermedades –fueran o no de carácter mental- acabaron siendo consideradas como enfermedades "nerviosas"[9]. Solo el progreso de la investigación sobre la patología general, la cual encontró mejores explicaciones para las enfermedades somáticas, ocasionó la selección rígida de esa ecuación y acabó limitándola al campo de la psique, hasta dejarla en la microecuación "locura = enfermedad" como residuo de la antigua afirmación del seiscientos.

De los dos grandes árboles anatómicos de la investigación médica –el árbol de los vasos sanguíneos y el árbol de los nervios-, el segundo resultará ganador de la controversia sobre la naturaleza de la causa del sufrimiento psíquico, quizá por la afinidad, al menos en línea teórica, entre sus connotaciones y las características de la frialdad y sequedad de los síntomas de la enfermedad mental. Con la figura de Willis, con sus *spiriti animali*, seguido por el otro gran experto en anatomía que fue Sydenham, y con la contribución de los experimentos de Albrecht von Haller sobre la irritabilidad, de Robert Whytt sobre los reflejos, de Galvani y Volta sobre la electricidad y, sobre todo, con los estudios de anatomía patológica desarrollados por Giovanni Battista Morgagni, la prevalencia del sistema nervioso sobre el sistema sanguíneo como causa del sufrimiento mental se hace definitiva. Es en esa atmósfera donde lentamente nace la nueva ciencia médica llamada psiquiatría[10].

La creación de la nueva ciencia psiquiátrica ayudó a que ella misma se entrelazase con los desarrollos culturales que surgieron en el tiempo. Lo que comenzó como simple problema anatómico, en poco tiempo influyó y fue influido por los otros campos del saber. Así, de las neurosis, cuyo nombre surge en 1771 de la mano de Cullen, y que son definidas como "lesiones de la sensibilidad y del movimiento, sin fiebre y sin enfermedad local"[11], con una clara matriz nerviosa, se pasará a las especulaciones sobre las emociones, sobre el alma y finalmente al término "psicosis" a finales del Siglo XIX, término de clara matriz psicológica.

Es decir, la nueva ciencia médica, casi desde el principio, luchó por emanciparse de la filosofía y de la psicología, sin llegar a conseguirlo nunca del todo. Como recuerda Morel, en los inicios del ochocientos existían ya tres escuelas principales de psiquiatría: la espiritualista, la somática y la ecléctica:

La primera de estas escuelas enseña que la locura es una enfermedad del alma, todo el resto es secundario; ella ve las causas de las alteraciones mentales, más que en las lesiones del organismo, en las desviaciones de las leyes morales y en la influencia negativa de las pasiones[12].

Heinroth, Beneke y Ideler, alienistas cercanos a la filosofía natural del Schelling, fueron los miembros más conocidos de esta escuela.

Posteriormente, los "somáticos", es decir, desde Chiarugi, pasando por Pinel, Esquirol, hasta Kraepelin y Griesinger, acentuaron la observación del enfermo psíquico, y agruparon los síntomas en "cuadros" de los que surgió la nosografía psiquiátrica, que se afirmó en la operación de devolver la psiquiatría al ámbito de la medicina. Bajo el impulso de los grandes progresos de la medicina y de los espectaculares descubrimientos del positivismo, el centro de la psiquiatría pareció definitivamente enclavado en lo somático. Como escribe Kraepelin en su *Tratado*:

La joven ciencia psiquiátrica, fundada por Esquirol sobre la base de una experiencia clínica ya rica, tuvo en su contra, en los primeros decenios del último siglo, un peligroso enemigo en la doctrina moral-teológica de Heinroth, Beneke y otros […] contra estas y otras teorías, con la fuerza del examen científico, combatieron los "somáticos" […] Estos últimos científicos han logrado la victoria[13].

Parecía verdaderamente una batalla ganada. Y en cierto modo es verdad. Los conceptos, los síndromes y las enfermedades nombradas o descubiertas por el método experimental y de observación que llevaron a cabo los "somáticos" perviven casi por completo hasta nuestros días. La nosografía psiquiátrica de mayor aceptación proviene de ellos. Pero una cosa son las formas (la agrupación de síntomas, los síndromes, los cuadros patológicos), y otra los contenidos. En el camino de observación constante de los enfermos psíquicos que siguieron los "somáticos", bien pronto surgió el problema "humano". La metodología científica llevaba consigo la consideración de los que los enfermos eran ante todo un objeto de investigación. Y en la práctica cotidiana (Kraepelin, por poner un solo ejemplo, siguió la evolución de algunos pacientes hospitalizados durante más de treinta años) no fue posible eliminar el problema afectivo de los enfermos. Quiero decir que los "somáticos" no trataron completamente con "objetos de investigación": acabaron teniendo que admitir el hecho innegable de que, en su práctica clínica, establecían contemporáneamente una relación psicológica. En la obra de Griesinger[14] ya se encuentran consideraciones al respecto. Este científico no limitó su investigación solo a un mero discurso sobre la "estructura", sino que valoró a la par la cuestión psicológica de sus pacientes.

En psiquiatría es necesario que el elemento psicológico y el elemento puramente médico procedan acompasados[15].

A finales del Siglo XIX, para complicar todavía más el asunto, se dan cita dos circunstancias importantes. Por un lado, los descubrimientos anatómicos-clínicos de lesiones cerebrales, que provocan la escisión entre neurología (ciencia que se ocupa de lesiones demostradas en el cerebro) y psiquiatría (ciencia que se ocupa de los trastornos psíquicos o "funcionales"). Por otro lado, en el mismo periodo se recupera un viejo concepto del abad Faria (1815), que Braid (1841) había llamado hipnotismo o braidisimo. De la operación se encarga Hyppolite Bernheim, quien coloca al hipnotismo y la "sugestión" en el centro de sus concepciones. Para Bernheim, la palabra magnetismo del Siglo XVIII y el braidismo del Siglo XIX habían surgido por culpa de una errónea interpretación de fenómenos. Según Bernheim, no existían en la hipnosis los pretendidos "fenómenos físicos" que en aquella época defendía Charcot, sino que la hipnosis y, en su mayor parte, los síntomas neuróticos, eran fenómenos psíquicos conducidos o eliminables por sugestión. La terapia de este tipo de enfermedades debía ser, así, una terapia por sugestión o, como él mismo se encargó de resumir, una psicoterapia. Es a Bernheim a quien debemos el nombre de *psicoterapia*. Todo lo psíquico se cura con la psique, era su principio. Y vino a romperse la vieja imagen epistemológica de Cullen, según la cual "neurosis = enfermedad nerviosa".

A finales del XIX, entonces, la psiquiatría abandona las enfermedades de causa neurológica y acepta el doble registro médico y psicológico para abrazar su campo de acción, que poco a poco se delimitará a las psicosis, es decir, a aquellas enfermedades que por su curso crónico y su carácter progresivo determinaban muchas veces el internamiento de los pacientes en una clínica psiquiátrica. Por otro lado, lo que en los siglos anteriores, de manera a veces ingenua y a veces ambiguamente sistemática, había hecho surgir las especulaciones pseudofilosóficas llevadas a la práctica por Mesmer, Faria y Braid, alcanza una seriedad inesperada. Bernheim, pero también Pierre Janet con su concepto de *abaissement du niveau mental*, se encargan de sentar las bases de una observación de los síntomas neuróticos de una práctica psicoterapéutica.

El órgano y la función, la lesión y el afecto, la terapéutica física y la terapéutica psíquica. Desde sus comienzos, la psiquiatría estuvo dividida (y ha ido dividiéndose) en dos vertientes contrapuestas, muy mal relacionadas entre sí. Desde entonces las cosas no han cambiado demasiado. Después de Kraepelin, no mucho tiempo después, comienza el reinado de la farmacología psiquiátrica, de los diagnósticos cada vez más rápidos y precipitados, del uso –muchas veces indiscriminado y casi siempre inhumano- de la terapia eléctrica o "electroshock", como si una nueva versión o renacimiento de los hospitales generales de la época barroca (diseminados por Europa y capaces de acoger en sus centros obligatorios y salvajes a toda una parte de la sociedad considerada "alienada") se celase tras la llamada cornisa "científica" de los hospitales psiquiátricos de nuestro siglo. Nuevamente existía un método coercitivo para la cura de los "alienados", aunque la alienación se ciñera únicamente a la problemática psíquica. Los nuevos manicomios, con sus nuevos psiquiatras y técnicos, impulsados por el ánimo de la pura investigación científica –observación, recogida de datos, establecimiento de leyes basadas en la clasificación del material de investigación–, acabaron por manifestar una técnica de cura de "contención" del problema liberada de toda crítica y control. El énfasis en la cura provocó (y sigue provocando) el desconocimiento y subversión de los valores hipocráticos de la medicina, basados en evitar el daño al paciente: *non nuocere*. Lo diverso, lo dañado, el enfermo, merecen, según esta subversión, un tratamiento distinto de aquél que el mismo psiquiatra se procuraría a sí mismo en las mismas condiciones. Ese es el principio, que pone de revés a la vieja ética hipocrática según la cual lo similar se cura con lo similar, que es el único caso posible entre seres de la misma especie.

Aunque sería injusto extender esta crítica a toda la psiquiatría y a todos los psiquiatras que aparecen después de la figura de Kraepelin. Otros representantes de la misma ciencia, e incluso instituciones enteras –como la Burghölzli–, generaron otras modalidades del actuar psiquiátrico. El Siglo XX también ha sido el siglo de grandes psiquiatras humanistas, eclécticos, como Bleuler, Karl Jaspers, Kurt Schneider, Eugène Minkowski, von Gebsattel, Erwin Strauss y Ludwig Binswanger, por poner solo unos cuantos ejemplos. Ha sido el siglo del nacimiento de la antipsiquiatría, de las denuncias de Thomas Szasz y del aparecer de una nueva psicopatología. Ha sido el siglo en que se han puesto en cuestión las razones y la ética del obrar psiquiátrico, que se ha cuestionado el poder y el peso de las convenciones sociales sobre la enfermedad mental. Y eso no podía sino influir en el andamiento de la psicoterapia en general, a la que así le ha dado nuevas funciones, límites y posibilidades, incluso en la esfera de los problemas que en un principio quedaron fuera de la órbita de los psicoterapeutas, cuales son las psicosis y, en particular, la esquizofrenia.

2.2 La figura de Jung a la luz de su tiempo.

En el resumen histórico apenas esbozado, han sido tendidas dos líneas generales. Una, la cual puede denominarse "cultural", que abarca diversos campos del saber, los cuales se extendían desde la poesía hasta la filosofía, desde los acontecimientos históricos hasta el aparecer de una crítica comparada y de un método -analítico- que pretendía revisitar las nociones desde el punto de vista de una observación razonable. La otra, llamémosla "técnica" o simplemente "médica", se proponía, al contrario de la línea cultural, una síntesis programática capaz de vislumbrar con claridad todo el arco del trastorno psíquico: desde la causa (orgánica o afectiva), al método de investigación (el mismo de las demás ciencias de la naturaleza) y a la cuestión terapéutica (pormenorizada y ajustada según unos criterios de gravedad o prognosis alcanzados por medio de casuísticas y clasificaciones de muy difícil estabilidad).

Como es imaginable, esas dos líneas –cultural y técnica- no transitan constantemente de forma separada. En muchas oportunidades hay superposiciones, entrelazamientos y cruces entre ambas, puesto que pertenecen a planos escindidos de una misma realidad ocultada. Son dos líneas paradigmáticas que corresponden solamente a sendas modalidades históricas respecto de la metodología empleada a la hora de debatir sobre el sufrimiento psíquico. Desde un punto de vista antropológico, son claramente distinguibles. Sin embargo, no pueden distinguirse con plenitud desde un punto de vista práctico u operativo, por lo que deben estudiarse caso a caso.

Resulta obvio, también, que ha sido una opción entre otras posibles el establecer la salida de esa doble vertiente antropológica a partir de la época ilustrada. Podía haberse visto desde más atrás, desde el comienzo mismo de lo que consideramos nuestra cultura. Siempre han existido pragmáticos y especulativos, filósofos y estudiosos de la materia, naturalistas y contemplativos, científicos dispuestos a la clasificación de lo observable y espiritualistas que, debido a la comunión entre todas las cosas, han "intuido" o iluminado el campo de lo que no era observable.

La elección de estas dos líneas, del modo y la cronología con que se han expuesto, pertenece a una necesidad de dibujar la figura de Jung en el marco de lo que fueron las ideas en boga durante el periodo en que vivió, a la par de recoger las opciones reales de la especulación psicoterapéutica junguiana en el abanico de las formas posibles de su tiempo.

No existe una sola psicoterapia junguiana, entonces. Existen diferentes modalidades, métodos adquiridos, avances, críticas hechas a obras ya sintetizadas, añadidos, acatamientos, dudas. Todo eso corresponde a la psicoterapia junguiana, tanto como a cualquier otra psicoterapia. Si me he empeñado en resaltar esa doble vertiente (la cultural y la médica, por resumir), es porque creo que la psicoterapia junguiana, y toda la biografía terapéutica de Jung, permiten reconocer en ellas esas dos fuentes con claridad, puesto que fue pensador y psiquiatra, investigó los contenidos de la psique y no abandonó nunca su práctica clínica, buena parte de la cual la dedicó precisamente a la esquizofrenia. Fue alumno de Freud –alumno cultural, a través de los escritos de este-, y alumno de Bleuler, el más famoso psiquiatra operativo de su tiempo, quien cambió el nombre de *dementia praecox* por el de *esquizofrenia*. En 1937, Jung admitía:

Yo soy, ante todo, médico y psicoterapeuta práctico, y todas mis enunciaciones psicológicas provienen de la experiencia de un trabajo profesional cotidiano y arduo.

Esa es la realidad, para algunos una tara de ambigüedad, de la obra de Jung. Algunos de sus epígonos y sucesores han querido ver en él la figura de un "maestro", de un revolucionario, de un psicólogo contrapuesto de manera frontal a Freud, de un especialista en temas orientales, de un "iluminado". Jung, en cambio, no abandonó nunca –para bien o para mal, según las opiniones- la línea que trazaron sus predecesores. Es verdad que criticó duramente a Freud, que incorporó nuevas especulaciones sobre la realidad de la psique, que se separó casi desde el principio de las trazas demasiado angostas de la psiquiatría de su tiempo. Pero también es cierto que toda esa obra –en buena parte verdaderamente crítica- surgió sin menospreciar ni olvidar las bases que establecieron sus predecesores. Su crítica, en algunos puntos apabullante (sea del psicoanálisis freudiano, de la psicología individual de Adler, o de la psiquiatría organicista de su tiempo), surge por una experiencia clínica de confrontación con realidades psíquicas ajenas, así como también por una serie de experiencias personales reflejadas en su *Recuerdos, sueños, pensamientos*[16] de sus últimos años. Desde esa doble vertiente, asimismo, Jung decide poner sobre el tapete la problemática (demasiadas veces eludida) del peso que, en la práctica clínica y en el ordenamiento teórico, pueda ejercer la personalidad (la propia psicología) de un investigador de la psique o de un psicoterapeuta.

3. La psique para Jung.

Es necesario recordar que Jung establece su primer contacto con la obra de Freud cuando ya ejerce como psiquiatra en la clínica Burghözli de Zúrich. Es decir, inició tanto su formación académica como sus trabajos prácticos bajo la luz imperante de la universidad de su tiempo. Sus lecturas e intereses habían sido más filosóficos y metafísicos que orientados a la nueva ciencia emergente del psicoanálisis: médiums, filósofos como Schopenhauer, Carus, Schelling, el *Fausto* de Goethe: ese era el mundo para el Jung de los primeros años del Siglo XX. Eso y su intuición, su trabajo cotidiano en la clínica, sus preguntas y dudas acerca de la naturaleza de la enfermedad mental. Su cultura era muy extensa y fascinadora, tal como ya lo había demostrado brillantemente en sus intervenciones cuando era estudiante de medicina en la Zofingia, la asociación de estudiantes suiza a la que pertenecía. Por entonces, Jung cautivaba al auditorio con su lenguaje impregnado de sustancias filosóficas, psicológicas o provenientes del ocultismo.

Quizá todo esto nos sirva para intuir la concepción sobre la composición de la psique que Jung se hiciera desde el principio de su actividad terapéutica. Sabemos que seguía varias corrientes a la vez, que no era capaz de seguir una sola línea unitaria, que sus mejores habilidades correspondían a la síntesis de diversas líneas de conocimiento. La psique, para el Jung de los inicios, ya era una psique multicéntrica, polimorfa, multíplice. Luego veremos cómo esa visión de la psique sufriría escasas variaciones de interés a lo largo de toda su vida, si saltamos el breve periodo de adhesión completa a las teorías de Freud.

Si tenemos en cuenta los primeros trabajos de Jung, los que parten de los experimentos con el *test* de asociación hasta el texto de la *Psicología de la dementia praecox*, de 1907, podremos constatar que destacan dos elementos en relación con su aproximación al problema de la psique. Son dos elementos que encontraremos en toda su obra posterior. El primero, que existe un sustrato común en cada psique. No existe una estructura diferencial entre la psique "normal" y la psique "enferma". Los continuos estudios comparativos entre la ausencia de enfermedad y la histeria y esquizofrenia, nos permiten aceptar la idea según la cual, para Jung, respecto a la estructura de conjunto de la psique, no existen diferencias de "valor" entre uno y otro caso. El carácter patológico de ciertos estados psíquicos es independiente de la estructura general de la psique. Tanto el diverso tiempo de reacción a los *tests*, como las diferencias en la respuesta afectiva frente al sufrimiento, son explicados por Jung por la distinta preponderancia que, en uno y otro caso, ejerce el complejo "ideo-afectivo", verdadera causa de la aparición de la enfermedad. Para Jung, la psique humana es una especie de *puzzle* multiforme e idéntico en el conjunto de sus piezas. Las variaciones comienzan en la diferente situación –quizá en un diferente orden jerárquico- que provoca la colocación de las piezas a través de la vida, en el concurso de preponderancias y circunstancias coadyuvantes que pueden armonizar o dislocar dramáticamente el equilibrio del entero sistema psíquico. La biografía misma de cada sujeto, la pertenencia a un tiempo y el hecho de poseer una perspectiva particular e irrepetible, hacen que la psique se diferencie, lo que hace resaltar por necesidad una construcción individual e insustituible. El tema central es la afectividad, considerada la fuente del pensamiento y de la acción[17]. Mientras más fuerte sea un afecto, más tenderán las representaciones a él asociadas a ocupar el espacio de la conciencia. Esa es la causa del aparecer de ciertos complejos ideo-afectivos patológicos, en el caso que el sujeto no sea capaz de dar espacio a otros afectos necesarios para su propio equilibrio. La visión de la psique de Jung no es, ya desde el principio, una visión "psicopatológica": de las formas que asume el trastorno mental, no es subrayada la diferencia, sino los elementos que estas tienen en común[18].

El segundo elemento que resalta en la especulación junguiana en torno a la psique, tiene que ver con los fundamentos estructurales que la componen, y se basa en su funcionalismo dialéctico. La rígida compartimentación freudiana, en la primera tópica y, sucesivamente, en la segunda, divide la psique en zonas bien delimitadas, cuyo funcionalismo está determinado por la genética, la cultura, por los prejuicios morales o por unas fuerzas inconscientes (de supervivencia o destrucción) que luchan por imponerse sobre la conciencia. El tema central es la libido, cuyo trasfondo es puramente sexual. La conciencia, por su parte, es un velo espurio, que lucha por encubrir la verdadera esencia del individuo, sus instintos y pasiones insoportables. De ahí la represión, el retorno del material reprimido en clave de síntomas, el "análisis" necesario para reconocer la verdad encubierta. La posición de Freud respecto de la psique es la de "sospecha", esto es, la sospecha de que la verdad, celada en lo más profundo del entramado inconsciente, no llegue nunca a ser asumida y reconocida. El cambio que propone a la psique el método del psicoanálisis, es un cambio respecto del material inconsciente, sagazmente desvelado por la capacidad "descifradora" del terapeuta. La sospecha y el desciframiento de la verdad celada en el inconsciente, pues.

En Jung las cosas se mueven de manera bastante distinta. La separación de la psique en compartimentos bien delimitados nunca fue un principio de su psicoterapia. La teoría de los complejos[19], en la que Jung esboza la continua dialéctica complejual que se desarrolla en un espacio difuminado entre la conciencia y el inconsciente, supone a las claras una frontera elástica y discontinua entre los dos territorios. Si en Freud el Yo lucha dramática y constantemente contra las fuerzas del Ello y del Super-Yo, la imagen de la psique en Jung es una imagen homeostática, con una visión de la personalidad de conjunto, mientras que…

…el Yo una y otra vez establece alianzas o prudentes pactos defensivos con el océano de arcaicas sedimentaciones culturales sobre el que flota[20].

La libido deja de tener un significado puramente sexual, y pasa a constituirse en algo así como un "interés" general hacia las cosas, una fuente de energía, y una manera de dirigir los afectos hacia determinados valores psicológicos. La libido de Jung, según sus propias palabras, se asemejaría a una traducción psicológica del *élan vital* de Bergson[21]. Por otro lado, la conciencia, lejos de ser solamente un velo encubridor de la "verdad" y agente activo de la represión, es también el lugar y la función donde pueden llegar a darse la mayor parte de las transformaciones valorables respecto al sufrimiento y el trastorno psíquico. Es en una conciencia vigilante (entendida como una disposición a "ver" desde una vigilia atenta), en una conciencia capaz de vislumbrar los retículos de sus propios prejuicios y unilateralidades, donde puede llegar a producirse la función hermenéutica que conduzca al sujeto a retomar su entera dialéctica psíquica y, por tanto, su equilibrio. Más que una sospecha de que desde la conciencia se esté encubriendo, a través de la represión, la verdadera esencia del individuo, Jung sospecha de esa sospecha misma; y piensa que es en la conciencia, con su posibilidad de transformación vigilante, con la prudencia de asumir que su punto de vista es uno más entre otros muchos posibles, donde el espacio puede "alargarse" y "ensancharse" hasta encaminarse hacia la auténtica realidad de la psique, realidad que nunca será abarcable en su totalidad, pero que es tendencialmente cognoscible. El método para lograrlo no será, entonces, solo el "análisis" de los síntomas y las producciones inconscientes, derivación de una conducta ilustrada; sino que a ello habrá que añadir una pregunta ontológica sobre el mismo obrar terapéutico, que exigirá hacer una crítica de las mismas capacidades descifradoras del terapeuta respecto de la realidad o verdad que se esconde bajo la máscara del relato del paciente. Esa tranquilidad a la hora de dirigir el aparato crítico –el análisis- solamente hacia el mundo psíquico del paciente, deja bien pronto de pertenecer a Jung. En 1929, en un texto dedicado a aclarar las diferencias metodológicas entre él y Freud[22], Jung habla de una cierta "ingenuidad" epistemológica en el que fuera su principal maestro. Jung critica el hecho de que Freud no tenga en cuenta la subjetividad que subyace al edificio de su psicología. Esa subjetividad, esto es, esos presupuestos filosóficos y culturales, esos inevitables prejuicios que llevan a elegir una metodología en detrimento de otras posibles, debe ser, según Jung, una subjetividad y una parcialidad que el investigador ha de aceptar como propias, el cual nunca debe caer en el error de creer que su pequeña "verdad" epistemológica sea la grande y única "Verdad" de la ciencia. En realidad, el psicólogo, que pretende estudiar la totalidad de la psique, no llega más allá de describir el horizonte que le consiente su propia psique. Toda psicología, en cuanto ciencia, está condicionada por la psicología del investigador, por el conjunto de sus prejuicios, predisposiciones y condicionamientos. El verdadero investigador no puede confundir la parte, esto es, la valorable perspectiva que es capaz de aportar personalmente, con el todo: con la visión aunadora y objetiva que extingue las ulteriores posibilidades hermenéuticas que pudieran seguirla. El terapeuta, pues, antes de poner su aparato crítico y analítico a disposición del estudio del paciente, debe utilizar su conciencia crítica para dirigirla hacia sí mismo, de manera que su actuación dentro del marco real de la psicoterapia esté desprovista de cualquier pretensión de "visión" total del mundo psíquico del paciente, lo cual no quiere decir que no vaya a ser una visión personal y subjetiva de gran interés para la elaboración dialógica de la relación terapéutica. De ahí que el terapeuta deba seguir durante toda su vida una terapia (con otro psicoterapeuta) sobre sí mismo. De ahí que Jung llame a su ciencia "psicología analítica", y al conjunto de su metodología "psicoterapia analítica" o "psicoterapia de la complejidad", en lugar de psicoanálisis.

4. El concepto de salud en Jung.

En el capítulo dedicado a la psique hemos avanzado que, en Jung, se prefigura desde el inicio un funcionalismo dialéctico entre los distintos elementos o aspectos figurativos que componen la psique. La psique es una y multíplice a la vez, pareja de contrarios que no puede ser descompuesta en ningún caso. La psique es una porque se manifiesta de manera unitaria en cada instante; es multíplice porque, en cada instante, junto con la necesaria síntesis con la cual aparece, encierra una complejidad (símbolos, metáforas, deseos, virtualidad, potencialidades, límites, relativizaciones…) de elementos que podrían haberse manifestado asimismo sintéticamente, aunque de manera distinta. Posteriormente, quizá, así ocurrirá, o estará en trance de ocurrir, de forma constante e inextinguible.

Esta dialéctica de contrarios, que llevará a Jung a distanciarse de Freud y a desarrollar una intensa especulación –siempre psicológica y terapéutica a la vez- en torno a la compensación, a una teoría de tipos, al concepto de símbolo y a la pareja de contrarios individuación/adaptación cual resultado de la transformación psicoterapéutica, es una dialéctica que quedará ejemplarizada en la armonía psíquica, verdadero paradigma de salud psíquica. La salud de la psique es la armonía, la síntesis que remite de continuo a una riqueza de esferas o planos o sonidos no divididos, sino individualizados y complementarios.

El concepto de salud de Jung tiene una clara matriz romántica. Hay aspectos en ella de la filosofía natural de Schelling, de Goethe, de Carus y de otros románticos. Pero encontramos huellas en lo que posteriormente sería la psicología analítica de Jung también de Schopenhauer, de Hegel, de Janet, con quien Jung siguió un seminario, y del cual admiraba la concepción de una parte superior y una inferior en una misma función[23]. Y es justo recordar la semejanza de este concepto de salud con la hipótesis de Bernheim sobre la cadena de transformaciones de la psique, y asimismo con toda la especulación bergsoniana.

La armonía psíquica –el equilibrio- es conducida a través de la pareja de contrarios. Es la dialéctica entre ellas (que les da una voz a cada una y que sintetiza una conversación dual y, por tanto, completa) el arma para conseguirlo. De ahí lo inconsciente que le habla a lo consciente, desde un sueño, desde la inspiración, desde el síntoma. De ahí lo consciente que le habla a lo inconsciente, desde la imaginación activa, desde la integración, desde la hipótesis, desde la acción hermenéutica. Resultado de todo ello puede ser el arte, la memoria, el símbolo, la toma de conciencia, la comprensión y asimilación de contrarios liberadora de energía y productora, por tanto, de equilibrio.

Llegados a este punto, y para evitar equívocos, hay que señalar que cada pareja de contrarios, debido a que los contrarios están amparados en una molécula sintética que los contiene (el hecho de estar emparejados) obliga a una metaforización de sus elementos. Otra cosa ocurriría entre conceptos que se negaran el uno al otro: o estaría uno (el todo en ese momento), o estaría el otro, también de modo totalizante. La realidad se daría así en sucesión, nunca en pareja o simultáneamente, incluso en planos de realidad distintos. De ahí que una pareja de contrarios, como conciencia/inconsciente, los cuales se excluyen de manera drástica, deban traducirse en Jung, quien los entiende precisamente como pareja, en: *lo que en este momento y en este lugar es consciente/lo que en este momento y en este lugar es inconsciente*. Es él mismo quien aclara su distancia respecto del término "inconsciente" en el sentido freudiano de lugar bien delimitado:

El estado consciente es relativo, tan relativo que incluso sentimos la tentación de usar un concepto como "subconsciente" para caracterizar con exactitud el lado oscuro de la psique [...] Se llega así a la conclusión paradójica según la cual no existe un contenido de la conciencia que no sea inconsciente bajo otro aspecto. Y quizá tampoco exista un psiquismo inconsciente que no sea al mismo tiempo consciente, aunque esta aserción sea mucho más difícil de demostrar que la primera, pues el Yo, el único que podría comprobarlo, es el punto de referencia de la conciencia y carece, precisamente –respecto a los contenidos inconscientes-, de la conexión que le permita pronunciarse sobre su naturaleza[24].

El concepto de salud de Jung es, entonces, un concepto dinámico, tal como lo era en Janet, en Bernheim y, desde un plano filosófico, en Bergson. La dialéctica de los polos, de las esferas de conocimiento, lleva a la psique a adentrarse de continuo en un camino hermenéutico; cuya producción, al acogerse en una pareja de contrarios, deberá ser metaforizada para resultar sintética. Ese es el camino que sigue la investigación junguiana. Una investigación que por fuerza debía producir un lenguaje fuertemente metafórico. Cuando Jung propone su término "individuación", por ejemplo, debe este ser entendido metafóricamente, puesto que no puede conseguirse individuación alguna sin una cierta dosis (la necesaria) de adaptación a lo colectivo. La terminología junguiana es metafórica porque ningún elemento de su investigación puede ser resuelto ni concebido de manera aislada, sino que debe dialogar con toda su cadena de contrarios y complementarios para ser auténticamente comprendido. Esta metaforización lingüística ha provocado dos efectos. Algunos estudiosos de áreas no junguianas han criticado este lenguaje tildándolo de ambiguo. Desde luego, si tenemos en cuenta el concepto dinámico de salud, podemos aceptar que nos encontramos –en Jung- con una carencia de significados concretos y estables. La misma noción de equilibrio supone una asistematicidad orgánica. En Jung no se encuentran fórmulas ni metas concretas para el proceder psicoterapéutico. Sí se habla de salud, pero no de ausencia de enfermedad; sí se habla de mejoría, de progresión y de bienestar, pero no encontraremos la "curación" como un estado concreto, estático y definitivo (la liberación de las cadenas de la enfermedad), sino que lo encontraremos –las pocas veces que en las obras de Jung podemos encontrarlo- relacionado con un aumento de la "energía psíquica[25], como un "proceso transformativo"[26] o, incluso, como una de las connotaciones de la "iniciación"[27]. Y esto porque el carácter dinámico y dialógico de la psique es el presupuesto de salud y la auténtica meta de la psicoterapia junguiana. El sujeto, por culpa de la unilateralidad provocada por un complejo, puede perder la elasticidad dialógica con el resto de su psique. De ahí se deriva una escisión, si es que no una verdadera disociación psíquica, a causa de un complejo o conglomerado de elementos "cargados" energéticamente que se hace único protagonista de la entera psique. El devolver a esa psique enferma su plasticidad, su natural carácter dialógico y dinámico, es el proyecto de la psicoterapia junguiana.

Pero antes de pasar a profundizar en la psicoterapia junguiana, debemos anotar otro efecto de la "metaforicidad" de la terminología junguiana, esta vez proveniente de la misma área que debiera tutelarla y asimilarla. Me refiero al peligro que corren algunos psicólogos junguianos de olvidar ese carácter metafórico de las conceptualizaciones de Jung. La fascinación que podría producir el lenguaje metafórico de Jung, si conllevara un sentido unívoco en su utilización, llegaría a anular la tensión y las antinomias que ese tipo de lenguaje (metafórico) contenía. La riqueza del lenguaje metafórico, pues, desparece en la medida en que se traduce por una realidad absoluta. No solo eso: el imponer una realidad absoluta a un lenguaje metafórico, aparte de falsear la sustancia semántica que estaba en la raíz de la elección de ese lenguaje en lugar de otro, elimina en el lector u oyente –en el psicólogo junguiano, en este caso- la tarea de investigación personal que le impondría el hecho de aceptar que se está frente a un lenguaje metafórico. Puesto que reconocer que se está ante un lenguaje metafórico obliga necesariamente a activar a la par el subjetivismo y la objetividad en el lector-investigador. El peligro reside, entonces, en abandonar esa responsabilidad personal en la investigación y, aceptando (idealizando) el texto concreto, en desechar las referencias y la obligatoriedad del trabajo hermenéutico. Y eso sería una caída de tensión personal, un abandono y sedentarismo investigativo, que un psicoterapeuta, obligado a una actuación personal de la que es directamente responsable frente a cada paciente, no puede permitirse nunca.

5. La psicoterapia junguiana.

Psicoterapia significa cura de la psique mediante la psique. Especificando aún más, podemos decir que la psicoterapia es un método de cura de la psique sufriente del paciente a través de la psique del terapeuta. El diálogo entre las dos psiques ejerce una influencia mutua que en psicoterapia debe llevar a una transformación "terapéutica" de la psique del paciente.

Estos son los presupuestos de cualquier psicoterapia, y también lo que se espera que acontezca en esa particular relación entre dos psiques. Vayamos ahora a indagar cuáles son los elementos basilares que fundamentan la existencia de una psicoterapia junguiana.

Es obvio que no basta que dos psiques entren en contacto para que aparezca un significado dialógico que pueda ser definido como terapéutico. El carácter terapéutico es relativo a un "saber" sobre la psique. Saber entendido como la sumatoria de una investigación ya desarrollada sobre la esencia de la psique, del establecimiento de los parámetros de las causas posibles del sufrimiento, y de la formulación de una hipótesis sobre lo que se concibe por salud de la misma psique; y, terapia, entendida como toda aquella metodología que, sobre la base de dicho saber, tienda a mejorar las condiciones de la psique del paciente (inicialmente trastornada o sufriente) para encaminarla en una vía de salud.

Si tenemos en cuenta el ámbito junguiano de forma específica, podemos destacar que en Jung la psique corresponde a un cosmos unitario y a la vez multíplice, tal como hemos señalado anteriormente, conformado por parejas de contrarios cuyos elementos tienen carácter metafórico. Respecto a la salud, Jung hablaba con los términos de equilibrio psíquico o armonía entre todas las funciones de la psique; equilibrio traducido de forma particular en cada individuo, debido a las diversas peculiaridades, biografías e intencionalidades que lo definen. A ese proceso transformador que lleva al equilibrio de cada psique, Jung lo llamaba "individuación", para resaltar así la diferencia de sendos procesos en base a la personalidad de cada paciente.

El método para conseguir esa meta dinámica de metamorfosis, fue llamado por Jung "método sintético-hermenéutico", método que trataremos de explicar a continuación.

Para empezar, debemos retornar al principio según el cual la dialéctica será el motor que llevará a la armonía dinámica de la personalidad. La especulación de Jung sobre la vida psíquica se desarrolla, al menos desde *Tipos psicológicos*, sobre las oposiciones dialécticas. La oposición entre lo consciente y lo inconsciente, entre la psique individual y la psique colectiva, entre el Yo y el ánima, entre el Yo y la Sombra, entre Yo y persona, entre Yo y el sí-mismo, son algunos ejemplos de oposiciones a las que Jung fue dedicando su interés, y de las cuales será justo no olvidar el carácter metafórico de sus componentes. Esas oposiciones, al reconocerse entre sí, al ser concebidas cada una de ellas como una realidad psíquica, permanecen con su naturaleza de contrarios; mas, al mismo tiempo, se ven superadas por una síntesis superior (el efecto de estar en pareja, de ser insolubles) que de hecho las anula.

De ahí nace el concepto de símbolo para Jung, concepto de vital importancia para reconocer la esencia del método sintético-hermenéutico y sus posibilidades de facilitar la transformación. El símbolo, entendido en su acepción etimológica de "poner juntos", de "lanzar juntos" o, en su versión más históricamente conocida, de representar aquel trozo o fragmento de caracola de mar o de molde que casaba solo con otro y único fragmento que le correspondía en clave inversa y que lo completaba, es una de las piezas cardinales de la especulación específicamente junguiana. El símbolo es, entonces, el representante parcial de una unidad que está más allá de él, solo alcanzable en clave figurada, puesto que el fragmento que lo completa no es nada más que un único fragmento entre la infinidad de fragmentos que pueblan la realidad, por lo que resulta, de esa guisa, altamente improbable la reunificación. El símbolo consta de una parte conocida y de una parte desconocida. La parte conocida es la que se enseña por sí misma, desde el ángulo que lo enseña; pero sucede que, apenas la tenemos ante nuestros ojos, nos damos cuenta de que esa parte es una parte preñada, tal como la define Mario Trevi en *Metáforas del símbolo*; es una parte que "alude", "sugiere", "suscita" otra parte con la que está relacionada y que permanece desconocida. En palabras de María Zambrano:

Si la piedra es solo esta piedra que veo, si mi ver no la mira trasponiéndola en algo que está bajo ella, en algo que la soporta y oprime, en algo que imprevisiblemente, en un movimiento ascensional, la hace templo, copa del cielo, el hombre, y aun quizá todo lo viviente, se queda sin lugar[28].

Si el símbolo encontrase su correspondiente inverso que lo unifica, dejaría de ser templo, copa del cielo, y, en cuanto símbolo, "moriría". Para que un símbolo esté vivo, debe estar cargado de ese carácter tendencial que lo pone en contacto con lo desconocido, o con lo que "todavía no ha sido conocido".

Dejando de lado la polisemia semántica del término, con sus múltiples acepciones en el campo del álgebra, de la música, de la poesía, del arte, de la geometría, etcétera, entonces el símbolo es, respecto a la psique, toda parte de la vida psíquica que está en relación dialéctica con otra parte que no le es conocida y que le corresponde en clave inversa. El hecho de reconocer en la psique las polaridades, el contraste de intereses –aun cuando no existieran pruebas consistentes para su admisión en la conciencia racional- favorecería la aparición del símbolo psíquico. Eso conllevaría una síntesis (el aspecto formal del símbolo) y una tendencia dinámica, es decir, la tendencia a ponerse en relación con su remitente opuesto y complementario (el contenido del símbolo, su "valor" progresivo y desconocido).

El hecho de asumir una psique cuyo funcionamiento energético pertenece a la actividad simbólica (al efecto tendencial que esos símbolos manifiestan), abre en el sujeto el dilema de su identidad. Ya hemos mencionado la similitud entre una psique y otra –en cuanto conjunto de piezas- en la especulación de Jung. Hemos mencionado también, por otra parte, la diversidad que la "visión" y "vivencia" de los elementos psíquicos produce individualmente, lo que hace que la biografía y personalidad del sujeto sean únicas. Si hemos entendido bien, por ciertos aspectos (de conjunto, culturales, lingüísticos) podemos decir que "una psique se asemeja a otra psique"; y también, contemporáneamente, que, desde otros aspectos (biográficos, espirituales, circunstanciales), "esa misma psique se diferencia de cualquier otra".

Es como si dijéramos que la psique vive a través de dos latidos, como el corazón. Un primer latido (y aquí el orden es convencional) que se manifiesta con una cierta estabilidad en el tiempo, aunque correspondiente solo a medias con el sujeto en cuanto sí mismo, pues corresponde más bien a una contemporaneidad cultural, social, genérica, colectiva. El segundo latido se manifiesta en la inmediatez instantánea de la existencia, y es, por el contrario, permanentemente mutable, fluido, caracterizado por el proceso continuo de transformación; a consecuencia de lo cual, si es que surgen configuraciones de apariencia estable, apenas un instante después de su aparición estas se diluirán, deshaciéndose para nunca volver a repetirse. Esta es la contradicción de la psique, que ha sido llamada por Jung la "escisión primordial" de la psique, y cuyas dos polaridades se definen como "psique individual" y "psique colectiva".

¿Cómo puede resolverse esa contradicción? ¿Cómo puede aceptarse el tener una visión de la propia psique, es decir, una identidad, a la vez estable y mutable, a la vez individual y colectiva? Aquí las respuestas se hacen difíciles. Se diría que entre uno y otro polo de la psique se abra un abismo incolmable, irremediable. Y, no obstante, una y otra vez ese abismo se cierra, mediante la actividad simbólica, que permite que lo universal se encuentre con lo particular en un centro mediático, un verdadero centro de compenetración y síntesis. Veamos cómo surge esta actividad simbólica siguiendo las palabras de uno de los mayores estudiosos del símbolo, Ernst Cassirer:

El proceso simbólico se hace patente allí donde la conciencia no se dé por satisfecha con "poseer" un contenido sensible, sino que sea capaz de generarlo por sí misma. Es la fuerza de esa generación la que elabora el simple contenido de la sensación y de la percepción en contenido simbólico. En este último, la imagen ha dejado de ser algo puramente tomado del exterior; se ha transformado en algo construido desde el interior, en el cual actúa un principio fundamental del formar libremente. Esta es la obra que vemos cumplirse en cada particular "forma simbólica": en el lenguaje, en el mito, en el arte[29].

La resolución de la aporía no está en un acto, ni tan siquiera en un acto intelectual, entonces. La resolución se encuentra en la instauración de una función, en una actividad. En palabras de Jung:

La función unificadora que buscamos se encuentra en las Fantasías Creativas, cuyo valor reside en el hecho de ser una función psíquica, que adentra sus raíces sea en los contenidos conscientes que en los inconscientes; tanto en lo colectivo como en lo individual[30].

Jung intenta, a través de las fantasías creativas, a través de la imaginación activa, a través de la libre asociación, a través de la reflexión y el cuidado de los sueños, fomentar que la psique afligida del paciente se ponga "en acción" de reemprender su función simbólica. Esa función, una vez instaurada de nuevo, se dirigirá activamente hacia el constante devenir de la cadena de contrarios que componen la psique, con miras a establecer síntesis, a dejar brotar los símbolos; los cuales, puesto que son abiertos, servirán de sustancia base para una sucesiva "visión" de los contrarios, a la espera de otras síntesis, símbolos, que amplifiquen su valencia.

Esta visión dinámica de la función simbólica, es una pieza fundamental de la psicoterapia junguiana. El aparecer del símbolo debe ser dejado en su estado primordial, a mitad conocido y a mitad desconocido. El símbolo es "activo", y tiende dinámicamente hacia delante debido a la poderosa atracción ejercida por el futuro todavía no conocido. El terapeuta no debe usar nunca sus conocimientos generales sobre la parte "colectiva" del símbolo sin tomar igual cuidado por defender la parte individual y subjetiva del mismo, que es patrimonio de la psique del paciente y de su recorrido existencial.

De hecho, el símbolo no puede ser reducido a simple microestructura cultural, ni puede ser "comprendido" solo intelectualmente. Si lo tomáramos al pie de la letra, si con el arma de la especulación intelectual intentáramos asignarle un significado en concreto, desaparecería en cuanto símbolo y perdería su "valor", exquisitamente dinámico. Este es uno de los puntos en los que Jung llega a tomar mayor distancia de las concepciones de Freud. Jung arremete contra Freud por su "errónea" utilización del concepto símbolo. Freud habla de símbolo, según Jung, cuando debería usar el término signo. El signo sí que es indicativo y capaz de comprender la realidad que subyace a él, puesto que es la mera y concreta traducción del elemento sensible. Por consiguiente, la especulación freudiana sobre la valencia estable del símbolo, resultado de lo cual se da espacio a una interpretación psicoanalítica de ciertos símbolos, no se está refiriendo, según Jung, al símbolo –que por sí mismo no es traducible-, sino que meramente se ocupa de signos.

El sentido del símbolo no es el de signo, que encierra algo conocido en su generalidad; sino, por el contrario, el símbolo es el intento de volver explícito por vía analógica eso que aún se encuentra por entero ignoto y en devenir[31].

Resulta evidente que la única modalidad con la que puede tratarse el símbolo es la vía analógica, que trata de mencionar líneas paralelas o emparentadas con las del símbolo, sin por ello tratar de él (traducirlo) directamente. El símbolo encontrará solo en el futuro –cuya figura alegórica es avanzada metafóricamente por aquél- su resolución; y mientras tanto servirá de molde para la procreación de nuevas ampliaciones del presente, a través de una anticipación aún no escrita de ulteriores futuros.

Pero la función del símbolo no es tan solo la de ampliar el presente a través de una anticipación que se resolverá en un futuro por ahora todavía-no-conocido. El símbolo habla también hacia "atrás" y hacia "dentro", es decir, se dirige hacia todas las facetas de lo no conocido de forma inmediata. De ahí su fuerte "carga" energética, que nos obliga a aproximarnos a él de manera atenuada, a través de analogías, metáforas, que desarrollan sentido pese a que algo de ellas permanezca siempre en la oscuridad, gracias a una realidad que nos es real por el campo de acción que promueve, a pesar de la imposibilidad de demostrarla experimentalmente. Nos dice Jung:

…reduciendo analíticamente el símbolo a algo generalmente conocido, anulamos su valor auténtico. Sin embargo, responde a su valor y sentido darle una interpretación hermenéutica[32].

Una vez tomado el símbolo como una función de la psique, Jung lo utiliza en su sentido sintético y a mitad desconocido, y lo convierte en la punta de lanza de la característica dinámica del símbolo psíquico. El sentido sintético del símbolo es la capacidad del símbolo de estar cargado con la energía que producen las oposiciones psíquicas. Es una síntesis de la psique colectiva e individual, de lo consciente y lo inconsciente, de la gramática y la semántica, de las evidentes posiciones del Yo y de las oscuras intenciones de la Sombra, de las posibilidades y los límites, de lo que conocemos perfectamente y de lo todavía-no-conocido, así como también una síntesis en el presente de todos los tiempos humanos capaces de tener una existencia escondida en los entresijos de la psique más profunda. La interpretación hermenéutica consiste en aproximar al símbolo todas las analogías, asociaciones y metáforas que, desde la cultura, desde la experiencia personal o desde cualquier campo de conocimiento pudiéramos efectuar. El conjunto de estas dos operaciones –por un lado, favorecer y reconocer la aparición sintética del símbolo, y, por otro lado, incorporar la modalidad hermenéutica como única aproximación de "valor" respecto al símbolo- llevará al desarrollo del método sintético-hermenéutico, también llamado método constructivo o método dialéctico cuando la prioridad de lo que se tiene en cuenta es la relación en torno al símbolo establecida entre el terapeuta y el paciente.

Supongamos un determinado momento de una psicoterapia junguiana, con el fin de esclarecer las implicaciones del método sintético-hermenéutico o dialéctico en la práctica real de la psicoterapia. Pongamos que el paciente relata una preocupación, o un sueño, o una constatación subjetiva. Un psicoterapeuta junguiano recogería este material dirigiendo su atención a las características simbólicas que pudiera contener. Símbolo es toda producción dinámica que no ha encontrado aún su resultado final, pues se proyecta en un campo solo a medias conocido. Por el momento es una síntesis mediadora de las posibilidades de evocación de elementos vivenciales, cuya complejidad no le permite que llegue a manifestarse íntegramente, o las palabras no abarcan la totalidad de significados, o el elemento onírico escapa de una traducción completa, o el deseo o vivencia subjetiva no consiguen expresarse más que tendencialmente y con zonas "oscuras". Pero ya puede saberse que lo que viene relatado es una síntesis mediadora de opuestos o contrarios a los que, sin citarlos de manera literal, no obstante alude. Que el psicoterapeuta reconozca esto (que lo que viene relatado "alude" a un proyecto todavía no realizado; que manifiesta una síntesis de contrarios susceptible de ser perfeccionada en el tiempo), es la primera labor de una psicoterapia junguiana. Sucesivamente, el psicoterapeuta tendrá que ayudar a que el paciente, desde el relato inicial, desarrolle una labor de asociación, imaginación y fantasías que considere relacionadas con aquél. Así, el paciente mismo pasa a ampliar el "valor" sintético y metafórico de su relato inicial. Pasa a utilizar la vía de la función simbólica.

En un segundo momento, el psicoterapeuta refiere sus analogías sobre el relato inicial y sobre las analogías que, desde aquél, haya realizado el paciente. Para ejercer esa labor, el terapeuta se sirve de su personalidad, de sus experiencias personales y de sus conocimientos generales.

Ese entrelazarse de analogías (lo que ha sido dicho corresponde solo al inicio del diálogo, el cual continuará ampliándose con la labor de cada uno de los interlocutores) lleva según Jung a la amplificación y al enriquecimiento del símbolo o símbolos iniciales; de todo lo cual resulta un cuadro poliédrico de una altísima complejidad, que desembocará en determinadas líneas de desarrollo psicológico, con una naturaleza individual y colectiva.

Estas líneas de desarrollo psicológico contienen el camino que la psique está dispuesta a emprender en su meta de transformación, es decir, de esa transformación armónica que va a ser deudora por igual de las capacidades personales y de las connotaciones colectivas que cualquier psique, si quiere instituirse como una psique en el mundo, debe disponerse a comprender. A esa dúplice y armónica meta transformativa Jung la llamó "individuación", para resaltar así la doble matriz necesaria en el proyecto de constituirse en un individuo en el mundo.

6. La importancia de la vigilia en la psicoterapia junguiana. El problema de la conciencia.

La psicoterapia necesita, para poder actuar, aparte del factor de mejoría que provoca el contacto entre las dos psiques –contacto no siempre observable-, del "tomar conciencia de las causas"[33]. Es importante precisar ahora el significado de ese tomar conciencia de las causas, pues debe evitarse caer en el error de deducir de ese concepto una especie de perspectiva etiológica de Jung, acaso destinada a ordenar con un *a priori* teórico las producciones provenientes del mundo del paciente.

En realidad, el tomar conciencia de las causas no implica en Jung ninguna teoría prefijada de las neurosis ni, por supuesto, de la enfermedad mental. Ya hemos hablado de ello en el capítulo referido a la psique. Más bien ese concepto se refiere al esfuerzo que, en la vigilia, van a desarrollar el terapeuta y el paciente para indagar sobre los materiales psíquicos subyacentes a los síntomas.

Uso la palabra "vigilia" mezclando dos de sus más conocidos significados, esto es, el estado del que está despierto, y la fracción de tiempo destinada a la espera o a la víspera de un determinado acontecimiento. El término vigilia podría ilustrar aquel particular estado de atención y de esfuerzo –la tensión y la esperanza- que caracteriza al encuentro psicoterapéutico.

Recordemos que, a pesar de la formación médica y psiquiátrica de Jung, es muy difícil encontrar restos de una psicopatología en su psicoterapia. Recordemos el concepto de similitud de base entre cada psique, el concepto de salud como armonía, la desaparición prácticamente completa del término "curación". Esto significa que la psicoterapia junguiana no va a instituirse como una lucha por abatir los "síntomas" de determinados "síndromes" y "enfermedades". La psicoterapia junguiana buscará "comprender", reconocer, "asimilar", desde la vigilia consciente, la complejidad que se esconde, con sus conexiones y referencias, tras la dolorosa síntesis con que se nos aparecen los llamados "síntomas". La meta de la psicoterapia junguiana es la transformación de la personalidad del paciente[34]. Esa transformación de la personalidad se basa en la instauración de una especial disposición de la conciencia, pues no es suficiente por sí solo el desarrollo inconsciente, el cual será tratado más adelante. Es decir, para alcanzar la mejoría psíquica (transformación), es indispensable mutar la disposición consciente hacia la problemática biográfica que la relación psicoterapéutica moviliza. Una mutación en la disposición de la conciencia que, en el paciente, significa tomar conciencia de las causas, vale decir, ensanchar el campo de conciencia con el fin de vislumbrar en el presente del proyecto psicoterapéutico las "otras" lecturas de la situación personal que pudieran "comprender" la causa o las causas del propio desequilibrio. Esas "otras" lecturas partirían de esa particular dimensión temporal que se adquiere cuando el sujeto está en perfecta vigilia. Desde esa vigilia, el sujeto sería capaz de conducir su atención al conjunto de interconexiones que se manifiestan entre el proceso intencional (la vivencia de futuro), la memoria (la vivencia del pasado) y la realidad (cual vivencia del presente). El tomar conciencia de las causas no es, pues, la mera búsqueda de una explicación etiológica: implica un proyecto y un ensanchamiento de la vivencia del presente, una búsqueda de abrazar lo que no es consciente presuponiéndolo, imaginando la existencia (aunque no los vea) de los opuestos, o remitiendo su propio pensamiento a la conjunción de elementos individuales (tendencias, actitudes) y de la psique colectiva (capacidad ideativa, asociación y asimilación de producciones culturales no propias). Esa disposición a la apertura de la comprensión de la propia personalidad, y a los nexos complejos de las causas, define ese estado de vigilia que hace poco he intentado esclarecer. Tal como nos lo recuerda Jung al hablar del mundo del paciente:

Con frecuencia, su neurosis consiste precisamente en ser prisionero del pasado y en su tendencia a explicar y excusar todo con él[35].

Al tomar conciencia de las causas, entonces, el paciente logra deshacer los nudos demasiado rígidos de su memoria, y puede vivificar su biografía con nuevas posibilidades de interpretación. Su conciencia, en otras palabras, se ha dispuesto a ejercer su función, que es la de conservar la relación entre los contenidos psíquicos y el Yo[36].

A resultas de todo ello, el paciente, antes refugiado en un relato por así decirlo en tercera persona, ahora se dispone a iluminar su Yo en el camino de lecturas autobiográficas, con lo que amplía su mundo de posibilidades gracias al conocimiento de las presuntas y variadas causas que, instaladas en la conciencia vigilante, vendrían a cambiar profundamente el "sentido" de los síntomas de los recuerdos formalizados.

Tomar conciencia de lo que es inconsciente –dice Jung- y dar forma a lo que es informe, tiene un efecto específico en aquellos casos en que la postura de la conciencia no deje expresarse a un inconsciente sobrecargado[37].

De esa manera, la psicoterapia analítica junguiana no se nos muestra como una anamnesis, ni como un método catártico que pretende descargar la energía de los supuestos "traumas", sino que se define, siguiendo las mismas palabras de Jung, como un método:

…que sirve para reducir analíticamente los contenidos psíquicos a su más simple expresión, y a descubrir la línea de menor resistencia que conduce hacia el desarrollo armonioso de la personalidad[38].

Se trata del método sintético-hermenéutico, cuya figura central es el símbolo y cuyo funcionalismo despende en buena medida de la disposición vigilante de la conciencia.

Veamos ahora cómo se traduce esa misma disposición vigilante de la conciencia en la figura del terapeuta. El psicoterapeuta junguiano se enfrenta con la labor de facilitar la toma de conciencia de las causas en la psique del paciente. El mayor significado de esta labor (facilitadora del símbolo, ampliadora de conciencia, cuya meta es la transformación, en el sentido de la individuación, de la personalidad del paciente) se pondrá de manifiesto en el modo de afrontar el problema de la interpretación. Si para Freud la interpretación consistía en el desciframiento del significado del síntoma –para lo cual el terapeuta debía conocer la semiótica del material psíquico que el paciente ponía a su disposición-, para Jung la interpretación es la modalidad con la cual cada psicoterapeuta, en base a su personalidad y a sus conocimientos, se pone en relación con la "singularidad" del material psíquico que le viene relatado y manifestado.

Freud se sirve de la teoría del trauma, de la teoría sexual, de sus topografías sobre la composición de la psique, para desarrollar una semiótica que se propone desvelar por sí misma –aun sin olvidar el gran trabajo intelectual de fondo realizado para alcanzar una coherencia teórico-experimental- el significado último de la vivencia del paciente. Puede eso llamarse un método que busca reducir la complejidad en sustratos estables, comprensibles, de una validez general respecto a la teorización de referencia. Un sueño, en la perspectiva freudiana, es una fachada de algo real que está "detrás" o "debajo", y que va a ser descifrado por el terapeuta gracias a la teoría onírica y a la interpretación de los sueños, en estrecha relación con los demás expediente teóricos. La interpretación freudiana, pues, es la manifestación de una técnica (estable) que se propone reducir el sueño, los síntomas, los deseos y las incertidumbres a connotaciones concretas. Digamos que el psicoterapeuta freudiano, para ejercer su función, actúa ante todo y sobre todo con su saber. Lo más importante es que ponga este saber a disposición de los materiales psíquicos que suministre el paciente. Lo que no lo obliga, como puede intuirse, a tener que mantener esa especial disposición de la conciencia que habíamos denominado vigilia. Recordemos al respecto la clásica posición del terapeuta freudiano respecto al paciente: mientras que este está tumbado en el diván psicoanalítico, aquel está colocado detrás, sin que recaiga sobre él ninguna mirada. Lo más importante para este terapeuta será mantener su atención puesta sobre el material psíquico que suministre el paciente, quien a su vez tampoco lo ve directamente. El procedimiento terapéutico se manifestará, de una parte, por el efecto "catártico" de la introspección del paciente, y, por otra parte, (y no la de menor importancia), por el aparato interpretativo del terapeuta, resultado del conocimiento derivado de la ciencia que convenimos en llamar "psicoanálisis". Si la personalidad de uno –la del paciente- se concentra en la búsqueda de una dramatización de sus materiales psíquicos, la personalidad del otro se concentra en las posibilidades operativas de su propio conocimiento. En uno y en otro, digamos, falta aquella idéntica atención (sobre sí, con la apertura de la conciencia hacia el diálogo con el "otro" que está en nuestro interior; y atención también sobre el diálogo con el interlocutor, cual "otro" definitivo) que hemos llamado vigilia.

Para Jung, en cambio, el psicoterapeuta actúa con su personalidad. En el momento del acto psicoterapéutico, no existe, para Jung, un conocimiento general que pueda servir para establecer un diálogo que busque la transformación de la personalidad del paciente. Veamos estos dos fragmentos de la obra de Jung:

Para ocuparse de psicología individual, la ciencia debe renunciar a sí misma […] toda psicología individual debe tener su propio manual, ya que el manual general contiene solo psicología colectiva[39].

Y este otro:

Podría decirse, sin estar exagerando, que cada tratamiento destinado a penetrar en las profundidades consiste, al menos en un cincuenta por ciento, en el autoexamen del terapeuta […] No sucede nada malo si él siente que ha sido "tocado", si ha sido sorprendido en el error por el paciente: puede curar a los demás en la medida en que está herido él mismo[40].

A través de estos dos párrafos se comprende el interés que la personalidad del psicoterapeuta reviste para la suerte global de la relación psicoterapéutica junguiana. El psicoterapeuta deja de ser el depositario de un saber, y pasa a ser, ante todo, un ser humano con sus propios complejos, con su "Sombra", con su tendencia a la unilateralización, con la tensión de sus contrarios más o menos equilibrada o compensada. Para esto, el psicoterapeuta junguiano deberá dejar de usar el manual general, y luego colocarse en una posición que le permita mantenerse en una vigilia permanente y responsable.

El máximo grado de conciencia pone al Yo ante su Sombra, y pone a la existencia psíquica individual frente a la psique colectiva[41].

Recuérdese que fue Jung quien reconoció la necesidad de una psicoterapia individual para el terapeuta, quien debía proseguir con un análisis didáctico por todo el tiempo de su desempeño profesional en la práctica psicoterapéutica. Recuérdese también que, en la modalidad del encuentro psicoterapéutico junguiano, se aconseja el *vis-à-vis* y asientos simétricos situados uno frente al otro, con una cierta distancia entre ellos pero sin objetos intermedios que pudiesen dar la idea de una asimetría entre dos campos, por ejemplo, lo que provocaría una mesa.

El punto de partida, pues, es la personalidad del psicoterapeuta. La personalidad entendida como convivencia de su psique individual y de su psique colectiva. Si en su mente existiera un único *a priori* teórico mediante el cual actuar, ese actuar dependería solamente de la psique colectiva del terapeuta (el manual general), y una psicoterapia "sintética" dejaría de tener cabida. Por otra parte, si en su mente no existiera la conciencia de una psique colectiva, la capacidad de comprensión y de generación de símbolos no alcanzaría ni por un instante la posibilidad de estabilizarse, con lo que la labor "hermenéutica" no podría ser afrontada, al faltar la normativa mínima con que compartirla. La psicología del terapeuta debe ser tan individual como colectiva, fundada en su propia y entera personalidad, de modo que una parte no pueda nunca excluir a las otras.

De ahí la dialéctica psíquica en la que está implicada la figura del psicoterapeuta durante el mismo encuentro psicoterapéutico. Lejos de representar el mero conocimiento, lejos de poder abordar el encuentro con la menor sensación de haber "superado", de "mirar desde lo alto", o de presumir "interpretarlo" todo desde su saber y su experiencia, el psicoterapeuta junguiano está obligado a "estar" y a "ser" en directo. El andamiento de la psicoterapia no dependerá, así, solo de la disposición de la conciencia del paciente (su vigilia), sino que estará íntimamente responsabilizada sobre la disposición de la conciencia del psicoterapeuta (su vigilia). Estos son los presupuestos de la psicoterapia junguiana: la transformación –individuación- de la personalidad del paciente, hasta alcanzar una dialéctica psíquica capaz de llevar la personalidad hacia una dirección más armoniosa y desprovista de unilateralidades. Y estos son los medios con los que cuenta: el diálogo equilibrado entre los dos miembros co-fundadores de la relación psicoterapéutica. Y en la construcción de ese diálogo contará mucho la humildad del terapeuta, su dedicación a permanecer en la vigilia, su predisposición a sentirse responsable y atento a sus prejuicios y a las características más oscuras de su propia personalidad.

El psicoterapeuta junguiano, entonces, no va a describir con solo teorías la causa del sufrimiento del paciente. Su trabajo ha de ser el favorecer (a través de sus conocimientos, pero también de su biografía, de sus peculiaridades) la posibilidad de "sentido" que el material psíquico que proporcione el paciente conlleva al aparecer dentro del marco de una relación libremente establecida. Por consiguiente, la única "interpretación" que un psicoterapeuta junguiano puede permitirse es una interpretación "atenuada", de naturaleza relativa, relativa a su propia existencia, a la relación con el paciente y a sus propios conocimientos; interpretación transversalmente mediatizada por la actuación y predisposiciones del paciente, y por la aceptación del "tiempo" particular en que transcurre el intercambio. Puede eso llamarse un método que tiende a devolver el material psíquico a la complejidad de niveles estructurales susceptibles de hacerlo aparecer. Un método, pues, de carácter problemático, cuya meta interpretativa consiste en establecer contacto con nuevas síntesis generadoras de sentido que consientan aumentar la tolerancia entre cada esfera de la psique, y que provoquen esa armonía psíquica (individuación y adaptación) que debiera llevar a cada ser humano a convertirse en lo que realmente es.

Para ello, el psicoterapeuta debe soportar en la conciencia la ausencia de una teoría que lo explique todo. Como también debe ser consciente de las consecuencias de su propia disposición: debe saber que si cambia su punto de vista, cambiará la interpretación, así como también cambiarán, por consiguiente, las deducciones y las implicaciones[42]. Si sabe todas esas cosas, el psicoterapeuta junguiano se vuelve capaz de relativizar sus mismas teorías (que son inevitables), sus mismas interpretaciones, y también de adecuarlas a la singularidad temporal de la relación de la que él mismo es co-responsable. Solo de ese modo puede garantizarse ese abatimiento de prejuicios, necesario tanto para individualizar la cura como para ayudar a cada paciente a encontrar aquella vía de menor resistencia (la más real, según el concepto de realidad en Jung, que es la que más actúa) que debiera llevarlo al desarrollo armonioso de su personalidad. En palabras de Jung:

Se trata de dejar que actúe la "naturaleza" del paciente sin que el terapeuta utilice ningún tipo de influencias filosóficas, sociales o políticas [...] solo cuando un ser humano vive de la manera que le es propia, es responsable y capaz de actuar; de otra manera no es más que un irrelevante gregario carente de personalidad[43].

En resumen, el tomar conciencia de las causas –por parte del paciente y del terapeuta– se manifiesta como el esfuerzo que cumple la conciencia para mantenerse en una disposición "vigilante" que permita, mediante el conocimiento de los límites, de la relación entre los contrarios, y de una adecuada colocación en el tiempo vivencial del diálogo, ensanchar el espectro de posibilidades respecto al desarrollo armónico de la psique afligida del paciente. Como si un determinado movimiento psíquico (por ejemplo, una disposición inconsciente a reconocer la represión del eros durante una "visión" onírica) no llevara consigo un cambio sustancial en la psique si no implicase, a su vez, un cambio en la disposición en la conciencia capaz de darle sentido y de "asimilarlo" en el más ancho campo de la entera personalidad. Ya que, como nos dice Jung:

Si mi conciencia ya no ve delante de sí ninguna vía posible, entonces se bloquea, y mi psique inconsciente responderá a esa insoportable parada[44].

7. Lo inconsciente en la psicoterapia junguiana. El respeto de la sombra.

*Tiene la mirada que sale de la noche -de esta de la historia también-
una disponibilidad pura y entera, pues que no hay en ella sombra
de avidez. No va de caza. No sufre el engaño que procura el ansia de "captar".*

*Es como si una terca y errónea razón se empeñase en custodiar todo lo
naciente, todo lo que está al nacer, por tanto la fuente, la misma fuente
que parece celada por una hermosa mujer que en realidad es un dragón
encargado de impedir que mane y fluya de la fuente un solo hilillo de agua
para la sed. Y así hay muchas fuentes celadas, impedidas por nefastos
guardianes de manar y de fluir y de alimentar un mínimo riachuelo.*
María Zambrano.

Hemos mencionado anteriormente –en el concepto de símbolo, en los opuestos, en la base de cualquier dialéctica- la presencia de un material psíquico que se escapa al campo de lo que es observable y que, a pesar de ello, y para todos los efectos, "es". Todo lo que no es susceptible de ser consciente, o que sí lo es pero que todavía no lo ha conseguido, o que lo fue un día y ya no lo es más. Lo que se encuentra en el fondo de cualquier acto psíquico (un segundo antes, un milímetro por debajo o atrás o a lado); la raíz de la intuición, el trasfondo de la "acción" poética, del impacto artístico, el magma oscuro del que se desgaja la primera palabra, y aun la sucesiva. El vehículo que relaciona dos sujetos, o el sujeto con el objeto, aunque estén perfectamente separados. El estado potencial que permite –y aun obliga- el aprendizaje. La inextricable razón del empuje, de la voluntad y de la intención. El infinito pasado, con sus inabarcables memorias que lindan con la historia de nuestra especie y aun con el resto de la animalidad, el indefinible futuro, con sus incertidumbres y esperanzas. El motor de la fe, de las creencias y, también, de la comprensión, del afecto y del amor. El "compañero" presente e incognoscible de la vivencia presente y sensitiva. El "Otro". La "Sombra". La "Fuente". Todos estos ejemplos se refieren, al menos en parte, a lo que en psicoterapia se ha convenido en llamar "inconsciente". Podrían haber sido mucho más numerosos, pero es inútil intentar metaforizar infinitamente lo que al sentido común mismo le parece ya metafórico.

Pero la historia de nuestra cultura es la historia de la avidez de ser conscientes. No nos basta con comprender la multiforme, variada y extensiva área de lo comprensible, con establecer lazos amistosos con lo que queda fuera de nuestra comprensibilidad, con estipular pactos, o con retirarnos sin rencores cuando el adversario se demuestra demasiado potente para nuestras armas. Quizá sea un irracional temor a ser desposeídos de lo que legítimamente nos pertenece, o esa infantil voracidad que nos lleva a soñar con poseer lo que por ley no nos correspondería nunca; el hecho es que lo que es consciente ha intentado, una y otra vez, extender sus dominios a lo que no es consciente. No ha pretendido conocerlo, respetándolo, sino que ha buscado "absorber-lo", "desposeerlo" de todo derecho a existir. Lo ha estudiado (haciendo caso omiso de la prudencia de los límites metodológicos con que contaba), lo ha nombrado y diseccionado y creído conocer por completo sin darse cuenta de que estaba pagando un caro precio (un verdadero terremoto en lo que previamente había sido consciente) cada vez que imaginaba haber llevado acabo su ingenua prevaricación.

El esfuerzo de la razón, no obstante, no ha sido siempre tan clamorosamente baldío. Cuando el ser humano ha intentado aproximarse a lo que no es consciente con el respeto y la prudencia –con la curiosidad y el reconocimiento- con que se establece una relación con "otro" que tiene iguales derechos de existir, el resultado se ha demostrado más fructífero y esperanzador. No se han hecho conquistas ni expoliado bienes ajenos, pero nada de lo que teníamos posee ahora el mismo valor. No hemos "captado" nada que alimente la sed de omnipotencia, pero empezamos a vivir mejor dentro de nuestros límites. Y esto, para algunos, ya ha sido suficiente.

Esa peligrosa avidez de la conciencia ha encontrado una lectura preocupada en el ámbito crítico de la psicoterapia. Desde los inicios, toda cura psíquica ha pretendido devolver a la psique los lazos de relación y mutuo conocimiento entre sus diferentes esferas. El síntoma cardinal del sufrimiento psíquico, es decir, el ansia, narra ya el fracaso de la avidez de instituirse solo sobre lo directamente perceptible, haciendo caso omiso de la necesidad de acoger (aun en clave atenuada, sin "captarlo") la presencia ineliminable, en nuestro interior, de lo no perceptible. En el ansia, el sujeto se encuentra en la desagradable posición de quien vive cobijado en una cueva construida con rigor para su máxima "seguridad" en el momento de no poder frenar el sentimiento premonitorio de una terrorífica irrupción. Que el sujeto no pueda discernir quién o qué es el enemigo a punto de irrumpir, no supone alivio alguno, sino que aumenta el campo potencial de peligro, lo que provoca en él una pérdida progresiva de espacio de "libertad".

El ansia, entonces, es la desagradable expresión de la búsqueda de expulsar, "alienar" todo lo que esté más allá de lo directamente perceptible; como si la voluntad misma de ser inmediatamente propietarios de unos dominios bien delimitados, llevara, por un lado, a vivir el miedo al "agresor" en directo, y, por otro lado, a tener que abandonar un inmenso territorio que, aun con cláusulas inciertas y nunca del todo bien conocidas, formaba parte de nuestro patrimonio.

Toda psicoterapia ha pretendido devolver al ser humano el conocimiento y uso de su ín-tegra psique. Bernheim intentó hallar una vía directa (la sugestión) a través de la cual activar las conversaciones (el dinamismo) entre cada uno de los aspectos de la psique, esto es, la cadena na-tural de las transformaciones psíquicas: el circuito que, de la representación, pasando por las ideas, conceptos, intuiciones y datos de experiencia, llevase a un acto con sentido, de cuya experiencia el sujeto recaudase la energía necesaria para iniciar de nuevo el proceso. Freud se empujó hacia el territorio desdeñado (reprimido) con la dedicación y conocimiento del espeleólogo, a la espera de poder recolectar, del fondo oscuro de lo incognoscible e indeseado -mediante la abreacción- datos y noticias suficientes para explicar la paternidad de los síntomas y de la "verdad" de la psique misma. Adler buscó la vía rápida de tomar conciencia del impulso agresor manifestado por la "voluntad de potencia", para "educar" individualmente al sujeto en una dirección solidaria y comprensiva (con-venciendo al sujeto de las ventajas de una amistad con el "otro"). Cada modalidad de psicoterapia, entonces, se instituye como una búsqueda de retomar contacto con lo que no es consciente (la

voluntad de potencia y la inferioridad psicológica, la represión, el rígido control de una moral justi-
ciera, las "fijaciones" y complejos de la libido, la autosugestión), a la espera de que la psique vuelva a
su funcionamiento más natural y dinámico.

Jung no es una excepción. La psicoterapia junguiana persigue, en líneas generales, los mismos
principios que sus compañeras respecto al territorio psíquico abandonado. Veamos ahora cuánto
hay de peculiar en la visión práctica de la manera de conseguirlo. Iniciemos con una pequeña cita:

**La conciencia y el inconsciente no llegan a producir una totalidad como síntesis si uno de los
dos está reprimido y dañado por el otro, y viceversa. Si deben combatir entre ellos, que sea al
menos una batalla leal y con iguales derechos para ambos**[45].

Esta declaración de principio nos dice desde ya muchísimas cosas sobre la modalidad de
aproximación junguiana al problema de lo que no es consciente. La estructura de la frase nos comunica que, de entrada, existe una mirada general y ecuánime sobre esa oposición de la psique. No es
entonces desde lo consciente que hay que conocer a lo que no es consciente. Ni viceversa. Lealtad
e iguales derechos constitutivos, ese es el principio. La mirada sobre la oposición es ya sintética: o
desde fuera de la oposición, desde donde ver el igual derecho de los opuestos; o una mirada hija de
la labor de opuestos, cuyo carácter filial reconoce el derecho de cada uno de los padres que le han
dado la vida.

Podemos decir que la labor integrativa de la psique en la psicoterapia junguiana se desarrolla
desde una doble perspectiva. Cada uno de los opuestos deberá reconocer sus límites y dirigirse
hacia el "Otro" con igual dedicación. Pues la entera psique es dialéctica, condición preliminar y resultado a su vez de una dialéctica fructífera. Así que la psicoterapia deberá facilitar la construcción
de esa dialéctica. Para ello, es inútil que cada uno de los contrarios se ponga la cuestión de quién es
el otro, acaso más con la intención de "captarlo" –por prejuicio, avidez o terror- que de establecer
con él una auténtica relación. La verdadera dialéctica de la psicoterapia junguiana se asemeja más a
la doble pregunta formulada por el poeta Paul Celan: *¿Quién soy yo y quién eres tú?*, la cual traduce la
reflexión y la disponibilidad a la transformación en ambos opuestos. En el aparato de la conciencia,
hemos hablado de la toma de conciencia de las causas, de esa vigilia atenta que sea capaz de reconocer la aportación de la labor de su opuesto –lo que no es consciente- en la constitución del símbolo.
Veamos ahora cuál es la función de lo que no es consciente, cómo vivificar su aportación.

Tengamos en cuenta que, en la perspectiva junguiana, la función inconsciente no es ni más
ni menos importante que la función consciente. Recuérdese que lo inconsciente pierde en Jung la
connotación de "lugar", de aquel recipiente donde van a parar los materiales reprimidos y donde
están depositados los deseos e instintos inconfesables, que era la concepción freudiana de inconsciente, para pasar a ser una "función", la base y la condición de ser conscientes, como nos dice Jung[46].

La activación de la función inconsciente se ejecuta, en la psicoterapia junguiana, a través de
las fantasías, de la imaginación activa, de la asociación, de la metáfora y de todo proceso creativo
–poético o artístico- que se proponga, más que una meta sobre los resultados, el hecho de "activar"
la función inconsciente en sí, independientemente de la consideración "artística" de la conciencia.
Activar la función inconsciente es "apreciar" la labor de lo que no es observable en la constitución
del equilibrio de la entera psique. Si la psique es el río que fluye y se transforma en el curso de su
temporalidad, para mantener su fluido deberemos liberar su desembocadura (la toma de concien-

cia), de la misma manera que deberemos cuidar que se aporte suficiente caudal a su nacimiento: la función inconsciente, condición preliminar de todo punto de arribo, de toda conciencia.

Esta función de la psique se refiere a todos los contenidos y procesos psíquicos que no son conscientes, es decir, que no se relacionan con el Yo de modo perceptible. De ella se deduce, tal como ocurre con cualquier función, una actividad; que no por inobservable deja de ser, para Jung, susceptible de experimentación. Esa actividad genera inagotablemente sueños, fantasías, imágenes mitológicas, emociones, metáforas, y, en tanto condición preliminar del ser consciente, cela en su interior toda la gama de contrarios de que es capaz la naturaleza humana. Serán esos contrarios, emparejados en su lugar de origen inconsciente, los que, en su desarrollo hacia la conciencia, antes aun de ser plenamente conscientes, desatarán toda su energía en la síntesis de los símbolos, razón de ser y constatación de la existencia inmanente de los contrarios y, por tanto, de la especulación dialéctica.

Reconocer esta actividad de lo que no es consciente implicará, entonces, reconocer y respetar el lado "en sombra" de cualquier hecho psíquico, además de reconocer y respetar la capacidad simbólica del ser humano: esa compenetración de elementos conscientes e inconscientes que tiende a estabilizar, siquiera por un instante y de forma abierta, un "sentido", que, de otra manera, se habría entrevisto solo demediado: sin su Sombra, sin delimitación o reflejo o profundidad: sin su Fuente, por volver a la metáfora de María Zambrano.

No vamos a citar aquí las formas metafóricas fruto de la investigación de Jung sobre los contenidos de lo inconsciente. La pareja Ánima/Ánimus, el viejo sabio, la gran madre, los estudios sobre el material propuesto por la antropología, sobre los sueños, sobre las producciones de los alquimistas, sobre la figura de Job y de otros materiales provenientes de muchas otras religiones, sobre la mitología, sobre las figuras simbólicas del Tarot y del I Ching, sobre la filosofía, y un largo etcétera que no podemos abarcar. Son estudios que corresponden a la psicología analítica personal de Jung. Es parte de su contribución "particular" al estudio del contenido de la psique. Pero aquí nos interesa hablar solamente de psicoterapia junguiana, y como la psicoterapia junguiana se construye sobre la personalidad real de cada psicoterapeuta, debemos por fuerza encaminarnos en otra dirección, sin duda mucho más general y de clarificación metodológica. Nos sirve, para ello, recordar las implicaciones terapéuticas de un inconsciente visto como condición preliminar del ser conscientes (algo más que la connotación "negativa", descifrable, del inconsciente freudiano); de un inconsciente visto como motor de la transformación, y partícipe esencial de la capacidad simbólica del ser humano.

Resultará superfluo, así, indagar desde la conciencia sobre el material de los sueños, de las emociones, con la idea de traducirlo, de juzgarlo o de domarlo como si de un animal rabioso se tratase. Jung considera lo inconsciente el compañero ideal de lo consciente, en una relación de necesidad que instituirá la psique; la cual enfermará cuando una de las partes (ávida de convertirse en un "todo") quiera apoderarse de la otra, lo que dejaría a la psique desnutrida de su naturaleza armónica y dialéctica.

Por consiguiente, el inconsciente se desencadenará allí donde la conciencia, cancelando, juzgando o racionalizando según unas normas ajenas a los principios de la psique, haya pretendido resolver precipitadamente la tensión a la que la somete la libertad de lecturas. Del mismo modo que la conciencia se desencadenará cuando el inconsciente trate de seguir sus propios pasos, indiferente a la presencia estabilizante de la conciencia. Por eso llama Jung trascendente a la unión de los contrarios, su indisolubilidad: nada trascendería, ni sería susceptible de experiencia temporal, si no contemplase y aceptase la realidad psíquica de los contrarios.

A estas alturas, cabría preguntarse cuál es la meta que se propone la psicoterapia junguiana respecto a esa actividad inconsciente de la psique. Respecto a lo consciente, hemos dicho que psicoterapeuta y paciente debían ampliar la disponibilidad de sus respectivas conciencias, y, también, dirigirse hacia lo "otro" con un aumento en ambas partes de la disposición vigilante. Esa era la toma de conciencia de las causas. En el caso del inconsciente, por un lado, psicoterapeuta y paciente debían favorecer la actividad del inconsciente, hasta instaurar la función inconsciente de la psique. Por otro lado, lo inconsciente debe dirigirse hacia lo "otro" (en este caso, lo consciente) aumentando su capacidad de relacionarse con él. Veamos esa capacidad de lo inconsciente mediante los dos conceptos de "asimilación" y de "compensación".

Asimilar los contenidos del inconsciente quiere decir aprender a convivir con lo inconsciente sin darle una valoración moral; quiere decir la capacidad de advertir, en nuestro lado "en sombra", diversas tendencias, regresivas y progresivas (nunca solo una de las dos), susceptibles de evolución. La cura de lo inconsciente está en el esfuerzo de la fantasía por soslayar los principios morales y estáticos de la razón. Puesto que lo inconsciente no es un monstruo, es:

...la vida psíquica antes, durante y después de la toma de conciencia[47].

Ese esfuerzo de la fantasía se dedicará a devolverles el sentido a las profundidades inconscientes, "asimilándolas" con su valor primordial dentro del arco de la entera personalidad. Por ello, la asimilación supone una capacidad de integrar como propias las manifestaciones, los deseos y las imágenes de lo inconsciente, sin desnaturalizarlas a través de una conciencia que las repudie. En palabras de Jung:

La asimilación no trata de elegir entre esto y aquello, sino de aceptar esto y aquello[48].

Dada entonces una determinada manifestación de lo inconsciente, por ejemplo, un sueño, asimilar sus connotaciones será el tomar posesión del valor que en sí mismas conducen las imágenes. Desde ahí, se favorecerá la aparición de nuevas fantasías, analogías o asociaciones para enriquecer y ampliar el material inconsciente. Seguidamente, el psicoterapeuta añadirá otras analogías y asociaciones fruto de sus conocimientos generales y de su propia personalidad. Al final, de ese proceso resultará un entramado de elementos conscientes e inconscientes, personales y colectivos que se reflejará en un acercamiento simbólico a la temática y estructura del sueño. Para eso es necesario que el paciente y el psicoterapeuta sean capaces de "asimilar" la validez ínsita de las imágenes oníricas, sin caer en la tentación de querer interpretarlo todo.

La cura de lo inconsciente durante la psicoterapia junguiana es la no sobrevaloración de la conciencia en el momento de tomar posesión de las imágenes. Jung nos habla, al respecto, del peligro de la "inflación" del inconsciente, esto es, cuando la función de "realidad" con que tomamos las imágenes (perfectamente clara durante la asimilación de lo inconsciente) pasa a ser considerada un "valor" de realidad (cuando solo es la conciencia que valora), lo que provoca la enfermedad mental[49].

La asimilación de las producciones y posibilidades inconscientes –junto a la "vigilia" de la disposición consciente respecto a sus posibilidades y producciones-, supone la acción conjunta de lo consciente y de lo inconsciente. Vistas ambas como funciones de la psique (vigilia y asimilación; función consciente y función inconsciente), no nos es difícil entrever la colaboración posible cuando, por ejemplo, desde un sueño, paciente y psicoterapeuta recogen y asimilan el material inconsciente (los contenidos y las imágenes oníricas), y, sucesivamente, lo entrelazan con otros elementos inconscientes (efectos de la capacidad de asociación de las imágenes) y con elementos conscientes (efectos de la comprensión y de los conocimientos generales, sin llegar nunca a una valoración de las imágenes). El fruto de esa dúplice actividad va a ser el acercamiento progresivo de los intereses de la conciencia y el inconsciente. Acercamiento que, al ampliar su funcionalismo y al entrelazarlo con el precedente, provocará la desaparición de la disociación de la personalidad, en palabras de Jung:

La angustiosa escisión entre su lado diurno y su lado nocturno[50].

Jung concibe la psique como un retículo de funciones de actividad continua, cuyo resultado está mediatizado por el principio de compensación. La compensación es la facultad que cada contrario tiene de compensar a su opuesto. Los contrarios mediante los cuales se funda la entera psique, dialogan entre sí cuando cada uno de ellos es reconocido por lo que es, sin verter su significado más allá de lo que es su propio límite. Por eso la doble cura de la psique en la psicoterapia junguiana: una cura de lo consciente y una cura de lo inconsciente: un doble reconocimiento. Si la psique procediera a instalarse solo sobre uno de esos polos (reconociendo solo lo consciente, por ejemplo), su contrario, lo inconsciente, se desencadenaría por el otro lado, compensando así la falta de reconocimiento, aun cuando tal solución llevara a la psique a la escisión. Mas, si la labor de colaboración entre los contrarios estuviera asegurada, la labor compensatoria implicaría una función equilibradora, complementaria entre los contrarios. La comprensión psíquica sería entonces completa.

La psicoterapia junguiana buscará, de esa manera, asegurar tal colaboración entre los contrarios. La relación del inconsciente con el "otro" se desarrollará a través de la asimilación y del principio de compensación, de la misma manera que la vigilia llevaba lo consciente a dialogar con lo inconsciente. Se propondrá una doble meta, ya implícita en la elaboración del método sintético-hermenéutico. Derivará de ello una dialéctica capaz de generar formas inestables, en devenir, cuyo más alto resultado será el símbolo, con toda su capacidad de provocar la transformación, por lo que este ha de entenderse según su acepción junguiana; es decir, a mitad conocido y a mitad desconocido, a mitad consciente y a mitad inconsciente, a mitad desembocadura y a mitad fuente. Para señalarlo bastará una interpretación hermenéutica, ampliadora y favorecedora de un "sentido" inagotable. Esa es la síntesis que producen lo consciente y lo inconsciente cuando ninguno de los dos pierde los límites de su acción psicológica, su "realidad". Tal como nos dice Jung, hablando del final de su psicoterapia:

Estoy convencido de que la psicoterapia habrá finalizado solo cuando el paciente disponga de un conocimiento suficiente de métodos que le permitan mantenerse en contacto con el inconsciente, junto a discretas nociones de psicología en virtud de las cuales pueda entender, al menos aproximadamente, las líneas de vida que afrontará sucesivamente[51].

8. Perspectivas de la psicoterapia junguiana.

Después de esbozar los precedentes históricos de la obra de Jung y de esclarecer, al menos en sus líneas generales, su metodología para la construcción de la psicoterapia, ha llegado el momento de tener que preguntarnos en qué modo nos afecta esa historia y esa metodología. ¿Existe hoy una psicoterapia junguiana? ¿Estamos todos de acuerdo con sus líneas constitutivas? ¿Qué ha sucedido desde la muerte de Jung hasta nuestros días?

Desde luego, en los últimos cincuenta años hemos visto un gran empuje del junguismo en casi todas sus líneas. Jung, un estudioso infatigable, dejó abiertas las puertas para el estudio de un material inabarcable para una sola persona. Después de su muerte, acaecida en 1961, las profundizaciones de senderos abiertos por él se han multiplicado enormemente, y han provocado un florecimiento extraordinario del pensamiento junguiano que ha llegado hasta la actualidad. En paralelo, y no solo en Europa, se han constituido asociaciones, centros y fundaciones dedicados a la enseñanza y el estudio del pensamiento y de la obra de Jung.

Como es obvio, no todos los estudiosos después de Jung han seguido una dirección idéntica. Ha habido diversas profundizaciones: en el material mitológico, en el arquetípico, antropológico, filosófico, en la fábula, en el símbolo, en el material de lo colectivo, en el arte, etcétera, etcétera. Cada investigador, entonces, ha seguido la vía que le ha sido más congenial y cercana a su propia personalidad. Este hecho, perfectamente coherente con la responsabilidad de cada sujeto por la que abogó el propio Jung, ha conducido, por una parte, a extender el ámbito de intereses de lo junguiano, lo que ha aumentado la complejidad de lo que se entiende por psicología analítica; y, por otro lado, ha enriquecido progresivamente el patrimonio de lo que se entiende por junguiano.

Sin duda, este florecimiento es positivo. Nunca como hasta ahora lo junguiano ha conseguido tal extensión, reflejada en la multiplicación de las traducciones de las obras de Jung y en las profundizaciones en torno a ellas. Si acaso, lo que pretendo con este artículo es, por un lado, vivificar el campo junguiano con una discusión sobre su psicoterapia, la cual –es mi pequeña opinión- quizá haya quedado un tanto relegada respecto a lo que han sido los estudios sobre otros campos de la psicología analítica. Por otro lado, pienso que este poner en una posición central el discurso sobre la psicoterapia junguiana, ayude a aclarar el talante, en la práctica, de la figura de Jung.

La verdad es que se hace difícil hablar de Jung desde el olvido o desatención de su condición de médico psiquiatra y de psicoterapeuta. Pienso (aunque es el mismo Jung quien lo admite) que el conjunto de su obra sea deudora sobre todo de sus experiencias psicoterapéuticas. Jung comenzó a ocuparse de las producciones de la psique desde bien pronto, aunque el mayor impulso en sus estudios debió esperar a sus experiencias con esquizofrénicos y otros enfermos en la clínica Burghölzli. Desde ahí, la figura de Jung comenzó a hilvanar su método de relación con los pacientes. No hizo falta que pasara mucho tiempo para que Jung se diera cuenta de los prejuicios con que los esquizofrénicos eran "estudiados" en aquellos años. En su talante de médico convencido de la utilidad de la psicoterapia, aceptó trabajar con la doble premisa que lo habría de acompañar durante toda su carrera, es decir, por un lado: *el enfermo tiene una psique igual que la mía*, y, por otro lado, *en su psique está pasando algo diferente que en la mía*. Similitud de base y diferencia de estado, que es el presupuesto fundamental e insoslayable de toda psicoterapia. Eran presupuestos ya presentes en Bernheim, en Janet, en Dubois. Jung fue discípulo de Janet y conocedor de los demás pioneros de la psicoterapia, en virtud de lo cual llevó e incorporó dichos presupuestos a todos los síndromes psíquicos, incluidas las psicosis, que por entonces todos creían irrecuperables y de etiología exclusivamente orgánica.

Con el paso del tiempo, después de su intensa relación con Freud, relación que marcó profundamente a Jung, este fue apurando el conjunto de premisas y el método sintético-hermenéutico que anteriormente he intentado aclarar. De este método, que también llamó constructivo o anagógico, puede deducirse el marco psicoterapéutico de donde surgió toda la obra de Jung, que no es, según mi modesta opinión, una especulación teórica, ni una historia de las religiones, ni sociología, ni una especulación hermenéutica, sino la traducción, a veces lúcida y plena de intuiciones, a veces contradictoria o necesariamente parcial, de una experiencia terapéutica seguida bajo los presupuestos –limitados y a la vez fascinantes- de la práctica psicoterapéutica.

Veamos ahora de qué modo, y a través de qué asunción de los propios límites, Jung habla de las otras psicoterapias y nos propone un marco de discusión, alrededor de la psicoterapia en general y de su psicoterapia en particular, que espero ayudar a que se produzca.

Si por ejemplo pudiera admitirse que no somos nosotros los personales creadores de nuestras verdades, sino solo sus exponentes, simples portavoces de las necesidades psíquicas de nuestro tiempo, evitaríamos mucho veneno y amarguras, y nuestros ojos aprehenderían los nexos profundos y suprapersonales del ánima de la humanidad[52].

Exponentes y no creadores de nuestras verdades, simples portavoces de las necesidades psíquicas de nuestro tiempo, nexos profundos y suprapersonales del ánima de la humanidad. Esta cita es un compendio de metodología psicoterapéutica. De ella se deducen la subjetividad del exponente de la verdad (el psicoterapeuta, el estudioso), el vínculo estrecho con el tiempo en que se vive, y la similitud basilar de toda psique. Hagamos un poco de historia. Después de la publicación, en 1921, de *Tipos psicológicos*, Jung dio por terminada la búsqueda de un sistema único –de un método unitario- para comprender la psique. La segmentación que en esa obra sufría la psique, clasificada en ocho tipos diferentes, en ocho modalidades de predisposición, no solo no empujó a Jung a hacerse un esquema de una teoría psicológica exhaustiva y válida para cualquier caso; sino que, por el contrario (y paradójicamente), provocó en Jung la convicción según la cual él mismo debía estar incluido en uno de esos tipos.

Es más, llevando al máximo las implicaciones del texto de *Tipos psicológicos*, podemos pensar que el esfuerzo por comprender y dar sentido a cada una de las disposiciones de la psique, supuso en el autor, ya en forma diáfana, la convicción de la individualidad de todo sistema psíquico. Digamos que el presupuesto basilar de la psicoterapia, según el cual cada psique "es" –en el conjunto de sus piezas- similar a otra, no sufría puesta alguna en discusión. El problema estribaba en el lado opuesto: ya que cada psique, por las características individuales que le provoca el cohabitar con un cuerpo particular y el responder a una historicidad irrepetible, "se manifiesta", de persona a persona, de manera combinatoria diferente (con el privilegio de unas piezas sobre otras), entonces este efecto en la vida psíquica no solo diferenciaba a los individuos entre sí, puesto que les daba una psiquicidad irrepetible y parcial respecto a la totalidad de las piezas; sino que, además, provocaba en el mismo estudioso –en este caso el psicólogo, el estudioso de la psique de los individuos- una dimensión particular, asimismo irrepetible y necesariamente parcial, respecto de la totalidad de miradas que podían dirigirse a las generalidades de la psique. De hecho, después de *Tipos psicológicos*, Jung, metaforizando el resultado de las ocho disposiciones (pensamiento, sentimiento, sensación e intuición, combinadas con las dos variables introvertido, extrovertido), alcanzó la idea según la cual el ámbito de toda teoría psicológica de carácter general no debía ser considerado sino como el resultado –mejor o peor- de una psicología personal, la de su mismo creador[53].

Puestas así las cosas, los años que siguieron a la edición de los *Tipos*, y que condujeron a Jung a publicar la mayoría de sus artículos sobre psicoterapia, sirvieron para ahondar más todavía en la temática del relativismo teórico respecto al problema de la psique. Jung se dio cuenta de que el método sintético-hermenéutico o anagógico, mediante el cual pretendía conseguir la armonía psíquica a través del diálogo entre los contrarios –a través de los símbolos, por ejemplo-, era el resultado de su propia manera de entender los procesos psíquicos, debido a su perspectiva cultural y a su experiencia psicoterapéutica personal. Asimismo, los otros métodos existentes en su tiempo se debían a otras psicologías personales que los habían originado. Debían corresponder, según Jung, a otras disposiciones psíquicas tan válidas, obviamente, como la suya. Si la mayor preocupación de Jung era sentar las bases de una psicoterapia verdaderamente individualizada, está claro que no podía condenar las otras direcciones psicoterapéuticas por el hecho de que no coincidieran con la suya. En ellas se encerraba otro ángulo visual y, por tanto, de ellas podían deducirse nuevas y útiles implicaciones psicológicas. Dicho con palabras de Jung:

Para evitar malentendidos añadiré enseguida que la nueva óptica no considera en absoluto incorrectos, superfluos o superados los métodos existentes; ya que mientras más se profundiza en la comprensión de la psique, más se convence uno de que la multiformidad y la multidimensionalidad de la naturaleza humana conllevan la máxima variedad de métodos y puntos de vista para responder a la variedad de las disposiciones psíquicas[54].

De esta manera, los métodos que existían para afrontar la psicoterapia –el psicoanálisis de Freud, la terapia sugestiva de Bernheim, la persuasión de Babinski, el método educativo de Adler, etcétera- al llevar a la luz determinados hechos psíquicos, no podían ser considerados erróneos por parciales que fueran. Y, así, Jung mismo no dudaba en utilizar, en determinados casos, cualquiera de las implicaciones de dichos métodos (a los que resume, quizá un tanto malévolamente, con el nombre de métodos analítico-reductivos o racionales) para tratar de reducir, a través de una u otra teoría prefijada, los síntomas y la vida psíquica del paciente a significados claros y estables, siempre que eso se demostrase terapéutico.

Es, pues, absurdo –nos dice- someter a un paciente al que le falte solo una buena dosis de sentido común a un complejo análisis de su sistema pulsional, o exponerlo a las desconcertantes puntillosidades de la dialéctica psicológica[55].

En otro de sus artículos[56], Jung habla de psicoterapia como de una sucesión de diversos estadios, todos necesarios, y en el que su método sintético-hermenéutico (visto como el cuarto estadio, el de la transformación) ocupa solo una parte de lo que va a ser el conjunto de las operaciones terapéuticas, si bien se proponga como la etapa resolutoria. En ese artículo nos habla de la importancia de la confesión como primer estadio (y, entonces, de la asimetría de las atribuciones morales bajo la que frecuentemente comienza cualquier tipo de terapia); de la necesidad de clarificación como un segundo estadio (en el que la asimetría se determina como el uso por parte del terapeuta de interpretaciones esclarecedoras del material proveniente del estadio precedente, la confesión); de la eventualidad de un tercer estadio educativo, entendido como trasvase de conocimiento, desde el terapeuta al paciente, con el fin de que este último comprenda su similitud con los otros miembros de la sociedad (estadio de clara procedencia adleriana, y que en Jung irá a significar posteriormente la adaptación necesaria y consiguiente para enfrentarse al último estadio, el de la transformación o individuación).

Resulta evidente, si quiere establecer una relación psicoterapéutica capaz de servirse de todos estos aspectos, que el psicoterapeuta deberá tener una determinada y amplia formación teórico-práctica. Ciertos estudios de Freud, de Adler y de otros psicólogos pueden resultar fundamentales. Del mismo modo que habrá de tener conocimientos de otros campos no incluidos en la psicología, como son aspectos religiosos, filosóficos, fisiológicos, económicos, antropológicos, es decir, de la existencia en general, si es que quiere comprender ciertas dinámicas humanas. Además, por otra parte, va a resultar necesario que se abandonen esos estadios para pasar a los sucesivos; para ello, el psicoterapeuta deberá relativizar las teorías y hacerlas vigentes solo el tiempo adecuado para esclarecer lo que, de manera espontánea, vaya manifestando el paciente. Nos dice Jung:

En psicoterapia el gran factor de curación es la personalidad del terapeuta: y esa no es dada *a priori*, no es un esquema doctrinario, sino que representa el máximo resultado alcanzado por él. Las teorías son inevitables, pero como simple auxiliares. Si se elevan a dogmas, demuestran que ha sido reprimida una duda interior. Se precisan muchos puntos de vista para dar un cuadro aproximado de la multiformidad de la psique; por ello, se equivoca quien reprocha a la psicoterapia el no saber unificar sus propias teorías. Si se diera ese consenso, solo demostraría una estéril unilateralidad. Ni la psique ni el mundo pueden ser enjaulados en una teoría. Las teorías no son artículos de fe, sino a lo más instrumentos de conocimiento y de terapia; si no es así, no sirven para nada[57].

Pero la mayor aportación de Jung no es esta relativización de las teorías y métodos con los que curar la psique. La cuestión de mayor importancia para la psicoterapia no es esa prueba de humildad, a través de la cual da cabida en la práctica a los métodos existentes y los devuelve, al igual que a su propio método, al ámbito psíquico de su mismo creador (con lo que los limita, por un lado, y, por el otro, les restituye la validez). Pues esto podría encontrar explicación no en una presunta humildad, sino en una presunta ambigüedad, en una falta de confianza en su propio método. De esa manera, ya que sirve cualquier método, por qué no defender el suyo, aun no responsabilizándose del todo de él, sería el corolario de esta inversión de puntos de vista. Por otra parte, alguno puede preguntarse: si los métodos existentes eran válidos, para qué añadir otro y, así, aumentar la confusión en la gestión y en el lenguaje de la conducta terapéutica.

En realidad, la aportación mayor de Jung es la reflexión sobre la subjetividad de todo investigador de la psique, así como también el poner el punto central de la psicoterapia sobre la personalidad del terapeuta. Las implicaciones en el ejercicio de la psicoterapia son consecuentes:

disponibilidad del terapeuta a actuar el diálogo con el "otro" en igualdad de condiciones; destitución del terapeuta del trono de la "verdad" absoluta.

Como vemos, el diálogo psicoterapéutico no es más que la traducción del diálogo intrapsíquico. Si en el diálogo intrapsíquico el "otro" era la Sombra, lo inconsciente, la psique colectiva, y si el diálogo debía fundarse en los iguales derechos entre los respectivos opuestos (diálogo mediatizado por el sí-mismo, compendio del proyecto dialogístico de la psique en el tiempo); en el caso de un diálogo con un "Otro" absoluto, como es el paciente, regirán las mismas leyes de respeto y de iguales derechos e individualidad operativa, bajo la dirección del proyecto dialogístico que es la psicoterapia junguiana.

La sensación es que Jung aporta al campo de la psicoterapia un método (sintético-hermenéutico, constructivo, anagógico o dialogístico), el cual, delimitado sobre la psique del psicoterapeuta, responsable de la acción terapéutica, es en realidad lo contrario, un no-método, puesto que no presume una verdad estereotipada, sino que se estipula sobre un procedimiento (el diálogo entre dos psiques) que para su conformación necesita la presencia de los contrarios, de dos sistemas psíquicos diferenciados y puestos a interaccionar entre sí en igualdad de condiciones.

Por eso –dice Jung-, si quiero cuidar la psique de un individuo debo, quiera o no, renunciar a todo privilegio, a toda autoridad, a todo deseo de ejercer mi influencia: debo por fuerza seguir un método dialéctico, que consiste en una comparación de nuestros respectivos datos. Y esta confrontación solo será posible cuando yo dé al otro la posibilidad de presentar su material lo más perfectamente posible, y sin limitarlo con mis suposiciones. Su sistema entrará así en relación con el mío y actuará sobre él. Esta acción es lo único que yo, en cuanto individuo, puedo contraponer legítimamente al paciente[58].

Se trata de un procedimiento basado en el diálogo y que le sustrae al psicoterapeuta la presunción de ser portador único de verdad. Su meta es la transformación de la personalidad del paciente, en la que este alcance la armonía entre todas las esferas de su psique. Mas no siempre, para Jung, es posible instaurar un procedimiento dialéctico. Jung habla fundamentalmente de dos contraindicaciones: una es la posibilidad de carencias en el psicoterapeuta, otra la contraindicación de tal procedimiento en el paciente.

En primer lugar, el psicoterapeuta puede ser incapaz de utilizar el procedimiento dialéctico, debido, sobre todo, a la existencia en él de complejos psíquicos que podrían hacerle sojuzgar el material psíquico del paciente, y debido a carencias de personalidad que le impidieran actuar en una psicoterapia, donde va a ser necesario entrar en relación con otro sistema psíquico como interrogante y como interrogado[59].

Por otra parte, al entrar en relación con otro sistema psíquico careciendo por fuerza de un estatuto de seguridad y de capacidad de control, el psicoterapeuta "dialogante" va a ser transformado a su vez en su propia personalidad, pudiendo sufrir "infecciones" psíquicas de diversa naturaleza que le reaviven una neurosis latente. Debido a todo ello, el psicoterapeuta –que va a disponerse a actuar en un procedimiento dialéctico bajo la única consigna del desarrollo individual del paciente-, debe asistir contemporáneamente a una psicoterapia sobre sí mismo con otro psicoterapeuta suficientemente experto. Eso, para Jung, es una condición primordial para poder llevar a cabo una psicoterapia analítica.

En el caso del paciente, Jung propone diversas situaciones en las que está contraindicada una psicoterapia basada en el diálogo. Podemos resumirlas de la siguiente manera: una terapia sintético-hermenéutica, problemática, dialogística o anagógica, puede llevarse a cabo solo cuando las condiciones del paciente puedan hacer presumir su indicación. En caso contrario, si la persona necesita solo algún consejo, o ampararse en las interpretaciones teóricas para solventar la inseguridad existencial bajo la que vive sus síntomas y sufrimientos, o si necesita acceder a conocimientos para lograr adaptarse al colectivo –antes penosa y ambivalentemente asumido-, entonces es mejor, en palabras de Jung, usar una terapia racional o analítico-reductiva, que trata de conducir al paciente a un tipo de orden basado en la sola fe, en una teoría bien delimitada y coherente, o simplemente en la unidad formal del estilo con que interpreta el terapeuta[60].

Mas, en el caso de que aparezcan, en el mundo psíquico del paciente, símbolos amenazantes, contenidos mitológicos o arquetípicos, y si eso provocara angustia y ausencia de libertad personal, entonces se requiere un procedimiento capaz de sustraerles a esos contenidos su carga colectiva, a través de la asimilación progresiva de los contenidos inconscientes. Objetivo que solo puede ser conseguido a través del método sintético-hermenéutico, el cual llevará a la individuación e integración de la personalidad, y a la consecuente superación de la disociación del paciente.

Para ello se llevará a cabo una psicoterapia dialogística o anagógica, así como también en el caso de que resulte ineficaz o insuficiente una psicoterapia racional previamente establecida, o cuando el paciente manifieste y necesite un impulso hacia la toma de conciencia de las causas, o cuando su naturaleza espiritual o artística reclame la imaginación activa u otras técnicas para activar lo inconsciente. Ya que, junguianamente hablando, no se trata de la elección drástica entre este o aquel tipo de psicoterapia; sino de concebir la cura como un recorrido temporal, susceptible entonces de más de una puesta en escena, hasta hallar la vía más directa y propicia para conciliar de manera armónica y por un momento todos los polos de la psique. Psique que, desde ese instante, reconocerá y dará sentido –de acuerdo con las circunstancias y las nuevas intenciones- a las líneas de vida que le estén destinadas.

Estos son los límites que Jung pone en el paciente. La posibilidad de que el método dialogístico no sea indicado en este momento para las necesidades y posibilidades del paciente. Está claro que eso es una elección subjetiva de cada psicoterapeuta: es la personalidad del psicoterapeuta la encargada de pensar si es o no indicado el diálogo para ese paciente. Personalmente creo, y me gustaría provocar una discusión al respecto, que en la sociedad actual, multimediática y escasamente clasificable en cuanto a posibilidades y necesidades culturales (muy diferente, en todo caso, a la sociedad que Jung conoció, mucho más dividida en cuanto a "posibilidades culturales"), deba ser el paciente quien nos indique la vía a seguir. El mundo se ha vuelto mucho más complejo e inaprensible *a priori*: el que un individuo haya cursado, por ejemplo, estudios de música, no nos dice nada acerca de su auténtica sensibilidad musical, la cual puede estar ausente o presente, tanto como pudiera estarlo en un parado de la construcción o en una muchacha que estudia veterinaria y trabaja en un bar para costearse la independencia. En cualquier caso, creo que merezca la pena dejar esta discusión abierta a un mayor número de interlocutores.

El *setting* junguiano, es decir, la puesta en escena de los presupuestos junguianos, es una traducción escenográfica de esa búsqueda de diálogo entre psicoterapeuta y paciente. Posición simétrica, acuerdo sin prejuicios sobre la cuestión económica y el número de encuentros. Colaboración mutua, y no un saber (el del psicoterapeuta) trasvasado al no-saber del paciente. Puede ocurrir (bastante frecuentemente, quizá) que sea el psicoterapeuta quien deba acoger el saber del paciente, puesto que no existe una razón convincente para pensar que el mero hecho de ejercer el papel de psicoterapeuta le regale, de paso, un predominio cultural o ni tan siquiera intuitivo. Para evitar ese error de base, el psicoterapeuta deberá conocer durante toda su carrera la posición de paciente, a través de una psicoterapia personal continuada, a través de la didáctica personal o de las supervisiones. Mejor será, en todo caso, que no olvide la relatividad de su papel en la psicoterapia y siga atentamente una autorreflexión sobre el tema del poder.

Creo que esa condición preliminar de igualdad de derechos es lo que confiere a la psicoterapia junguiana su apertura concreta al mundo actual. Muchas cosas han sucedido desde que Jung emprendió la tarea de esclarecer los presupuestos de la psicoterapia. El ingreso masivo de la mujer en la realidad colectiva, con su ingreso en la labor psicoterapéutica e, incluso, teórica. El desafío y la labor que precisa el completar ese ingreso a todos los niveles, desde una perspectiva psicológica y auténticamente paritaria. Los nuevos problemas sociales y económicos. Las imprevisibles mutaciones y vaivenes del panorama internacional. La multiplicidad provocada por el mundo de las comunicaciones, con el descentramiento y el cambio del concepto de identidad (nacionalismos exacerbados o internacionalismo en arraigo). Resulta obvio que estos cambios, y muchos más que no he citado, han ejercido una gran influencia sobre la psique, y han puesto en juego otras piezas de la psique que antes no se conocían o que, al menos, se plasmaban de otra manera. Pero también es verdad lo contrario. Muchos de los cambios actuales, y de los que vendrán en el futuro, dependen de una nueva disposición de la psique, motor de nuestros progresos o de nuestras regresiones.

Ante estos cambios, la psique sufre de otra manera respecto a cómo lo hacía cincuenta o sesenta años atrás. La psique sufre siempre "de otra manera", por motivos que en lo concreto son diferentes de caso a caso, de tiempo a tiempo, no pudiendo nunca ser generalizados. Mas todos sabemos, independientemente del tiempo en que vivamos, qué es el sufrimiento psíquico, y sabemos también reconocerlo aun cuando, por ejemplo, quien lo esté sufriendo sea para nosotros solo un personaje, como la Antígona clásica o el Otelo de Shakespeare. Puesto que sabemos reconocer (o conocer "dentro") el dolor que producen la desventura y el desequilibrio.

Las perspectivas de la psicoterapia junguiana se encierran en la capacidad de cada psicoterapeuta de establecer y fomentar –con la plena libertad de su personalidad y con la responsabilidad de su función- ese diálogo a tono con la forma contemporánea del sufrimiento psíquico de cada paciente. Un diálogo que favorezca en el paciente la armonía y el equilibrio entre todos sus elementos psíquicos, y que pueda servir como punto de partida para un más consciente y fecundo "diálogo con el mundo".

Para terminar, y jugando con una expresión de Gadamer, en la que cambio la palabra "lingüisticidad" por la de psicoterapia, puede decirse:

La psicoterapia: un puente o un límite. Un puente, gracias al cual uno comunica con el otro y, más allá del fluir de la corriente de alteridad, instituye momentos de identidad; o un límite, que nos aleja del abandono, y aun nos impide expresarnos del todo.

CAPÍTULO II

LA PSICOLOGÍA ANALÍTICA O EL ARTE DEL DIÁLOGO[1]

1. La doble referencialidad de la obra junguiana y posjunguiana[2].

En la base del género está la idea socrática de la naturaleza dialógica de la verdad y de la humana reflexión sobre ella. El método dialógico de búsqueda de la verdad se contraponía al monologismo oficial, que ambicionaba la "posesión" de una verdad "ya acabada"; se contraponía a la ingenua presunción de los hombres que creen saber algo, es decir, que creen poseer ciertas verdades. La verdad no nace ni se encuentra en la cabeza de un hombre solo: ella nace "entre los hombres", que juntos buscan la verdad, en el proceso de su comunión dialógica.

Mijail Bajtin.

Esta pequeña y esclarecedora cita de Bajtin, referida a la profundidad y complejidad del estilo literario del gran maestro de las letras Fedor Dostoyevski[3], puede servirnos para iniciar nuestra reflexión en torno a la posible distinción entre el proceso que coadyuva a la construcción de una Psicología, y ese otro proceso, mucho más limitado e interpersonal, que se dirige hacia el establecimiento de un diálogo terapéutico, es decir, hacia la Psicoterapia.

Ante todo, ¿es esta una distinción pertinente? ¿Es que no son lo mismo la psicología y la psicoterapia? En realidad, a lo largo del Siglo XX, la mayor parte de los supuestos de cada teoría psicológica, y las aplicaciones prácticas o nociones clínicas a ellas conectadas, han sido concebidas solo como distintos momentos de un *continuum* coherente y aunador. Así, el desarrollo y la comprensión de las líneas teóricas de fondo ya llevaba consigo la ejemplificación de determinados cuadros clínicos y la aplicación de determinados modelos terapéuticos. Eso quiere decir, por ejemplo, que la especulación sobre los contenidos del inconsciente presuponía una psicopatología de las enfermedades producidas por él, así como también un abordaje, en modo preliminar, dirigido hacia la resolución de dichas enfermedades. En concreto, las tópicas freudianas, el concepto de represión, los mecanismos de defensa del Yo, la psicopatología subyacente y la interpretación terapéutica no eran sino secuencias diferentes de un mismo saber. Es más, el saber y el obrar eran considerados como habitaciones de un mismo edificio constitutivo, en el cual, en más de una ocasión, quedaban eliminados incluso los muros separadores en el interior del habitáculo.

Este estado de cosas es más que comprensible en el Psicoanálisis. Esta ciencia nacía, se desarrollaba y profundizaba a equidistancia de la Psicología (ciencia que estudia la psique) y del análisis (método terapéutico de resolución de los conflictos psíquicos). Haciendo fuerza por igual sobre estos componentes, el psicoanálisis es en parte ciencia y en parte método terapéutico, aunadas ambas particularidades por la síntesis neológica de la palabra psicoanálisis.

Recordemos un poco la historia. El método analítico, gran representante de la Ilustración, había acabado por colonizar, a finales del Siglo XIX, casi todo el territorio de las ciencias naturales. Su influencia, incluso, había acabado por fecundar los últimos estudios de la química y de la alta matemática. Dada esta expansión sin límites del método analítico en la época positivista, ¿por qué no incorporarlo, pues, al último feudo aún por dominar, esto es, al feudo enigmático y escurridizo de la psique? ¿Por qué no fundar una ciencia que, apoyada en el análisis psíquico, sirviera de base conceptual para indagar los contenidos de la psique y, a la par, como vehículo de cura? ¿Por qué no devolver los territorios transitados por la historia de la cultura a la cruda aceptación de una pertenencia natural?

Ese fue el gran reto de la ciencia fundada por Breuer y Freud. Tratar de unificar criterios para moverse expansivamente en ese territorio casi virginal; investigar las fuerzas naturales veladas o encubiertas tras la máscara de la cultura y de los afectos; desentrañar el mecanismo represor ocultador de la verdad y la paradójica inversión ejercida por los mecanismos de defensa en los niveles del afecto, etcétera, etcétera. Todo ello con un método inductivo-analítico capaz de tejer, desde los cimientos, un edificio teórico-empírico lo suficientemente sólido como para erigirse en sede de una nueva ciencia.

Indudablemente, el esfuerzo valió la pena. Después de una portentosa maniobra de excavación en la base de los cimientos (que debió resistir los múltiples rechazos y actos de repulsa provocados por la mentalidad puritana de finales del Siglo XIX e inicios del XX), Freud acabó por imponer al público europeo y americano su ciencia y algunas de las consideraciones que la acompañaban.

Todos debemos agradecerle ese esfuerzo realizado, sin el cual ahora no tendríamos la oportunidad de seguir indagando sobre la psique, sus enfermedades y sus remedios.

Pero volvamos a nuestro tema central. ¿Es que los presupuestos de una ciencia, el psicoanálisis, pueden escindirse de su directa aplicación práctica, de una técnica terapéutica, de una psicoterapia cuyo adjetivo principal en nuestros días sigue siendo precisamente el de psicoanalítica? ¿Existe alguna razón convincente para separar una psicología de su psicoterapia consiguiente?

Nosotros creemos que sí, y lo creemos por varias razones. En primer lugar, sin esa separación, los conocimientos provenientes de diversas teorías psicológicas no llegarían nunca a estar suficientemente equilibrados en el tronco común y globalizador de la Psicología, y tomarían de manera literal su pertenencia a un orden práctico; lo que daría lugar a un sinfín de psicologías, encontradas entre sí, y, paradójicamente, cada una de ellas con la excesiva pretensión de erigirse en la "auténtica". En segundo lugar, sin esa distinción estaría devaluada la historia y pregnancia bimilenaria del arte de la Psicoterapia, es decir, del arte que, poniendo en relación dos psiques diferentes bajo el estatuto de la búsqueda de alivio para una de ellas, ha entreverado, en nuestra cultura así como también en otras alejadas, la respuesta más "humana" para la "enfermedad" más humana. En tercer lugar, y téngase en cuenta ese orden solo por motivos de necesidad, sin esa distinción la Psicología carecería de límites al creer estar avalada en exclusiva por la empiria, con lo cual, una vez juzgadas y devaluadas la medicina y la psiquiatría en cuanto poseedoras "solo" de una verdad biológica, podría llegar a albergar la pretensión de constituir el único saber válido, el auténtico saber que puede aportar conocimiento de la psique; cuando, en realidad, la filosofía, la religión, la antropología, las artes plásticas, la poesía misma, por citar solo unos pocos ejemplos, dan razón, con sus múltiples visiones y sus múltiples logros, de lo que la psique es capaz de producir en cualquier situación y desde cualquier perspectiva. Y esas producciones interesan también en sí mismas, no pueden ser "leídas" desde una perspectiva "psicológica" ni, por el contrario, ser despreciadas como lejanas o extrañas al reino de la psique.

Entonces, a nuestro modo de ver, existen poderosas razones para separar la Psicología de la Psicoterapia, aunque solo sea para salvarlas a ambas de una excesiva reducción autística, así como también de una posible inflación totalitaria y dogmática. Pongámoslas pues a ambas, tras individuarlas, en relación con sus hermanas repudiadas con el fin de demostrar que, si son tomadas con la debida relatividad, separación y diálogo se favorecen mutuamente en una situación circular.

2. La doble mirada del hombre: el mundo como objeto y sujeto de relación.

Hasta ahora hemos defendido las razones de una diferenciación entre la Psicología y la Psicoterapia. Lo hemos hecho para abrir un diálogo; así que, antes de pasar a materiales estrictamente junguianos, veamos qué puede decirnos una voz tan alejada de los avatares de la construcción de una psicología como la del filósofo y teólogo judío Martin Buber, con la esperanza de que la cita, aun extensa, nos ayude a despejar el camino:

Para el hombre el mundo es doble, en conformidad con su doble actitud. Percibe todo lo que le rodea, las simples cosas, los seres vivientes en cuanto cosas. Percibe lo que ocurre en torno a sí, los meros hechos y las acciones en cuanto hechos; las cosas compuestas de cualidades y los hechos compuestos de momentos; las cosas tomadas en la red del espacio, y los sucesos tomados en la red del tiempo; las cosas y los hechos delimitados por otras cosas y por otros hechos, mensurables entre ellos, comparables entre ellos, un mundo bien ordenado, un mundo aislado. Este mundo merece hasta cierto punto nuestra confianza. Tiene densidad y duración. Su ordenamiento puede ser abarcado con la mirada; se lo tiene bajo la mano, se lo puede representar con los ojos cerrados y examinarlo con los ojos abiertos. Está siempre allí, contiguo a tu piel, si lo consientes, acurrucado en tu alma, si lo prefieres; es tu objeto, permanece siéndolo mientras así lo deseas; te es familiar, ya sea en ti o fuera de ti. Lo percibes, haces de él tu "verdad", se deja captar, pero no se te entrega. Es el solo objeto sobre el cual puedas "entenderte" con otro; aunque se presenta diferentemente a cada uno, está siempre pronto para servirte de objeto común. Pero no es el lugar donde puedas encontrarte con otro. No podrías vivir sin él, su sólida realidad te conserva; pero si mueres en él, tu sepulcro estará en la nada.

Por otro lado, el hombre que encara lo que existe y lo que deviene como su interlocutor, siempre lo confronta simplemente como un ser "singular"; y a cada cosa la confronta simplemente como un ser. Lo que existe se le descubre en el acontecer, y lo que acontece se le presenta como lo que es. Solo le está presente esa cosa única, pero ella implica el mundo en su totalidad. Medida y comparación se borran; de ti depende que una parte de lo inconmensurable se vuelva realidad para ti. Esos encuentros no se ordenan de manera de formar un mundo, sino que cada uno es una señal del orden del mundo. No están ligados entre sí, sino que cada uno te garantiza tu solidaridad con el mundo. El mundo que se te aparece bajo esta forma apenas merece tu confianza, porque continuamente adquiere otro aspecto; no puedes tomarle la palabra. No tiene densidad, pues todo en él lo penetra todo; no tiene duración, pues aparece sin que se lo llame y se desvanece cuando se lo retiene. No puede ser examinado, y si quieres hacerlo susceptible de examen, lo pierdes [...] Es para ti la presencia; solo por él tienes presencia. Puedes convertirlo en un objeto para ti, puedes experimentarlo, utilizarlo. Hasta estás constreñido a hacerlo una y otra vez. Pero en cuanto lo haces, ya no tienes más presencia. Entre él y tú hay reciprocidad de dones: le dices "Tú" y te das a él; él te dice "Tú" y se da a ti. No puedes con nadie entenderte a su respecto. En el encuentro con él, estás con él solo. Pero él te enseña a encontrarte con otros y a sobrellevar el encuentro. Por el favor de sus apariciones y por la solemne melancolía de sus partidas, te

conduce hacia el "Tú" en el cual las líneas paralelas de las relaciones se encuentran. Nada hace para conservarte en vida; solo te ayuda a atisbar la eternidad[4].

Este fragmento de Buber, recogido de su obra *Yo y Tú*, en donde se fragua el principio dialógico, creemos que puede servir para diferenciar esa doble mirada, esa doble visión del mundo a la que están abocados, como todos los demás seres humanos, los psicoterapeutas. En efecto, cualquier psicoterapeuta conoce perfectamente los avatares objetuales, es decir, cuándo su atención se dirige a la psique de su paciente en cuanto objeto de conocimiento, y entonces el diagnóstico, el encuadre, la línea interpretativa del malestar; y conoce también los avatares dialógicos, aquellos en los que el paciente aparece, aunque sea por un instante, solamente con su naturaleza de sujeto individual. Digámoslo de otra manera, e invirtiendo los términos: cualquier psicoterapeuta conoce cuándo está trabajando bajo las directrices de sus conocimientos adquiridos, de sus estudios y manuales, y cuándo, por el contrario, actúa bajo el prisma de su subjetividad, de su biografía y de sus experiencias existenciales. El problema, si acaso, reside en saber distinguir ambas miradas y, especialmente, en no confundir los efectos que cada una de ellas produce inevitablemente en el curso de la relación.

Distinguir esas dos facetas significa poder servirse de cada una de ellas. Por un lado, los conocimientos de la ciencia psicológica pueden servirnos para colorear de objetividad un contacto entre psiques que, de otra manera, correría el riesgo de deslizarse impotentemente por los meandros de la mera subjetividad incomunicable. Por otro lado, los conocimientos de la ciencia del espíritu, propia del especial arte del diálogo que es la psicoterapia, ayudan a no dejarse vencer por el espejismo de una "solución final" clasificadora y negadora de las diferencias individuales.

La ciencia que estudia la psique y que pretende curarla, sabedora de su pertenencia a un tiempo determinado, debería, pues, tratar estas dos materias con suficiente autonomía. Pues el estudio de la Psicología es acumulativo y multiforme, y se abre de continuo hacia otras disciplinas, tal como hemos recordado antes. La Psicología con mayúsculas no es nada más que la suma de las psicologías aparecidas más o menos visiblemente. No por ello es omnicomprensiva respecto a la psique, pues debe acudir con frecuencia a la enseñanza de otras disciplinas. Es, si quiere seguir existiendo, limitada y multidisciplinar. Podría llegar a decirse, ya puestos en la mente del psicólogo particular, que proceda sincrónicamente, independientemente de las distancias cronológicas o de pertinencia de los saberes. Así es. El psicólogo posee un saber acumulado, metahistórico, que, enfrentado a un determinado material psíquico proveniente del paciente, es susceptible de aparecer, salvando todas las distancias, y de hallar instantáneamente un sentido a su irrupción. Esa es la sincronía.

Pero el arte de la Psicoterapia no es acumulativo, ni multiforme. Sus principios son la capacidad de la psique del psicoterapeuta de establecer un auténtico diálogo con la psique del paciente, con todas las debidas distancias de pertinencia y de temporalidad, con toda la prudencia que se impone al transitar por el único camino de búsqueda del alivio individual del malestar del individuo que tiene enfrente. Y esa psicoterapia, esa cura de la psique afligida del paciente a través de su diálogo con la psique del terapeuta, procede dialogísticamente, es decir, se mueve en una escala diacrónica, pues para que exista diálogo tienen que existir dos voces separadas en el espacio y en el tiempo, representantes, junto a todos los demás niveles de la comunicación, de la separación espacial y temporal de las psiques de los interlocutores.

Ahora bien, está claro que no todo diálogo es en sí mismo psicoterapéutico. Existe el diálogo filosófico, aparecido con Sócrates. Existe el diálogo con un dios, con un amigo, el diálogo con una obra de Baudelaire, con una poesía de Octavio Paz o con una pintura flamenca. Existen infinidad de diálogos, todos ellos estrechamente relacionados con el arte del preguntar, es decir, con ese arte especial que acompaña la firme convicción de que a nuestro interlocutor, texto, cuadro o persona, le sea inherente un particular sentido. Así es también para el diálogo psicoterapéutico, solo que para preguntar correctamente (y lo mismo sucedería con los demás diálogos) es necesario, en este caso, haber transitado suficientemente por el lenguaje propio de la psique, es decir, debe poseerse una buena base de conocimientos generales y específicos que ayuden a "leer" de la mejor manera posible el lenguaje producido por la aflicción del paciente. Y esa base de conocimientos encuentra en la Psicología a su más concreto valedor.

El diálogo psicoterapéutico, entonces, es avalado por el saber psicológico (no solo el procedente de la psicología, por supuesto), y muy posiblemente será verdad también lo contrario. En el curso de los encuentros, una y otra particularidades vendrán a movilizarse, ora coordinadas, ora confundidas, ora alternativamente, según cada paciente y, sobre todo, según el grado de equilibrio en la propia psique del terapeuta. Pues el grado más alto de equilibrio al que pueda llegar la psique de un terapeuta es, en la práctica, el reconocimiento sereno de que la suma de todos sus saberes, aun indispensables, no abarca la psique de "aquel" paciente que tiene delante. De ese reconocimiento depende que, a lo largo del diálogo, sea posible seguir preguntándose. Como nos lo recuerda Gadamer, refiriéndose al modo de trabajar de las ciencias del espíritu:

La conclusión desde lo general y la demostración por causas no pueden bastar, porque aquí lo decisivo son las circunstancias[5].

Se configura así, tras la distinción operada, una posible circularidad entre Psicología y Psicoterapia; por un lado, entre el saber general, sincrónico y que aúna materiales provenientes de distintos saberes en una ciencia que tiene por objeto el conocimiento global de la psique, y, por otro lado, el tener que aplicar los propios criterios personales a la psique de un Otro que se encuentra en circunstancias a menudo irrepetibles. Como vemos, una distinción entre ambos saberes nos puede llevar a una mejor comprensión de la complejidad de nuestro cometido.

Y todo esto sucede independientemente de la concreta formación del psicoterapeuta, independientemente de su mayor o menor adscripción a una línea de pensamiento determinada. Pues por muy ortodoxo o heterodoxo o ecléctico que a sí mismo se considere, ningún psicoterapeuta puede colmar la distancia que media entre los múltiples conocimientos que pueblan su "logos" y el concreto, y tantas veces sorprendente, interrogarse de este logos junto al logos del paciente, en aras de la formación de un "diálogo" terapéutico focalizado hacia su única "verdad" posible: el alivio de la psique maltrecha del paciente.

3. La doble mirada en Carl Gustav Jung.

Nadie tiene la razón absoluta en las cuestiones psicológicas. No olvidéis nunca que en psicología el instrumento con el que juzgáis y observáis la psique, es la psique[6].

Carl G. Jung.

Esta cita de Jung nos abre el paso hacia una posible diferencia, establecida por el mismo Jung, acerca de la Psicología en general y su aplicación práctica durante la Psicoterapia. Vemos, por ejemplo, que la aceptación del carácter subjetivo o particular subyacente a cada construcción teórica de la psicología (el hecho de que sea la psique del investigador la encargada de llevar a cabo la construcción psicológica), ya nos facilita una relativización de los saberes que, sin duda, tiene que tener consecuencias en el momento de enfrentarse el investigador a la psique de cada paciente.

Eso no significa, como alguien podría pensar, que Jung, presa de un irreductible relativismo, no fuera capaz de erigir su propia psicología. La erigió, con el nombre de Psicología Analítica, y sus fundamentos existen históricamente a lo largo de las Obras Completas, como veremos en los capítulos sucesivos. Si acaso, lo que sucede es que nunca pensó en poder hacer algo más que contribuir con su propia psique a la construcción de sus modelos teóricos. Es decir, más que en ser poseedor de la Verdad sobre la psique, pensó en aportar su punto de vista al conjunto de verdades que hablaban "desde" y "sobre" ella. Y, sobre todo, lejos de querer construir un edificio teórico para desde allí deducir pasivamente, y por tanto sojuzgar, los materiales psíquicos producidos por su interlocutor durante la psicoterapia, Jung invirtió circularmente los términos dando espacio también a lo que allí acontecía, para luego elevarlo a teoría.

Veamos unos ejemplos. En 1935 nos dice:

Para evitar malentendidos añadiré enseguida que la nueva óptica no considera en absoluto incorrectos, superfluos o superados los métodos existentes; ya que a medida que se profundiza en la comprensión de la psique, más se convence uno de que la multiformidad y la multidimensionalidad de la naturaleza humana conllevan la máxima variedad de métodos y puntos de vista para responder a la variedad de las disposiciones psíquicas[7].

En 1937 admitía:

Yo soy, ante todo, médico y psicoterapeuta práctico, y todas mis enunciaciones psicológicas provienen de la experiencia de un trabajo profesional cotidiano y arduo.

En otra ocasión:

Ante todo querría renunciar completamente, en consideración de nuestro uso psicológico, a la idea según la cual nosotros, los hombres de hoy, seamos capaces de decir algo de "verdadero" o de "justo" sobre la naturaleza de la psique. Lo mejor que podemos dar es una "expresión verídica"[8].

Ya en 1921 nos había dicho:

En el caso de una teoría psicológica se impone sin duda una pluralidad de explicaciones, ya que, a diferencia de cualquier otra teoría pertinente a las ciencias naturales, el objeto de explicación es, en psicología, de naturaleza igual a la del sujeto: un proceso psicológico debe explicar a otro[9].

Y también admitía:

Toda teoría en torno a los procesos psíquicos debe tolerar ser considerada a su vez como resultado de un proceso psíquico, es decir, como expresión de un tipo de psicología humana que existe y tiene todo el derecho de existir [...] Apenas es necesario añadir que yo considero que la verdad de mi punto de vista es igualmente relativa, y que pienso que también soy exponente de una cierta disposición psíquica[10].

Esta posición de Jung respecto a su psicología y a las demás psicologías, presente al menos desde 1921, es decir, desde el año de publicación de *Tipos psicológicos*, nos prepara ya para la complejidad que nos vamos a encontrar en la configuración, escasamente sistemática, de su Psicología Analítica. Pues a partir de estas aserciones no nos vamos a topar, como algún incauto observador podría creer, con un estéril relativismo autoanulador; sino que, lejos de ello, la limitación de la Psicología Analítica, al ser entendida como simple disposición psíquica del propio Jung, va a convertirse en la auténtica piedra de toque, por un lado, para establecer puentes de comprensión con las otras psicologías, y, por el otro, para conectar la Psicología Analítica con la historia y el desarrollo de otras disciplinas de humanidades hasta ese momento colocadas en un segundo plano en la indagación psicológica.

Cada psicología debe aceptar el estar limitada por los propios procesos psíquicos de su creador. Cada psicología debe prepararse, por consiguiente, para establecer relaciones con otras verdades producidas por otras psicologías y también por otras perspectivas indagatorias del ser humano. Es este el camino y el entramado teórico que parece haber seguido Jung. Esa es la razón por la cual la autolimitación de los presupuestos teóricos (ser conscientes de su pequeñez respecto al todo) va a verse acompañada en Jung de una vasta tarea investigativa -propia y propiciada por él- que, desarrollándose a lo largo de dos tercios de siglo, adquirirá unas connotaciones culturales cuya importancia se nos sugiere poco menos que irrefutable.

Resultado de todo ello es una visión de la psique escasamente esquematizable. Las aportaciones de Jung al generar esa limitada pero multidisciplinar Psicología Analítica, algunas de las cuales, por citar unos pocos ejemplos, se dirigen hacia la elaboración novedosa de materiales psiquiátricos, la comprensión del fenómeno religioso, la consideración de perspectivas producidas por la antropología y la sociología, el estudio de la alquimia, la puesta a punto de una filosofía del símbolo, el análisis de un sinfín de materiales procedentes de la simbología, la comprensión y autonomía del fenómeno artístico, el sí-mismo, la meta de la individuación, la compensación, la especulación del inconsciente colectivo, se entrelazarán asimismo con las aportaciones, y sirvan aquí también de meros ejemplos, de Marie Luise von Franz sobre las fábulas y los cuentos de hadas, los estudios que sobre las religiones ejecuta Mircea Eliade, sobre los mitos y la mitología Joseph Campbell, sobre el origen mítico de la conciencia Erich Neumann, o con aportaciones provenientes de autores y obras muy anteriores a las del mismo Jung.

Esas y muchas otras particularidades forman parte de la Psicología Analítica, hasta conformar un enorme y complejo conglomerado de investigaciones sobre la esencia de la psique. Un complejo conglomerado muy difícil de resumir, dado el carácter de limitación (ningún punto de vista puede pretender ser el definitivo) y de autonomía (toda novedad significativa merece ser estudiada) con que ha venido y va desarrollándose.

Sin duda alguna, estas características de la Psicología Analítica hacen que no pueda hablarse de una psicología sistematizada. Pero, por otra parte, esta cumple perfectamente los criterios de limitación y multidisciplinariedad que en las páginas anteriores habíamos requerido de la ciencia psicológica. Sin duda alguna, tal complejidad y carácter polifónico dificultan las tareas del alumno que va a la búsqueda de "modelos" teóricos estables que le sirvan directamente para su posterior aplicación práctica. Pero, por otro lado, esa dificultad ampara en el alumno mismo la necesidad de subjetivizar al máximo la construcción de sus propios modelos teóricos; que es lo único que, al ser plenamente consciente e integrado en la propia biografía, puede ser relativizado, ya en sede psicoterapéutica, frente a la singularidad de la psique de cada paciente.

Llegamos así a la conclusión según la cual, en la obra junguiana, la Psicología Analítica, es decir, el conjunto de los modelos teóricos e investigaciones, se desarrolla según la tendencia a la conciencia del límite y a su carácter multidisciplinar, que nos habíamos prefijado para la construcción de una psicología capaz de no agotar definitivamente el discurso sobre la psique; capaz, esto es, de autolimitar su pertinencia más allá de los terrenos propios del logos, en aras de la construcción del particular diálogo de la psicoterapia.

Vayamos a ver ahora si en la obra junguiana podemos hallar, también, aquellos criterios (aquella segunda mirada del hombre según Martin Buber, aquella única verdad dialógica de Bajtin) que salven la autonomía de la psique del paciente hasta representarla en un "Tú" dialógico.

Comencemos con esta cita:

Por eso, si quiero cuidar la psique de un individuo debo, quiera o no, renunciar a todo privilegio, a toda autoridad, a todo deseo de ejercer mi influencia: debo por fuerza seguir un procedimiento dialéctico, que consiste en una comparación de nuestros respectivos datos. Y esta confrontación solo será posible cuando yo dé al otro la posibilidad de presentar su material lo más perfectamente posible, y sin limitarlo con mis suposiciones. Su sistema entrará así en relación con el mío y actuará sobre él. Esta acción es lo único que yo, en cuanto individuo, puedo contraponer legítimamente al paciente[11].

Creemos que es una cita suficientemente esclarecedora respecto a la prioridad que debe existir para formalizar un diálogo psicoterapéutico: la voz y la acción de la psique del paciente. Pero veamos qué sucede con el otro elemento del diálogo, ¿qué sucede con el logos del terapeuta? ¿O no es simplemente el logos lo que el terapeuta opone a la psique del paciente?:

En psicoterapia el gran factor de curación es la personalidad del terapeuta: y esa no es dada a priori, no es un esquema doctrinario, sino que representa el máximo resultado alcanzado por él. Las teorías son inevitables, pero como simples auxiliares. Si se elevan a dogmas, demuestran que ha sido reprimida una duda interior. Se precisan muchos puntos de vista para dar un cuadro aproximado de la multiformidad de la psique; por ello, se equivoca quien reprocha a la psicoterapia el no saber unificar sus propias teorías. Si se diera ese consenso, solo demostraría una estéril unilateralidad. Ni la psique ni el mundo pueden ser enjaulados en una teoría. Las teorías no son artículos de fe, sino a lo más instrumentos de conocimiento y de terapia; si no es así, no sirven para nada[12].

Instrumentos de conocimiento y de terapia. El gran factor de curación es la personalidad del terapeuta [...] que representa el máximo resultado alcanzado por él. ¿Qué significan esas aserciones? ¿A qué se refiere Jung cuando habla de la personalidad del terapeuta? ¿A una suerte de conjunto de características innatas, a una serie de consideraciones sobre su desarrollo? No olvidemos que, tal como lo atestigua la correspondencia Jung-Loy, ya en 1913 la especial orientación de Jung acerca de la formación de analistas era conocida públicamente. En realidad, se debe sobre todo a los esfuerzos de Jung el que el análisis del terapeuta llegase a convertirse en premisa obligatoria de cualquier escuela de formación para poder ejercer como psicoterapeuta. Es decir, a eso se refería Jung cuando hablaba de la personalidad del terapeuta y del máximo resultado alcanzado por él: al resultado más o menos satisfactorio de la confrontación con sus propias problemáticas psíquicas. Como podemos entender con estas otras palabras:

Podría decirse, sin estar exagerando, que cada tratamiento destinado a penetrar en las profundidades consiste, al menos en el cincuenta por ciento, en el autoexamen del terapeuta [...] No sucede nada malo si siente que ha sido "tocado", si ha sido sorprendido en el error por el paciente: puede curar a los demás en la medida en que está herido él mismo[13].

El análisis del terapeuta debe aumentar la toma de conciencia de sus propias problemáticas psíquicas. De ello se deduce lo que Jung llama la personalidad, el autoexamen del terapeuta; de lo que dependerá, al menos en un cincuenta por ciento, el resultado de la psicoterapia, es decir, la parte que compete a la predisposición dialógica del terapeuta.

Desde estas definiciones de principio, la psique del terapeuta y la psique del paciente obtendrán su mejor disposición para servirse del diálogo psicoterapéutico. En capítulos sucesivos delimitaremos todavía más este principio dialógico e investigaremos el conjunto de métodos a través de los cuales puede ser vivificado. Por el momento solo queríamos investigar la pertinencia de una separación, de una diferencia estructural, aun aceptando la continua e inevitable circularidad que se establece entre ambos, entre el principio constitutivo de la Psicología Analítica y el principio de la Psicoterapia Dialógica. Distinción y circularidad en una doble visión de la psique que podemos escuchar en estas mismas palabras de Jung, escritas en sus años finales:

Mi contribución al conocimiento de la psique se basa en la experiencia práctica que he hecho del hombre: en efecto, ha sido el esfuerzo cumplido en cuanto médico y en cuanto psicólogo para comprender los sufrimientos psíquicos lo que me ha conducido, por un lado, durante más de cincuenta años de práctica psicoterapéutica, a todos mis sucesivos conoci-

mientos y conclusiones, y lo que me ha llevado al convencimiento, por el otro, de reexaminar y modificar mis intuiciones a la luz de la experiencia directa[14].

Obviamente, también tenemos nuestras razones para establecer como hipótesis, en este capítulo del libro, una posible separación y una sucesiva circularidad entre la tarea de construir una psicología y la tarea de formalizar supuestos para una praxis terapéutica. Ambas tareas, separación y circularidad, son tanto pertinentes como oportunas, y estriban en la necesidad de afrontar la obra junguiana y posjunguiana a la luz de que habrá que deducirlas de una dicotomía general (la psicología, la psicoterapia) que ayude tanto a comprenderlas y poder estudiarlas mejor, distribuyendo nuestra atención y crítica según los anteriores supuestos generales, como a ponerlas en relación -en diálogo- con los otros sistemas psicológicos existentes, los cuales, a su vez, son susceptibles de estudio y crítica desde los principios de la misma dicotomía y de su inevitable circularidad.

4. La doble referencialidad en la obra posjunguiana.

Nosotros, en realidad, disponemos solo de un semiconocimiento, con el cual nos debatimos en el laberinto de nuestra vida y en la oscuridad de nuestras investigaciones, mientras instantes de luz iluminan como relámpagos nuestro camino.
Arthur Schopenhauer.

Esta pequeña premisa, en esta ocasión solo aparentemente pesimista, del gran maestro del pesimismo, Arthur Schopenhauer[15], nos introduce perfectamente en la difícil tarea de plantear la obra posjunguiana (que sigue generándose y diversificándose) a la luz de la distinción operada desde el principio entre el logos de la psicología y el arte del diálogo propio de la psicoterapia, para proponer luego una necesaria circularidad entre ambos.

En nuestra opinión, y a pesar de las dificultades que serán reseñadas, dicha distinción (con su circularidad subsiguiente, es claro) sigue siendo pertinente para orientar los pasos hacia lo que, de otro modo, podría parecer un inabarcable y caótico florecer de ideas y desarrollos que no encuentran otro punto en común que el de referirse más o menos explícitamente a las ideas junguianas.

De entrada, consideraremos "posjunguismo" a todo el conjunto de obras escritas después de la muerte de Jung y que se inspiran, de una u otra forma, en sus obras, sea en la modalidad de estudio, de ampliaciones, de transitar por caminos paralelos, de inspirarse en ella, o de criticar uno u otro aspecto sin abandonar el mismo ámbito de referencia. El florecimiento de ese ámbito junguiano en el posjunguismo ha sido, desde los años sesenta, y en la mayor parte de la Europa occidental y de Estados Unidos, imparable, y ha producido escuelas de formación, un sinfín de revistas, artículos, libros y líneas de pensamiento que son ya tradicionales.

Podemos decir que la línea de desarrollo posjunguiana de la Psicología Analítica ha seguido los caminos ya trazados durante la existencia de Jung, es decir, una continua limitación y especialización de intereses en cada investigador y conexiones multidisciplinarias entre ellos. Es decir, en su desarrollo ha continuado abarcando campos nuevos e indagando senderos ya abiertos. Desde el campo de la Psicología Analítica, por citar unos pocos ejemplos, los investigadores han ahondado en la fuente inagotable de los arquetipos, especialmente de la mano de James Hillman, con los arquetipos de "Senex" y "Puer", de la "feminidad psicológica", del mito de Pan y otros, o con el de "Hermes y sus hijos" de López Pedraza. Otros autores han continuado con el estudio de los mitos, véase Karl Kerényi, antes de su muerte en 1973, o los estudios de Gilbert Durand y Ortiz-Osés. Otros también han prestado atención a la fábula y su valencia psicológica, sobre todo en la corriente inaugurada por Marie-Louise von Franz. Igualmente, algunos han intentado depurar los presupuestos filosóficos y hermenéuticos, sobre todo hay que reseñar los casos de Umberto Galimberti y de Mario Trevi, este último autor de un apunte crítico muy valioso, *Por un Junguismo Crítico*, en el que procura desentrañar qué puede considerarse muerto y qué sigue vivo en la obra de Jung. Otros más han escrito artículos poniendo en relación la obra de Jung con los nuevos descubrimientos de la física (Mauro La Forgia). O han indagado en la vertiente psiquiátrica del pensamiento junguiano (Gullotta); o han profundizado en la visión junguiana de los sueños (Angiola Iapoce); en la cuestión del "luto" en Jung (Marina Corradi); y, sobre todo, hay que señalar las contribuciones sobre la esencia del símbolo y de la función simbólica (Trevi, Ruberto, Trapanese, Barone, Aversa, Galimberti, etc).

Puede decirse, entonces, que la Psicología Analítica ha seguido creciendo y diversificándose en el tiempo, aun después de la muerte de Jung, y eso a pesar de que se deba admitir que poco a poco ha ido apareciendo el problema de la identidad junguiana, debido a la complejidad del mundo actual psicoanalítico y a la distancia creciente que separa a los posjunguianos de su referente y fundador.

Pero, después de esta pequeña y parcial panorámica, volvamos a nuestro tema. ¿Tenemos constancia de que esta Psicología Analítica ya posjunguiana sea limitada y multidisciplinar, esto es, que no intente prevaricar con su logos las posibilidades abiertas por la aparición del diálogo? La verdad es que la respuesta, debido al gran número y diversidad de los psicólogos analistas, se nos sugiere mucho más difícil que en el caso de Jung: para responder rigurosamente, deberíamos interpelar a cada uno de los autores, conocer su obra completa y entresacar, de aquí y de allá, los puntos pertinentes. Pero todo esto es imposible, entre otras cosas, porque la inmensa mayoría de autores no tiene, por estar en vida, su obra completa, mientras que otros apenas la están empezando. En todo caso, creemos que siga siendo útil proponer a reflexión la cuestión, aun no pudiendo esperar de ello conclusiones definitivas.

Veamos, pues, algunas muestras de Psicología Analítica posjunguiana, con la intención de encontrar estímulos a nuestra reflexión. Comencemos con la voz de Mario Trevi:

No es posible, si no es prevaricando, circunscribir de una vez por todas la zona o las zonas del lenguaje inaudible de la psique[16].

Esta pequeña frase nos presenta la imposibilidad de agotar los discursos que puedan hacerse sobre la psique. No niega la necesidad de hacerlos, sino que nos recuerda su carácter incierto, la inaudibilidad esencial de que goza, la cual no nos deja descifrar su lenguaje de una vez por todas. Una psicología que tuviera en cuenta esta premisa, cumpliría perfectamente la noción del límite que antes habíamos encontrado adecuada. A lo largo de su ya extensa obra, Trevi, una de las figuras más reconocidas del posjunguismo, nos va dejando aquí y allá espléndidas muestras de esta limitación. Pero sigamos con él, y vayamos a la búsqueda de las conexiones multidisciplinarias. Veamos esta referencia metafórica de la relación Yo-sí-mismo sirviéndose del campo literario:

Para comprender a Borges, ese entrelazarse indisoluble de finito e infinito, nosotros podemos hacer uso del modelo Yo-sí-mismo. En cada relato, en cada poesía de Borges, lo infinito empuja e invade lo finito, y lo finito empuja e invade lo infinito. En cada relato y en cada poesía el Yo remite al sí-mismo y el sí-mismo remite al Yo; el uno nace del otro en una circularidad continua y en una eterna germinación [...] Tómese el más conocido de los relatos de Borges, *La biblioteca de Babel*. Pocos saben que este relato inmortal está contenido en

una sola página de Jaspers que probablemente Borges había leído y casi seguramente olvidado[17]. Resulta imposible resumir el relato. Para quien lo conoce, la inmensa biblioteca, ordenada y desordenada a la vez, es una metáfora del sí-mismo; el hombre que desesperadamente la recorre en busca de un solo signo descifrable (que seguramente existe pero que es ilocalizable) es una metáfora del Yo. En la biblioteca se encierra todo: el Corán, la Divina Comedia, el best-seller del año 2413, el mismo relato de la biblioteca de Babel e incluso este texto que en este momento descaradamente se os propone. Pero son ilocalizables, puesto que están ocultos en el enorme número de las combinaciones posibles de libros hechos de palabras compuestas de todas las combinaciones de las veinticinco letras del alfabeto [...] La biblioteca contiene el hombre que la recorre, puesto que contiene la exacta descripción de su esperanza y de su ansia, pero también el hombre contiene la biblioteca, ya que podría, con un simple expediente, producir todos los libros de la biblioteca misma. También aquí no hay quien pueda no ver la correspondencia Yo-sí-mismo con el relato de Borges y, más allá del relato, con el arte de Borges[18].

Metáforas como esta, para amplificar el sentido de las metáforas junguianas, son constantes en la obra de Trevi. La matemática, las producciones de los cabalistas, la pintura y un buen número de otros lenguajes diversos, sirven para amparar la valencia "cultural" del lenguaje psicológico, del lenguaje "de" y "sobre" la psique.

Veamos, después de haber comprobado también la raigambre multidisciplinaria del filósofo y etnólogo junguiano Mario Trevi, las palabras de otra figura del posjunguismo, quizá el más polémico y rebelde de sus componentes: James Hillman. En un intento por salvar el lenguaje y las fantasías imaginales del ánima de las redes del literalismo, afirma:

Las personificaciones del psicoanálisis nos resultan familiares, aunque estén disimuladas: el Censor, el Super-Yo, la Horda Primitiva y la Escena Primaria, la Angustia libremente fluctuante, el Niño perverso polimorfo. Otras personificaciones se introducen de manera más sutil. Por ejemplo, los recuerdos infantiles no son precisamente aquellas reminiscencias de personas reales que parecen ser. Este fue uno de los primeros descubrimientos de Freud. Los recuerdos del niño siempre están inextricablemente mezclados con imágenes fantásticas y agigantados por ellas. Las escenas y las personas que "recordamos" de la infancia son, precisamente, complejos, deseos y temores personizados que nosotros situamos en aquella lejana época y que llamamos Madre y Hermana, Padre y Hermano. Estas personas no son tanto seres humanos histórico pertenecientes a un pasado histórico, como más bien fantasías del ánima que retornan bajo apariencias humanas. Nosotros, sin embargo, preferimos tomarlas al pie de la letra y creer que hayan "existido realmente", que la madre de la imagen de mi recuerdo sea mi madre real, puesto que eso permite evitar el malestar de la realidad psíquica. Resulta más fácil soportar la verdad de los hechos que la verdad de las fantasías; preferimos literalizar los recuerdos. Puesto que reconocer que la psique construye recuerdos, significaría aceptar la realidad del hecho según el cual las experiencias mismas son algo que el ánima crea extrayéndolas de sí misma e independientemente de las operaciones desenvueltas por el yo, en su así llamado mundo real. Significaría, brevemente, que "existe un continuo proceso de personización"; el ánima "inventa" continuamente personas y escenas y nos las presenta bajo la apariencia de recuerdos[19].

Hillman, retrotrayendo el descubrimiento de Freud sobre las fantasías producidas por el recuerdo hacia el logos del psicólogo, abogará continuamente por la aceptación del límite subjetivo de la mirada del psicólogo: cada teoría que podamos instaurar, cada reflexión que podamos cumplir, pertenecerán al reino de las fantasías del ánima, la cual es fecunda en su incansable producción de imágenes, de la misma manera que sería estéril si acabase en las redes del literalismo impuesto por una conciencia deseosa de traducirlo todo.

El mismo autor, en otra de sus obras, nos recuerda:

La psicología no es una disolución en la magia psíquica; es un "logos" de la psique; reclama espíritu. La psicología no progresa solo a través de las filosofías de la madre: evolución en el crecimiento y desarrollo, naturalismo, materialismo, adaptación social de un humanismo cargado de sentimiento, comparaciones con el reino animal, reducciones a simplificaciones emotivas como el amor, la sexualidad y la agresividad. Ella necesita otros modelos para hacer progresar su pensamiento [...], lo que podría liberar la fantasía especulativa de la psicología e insistir sobre el significado espiritual que ella tiene[20].

En estas palabras de Hillman, y sus obras son perfecta muestra de ello, es clara la petición que hace a la psicología de que acuda a fuentes multidisciplinarias, con el fin de mantenerse en el reino de los significados imaginales y espirituales. Límite aunador y multidisciplinariedad fertilizante: esas son las dos armas para la construcción de una psicología humilde y a la vez no dogmática. De nuevo las mismas premisas generales que habíamos considerado necesarias para la construcción epistemológica de la ciencia psicológica.

Pero veamos qué nos dicen estos dos grandes autores del posjunguismo sobre el diálogo psicoterapéutico, siempre salvando las diferencias (que son bastantes) entre los lenguajes y los sedimentos culturales de cada uno de ellos. Por ejemplo, Mario Trevi, en su libro *Il lavoro psicoterapeutico*, nos dice:

Entonces es legítimo conjeturar que la especificidad del diálogo psicoterapéutico reside precisamente en esa imposibilidad de ser definido de una vez por todas. La misma condición de irreductible singularidad de los dos dialogantes excluye, por ejemplo, cualquier supuesta verdad que conquistar que no sea la aproximación infinita a la expresión, en el diálogo mismo, de una autenticidad potencial de la cual cada uno de los dos es portador. No se da ninguna verdad liberadora de orden teórico que trascienda el diálogo: a lo más se da una libertad verídica de orden estrictamente práctico que se actúa en el diálogo mismo. De ese modo se llega a la conjetura posible según la cual el diálogo terapéutico debe estar caracterizado solo por dos condiciones: la exclusión de toda verdad garantizadora, y la tensión dirigida a mantener abierto aquel espacio de investigación que la instauración misma de la terapia define y evoca[21].

Alejado del enfoque filosófico del diálogo terapéutico seguido por Mario Trevi, se encuentra la voz de James Hillman. En este caso, el diálogo, al ser diseccionado en su narratividad pragmática, durante y después de la historia clínica, es mirado con ironía y crítica en referencia a la posible cerrazón lingüística operada por un terapeuta quizá demasiado anclado en su propio estilo literario. Consiguientemente, el diálogo terapéutico será verdadero solo allí donde la psique de los interlocutores sea liberada de la estereotipada lectura monoestilística de los materiales psíquicos, para convertirse en el reino de múltiples voces donde cada contenido encuentra la dimensión narrativa que le es propia. Veamos estas palabras de Hillman, entresacadas de uno de sus libros más penetrantes y de mayor éxito, *Healing Fiction*:

Desgraciadamente, nosotros los terapeutas somos demasiado poco conscientes de ser unos cantores, y descuidamos buena parte de lo que podríamos hacer. Nuestros modos narrativos se limitan a cuatro tipos: épico, cómico, policiaco y realístico. Tomamos lo que nos llega -no importa cuán apasionado o erótico, trágico y noble, extravagante y arbitrario pueda ser- y lo trasladamos a uno de nuestros cuatro modos. En el primero se integran el desarrollo del Yo, especialmente desde la infancia, a través de obstáculos y derrotas: es la epopeya heroica. En el segundo, los relatos de enredos, de identidades cambiadas y sexos inciertos, de deslavazadas e increíbles incapacidades de la tonta víctima, que sin embargo desembocan en una solución de final feliz: el género cómico. En el tercero, todo estriba en un desenmascarar tramas ocultas mediante indicios y crisis, y en un descubrir incansablemente los errores por obra y gracia de un detective con la pipa en la boca, taciturno pero de mirada maliciosa, no tan diferente al fin y al cabo de Holmes o Poirot. Al cuarto pertenecen las descripciones detalladas de circunstancias menudas y verosímiles: la familia que es una desgracia, las condiciones ambientales que son otra desgracia, todo presentado con una escuálida terminología sociológica y con encuadres enfáticos y tendenciosos: el realismo social. Sería mejor que la psicología se dirigiese directamente a la literatura, en lugar de usarla inadvertidamente. La literatura nos ha mostrado su amistad, al absorber abiertamente y a manos llenas lo que le llegaba del psicoanálisis. Los literatos saben ver la psicología en la narrativa; nos toca a nosotros, ahora, saber ver la narrativa en la psicología [...] De todas formas, he expuesto lo que pienso: las historias clínicas tienen diversos estilos narrativos y pueden ser escritas siguiendo multíplices géneros literarios; y la terapia puede ser mucho más eficaz cuando una persona es capaz de poner su propia vida dentro de esa variedad, como en un panteón politeístico, sin tener que elegir un estilo en perjuicio de los demás. Puesto que, aun cuando una parte de mí sabe que el ánima se encamina hacia la muerte en la tragedia, otra, en cambio, vive una aventura picaresca, y todavía una tercera está empeñada en la heroica comedia de la mejoría[22].

Sin duda, los dos autores citados sostienen con mucha prudencia el límite de las teorías psicológicas (y su necesidad e irrefutabilidad, por otro lado) en el ámbito concreto del encuentro terapéutico. Alejados de la ingenua pretensión de evitar o superar a priori los prejuicios del terapeuta (filosóficos, formativos, caracteriales o simplemente literarios), ambos abogan por la toma de conciencia de los propios supuestos teóricos, para que, fruto de esa reflexión o autoconciencia -solo posible gracias al análisis personal y a la supervisión del terapeuta-, sea luego el encuentro específico con cada otredad que se nos presenta en psicoterapia el desencadenante de aquel diálogo que, en su variedad infinita, pueda abrir en cada psique una nueva disposición a adentrarse por caminos hasta ese momento desconocidos.

Llegamos así al final de este capítulo. Al presentar esta tesis[23], *La psicología analítica o el arte del diálogo*, hemos querido poner de relieve la doble referencialidad, el doble latido, que anima cualquier digresión sobre un campo del saber que, aun conservando siempre en la sombra un estatuto definido, debe quedar suspendido una y otra vez para dejar hablar a la psique en su lengua insondable y vital: la lengua que una y otra vez se enciende y se apaga en el transcurso de todo encuentro humano.

Psicología y psicoterapia (Psicología Analítica y psicoterapia dialógica, en la óptica junguiana) han sido colocadas una frente a otra, separadas, para buscar en cada una de ellas su potencial intrínseco, sus límites también; y así poder esperar, de la ineludible circularidad que de continuo las entrelaza, aquella doble visión de las cosas que haga de nuestro aprendizaje en cuanto psicólogos y psicoterapeutas prácticos un camino de disposición, y no de ceguera, hacia la singularidad humana que emerge en cada encuentro psicoterapéutico. Tal como podríamos deducir de estas lúcidas palabras de otro maestro del pensamiento dialógico[24], nuestro Miguel de Unamuno:

El verdadero dialecto, o sea lengua de diálogo, de encuentro -y de contradicción-, es individual. Cada uno de nosotros, cuando es él y no un cacho de muchedumbre, tiene su habla propia, que está creando y recreando de continuo. Porque lo otro, el lenguaje [...] No, lo que no es dialecto individual, de diálogo, ni es lenguaje siquiera[25].

CAPÍTULO III

EL ANÁLISIS DEL TERAPEUTA. PSICOLOGÍA DE LA TRANSFERENCIA[1]

1. El análisis del terapeuta.

La confesión comienza siempre con una huida de sí mismo. Parte de una desesperación. Su supuesto es como el de toda salida, una esperanza y una desesperación; la desesperación es de lo que se es, la esperanza es de que algo que todavía no se tiene aparezca.
María Zambrano.

La psicoterapia, como ya habíamos avanzado en un anterior capítulo sobre ella, se estipula sobre el puente de sentido que se establece entre la psique del terapeuta y la psique del paciente. De la construcción de ese puente dialógico, pues, dependerá aquella interacción entre psiques que, tras comprender la naturaleza de la aflicción en la psique del paciente, permita luego que esta se dirija hacia una vía de salud.

Mas, dadas las circunstancias bajo las que comienza toda psicoterapia (la aflicción, el dolor, la ansiedad), no puede caber la menor duda de que alcanzar el diálogo, construir un puente de sentido, no sea una tarea fácil ni automática, en ocasiones ni siquiera vislumbrable. La inminencia de los síntomas, la desesperación frecuente del paciente, hacen que sea así. Durante toda una fase inicial, entonces, el terapeuta y el paciente se hallan en orillas contrapuestas: el paciente, en la orilla de la confesión, con su doblez de sentimientos que nos es sugerida por María Zambrano[2], y el terapeuta en la orilla de la acogida de esa confesión, a la espera ambos de que se establezca la condición adecuada para la construcción del puente de sentido que desde ahora vamos a llamar diálogo.

La psicoterapia o, mejor dicho, el proceso psicoterapéutico, tratará de establecer un trasvase de contenidos psíquicos desde la zona inicial de sufrimiento (la desesperación) hacia la zona potencial de esperanza (la transformación psíquica, el sentido). Para ello serán precisas acciones temporales, esto es, acoger el inicial sufrimiento en un periodo temporal; de manera que, una vez transcurrido ese periodo, las dos psiques puedan encontrarse en otra dimensión, una frente a otra en igualdad de condiciones, en posición constructiva, en diálogo. Eso significa que, en un principio, la psique del paciente, debido a los influjos de su desesperación, se instalará en una posición pasiva (de paciente, el que sufre, el que padece), llamada confesión, posición en la que la psique prevalentemente "hablará de sí misma", por lo general desde una perspectiva histórica, casi exclusivamente retrospectiva. En esa fase, lo que el paciente quiere y puede es "comunicar" la naturaleza de su dolor, de su problemática: quiere hacerse entender, por encima de cualquier otra cosa. En la fase siguiente, si se logra colmar la primera, el paciente, antes pasivo, adquiere una esperanza (también proveniente de su ser paciente, el que espera) desde la cual la psique opera una incipiente actividad, que se traducirá en "hablar desde sí misma", es decir, que va a utilizar una perspectiva que intente vislumbrar también temáticas deseantes, de futuro.

Como es lógico, todo esto no acontece a solas. El proceso psicoterapéutico, lo hemos dicho ya y lo repetiremos muchas veces, es un proceso que implica tanto a la psique del paciente cuanto a la del terapeuta. Desde el inicio mismo de la relación, nada de lo que en ella ocurrirá va a suceder a expensas de una sola de las dos psiques. El psicoterapeuta deberá poner a disposición su psique, una y otra vez, con cada uno de los pacientes, para una experiencia temporal que induce cambios, fases, transformaciones, por supuesto también en su propia psique. Porque la psique del terapeuta, en la fase inicial, debe saber acoger el sufrimiento de la psique del paciente, escuchando y participando en alguna medida de aquellos sentimientos. Quiere eso decir que, en la fase primera, la de la confesión, también la psique del terapeuta reside en una dimensión pasiva, solo distinta de la del paciente en virtud de la experiencia y la responsabilidad de su función. Solo posteriormente, su esperanza, esto es, la utilización de un lenguaje que sugiera posibilidades y variantes en el futuro de la psique del paciente, podrá tener lugar y desplegarse con tranquilidad, siempre que coincida en ello con la situación real de la psique del paciente.

Pero las fases de la psicoterapia serán vistas en su conjunto y pormenorizadamente en un capítulo posterior. En este, lo que nos interesa es señalar que el proceso psicoterapéutico se desarrolla, si es que se desarrolla, a lo largo del tiempo, en fases que implican movimientos y transformaciones relevantes en ambos lados de la relación. Y eso significa que los obstáculos dirigidos contra el establecimiento de una relación transformativa, pueden provenir de cualquiera de las dos psiques o, lo que quizá sea más frecuente, de la simultánea dificultad que ambas tienen en arriesgar su precaria sintonía en aras de una variación cuyo éxito -una nueva sintonía- nunca va a estar asegurado.

Ya hemos mencionado el obstáculo de la inminencia (de la desesperación) en la psique del paciente. Tengamos en cuenta que han sido sus síntomas, su sufrimiento, los que han hecho posible el arranque de la relación. En realidad, este detalle tan significativo no debe ser olvidado nunca, sea cual fuere el grado de transformación que a lo largo del proceso pueda adquirirse; puesto que ese dolor inicial representa el límite necesario, la necesaria humildad, para no caer, ni una psique ni la otra, en uno de los peligros más infructuosos de toda terapia, es decir, el peligro de la "inflación psíquica", con sus penosas manifestaciones de omnipotencia y de auto-destructiva sensación de "haberlo superado todo".

Pero, obviamente, existe el problema inverso; que consistiría en instalarse definitivamente en la inminencia, más allá de toda comprensión responsabilizadora, más allá de la comprensión de los síntomas y del primer esbozo de su sentido subyacente o adyacente. Este problema abortaría de antemano toda posibilidad de transformación, acabando por adormecerse en una confesión sin final que anularía la esperanza del sentido.

Por estos motivos, por esos opuestos peligros de movilización sin recuerdo y de repetición sin sentido (ambos posibles y humanos), es por lo que, antes de inaugurar una psicoterapia, antes aún de imaginar siquiera que uno pueda ejercer esa ardua y fascinante labor, el terapeuta tiene que haber sido el suficiente tiempo un "paciente", tiene que haber contactado con sus áreas de sufrimiento, tiene que haber dado por zanjada la confesión con su propio terapeuta y haberse dirigido hacia las fases del diálogo, tiene que haber sentido las dificultades y haberlas encarado con confianza; sin olvidar nunca, además, que esas han existido y que hará bien en no presumir, ni siquiera en la más absoluta intimidad solitaria, de haberlas "superado del todo".

He ahí por qué, en lugar de adentrarnos en la psicoterapia como visión de la psique del paciente y de sus transformaciones y obstáculos, antes de poder hablar de la transferencia o siquiera citarla, el discurso sobre la psicoterapia debe iniciarse por el análisis del terapeuta; condición *sine qua non* de la perspectiva futura del diálogo, y condición preliminar, también, de la equidad y cuidado en el momento de "analizar" los obstáculos que surgen en la psique del paciente. Puesto que ni el terapeuta ha sido siempre terapeuta, ni se espera que el paciente vaya a ser siempre paciente. Esas dimensiones corresponden a la aflicción psíquica y a su presencia en el tiempo, en un periodo existencial delimitado. El proceso psicoterapéutico, así, se conforma como el diálogo entre psiques que favorece los pasajes entre una dimensión temporal y otra, en un alejamiento progresivo de ese obstáculo inicial representado por la inminencia (de esa inundación sufriente del tiempo presente sobre todos los demás tiempos).

Así, lo que cura es el diálogo; y, en la orilla de la psique del terapeuta, ese diálogo debe ser visto como posible, si es que quiere afrontar una psicoterapia. Por ello, ese diálogo debe haber sido experimentado sobre sí con anterioridad. Es más, en su caso, primero lleva un diálogo terapéutico, es decir, de índole personal, suficientemente exhaustivo; luego un diálogo didáctico, basado en el conocimiento de las similitudes y diversidades en cada psique; y finalmente, y este con carácter definitivo, el diálogo ya operativo de las supervisiones, para reflexionar con otro colega experto acerca de las dificultades, nunca menores, de favorecer el pasaje de una etapa a otra en cada caso particular.

Psicoterapia, recordémoslo, significa la cura de la psique del paciente mediante la interacción con la psique del terapeuta. No existe la menor duda, entonces, de que las condiciones en que se encuentre la psique del terapeuta, van a ser de importancia primordial para el desarrollo del diálogo psicoterapéutico.

2. Los orígenes del procedimiento dialéctico.

Partiendo de la exigencia de que el analista sea él mismo analizado, se llega a la idea del procedimiento dialéctico: con este procedimiento el terapeuta entra en relación con otro sistema psíquico como interrogante y como interrogado. Ya no es el que sabe, juzga, aconseja; sino que participa en el proceso dialéctico tanto como el que de ahora en adelante llamaremos el paciente.

Carl G. Jung.

Como podemos apreciar en esta cita[3], Jung coloca el análisis del terapeuta como condición previa a una psicoterapia basada en el diálogo. El diálogo, parecería, no puede inventarse desde la voluntad del terapeuta: este tiene que haberlo experimentado realmente. Solo a través de su análisis personal, el terapeuta habrá alcanzado ese diálogo interior e interpersonal que sirva de base para el procedimiento dialéctico con los pacientes. Dicho de otra manera: no puede pedirse al paciente que dialogue y colabore con el terapeuta si este, a su vez, no ha aprendido previamente a dialogar y a colaborar. No solo eso. De faltar ese análisis previo, podría darse que el terapeuta fuese él mismo el obstáculo principal para el desarrollo de la psique del paciente, tal como parece sugerirlo Jung en este otro fragmento del mismo artículo:

En otras palabras, el terapeuta ya no es el sujeto que actúa, sino más bien el co-partícipe de un proceso de desarrollo individual [...] Aunque haya sido yo el primero que ha pretendido que el analista esté analizado él mismo, debemos más que nunca dar nuestra gratitud a Freud por su valioso reconocimiento de que también el analista tiene sus complejos y, así pues, uno o más puntos ciegos que operan como otros tantos prejuicios. El psicoterapeuta alcanza esa admisión en los casos en los que ya no puede interpretar o dirigir al paciente desde lo alto o *ex cathedra*, prescindiendo de la propia personalidad; casos en los que está obligado a reconocer que ciertas idiosincrasias o un particular comportamiento suyos, actúan como obstáculo a la curación. Cuando no se tienen ideas claras sobre un punto porque no hay disposición a admitirlo ni siquiera consigo mismo, se intenta impedir también al otro que adquiera conciencia de él, naturalmente con el enorme daño consiguiente[4].

La premisa del análisis previo del terapeuta se apoya, como empezamos a ver, en un sinfín de razones. La que acabamos de constatar es, por ejemplo, la posibilidad de que su superficial desarrollo psíquico, la presencia de complejos no integrados o ni siquiera vislumbrados, pueda frenar o impedir el desarrollo de la psique del paciente. Pero si nos atenemos a las reflexiones junguianas, podríamos resumir diciendo que la psicoterapia junguiana se sostiene (desde sus líneas teóricas hasta la constitución del *setting*) en el diálogo entre psiques; diálogo que debe conducir, a través del trasvase entre las psiques, a la psique afligida hacia una vía de salud. Eso quiere decir que todo obstáculo a dicho diálogo impide, en palabras de Jung, ese proceso que es similar a la mezcla de dos distintas sustancias químicas[5], que es lo viene a significar el encuentro terapéutico de las dos psiques.

Otra de las razones del análisis previo del terapeuta, es el peligro en el cual, en caso contrario, incurriría él mismo dada la capacidad de toda psique de verse influenciada por otra, cualquiera que sea el estatuto de relación que se instaure entre ellas. Eso significa que el rol de terapeuta no le sirve de escudo contra las influencias que podría recibir de la psique de los pacientes. Pero sigamos a Jung:

De cada tratamiento psíquico eficaz debemos esperarnos que el terapeuta ejerza su influencia sobre el paciente, mas esta influencia puede verificarse solo si el paciente lo influencia a su vez. Influenciar significa ser influenciados. No ayuda en absoluto al que cura defenderse del influjo del paciente, amparándose en una nube de autoridad paternalístico-profesional: si así lo hiciera, renunciaría a servirse de un órgano esencial de conocimiento. El paciente ejerce del mismo modo, inconscientemente, su propia influencia sobre el terapeuta y provoca variaciones en su inconsciente: esas perturbaciones psíquicas (verdaderas lesiones profesionales) que tantos psicoterapeutas conocen muy bien, y que ilustran clamorosamente la influencia casi "química" del paciente. Una de las manifestaciones más conocidas de este género es la "contratransferencia" inducida por la transferencia, pero son frecuentes los efectos de carácter mucho más sutil[6].

Y es que Jung defiende la idea dialéctica de la psicoterapia -una psicoterapia basada en el diálogo paritario entre dos psiques- como principio de transformación. La cura proviene del diálogo entre las dos psiques, y ese diálogo actúa desde y hacia las dos personalidades, aunque el beneficio último que se pretenda sea el alivio de la psique del paciente. Sin embargo, ese diálogo no es terapéutico por el hecho de entablarse, sino que deviene terapéutico en la medida en que la psique del terapeuta está preparada para servir de influjo positivo. Y esa preparación de la psique consiste, obviamente, en un entrenamiento profundo y constante, en una autocrítica que reste espacio y duración a los errores de apreciación que sin duda e incesantemente, dada su naturaleza humana y limitada, cometerá a lo largo del proceso. Tal como podemos deducir de este otro fragmento:

En efecto, es sumamente comprensible, y ha sido confirmado repetidamente por la experiencia, que el terapeuta o no percibe en absoluto en el paciente eso que no ve en sí mismo, o lo percibe de manera exagerada; alentando en aquel eso hacia lo que de modo incontrolado tiende él mismo, y condenando en aquel eso que censura en sí mismo. Así como es justo pretender que el cirujano se desinfecte las manos antes de cada intervención, también es necesario insistir muy enérgicamente en que el psicoterapeuta ejecute sobre sí una autocrítica suficiente para poderla ejecutar en cualquier momento. Una necesidad que se vuelve todavía más impelente si se enfrenta a una resistencia insuperable, quizá justificada, por parte del paciente. Este último ha acudido a él para curarse, no para ayudarle a verificar una teoría. En el vasto campo de la psicología práctica, no existe en realidad una teoría que no sea a veces fundamentalmente falsa. De manera particular, debe rechazarse la idea según la cual las resistencias del paciente son, en cualquier caso, injustificadas. Estas podrían estar demostrando también que el tratamiento está basado en presupuestos equivocados[7].

El diálogo psicoterapéutico no se basa, entonces, en teorías que, aprendidas por el terapeuta, puedan ser aplicadas a cada paciente según los grados de oportunidad; a su vez aprendidos, igualmente, de nociones teóricas o de una opaca casuística. El diálogo psicoterapéutico enfrenta a dos psiques en la desnudez del recorrido verdaderamente efectuado por cada una de ellas. Y el terapeuta, conocedor de un número consistente de teorías, encontrará la justa relativización de ellas al experimentar la "singularidad" de su propio desarrollo; singularidad que, de nuevo, implica el análisis previo. A ello se refiere Jung cuando dice que el factor de curación más importante es la personalidad del terapeuta. Por otro lado, solo con el análisis previo puede aclararse esta otra frase de Jung:

El procedimiento dialéctico procede asimismo de la posibilidad de interpretar de maneras distintas los contenidos simbólicos[8].

El arte de la psicoterapia, entonces, está emparentado con el arte de saber poner en cuestión los conocimientos apriorísticos con el fin de ensanchar y relativizar, de frente al caso particular, las teorías e interpretaciones provenientes de la historia de la psicoterapia misma. Y esa disposición a enfrentarse con cada paciente, desnudándose previamente de las teorías e interpretaciones al uso, no puede ser más que una disposición aprendida a través del contacto personal con la complejidad y variabilidad de los propios materiales psíquicos. Solo así un terapeuta puede establecer un diálogo con cada paciente que tienda a transformar, en este último, las coerciones impuestas por un material psíquico percibido solo de forma unívoca y simplificadora.

Pero fijémonos atentamente en estos presupuestos que estamos esbozando. Si el análisis personal y previo del analista debe servir al diálogo posterior con cada paciente según los estatutos de paridad y de la posibilidad de interpretar de maneras distintas los contenidos simbólicos, ese análisis previo no debe tender, como sería de esperar, a la resolución de las problemáticas psíquicas del que va a convertirse en un futuro en terapeuta. El análisis previo del terapeuta no puede aspirar a resolver los dilemas psíquicos; puesto que una aparente resolución actuaría de prejuicio a la hora de dialogar con cada paciente (intentar que siga el mismo proceso resolutorio), o bien el terapeuta sería susceptible, una vez alcanzada esa presunta resolución, de infecciones provenientes de las proyecciones del material inconsciente de los pacientes, proyecciones inevitables y tan bien conocidas a través de los estudios sobre la transferencia.

No. Si el terapeuta quiere estar auténticamente preparado para el diálogo en igualdad de condiciones con la psique de cada paciente, su análisis previo deberá evitar en lo posible, a través de un viaje hacia la complejidad de su propia vida psíquica, que su psique actúe como foco proyectivo (la presencia de complejos no asimilados); así como también deberá evitar el quedar a merced de las proyecciones de la psique del paciente debido a sus áreas psíquicas potenciales mal conocidas, o dadas prematura e ingenuamente por resueltas. Así pues, el proceso de preparación debe conducir al terapeuta a la aceptación de la complejidad y del carácter definitivamente irresoluble de los materiales psíquicos, sean propios o ajenos. En ese sentido, la psicoterapia junguiana no va a ofrecerle al terapeuta un "saber" con el que le sea posible interpretar, de manera apriorística, los materiales de la psique de los pacientes; un saber que, indefectiblemente, acabaría repudiando cuanto de estrictamente individual y singular residiese en ella. Tampoco va a permitirle al terapeuta ocultarse en una posición "neutral", donde no pueda ser visto, puesto que eso aumentaría la transferencia y la necesidad de actuar solo interpretando.

Así, el análisis previo del terapeuta debe servir, en la vertiente personal, al conocimiento de la propia complejidad psíquica; en su vertiente didáctica, a la complejidad psíquica en general y a la variabilidad y dinamismo de los contenidos simbólicos; y en su vertiente de supervisión, a la reflexión sobre el diálogo concreto entre su psique y la de cada paciente, en aras de una mejor adecuación al diálogo mismo.

Pero, ¿qué significa esa aceptación de la complejidad, de qué modo puede evitar las múltiples interferencias que, tanto la psique del terapeuta como la del paciente, pueden actuar sobre el diálogo psicoterapéutico? Recordemos someramente la composición psíquica en la idea junguiana: parejas de contrarios, consciente/inconsciente, colectivo/individual, Yo/Sombra, Yo/Persona, Yo/sí-mismo, etcétera, etcétera, todas ellas indisolubles y ligadas por un carácter compensatorio. Bien, aceptar la complejidad significa que, dada la naturaleza de la psique -sus parejas de opuestos, los complejos y las interminables antinomias que pugnan entre sí-, el terapeuta, llevado a conocer en detalle durante su análisis personal y didáctico la mayor cantidad de antinomias posibles, deberá aceptar el carácter problemático de su equilibrio, esto es, el diálogo perenne de sus propias oposiciones; lo que, a su vez, conformará el carácter problemático (en parte similar, y en parte completamente individual) de cada uno de los desarrollos psíquicos de sus pacientes.

Esa aceptación de la complejidad y problematicidad del equilibrio psíquico, resultado de las inagotables labores de ese diálogo intrapsíquico conducente a hacer pactar y colaborar a los propios opuestos, va a ser, entonces, la meta del análisis previo del terapeuta. Meta que, una vez alcanzada, implica haber alcanzado en simultáneo, y paradójicamente, la doble esencia de su cometido: dirigirse, como nos recuerda Mario Trevi en su libro *Il lavoro psicoterapeutico*[9], conjuntamente hacia la "comprensión" y hacia la "explicación", hacia lo "singular" y lo "general"; e incluso también dirigirse, añadiríamos, hacia lo aprehensible, sin cancelar por ello la posible presencia o potencialidad de lo inaprensible, vale decir, de lo todavía no aprehensible porque se encuentra solo en devenir.

Un terapeuta dispuesto a sostener este equilibrio problemático es un terapeuta que, de la mano de su personalidad, así como de la mano de los conocimientos más extensos posibles sobre el mayor número de áreas del saber, con sus múltiples paradigmas y visiones de la existencia, estará preparado para establecer un diálogo con el paciente. Y este camino, como es obvio, es uno de aprendizaje arduo y sin final, puesto que la meta es la disposición a la "escucha", a la interlocución liberada de un único "filtro" que todo lo explique. Ya que, como nos dice Jung:

... el terapeuta debe tomar en seria consideración la posibilidad de que la personalidad del paciente supere a la suya en cuanto a inteligencia, sensibilidad, amplitud y profundidad. En todo caso, la primera regla de un procedimiento dialéctico es que la individualidad del enfermo tiene la misma dignidad y razón de ser que la del terapeuta, y que por eso los desarrollos individuales que tienen lugar en el paciente deben ser considerados válidos, a menos que estos se rectifiquen espontáneamente[10].

Por eso mismo, el procedimiento dialéctico (así nombrado en Jung; creemos que debe traducirse por *dialógico*) en que va a convertirse la psicoterapia junguiana, implica un *setting* de connotaciones muy distintas al del psicoanálisis clásico. Implica una situación *vis-à-vis*, con ambos interlocutores sentados en asientos simétricos. El terapeuta, completamente visible, se constituye en instancia dialogante de la misma forma en que lo hace el paciente, asimismo completamente visible; ambos en una situación de "toma de conciencia" que no va a favorecer, como veremos luego, los mecanismos transferenciales, aun así presentes, procedentes de ambos lados de la relación. Pues si en el psicoanálisis clásico era el saber del terapeuta (sus interpretaciones) quien actuaba sobre los caóticos materiales provenientes de las asociaciones libres del paciente, en la psicoterapia junguiana, por el contrario, será el diálogo quien cumpla esa función; concretamente a través de la respectiva amplificación consciente de todos los materiales psíquicos del paciente, tanto conscientes como inconscientes, que vayan introduciéndose como tema de diálogo.

Es indudable que los temas de diálogo van a estar elegidos según el orden de privilegio impuesto por las necesidades de la psique del paciente. Y esas necesidades no pueden provenir más que de un conocimiento general, de un "saber". Pero es indudable también que, una vez que el diálogo haya dado inicio, terapeuta y paciente, durante una psicoterapia junguiana, van a estar implicados por igual en la construcción de la conversación; construcción de un trasvase de sentido no solo hecho de palabras audibles, no hecho solo de teorías ni procedente solo de un "saber" general. Dicho trasvase de sentido participará de un puente particular erigido por los dos constructores concretos del diálogo, y al que se confiará el desarrollo terapéutico. Puesto que, usando las felices palabras de Gadamer:

Toda conversación presupone un lenguaje común, o, mejor dicho, constituye desde sí un lenguaje común. Como dicen los griegos, algo aparece puesto en medio, y los interlocutores participan de ello y se participan entre sí sobre ello. El acuerdo sobre el tema, que debe llegar a producirse en la conversación, significa necesariamente que en la conversación se elabora un lenguaje común. Este no es un proceso externo de ajustamiento de herramientas, y ni siquiera es correcto decir que los compañeros de diálogo se adaptan unos a otros; sino que ambos van entrando, a medida que se logra la conversación, bajo la verdad de la cosa misma, y es esta la que los reúne en una nueva comunidad. El acuerdo en la conversación no es un mero exponerse e imponer el propio punto de vista, sino una transformación hacia lo común, donde ya no se sigue siendo el que se era[11].

Un diálogo, entonces, que para convertirse en terapéutico debe ampararse por igual en el sustrato común a las psiques y en la individualidad de cada una de ellas, así hasta que consiga establecerse como puente donde el intercambio de sentido despliegue toda su fuerza de transformación. Sustrato común e individualidad que, conduciendo en la comunicación tanto la posibilidad de "comprenderse" como las necesidades individuales de "expresarse", constituyen la doble esencia del diálogo.

Y que la transformación psíquica, en la psicoterapia junguiana, se haga depender de las vicisitudes del diálogo psicoterapéutico, es una cuestión de relieve que debe encontrar al psicoterapeuta preparado de manera especial. De ahí que su análisis previo, aparte de necesario en cuanto al conocimiento y al "saber" general, se instituya también como búsqueda inextinguible de sentido. Una búsqueda individual de sentido que, a la vez que favorecer el equilibrio de su psique a través del diálogo interior, no agote nunca las preguntas y la búsqueda de sentido que la interlocución concreta con cada individualidad psíquica de sus pacientes debe por fuerza engendrar.

3. El enigma de la proyección.

> *El enfermo está oprimido por el peso de esos contenidos inconscientes y caóticos que, aun existiendo en cualquier lugar, se han vuelto activos solo en él y lo confinan en una soledad interior incomprendida e incomprensible, la cual no puede ser más que mal interpretada. Desgraciadamente, es demasiado fácil liquidar con un juicio sumario una condición de ese estilo, y evitar el fijarse en ella, permaneciendo totalmente fuera, o quizá dirigirla hacia una vía equivocada. Eso es lo que hace desde hace tiempo el paciente mismo, el cual suministra personalmente al médico cualquier detalle posible para una interpretación equivocada. En un principio, le parece que deba buscarse el misterio en los padres. Pero cuando ese vínculo y esa proyección desaparecen, entonces todo el peso recae sobre el terapeuta, y el interrogativo que ahora este se encuentra delante es: ¿Qué vas a hacer, tú, con esa transferencia?*
>
> **Carl G. Jung.**

Si prestamos atención a este fragmento[12], notaremos que la transferencia, esa proyección de material inconsciente normalmente entendida como exclusiva de la psique del paciente, y considerada vital para la suerte del psicoanálisis, en Jung se convierte en una proyección de contenidos inconscientes de carácter mutable y problemático. De esa manera, durante la psicoterapia junguiana, la cuestión estriba en cómo interpretar esos contenidos inconscientes que solo se dejan conocer al ser proyectados sobre distintos contenidos de la conciencia; es decir, ¿de dónde proceden los materiales proyectados? y ¿qué hacer con ellos, una vez transferidos sobre el terapeuta?

Tengamos en cuenta que el mundo pulsional (el que se supone que está en la base de la transferencia), en Jung se convierte en un mundo muy complejo y, dada la infinita variedad con que se nos manifiesta, muy difícil de analizar. Pero sigamos a Jung y busquemos una aclaración:

No solamente existen pulsiones diferentes, que no pueden ser reducidas una a la otra sin hacer violencia sobre ellas, sino que existen incluso planos diferentes sobre los cuales ellas pueden operar. Dada esta situación, ciertamente no simple, no hay que sorprenderse si la transferencia, la cual en parte está integrada también en los procesos pulsionales, es un fenómeno o una condición muy difícil de interpretar y valorar. Puesto que, de la misma manera que las pulsiones y sus específicos contenidos fantásticos en parte son concretos y en parte son simbólicos (y, entonces, "no concretos"), o quizá ahora una cosa y luego otra, así también su proyección presenta el mismo carácter paradójico. La transferencia está lejos de ser un fenómeno unívoco, y no se puede nunca establecer *a priori* todo lo que ella significa. Naturalmente, lo mismo vale también para su contenido específico, el llamado "incesto". El contenido fantástico de la pulsión puede interpretarse, como es sabido,

en sentido reductivo, es decir, "semióticamente", como autorreproducción de la pulsión misma; o también "simbólicamente", como significado espiritual del instinto natural. En el primer caso se concibe el proceso pulsional como concreto, en el segundo, como no concreto[13].

La complejidad de la situación, así entendida, aumenta todavía más si consideramos que aun el terapeuta está activando procesos pulsionales contemporáneamente, es decir, que apenas comienza la relación psíquica que hemos convenido en llamar psicoterapia, su psique presenta, lo quiera o no, una activación de pulsiones inconscientes. Eso es debido a que, aparecidos los contenidos dolorosos del paciente en el ámbito de la psicoterapia, el caso, como dice el mismo Jung, comienza a "interesarle"[14]. El papel de psicoterapeuta, en su significado de portar alivio, comporta, inevitablemente, ese interesarse. ¿Y qué sucede, entonces? Continuando con Jung, sucede que:

Ha aparecido un vínculo, una relación inconsciente que ahora asume en la fantasía del paciente todas aquellas formas y dimensiones ampliamente documentadas por la literatura especializada. En cuanto el paciente lleva al terapeuta un contenido activado por el inconsciente, también en el terapeuta resulta constelado -por un efecto de inducción que nace más o menos siempre de las proyecciones- el material inconsciente correspondiente. De esa manera, médico y paciente se encuentran en una relación fundada sobre una común inconsciencia[15].

Con esta frase final, Jung no se propone, como alguien podría pensar, ahogar su discurso sobre la psicoterapia en una especie de complejísima e inextricable red de proyecciones inconscientes que conducen a los protagonistas a una fusión química sin horizontes. Paradójicamente, al aceptar la complejidad de las proyecciones inconscientes (recordemos que, para Jung, solo conocemos lo inconsciente que de una u otra forma se haya proyectado), el terapeuta encuentra nuevas armas para desarrollar el diálogo psicoterapéutico. Es verdad que no puede solo interpretar semióticamente los contenidos proyectados, confundiéndolos con la autorreproducción perfecta de las instancias proyectantes, por lo general oscuras e inalcanzables. En el pensamiento junguiano y posjunguiano, una cosa es la "máscara" producida por la proyección de pulsiones inconscientes, y otra es la energía compleja que está en su base. La máscara, así, no coincide con la pulsión; si así fuera, bastaría la interpretación para eliminar el problema. Pero la interpretación no elimina las pulsiones: elimina las máscaras, por otro lado producibles al infinito a través de una energía que no tiene otra tarea que la de fabricarlas. En palabras de Jung:

La conciencia, por extensa que sea, es, y así permanece siendo, el círculo menor encerrado en ese círculo mayor constituido por el inconsciente, la isla circundada por el océano; y, como el mar, también el inconsciente genera una cantidad infinita y siempre renovada de seres vivientes, con una dedicación para nosotros inaprensible. Por mucho que sean conocidos la importancia, el significado, los efectos y las características de los contenidos inconscientes, no es posible sin embargo penetrar hasta la raíz de su profundidad y

potencialidad, puesto que son capaces de variabilidad infinita, y no pueden en sí ni por sí mismos ser depotenciados[16].

Como consecuencia de ello, la interpretación semiótica (*aliquid stat pro aliquo*) resulta imposible con los contenidos inconscientes. Pero no resulta imposible "tomar conciencia" de ellos, es decir, acoger las máscaras producidas por la proyección en cuanto representantes parciales e intercambiables de las instancias proyectantes de las profundidades. En otro lugar veremos cuánto esto tenga que ver con la "función simbólica" y con las modalidades simbólicas de interpretación[17].

Lo que en este momento queremos aclarar es este "tomar conciencia" del inconsciente, esta posibilidad de acoger, aun sin interpretarlos semióticamente, los contenidos inconscientes que vamos a encontrar en el cruce de transferencias que es la psicoterapia junguiana. Para ello, volvamos a las modalidades del *setting* junguiano, a ese ponerse uno frente al otro (terapeuta y paciente), y ambos visibles. Esa configuración del *setting* vehicula el diálogo hacia modalidades de conciencia. Pero, ¿qué significa eso? ¿Acaso que el material pulsional es desechado, acaso que son desestimadas las apetencias pulsionales? No, no son desestimadas. Al pedirse ambos interlocutores, gracias a la institución de un *setting* que favorece sobre las demás cosas el diálogo, una presencia concreta estimuladora de los mecanismos conscientes, solamente significa que deja de ser necesario tratar de suministrar interpretaciones semióticas sobre los contenidos inconscientes que busquen agotar, invasivamente, las ulteriores lecturas sobre ellos. Es decir, una vez instalados en un diálogo consciente, los dos interlocutores pueden, desde ahí, "tomar conciencia" de lo que queda más allá de las premisas formales de su diálogo; esto es, pueden referirse a los contenidos inconscientes, pueden asociar, entrelazar asociaciones entre sí, pero sabedores de que, gracias a ese permanecer en una *vigilia* consciente, de ese "referirse" a lo inconsciente no va a deducirse un agotamiento de sentido, puesto que el sentido "total" no es abarcable: puesto que lo que la conciencia ha de tutelar del inconsciente es, sobre todo, su "ser matriz" de todo fenómeno psíquico y de toda posibilidad de sentido. Tengamos presente la disposición de la conciencia, sería el lema, y dejemos que lo inconsciente, menos peligroso cuanto más tomado en cuenta y respetado sea, actúe según sus legítimas aspiraciones. En palabras de Jung, al referirse al problema de la variabilidad infinita y a la energía de las profundidades inconscientes:

La única posibilidad de solucionarlo prácticamente, consiste en la tentativa de alcanzar una disposición consciente que permita al inconsciente cooperar en lugar de oponerse[18].

En síntesis, "tomar conciencia" de lo inconsciente significa tratarlo como un válido interlocutor, sin desestimarlo ni "invadirlo" con el arma de una interpretación definitiva. Se trata de favorecer un *setting* donde la conciencia aprenda a dialogar con lo inconsciente, tanto por parte del paciente como del terapeuta. Y ese diálogo no puede más que formalizarse "desde" la conciencia; cuya misión durante la psicoterapia ha de dejar de ser, indistintamente, "rechazar" (reprimirlos) u "ocupar" (confundiéndolos con sus emisarios proyectados) los territorios inconscientes que una y otra vez se asoman a la psicoterapia. La misión de ese "tomar conciencia" será, por el contrario, una misión de aceptación y de búsqueda de "colaboración" con su principal opuesto, lo inconsciente.

Como es claro, formalizar el *setting* desde estos presupuestos implica una diferente lectura de los mecanismos transferenciales. Pero el que la transferencia clásica no sea favorecida (la proyección directa del material inconsciente del paciente sobre la figura del terapeuta), no significa que no pueda darse transferencia de ninguna clase, que no vaya a darse transferencia alguna. Simplemente, la posición de "vigilia" de ambos interlocutores, ese diálogo consciente, implicará, por un lado, el trasvase recíproco de sentido de una conciencia a otra; y, por otro lado, una relación vincular entre los dos inconscientes tutelados y avalados (ni rechazados ni confundidos) por la conciencia, siendo inevitable también la relación entre el material inconsciente de cada uno y la conciencia de su respectivo interlocutor.

Por consiguiente, en lugar de la transferencia unívoca del psicoanálisis clásico, aquí nos encontraremos con transferencias múltiples, caracterizadas todas ellas por la tendencia del material psíquico proyectado a reunificarse paritariamente con sus opuestos. De la misma manera, la disposición consciente de ambos interlocutores, bajo la tutela del análisis previo y la experiencia del terapeuta, añadirá la crítica necesaria para que la conciencia no sea invadida por esas proyecciones; y también para que, al reconocerlas, estas puedan ser devueltas a la función más concorde a la adaptación que les correspondiera. Una disposición consciente que, sin rechazar ni invadir el océano de las sedimentaciones inconscientes, contemporáneamente defienda dignamente su humilde isla de las proyecciones inconscientes que, en caso contrario, quizá acabarían por sumergirla.

Y esta es la doble función del *setting* junguiano: fortalecer la isla sin menoscabar el océano, para ayudar así a la psique unitaria a desenvolverse sin conflictos, que solo cesan al acoger igualmente a los dos contendientes. De ahí que el diálogo psicoterapéutico desarrollado en una vigilia atenta (despierta y esperanzada, ese es el doble significado de la vigilia), pueda a su vez servir de "reconocimiento" de las instancias proyectadas, y también de un permanente deshacer, eso sí, la transferencia, pero devolviendo a la instancia proyectante toda su razón de ser. Como podemos ver ahora en este fragmento de *La psicología de la transferencia*, de Jung, a través de la elaboración de la figura del Ánima:

El ánima aparece, así, como la quinta esencia de la relación. En cuanto representante del inconsciente colectivo, el Ánima psicológica tiene también un carácter "colectivo". El inconsciente colectivo es una presencia autoevidente y universal, y por esto provoca, donde quiera que aparezca, una identidad inconsciente, una *participation mystique*. Si la personalidad consciente es prisionera de ello y no opone resistencia a tal implicación, la relación se personifica como Ánima (por ejemplo en los sueños) bajo la forma de un fragmento de la personalidad más o menos autónomo, con efectos esencialmente perturbadores. Pero si, gracias a un examen crítico largo y profundo, y a la disolución de las proyecciones, se ha realizado una distinción entre el Yo y el inconsciente, entonces el Ánima deja de ser poco a poco una personalidad autónoma. Y se convierte en una función de relación entre la conciencia y el inconsciente. Mientras que está proyectada, el Ánima provoca, con ilusiones de todo tipo, complicaciones infinitas en hombres y cosas. Con la retirada de su proyección, ella vuelve a ser lo que era, una imagen arquetípica que, cuando está en su justo lugar, funciona a favor del individuo[19].

Así pues, *ese examen crítico largo y profundo*, ese realizar una *distinción entre el Yo y el inconsciente*, para ampararlos a ambos según sus necesarios límites y lealtad, es la tarea de la psicoterapia junguiana. Sosteniendo una disposición consciente no unilateral gracias al diálogo establecido, y sostenida por el inconsciente, por el Ánima, que funciona a favor del individuo en el momento en que esta ha vuelto a ser lo que por esencia es, la psicoterapia puede desplegarse hacia aquella búsqueda de sentido que, apoyada por igual sobre los elementos escindidos, intente devolver al individuo la síntesis suprema, y aun así enormemente problemática en su devenir constante, de su identidad.

Se trata de una identidad que, de continuo, es puesta en entredicho por las imparables proyecciones que provienen de la necesidad que tiene el inconsciente de reflejarse. Inconsciente que causa, mediante esas proyecciones, una dispersión centrífuga de la psique. Esto es, deshacerse de todo centro para, luego, volcarse en la exploración de su opuesto, la conciencia; tanto si la encuentra preparada para ello como si no, en cuyo caso las proyecciones seguirán dispersándose hacia fuera, ahora en búsqueda de un objeto exterior que, en psicoterapia, suele ser representado por el terapeuta, por la psique del terapeuta.

Esa es la transferencia. Y entonces, ¿qué hacer con esas proyecciones, qué puede hacer el terapeuta con la transferencia, con las múltiples transferencias, incluso las suyas, que van a darse cita, debido a esas aspiraciones del inconsciente, en el marco de la psicoterapia?

El psicoterapeuta junguiano, gracias a su análisis previo y a su experiencia, sigue persistiendo en el diálogo, en la posición consciente de ambos interlocutores, pues esa posición consciente es la única que, mediante la "vigilia" atenta, puede reconocer las proyecciones como pertenecientes a la propia psique. Un reconocimiento de las proyecciones que, tal como veremos en los capítulos sucesivos, es el arma psíquica que consigue reintegrar el material proyectado al interior de la instancia proyectante. Puesto que reconocer, en el diálogo psicoterapéutico, no significa otra cosa –según nos dicen los diccionarios- que *identificar, conocer alguna cosa por lo que es, admitir, aceptar* las máscaras con las que el inconsciente intenta, una y otra vez, infiltrarse en los territorios de la conciencia, ya sea la propia o ya sea la del compañero de diálogo, quizá en respuesta a la ávida unilateralidad demostrada por la conciencia misma. Se trata, así, de un *re-conocimiento*, que, como tal, implica algo más alto que el conocimiento, que el saber traducido por las teorías; puesto que, para traducirse realmente, implica la memoria, esa sabia disposición a admitir que aquello que se reconoce nos ha pertenecido siempre. Y esa posición consciente que ponga en marcha las posibilidades del reconocimiento, es una posición que ha abandonado la unilateralidad, con lo cual puede desarrollar una de las más complejas funciones de que es capaz la conciencia: fortalecer contemporáneamente la isla consciente y el océano inconsciente; fortalecimiento que ayuda a que las oposiciones psíquicas colaboren entre sí, y también, por ende, a la instauración de un pacto equilibrador de la entera psique.

Una búsqueda de reunificación interior que ha llevado a Jung al estudio de los textos alquímicos (la *coniunctio*), a la investigación de los sustratos numinosos y religiosos (de "religar", reconjuntar), a las indagaciones sobre el simbolismo y la naturaleza del símbolo (de *symbolon*, poner juntos, lanzar juntos); en una tentativa de encontrar ejemplos y metáforas que, aun siendo insuficientes para colmar el trascendental e íntimo significado de la reunificación interior, sirviesen para reconocer la complejidad unificadora de los símbolos, refiriéndose desde varios ángulos a esa legítima aspiración del ser humano de volver a ser pleno individuo, de "individuarse".

Es el final de esa escisión entre el "lado diurno" y el "lado nocturno" de la psique. El final de los terrores de la conciencia (la represión), y también de la voracidad de la conciencia para hacerse definitivamente con los territorios de su opuesto; el final, asimismo, de esa incansable proyección, solo superable gracias al necesario reconocimiento de la legitimidad inconsciente, que a su vez transforme en colaborador a un imaginario que, de lo contrario, pretendería, y quizá no sin razón, inundar a la conciencia.

Ese es, en esencia, el camino que intenta recorrer la psicoterapia junguiana. Sosteniendo durante el encuentro el *vis-à-vis* que circunscriba en simultáneo a la presencia y al logos, la psicoterapia puede y debe permitir, además, durante el despliegue del diálogo mismo, ese otro diálogo de ánimas que lleve a la psique del paciente hacia el final de su escisión afligida. Doble diálogo, de conciencias y de inconscientes, ambos autolimitados por su contemporáneo y ecuánime reconocimiento, esto es, por la "adhesión" y "distancia" -en expresión de Mario Trevi- entre terapeuta y paciente. Doble diálogo que, dadas esas precauciones ineludibles, en su despliegue transforma al diálogo psicoterapéutico en una posibilidad de vehicular, ya sin el temor de la proyección o de la inflación, aquellas instancias deseantes antes negadas, o quizá solo vislumbradas en cuanto ciegas pulsiones desprovistas de sentido (puesto que desprovistas de ánima).

Así pues, eros y logos, cada uno con su función, desenvuelven en el diálogo terapéutico esa fuerza vital que aúna y que engendra sentido. Eros y logos que inesperadamente pueden descubrirse como instancias aliadas, al ser favorecidas ambas por la energía psíquica que moviliza el diálogo psicoterapéutico. Búsqueda unificadora que ya fue una de las búsquedas que la filosofía más persiguió, tal como podemos comprobarlo a través de este fragmento de Nicola Abbagnano, en una bella paráfrasis del *Fedro*, de Platón[20]:

...pero cuando el amor sea sentido y realizado en su verdadera naturaleza, entonces se hace guía del ánima hacia el mundo del ser. En ese caso ya no es solamente deseo, impulso, delirio; sus características pasionales no desaparecen, sino que están subordinadas y fundidas en la búsqueda rigurosa y lúcida del ser en sí, de la idea. El eros se convierte entonces en procedimiento racional, en dialéctica. Y la dialéctica consiste en dos procedimientos. En primer lugar, en reconducir a una "única idea" ("idea") las cosas dispersas, definiendo cada una de estas de manera de volverlas claramente enseñables. En segundo lugar, en "dividir" la única idea en sus especies diversas siguiendo sus articulaciones naturales, pero sin romperlas. Tal división se ejecuta dividiendo por dos la idea más general y eligiendo una de sus partes; dividiendo por dos esta parte, eligiendo una de ellas, para dividirla a su vez, y así sucesivamente, hasta llegar a un concepto indivisible. La dialéctica es este dúplice proceso de división (*diairesis*) y de composición, que es al mismo tiempo búsqueda del ser en sí y unión amorosa de las ánimas en el aprender y en el enseñar. Es, pues, "psicagogia", guía del ánima, con la mediación de la belleza, hacia su verdadero destino. Y es, también, el verdadero arte de la persuasión, la verdadera retórica; que no es, como sostienen los sofistas, una técnica a la cual es indiferente la verdad de su objeto y la naturaleza del ánima que se quiere persuadir; sino ciencia del ser en sí, y, al mismo tiempo, ciencia del ánima. Como tal, distingue las especies del ánima y para cada una encuentra la vía apropiada para persuadirla y conducirla al ser.

CAPÍTULO IV

FASES DE LA RELACIÓN PSICOTERAPÉUTICA[1]

1. La relación psicoterapéutica.

Quien está en la relación participa en una realidad, es decir, en un ser, que no está únicamente en él ni únicamente fuera de él. Toda realidad es una presencia en la que participo sin poder apropiármela. Donde falta la participación no hay realidad. Allí donde hay apropiación egoísta no hay realidad. La participación es tanto más perfecta cuanto más directo es el contacto con el "Tú".
Martin Buber. *Yo y Tú.*

E n los capítulos anteriores dedicados a la psicoterapia, hemos discurrido sobre la necesidad de construir un puente dialógico entre las psiques del terapeuta y del paciente. A ese puente dialógico lo hemos denominado el vehículo de cura por excelencia de la psicoterapia. Por eso hemos mencionado la especial preparación y disposición de que debe gozar la psique del terapeuta, y también los obstáculos que, desde un lado y otro de la relación, se oponen a la construcción de ese puente.

En este capítulo intentaremos esclarecer los pasajes, o por lo menos reflexionar sobre ellos, que a lo largo de un diálogo psicoterapéutico ya establecido se dan sobre ese puente dialógico. Pasajes de los que se espera, precisamente, que comporten aquella transformación de la psique del paciente en aras del alivio de su sufrimiento, y que, a la misma vez, le aporten el sentido, la búsqueda de sentido, que la encamine por una vía transitable de salud.

¿Cuál es, entonces, la manera de conducir el diálogo de la psicoterapia para que este, a pesar de las proyecciones, a pesar de los prejuicios de uno y otro interlocutor, logre hilvanar ese sentido que hemos admitido como plasmación de la transformación terapéutica? O, más específicamente, ¿qué es lo que hace que el diálogo pueda convertirse en una cura?

Sin lugar a dudas, ser capaces de satisfacer esas preguntas significaría haber descubierto el "mecanismo" de la curación pretendida en la psicoterapia. Más aún, significaría haber descubierto igualmente el mecanismo que convierte un discurso intersubjetivo en un sano dinamismo intrasubjetivo. Y una vez logrado ese dinamismo intrasubjetivo, esa cura, con toda certeza ampliaríamos la posibilidad del diálogo interpsíquico, es decir, del diálogo entre terapeuta y paciente; y, más tarde, ampliándolo aún más, lograríamos similar diálogo entre la psique del paciente y el mundo. Pero descubrir un mecanismo circular de tal envergadura y relevancia, queda fuera de nuestro alcance y posibilidades. Sin embargo, lo que esas preguntas cuestionan no nos deja indiferentes, como tampoco puede dejar indiferente a ningún teórico de la psicoterapia ni a ningún psicoterapeuta práctico. En definitiva, la psicoterapia propone una relación intersubjetiva -una relación interpsíquica-; y, para ello, presupone que de dicha relación va a deducirse una mejoría en el aparato psíquico de los pacientes. Por todo lo cual, este capítulo tratará de acercarse en lo posible al ámbito de esas ineludibles preguntas; con la pretensión, si no de responderlas definitivamente, sí al menos de merodear continuamente alrededor de ellas.

En primer lugar, conviene recordar el porqué de la modalidad dialógica. Todas las psicoterapias, con diván o sin él, más o menos interpretativas, esto es, más o menos enraizadas en asuntos teóricos de base, se desarrollan en clave de diálogo. Resulta inconcebible pensar en una psicoterapia en la cual las dos psiques no dialoguen de una u otra forma, con uno u otro estilo, como medio de relacionarse con finalidades terapéuticas. Esa es una verdad inapelable, por mucho que el énfasis teórico -acosado por el terror a la acusación de "sugestión"- intente soslayarla o crea haberla superado. El énfasis teórico, al convertir la psicopatología en materia de "diagnóstico" y "predicción" y no considerarla, por el contrario, un simple medio de "comprensión" de fenómenos, y también al razonar únicamente sobre teorías de la psique y sobre sus vehículos de aplicación, en lugar de reflexionar sobre el contemporáneo "interrelacionarse" de la psicoterapia, en realidad no hace más que disimular la verdad dialógica que anida en la práctica psicoterapéutica; verdad dialógica que es la única que puede "resolver", si es que los resuelve, aquellos conflictos que la pusieron en marcha.

La psique, por otro lado, si seguimos a Jung, es un complejísimo entramado de elementos psíquicos en continua interacción. El diálogo de las oposiciones es el fundamento de la armonía psíquica, paradigma de salud de una psique dinámica, estable en su continua mutación. De lo que se deduce que la enfermedad psíquica es la pérdida de esa armonía, de ese equilibrio dialógico entre lo consciente y lo inconsciente, entre el Yo y la Sombra, entre la extrema concreción del Yo y la inabarcable tendencialidad del sí-mismo, etcétera, etcétera.

Desde una perspectiva junguiana, entonces, el paciente acude a la sede de la psicoterapia porque ha perdido su dinamismo dialógico, porque algunos elementos psíquicos yacen aislados -unilateralizados- de sus justos compañeros de relación. Así, la psicoterapia junguiana apuesta con decisión por la reinstauración de ese diálogo psíquico, y lo hace, como veremos más adelante, a través de la clarificación y desarrollo del diálogo interpsíquico.

Vista la psique (junguianamente) como un diálogo de oposiciones psíquicas, y puesta la psicoterapia como un esquema de diálogo interpsíquico, todavía queda por ver, volviendo a nuestras preguntas, de qué manera, a través de qué vía, el diálogo interpsíquico pueda favorecer la reinstauración de esa armonía dialógica en la psique de los pacientes.

Para acercarnos a responder estas preguntas, quizá sería conveniente reflexionar acerca del sustrato de semejanza que comparten las psiques que, durante la psicoterapia, cruzan comunicación; sin perjuicio, claro está, de los factores de distinción y responsabilidad que obviamente las separan, sobre todo al inicio de la relación psicoterapéutica. A este respecto, y teniendo en cuenta el espectro que abarca desde sus primeros textos, específicamente *La Psicología de la dementia praecox*, de 1907, hasta los últimos, como *Mysterium coniunctionis*, de 1955-1956, y *La función trascendente*, de 1957-1958, podemos constatar que, para Jung, existe un sustrato común en cada psique. No existe siquiera una estructura diferencial entre la psique "normal" y la psique "enferma", ni entre una psique "histérica" y una psique afecta de *dementia praecox*[2]. Lo que en Jung define la diferencia de estados entre una psique y otra, es, o la extensión y patogenicidad de los "complejos", o, en sus artículos más tardíos, el grado de "escisión" y "disociación" de la psique, acaecido según la gravedad del desmembramiento de las parejas de opuestos.

Por otro lado, que las psiques tengan un fondo de semejanza más allá de las diferencias, es de sentido común. Ello explica que haya una ciencia ocupada en estudiar la psicología general, o la existencia de ciertas características humanas comunes, tales como el lenguaje, el afecto, el pensamiento y un largo etcétera.

Bien, la ocupación basilar de la psicoterapia es la de tratar de establecer un puente dialógico a partir de esas *semejanzas* que nos acomunan, y luego, desde ellas, tratar asimismo las *diferencias* que existen; semejanzas y diferencias a través de cuyos desarrollos la psique alcanza un cierto grado de armonía o, por el contrario, acaba situándose en el malestar y el desasosiego. Desde ese puente dialógico erigido a partir de las semejanzas, entonces, las psiques definen sus diferencias, sus preocupaciones o las ilusiones que les atañen individualmente. De esas armas se sirve la psicoterapia, al igual que otras posibilidades de la comunicación humana.

Pero recordemos los principios de la psicoterapia. El puente dialógico se establece bajo el supuesto de que, gracias a él, la psique afligida del paciente encontrará alivio a su malestar. Y esos presupuestos hacen que la psicoterapia no pueda ser confundida con otras modalidades de la comunicación humana, basada en el recíproco intercambio para el favorecimiento de ambas partes. La psicoterapia, en cambio, está vehiculada desde los dos lados, pero pretende el alivio de uno de ellos, el de la psique del paciente. Eso hace que el terapeuta deba estar preparado humana y profesionalmente para esta modalidad de intercambio que debe alcanzar en la psique del paciente su principal efecto y resolución.

Las preguntas del principio vuelven así a colación. ¿Cómo establecer ese puente dialógico que revierta en un alivio dialógico para uno de los miembros de la relación, esto es, para la psique del paciente? ¿A través de qué pasajes puede darse esa transformación?

Eso es lo que intentaremos dilucidar de alguna manera a continuación.

2. Asimilación e integración.

> *De la misma manera que cada sonido se coloca entre el objeto y el hombre, el lenguaje entero se coloca entre el hombre y la naturaleza, que sobre estos ejerce un influjo interior y exterior. El hombre se rodea de un mundo de sonidos para acoger en sí y elaborar el mundo de los objetos.*
> **W. von Humboldt. *La diversidad de las lenguas.***

Para comenzar, intentaremos investigar el papel que desempeñan la asimilación y la integración en los mecanismos de intercambio psíquico, esto es, en las dinámicas que acontecen entre una psique y su entorno. Sucesivamente, llevaremos estos dos conceptos al ámbito del diálogo psicoterapéutico, para investigar la modalidad con que intervienen en el desarrollo psicoterapéutico.

Así pues, lo que nos proponemos es definir la posibilidad de transformación psíquica (interior y exterior) mediante los conceptos de asimilación e integración.

Empezaremos por la asimilación, un concepto al que Jung le ha atribuido una gran importancia en la terapia. El término "asimilación" proviene del verbo asimilar, del latín *assimilare*, que es una derivación del vocablo *similis*, semejante, y también del término vulgar del latín *similiare*, semejar[3]. Por lo tanto, la asimilación está estrechamente emparentada con todo lo que es semejante o que tiende a semejar una cosa con otra. Así, una primera acepción de asimilar conduce al verbo en la dirección de equiparar. Particularmente, según reza en el mismo diccionario, significa *considerar a ciertos empleados o a ciertas personas como iguales a otros para ciertos efectos*[4]. En el mismo sentido, en fonética, asimilar implica *transformar un sonido aproximándolo a otro semejante que influye sobre él*. Volveremos sobre esto más adelante. En una segunda acepción, asimilar significa *incorporar un organismo a su propia substancia otras extrañas o alimentos*. Figuradamente, la misma acepción significa, *aprender algo comprendiéndolo*[5].

Si nos fijamos bien en estos significados extraídos de un mismo diccionario, constataremos que la asimilación procede de dos maneras. Una: "equiparando o igualando", para ciertos efectos prácticos, una cosa con otra aparentemente distinta; por ejemplo, dos empleados o dos seres humanos que viven -aun procediendo de lugares diferentes- en el mismo país. Dos: "incorporando o aprendiendo" sustancias, alimentos o conocimientos, dentro de un mismo organismo base.

Trasladémonos al ámbito psíquico, que es el que nos interesa esclarecer. En dicho ámbito, la "asimilación" se produce ya sea por equiparación, ya sea por incorporación. La psique asimila equiparándose con los objetos y con los otros sujetos, de la misma manera que asimila al incorporar a su propia substancia conocimientos o "alimentos" procedentes del exterior. Con toda probabilidad, en ámbito psíquico, esas dos funciones se funden en una sola o, mejor dicho, esas dos funciones no pueden aún estar diferenciadas. Eso sucede porque el hecho psíquico trasciende las ramificaciones sucesivas al uso lingüístico, a las atribuciones prácticas de un determinado ángulo de visión. Se asimila del exterior eso que, en definitiva, previamente ha sido considerado equiparable con la propia imagen psíquica. Sin esa semejanza de base, la psique no podría "asimilar" nada procedente del exterior. De la misma manera, y dadas las diferentes funciones que componen la psique, una función solo podrá asimilar elementos de otra en la medida que, previa equiparación con esta, incorpore de ella ciertos aspectos o ciertas imágenes que considere relevantes.

Cuando una psique entra en acción, su dinamismo interior pasa a depender del grado de equiparación entre los componentes psíquicos que, en consecuencia, establezcan relación. Esa equiparación asume de entrada la existencia de una igualdad respecto de ese "valor" de referencia, e implícitamente lo respeta más allá de la distinción. Siguiendo esa línea, el valor de referencia, al comunicarle el sentimiento a un componente de la relación de que su contrario "vale" en el fondo lo mismo que él, será quien abra el campo de asimilación hacia la posibilidad del intercambio. Como es obvio, la igualdad respecto de un "valor" de referencia no desvirtúa la diferencia entre los distintos componentes. La diferencia permanece: solo que ahora, gracias al valor común, esa diferencia facilita el intercambio, la relación, en lugar de servir al mutuo desconocimiento.

Bien, el dinamismo intrapsíquico depende de esa relación entre los componentes psíquicos. Eso es a lo que se refiere Jung al hablar de la dialéctica de las oposiciones. La armonía psíquica, verdadero paradigma de salud junguiano, depende del ensamblaje de esas relaciones de asimilación entre los componentes psíquicos. Unas relaciones de asimilación que necesitan la equiparación respecto de un "valor" de referencia.

Veamos cómo entiende Jung la asimilación del inconsciente a cargo de la conciencia. En uno de sus textos nos dice:

Por "asimilación" no debe entenderse aquí una valoración unilateral, una interpretación, un subyugar los contenidos inconscientes por parte de la conciencia -así como se piensa y se hace en general-, sino una recíproca compenetración de elementos conscientes e inconscientes[6].

En este fragmento, importantísimo para comprender la dinámica del aparato psíquico, Jung nos habla de la necesidad de guardarnos de realizar valoraciones unilaterales; y también de la urgencia, por el contrario, de establecer, desde la conciencia, una disposición capaz de equiparar lo consciente y lo inconsciente con miras a su mutua compenetración. Pero veamos hasta dónde llega Jung en su voluntad de equiparar lo consciente y lo inconsciente para facilitar la asimilación. Enseguida añade:

Como es sabido, Freud ve el inconsciente bajo una luz muy oscura: el hombre primitivo sería, según el pensamiento de su escuela, una especie de monstruo. La fábula del abominable hombre primitivo por un lado, la doctrina del carácter infantil, perverso y criminal del inconsciente por el otro, han hecho un monstruo terrible de aquel producto natural que es el inconsciente [...] Recientemente se me ha criticado que mi teoría de la asimilación del inconsciente insidie la civilización, y que confíe a la primitividad nuestros valores más altos. Pero tales objeciones solo pueden fundarse sobre el falso presupuesto según el cual el

inconsciente es un monstruo; y una idea de ese tipo solo puede nacer del miedo a la naturaleza y a la realidad efectiva[7].

Jung se niega a pensar que el inconsciente sea en sí mismo temible y peligroso. Por ese motivo busca, durante toda su especulación, que la conciencia se ponga frente a él en igualdad de condiciones, en condición de similitud y co-pertenencia. Con ello defiende la relación intrapsíquica, basada en el principio de compensación y de asimilación, alejándose así de toda voluntad de "engañar" al inconsciente o de "desentenderse" de él. Pero sigamos al mismo Jung:

En el intento de salvarnos de las garras imaginarias del inconsciente, la misma teoría freudiana ha inventado el concepto de sublimación. Mas eso que es real, y que como tal se nos presenta, no se deja sublimar alquímicamente; y, por otra parte, lo que viene aparentemente sublimado no era ni siquiera en un origen lo que parecía ser sobre la base de falsas interpretaciones. El inconsciente no es en absoluto un monstruo demoniaco; sino un ser natural que es moral, estética e intelectualmente indiferente, que se vuelve verdaderamente peligroso solo cuando nuestra posición consciente es errada por entero. Su peligrosidad aumenta en la medida en que nosotros lo reprimimos, mientras que disminuye en el momento mismo en que el paciente empieza a asimilar los contenidos que eran inconscientes. Con la asimilación progresiva desaparece la disociación de la personalidad, la angustiosa escisión entre el lado diurno y el lado nocturno. Eso que temen mis críticos, es decir, que el inconsciente arrolle a la conciencia, se produce en realidad de la forma más rápida, precisamente, cuando el inconsciente es excluido de la vida mediante la represión, mediante las falsas interpretaciones, mediante una desvalorización[8].

Esta es la idea de Jung sobre la asimilación de los contenidos inconscientes por parte de la conciencia. Una asimilación que, para producirse, requiere antes una *valorización* del opuesto desde el que se pretenda asimilar. Y, sin duda, la asimilación verificable y de carácter *estabilizador* se halla en la conciencia, a veces, específicamente en el Yo. Es la conciencia la que debe *equipararse* con el inconsciente para poderlo asimilar. De lo contrario, si fuese el inconsciente quien asimilara partes de la conciencia -y ese es un problema que Jung ha estudiado en relación a la presencia de complejos inconscientes, esto es, en relación a la progresiva asimilación de partes similares de la conciencia por obra del núcleo del complejo (núcleo representado la mayoría de las veces por la tonalidad afectiva)-, entonces ese complejo inconsciente sería susceptible de alimentarse de partes de la conciencia hasta engordarse en la figura del delirio[9]. Esos dos lados, conciencia e inconsciente, existen, y necesariamente se ponen en relación. O la asimilación la cumple la conciencia (o en su caso el Yo), o en su defecto será el inconsciente, quizá un complejo patógeno, el que se pondrá a asimilar partes de la conciencia. Entonces, al menos sucesivamente a *Tipos psicológicos*, Jung insta a la conciencia a que se preste a la labor asimiladora; de la misma manera que encomienda al Yo a equipararse con la Sombra, con la Persona, con el sí-mismo, para que pueda también asimilarlos. Esa equiparación retribuye a ambos opuestos con idéntico valor, con idéntica dignidad, y además facilita el intercambio: esa compenetración asimilativa que, apoyándose sobre la idea de la compensación, garantiza el dinamismo psíquico y aleja los peligros de la escisión psíquica y de la disociación de la personalidad.

Pero la asimilación no es solo un mecanismo muy importante de diálogo intrapsíquico. El mismo término nos sirve en la relación intersubjetiva, otra de las dimensiones de la psique en movimiento. Para esclarecer este aspecto, debemos recordar las implicaciones del término, en el área de la fonética, que hemos extraído del diccionario. Allí se decía que asimilar significa "transformar un sonido aproximándolo a otro semejante que influye sobre él". Juguemos un momento con esta frase, cambiando la palabra sonido por la palabra psique. Por consiguiente, asimilar significaría también "transformar una psique aproximándola a otra semejante que influye sobre ella".

Sin lugar a dudas, esta última frase, producto de nuestra voluntad de juego, resulta sospechosa si la dirigimos al ámbito de la psicoterapia. En realidad, una de las lagunas más vistosas de las teorías psicoanalíticas es la inherente a la "similitud" psíquica, a la capacidad de "influencia" entre una psique y otra cuando están en relación. Y eso que, si somos consecuentes con las implicaciones del concepto, no podemos "asimilar" realmente nada de lo que la otra psique manifieste sin que, previamente, se dé una aceptación de la similitud de base entre las dos psiques, la nuestra y la de nuestro interlocutor, de la que pretendemos asimilar. Por otro lado, cualquier modalidad de *setting* pretende actuar de "influencia" positiva para el andamiento de la psique afligida del paciente. ¿Qué otra cosa es la psicoterapia sino una relación entre dos psiques bajo el estatuto de la cura de una de ellas? ¿Qué es la cura sino una transformación positiva? ¿Y esa transformación positiva, dados los dos componentes de la psicoterapia, cómo sería posible lograrla sin una cierta influencia mutua entre los dos interlocutores?

El problema es irresoluble. La influencia mutua no puede descartarse cuando dos psiques entran en relación. En cualquier caso, la cautela a tener en cuenta es otra. ¿Está realmente preparada la psique del terapeuta, mientras la influencia sintéticamente y a la vez es influenciada por ella, para enfrentarse a la psique del paciente? Y, ¿está preparada la psique del terapeuta para servir de "influjo" positivo?

Ya hemos mencionado en capítulos anteriores la especial preparación que debe tener el psicoterapeuta para poder actuar, así como también otras cautelas que no deberá olvidar nunca. Pero dejemos por ahora este problema de lado, sobre el que volveremos más adelante, e investiguemos el papel que desempeña la asimilación una vez instaurada la relación psicoterapéutica. ¿Qué es lo que el paciente debe asimilar? Por lo pronto, la labor de la psicoterapia será la de situar a la conciencia en una perspectiva que le permita vislumbrar los contenidos inconscientes susceptibles de asimilación. Pongamos el ejemplo de la asimilación de los contenidos oníricos. Nos dice Jung:

Por asimilación de los contenidos oníricos es esencial que no sea ofendido ni destruido ningún valor real de la personalidad consciente, ya que, de otra manera, vendría a faltar precisamente el sujeto de la asimilación [...] Es necesario, entonces, vigilar atentamente, con el fin de que los valores de la personalidad consciente se mantengan intactos, puesto que la compensación mediante el inconsciente es eficaz solo en el caso de que coopere con una conciencia íntegra. En la asimilación no se trata de elegir "entre esto y aquello", sino de aceptar "esto y aquello"[10].

Una vez instaurada la relación psicoterapéutica, la primera labor del terapeuta será la de ayudar a que la conciencia del paciente se mantenga, por lo tanto, en esa disposición de "vigilia" atenta y equiparadora para con los materiales inconscientes que afloran a través de los síntomas, los sueños y las asociaciones. Favorecer la asimilación de lo inconsciente que aflora es, pues, la primera tarea de la psicoterapia. Más adelante veremos cómo, en fases sucesivas, la asimilación va virando la dirección de la vigilia consciente hasta encarar directamente la figura del terapeuta. Veremos, desde ese aspecto, las fases a lo largo de las cuales puede desarrollarse la psicoterapia.

Pero es el momento de introducir en el discurso otra función psíquica, paralela a la función de asimilación, que por sus implicaciones en el recorrido mismo de la psicoterapia exige parecida atención. Es la *integración*, una función que quizá haya pasado aún más desapercibida que la anterior.

Comencemos, como es ya costumbre, por las aportaciones del diccionario. Para María Moliner, el verbo "integrar", soporte de la acción llevada a cabo por el término integración, goza también de varios matices diferenciales. Por un lado, "integrar" significa *componer, constituir, formar*. En ese sentido, integrar se refiere a elaborar un todo desde partes distintas; al igual que sucede, en un ejemplo allí citado, al *integrar los esfuerzos dispersos en una acción conjunta*. Pero, desde esa misma acepción, integrar también puede abrirse en la dirección de *contribuir a formar un todo o conjunto*, o bien, de *hacer entrar una cosa en otra más amplia*[11].

En esa primera acepción del verbo que estamos estudiando, es muy curioso constatar su similitud con ciertas características inherentes a las capacidades del símbolo. También el símbolo componía, también el símbolo remitía (aun en clave figurada) a un todo, o contribuía a formar su imagen. Así, el símbolo "ampliaba" el punto de referencia, puesto que conducía al elemento de base a formar parte de un ámbito más amplio. Sin embargo, la labor de la integración quizá tenga un carácter más práctico y concreto. Para integrar hace falta la acción concreta, y no tanto la tendencia a que aludía el símbolo. Porque quien ha de integrarse a algo, debe antes tomar una decisión; esto es, debe modificar su forma aislada si lo que quiere es pasar a formar parte de un todo más amplio, y además pertenecer a este.

Mas las implicaciones de la acción de integrar no acaban ahí. En una segunda acepción, aparece la de "reintegrar"[12]; esto es, el retorno o devolución de un excedente o pago realizado. En ese sentido, reintegrar es la compensación o el límite de aquella previa integración, el camino de vuelta de aquel intercambio establecido en primera instancia; e, incluso, quizá la recompensa por el esfuerzo invertido en la primera fase de integración. Desde esta perspectiva, podemos hablar de un binomio integración/reintegro; y considerarlo como la expresión del reequilibrio que introduce el segundo término a propósito de las tareas, a veces dolorosas o excesivas, que conlleva el primero.

En ámbito psíquico, hablaríamos de integración como una mezcla de estas dos acepciones, integración y reintegro, sacadas ambas del diccionario. Y lo haremos por las mismas razones aducidas respecto a la asimilación. De esa manera, decir que la psique integra, significa asumir la decisión de pasar a formar parte de un todo o de componerlo; en cualquier caso, un todo más amplio de lo que en un principio se creía. Toda imagen que la psique tiene de sí misma es necesariamente parcial. La disposición a la integración es, entonces, aquella disposición psíquica a reconocerse, frente a la novedad inesperada producida por un sueño, por un síntoma, por una imagen, como un todo más amplio que el que venía siendo representado por el concepto de "identidad" previo a esa novedad. Se trata de una disposición psíquica tanto a admitir como propios aquellos elementos oscuros, o hasta entonces no conocidos, de la psique misma, cuanto a modificar la imagen total que esta tenía de sí misma. Se trata, en definitiva, de la disposición a mantener una imagen mutable de la psique, realística con los eventos que, en la misma psique, van produciéndose. La integración, pues, será la transformación concreta de la imagen que la psique tiene de sí misma.

Como es obvio, mantener una disposición en la psique a modificar su propia idea de totalidad o identidad, sobre la base de las modificaciones del aparecer continuo del material psíquico, implica una continua alerta sobre sí misma. Significa interrogarse sin cesar: "¿quién soy yo y quién eres tú?", tal como apuntaba Paul Celan. Y esa puesta en cuestión, a que somete esta alerta, comporta un esfuerzo psíquico inusitado, el cual, sin lugar a dudas, necesita una recompensa. Y esa recompensa existe, puesto que la psique, fruto de esa operación, se reunifica sin cesar, es decir, se aleja del peligro de fragmentación en que incurriría una psique "fija" frente al devenir continuo de las cosas y los eventos. La tarea de integración, al modificar la identidad de la psique (ensanchando sus límites para dar cobijo a los elementos novedosos que ahora también se sabe que la componen), consigue, por otra parte, "servirse" de la unificación de fuerzas; fuerzas que hasta ese momento no podían integrar sus potencialidades, habida cuenta de que la psique no admitía la común pertenencia de sus componentes más íntimos.

En el proceso de transformación psíquica, entonces, es de vital importancia el fenómeno o la operación que lleva a cabo la integración. Al integrar progresivamente la Sombra, el Ánima, los contenidos oníricos, el sí-mismo, los contenidos inconscientes proyectados, etcétera, la psique se re-integra; es decir, modifica la imagen total de sí misma, puesto que admite que existían terrenos de su propiedad antes desconocidos. Y en esa modificación de su ser, la psique va amoldándose progresivamente a lo que ella va "descubriendo" de sí misma, a lo que ella verdaderamente "es". Y en esto va implícito un enorme esfuerzo, sin lugar a dudas, pero también una restitución, una devolución de la psique a sí misma que no puede pasar desapercibida.

Es lo que nos dice el mismo Jung, al hablar de las representaciones míticas que afloran de vez en cuando e inesperadamente sobre el campo de conciencia:

Con su singular simbolismo, las representaciones míticas penetran en las profundidades del alma humana, en los sustratos históricos, donde nuestra razón, nuestra voluntad y nuestras buenas intenciones no llegan nunca: estas, en efecto, surgen de aquellas mismas profundidades, y hablan una lengua que nuestra razón actual no comprende, pero que aun así hacen vibrar las cuerdas más íntimas de nuestro corazón. Entonces, el proceso que a primera vista nos hacía temer una regresión, se convierte más bien en un *reculer pour mieux sauter*[13], en una concentración e integración de fuerzas que, en el curso del desarrollo, producirán un orden nuevo.

Los fenómenos de integración, por lo que comenzamos a entender, son de ámbito subjetivo; es decir, pertenecen exquisitamente a esa zona psíquica que, por encima de todo, manifiesta su unidad y totalidad. Se trata de una disposición interior a "seguir siendo" incluso por encima del campo de lo mutable, aunque ello comporte una modificación continua en la imagen última de ese ser, la psique, sí misma.

A pesar de su pertenencia al sujeto, la psicoterapia actúa de uno u otro modo sobre esa disposición interior. El psicoterapeuta no puede pensar que todo el proceso dependa de la relación interpsíquica. Algo debe ocurrir en la psique del paciente, si es que en efecto va a hacer ese "esfuerzo" de modificación frente a las novedades, para permitirse la reintegración en sí misma. Y esa operación, por muy interior que sea, debe ser contemplada y verificada por el terapeuta, puesto que el mismo diálogo va a variar de contenidos en base a los procesos de integración subjetivos de ambos miembros de la relación. Por otro lado, un psicoterapeuta, durante el diálogo, actúa sobre esas novedades que aparecen en los componentes de la psique, sea desde un sueño, una asociación, etcétera. Su intervención, sea explicativa, comprensiva o interpretativa, actuará indirectamente sobre la disposición de la psique del paciente a integrar; puesto que para ella será mucho más fácil, ante una novedad, cobijar y modificar la idea que tiene de sí misma si es que dicha novedad está bien circunscrita, si es que tiene un sentido que facilite esa "transformación". De esa manera, toda actuación del terapeuta (si interviene verbalmente, de qué modo lo hace, con qué palabras, etcétera, o si calla o espera, que también es otro modo de actuar) acaba convirtiéndose, siempre, en una intervención susceptible de "facilitar" u "obstaculizar" los procesos integrativos del paciente.

La integración, entonces, acompaña al fenómeno de equiparación que por su lado sigue la asimilación. En el curso de la psicoterapia, ambas operaciones serán las encargadas de aquella transformación benéfica que, a través del dialogo psicoterapéutico, se espera obtener en el estado psíquico del paciente. Existe en la psicoterapia un doble factor: por un lado, el factor relacional, que equipara similitudes a la vez que alimenta variaciones, representado por la asimilación; y, por otro lado, el factor estrictamente individual y reunificador, capaz de fundir modificación y reencuentro, y cuyo protagonista es la integración. De ambos factores se nutre el diálogo, de ambos factores depende la suerte y el camino del desarrollo psicoterapéutico. Y, muy probablemente, de la "sintonía" entre ambos factores dependerá aquella especial transformación (que nada quita ni nada añade) de la psique afligida del paciente que Jung denominó "Proceso de Individuación". En realidad, ya nos lo aclara en *Psicologia de la transferencia*, cuando dice:

El proceso de individuación tiene dos aspectos fundamentales: por un lado es un proceso de integración interior, subjetivo; por el otro, es un proceso objetivo, asimismo esencial, de relación[14].

Una vez que nos hemos aproximado a estas dos funciones esenciales de la psique en cuanto a su dinámica de transformación, aún nos queda por aclarar de qué manera ambas se entrelazan y actúan dentro del proceso psicoterapéutico. Asumido el protagonismo que detentan la asimilación y la integración en tanto factores, respectivamente, de relación y de interiorización, a continuación intentaremos responder, según lo permitan nuestras posibilidades y limitaciones, las preguntas que nos planteamos al inicio, entre otras: ¿Qué es lo que hace que el diálogo pueda convertirse en una cura?

3. Las fases de la relación psicoterapéutica.

Personalidad es el destino individual del hombre [...] Pues significa que el auténtico ser de cada hombre no es una realidad que desde luego le constituye, sino una especie de figura imaginaria, de proyecto irreal, de inexistente aspiración que se ve comprometido a realizar -por tanto, que cada uno de nosotros es propiamente algo que aún no es, que se halla siempre en un futuro problemático: no es un factum, *sino un* faciendum; *no es una cosa, sino una empresa.*
Ortega y Gasset. *Goethe.*

En primer lugar, conviene aclarar desde qué perspectiva vamos a hablar de fases de psicoterapia. La psicoterapia, en sí misma, es un proceso de relación entre psiques que admite un sinfín de recorridos y, asimismo, un sinfín de modelos para referirse a estos últimos.

Recordemos que la psicoterapia, ya en la práctica, será llevada a cabo por un psicoterapeuta en concreto (un individuo con sus prejuicios, conocimientos, biografía y circunstancias) y por un paciente en concreto: un individuo repleto igualmente de particularidades de todo tipo. Esas circunstancias y variables individuales, además, añadirán al entrecruzarse, y de continuo, otra gama de posibilidades y recorridos al proceso de relación que ambos van instaurando.

Pero una vez admitidas en conjunto estas variables, perfectamente visibles a través de la realidad de cada relación, ahora debemos buscar una serie de fenómenos que pudieran acontecer invariablemente en todas ellas, de modo que sean capaces de explicar el porqué de la práctica psicoterapéutica en general. Debemos indagar, asimismo, el "peso" que tuvieran esos fenómenos respecto de las teorías psicológicas particulares; que en su momento fueron planteadas como hipótesis que habían de ilustrar, en función de la correspondiente escuela, el andamiento de esa relación. Es decir, no podemos sustraernos a una serie de preguntas generales sobre qué es la psicoterapia; ni a postular, en grado de hipótesis, fenómenos generales en aras de describir dichas teorías.

A partir de ahí, podemos sostener que hablar de fases en la relación psicoterapéutica responde a la necesidad de describir el proceso en el cual consiste la psicoterapia; necesidad que justifica, pues, distribuir la presencia e importancia de ciertos fenómenos invariables en el curso mismo del proceso. Así, las cuatro fases en que Jung, en uno de sus artículos sobre psicoterapia[15], distribuyó el proceso de individuación (confesión, esclarecimiento, educación e individuación), coinciden con las invariables que cada teoría de aquel momento aportaba a la psicoterapia. En ese famoso artículo, las dos primeras fases, la "confesión" y el "esclarecimiento", eran de procedencia freudiana, y enfatizaban cada cual el cuidado de los síntomas y la inicial toma de conciencia de las causas de la aflicción. Por su parte, la "educación", de clara proveniencia adleriana, era un estadio en el cual el paciente descubría su "ser social"; mientras que la última fase, la "individuación", representaba la aportación particular de Jung a las constataciones de esos otros dos estudiosos. Para Jung, después de las posibilidades desarrolladas alrededor de los síntomas y su interpretación, y sucesivamente a los cambios aportados por la educación, todavía hacía falta superar otro estadio para alcanzar la transformación. Se trataba de la mezcla de una cierta adaptación y de la individuación, susceptible de conducir al paciente a ser un sujeto en el mundo. En ese caso, Jung opera sobre las invariables de las teorías psicológicas. Toda teoría contiene una verdad relativa, parcial. La psicoterapia es un sucederse de esas distintas visiones. Unos años más tarde, en 1935, Jung aclararía su pensamiento respecto al artículo antes mencionado:

...para evitar malentendidos, añadiré enseguida que la nueva óptica no considera en absoluto incorrectos, superfluos o superados los métodos existentes; ya que mientras más se profundiza en la psique, más se convence uno de que la multiformidad y la multidimensionalidad de la naturaleza humana conllevan la máxima variedad de métodos y puntos de vista para responder a la variedad de las disposiciones psíquicas[16].

Pero nada nos impide buscar otras invariables, además de la validez y compenetración de todas las teorías psicoanalíticas. En un artículo anterior de quien esto firma[17], ya se buscó esclarecer las fases del proceso psicoterapéutico a partir del distinto peso que en cada una de ellas tenían las capacidades, por un lado, de "reflejar" y "reflejarse", y, por el otro, las capacidades de "reconocer" y "reconocerse".

En esta ocasión, y elucidada la importancia de la "asimilación" y la *integración* como fenómenos inherentes al diálogo psicoterapéutico, iremos a indagar su distinta presencia e importancia dentro del recorrido temporal del proceso psicoterapéutico. Estableceremos, para ello, cuatro fases, con la esperanza de que se comprenda la relativa visión que aportan así como también la posibilidad que tienen de abrirse indefinidamente, tanto dentro de ellas mismas como en los multíplices pasajes entre una y otra.

a. La fase de la toma de conciencia de la desintegración.

Todavía por un poco de tiempo podré escribir y hablar de todo esto. Pero vendrá el día en que la mano me estará lejana -y cuando le ordenaré que escriba, trazará palabras que no había querido. Llegará el tiempo de la otra interpretación, aquel en el que cambiarán todas las acepciones y todo sentido se disolverá como nube y volverá a caer como lluvia. El terror me convierte en una especie de hombre parado frente a algo grande -y recuerdo que una vez probaba de frecuente una sensación idéntica antes de disponerme a escribir. Pero esta vez seré quien sea escrito: seré yo la impresión que se transformará.
R. M. Rilke. *Los Cuadernos de Malte L. Brigge.*

La psicoterapia, recordemos, es la relación que establecen dos psiques bajo el presupuesto de que una de ellas, la del paciente, atenuará el dolor o el sufrimiento que la aflige a través del diálogo con un psicoterapeuta. Es decir, si nos fijamos bien, la psicoterapia comienza desde una perspectiva muy asimétrica. Un individuo, después de tratar de frenar a solas su malestar durante un periodo más o menos largo, arroja la toalla y pide ayuda.

La primera fase de la psicoterapia comienza generalmente así. Una psique constata su sufrimiento (de ahí la palabra "paciente", el que sufre, el que padece), y, desde esa posición, solicita a otra psique (la encarnada por el terapeuta, del griego *therapeutés*, servidor, cuidador, especialmente de enfermos) un cuidado o ayuda al respecto. Pero no siempre esa petición de servicio o de cuidado es de naturaleza inmediata. La palabra "paciente" significa también "el que espera", el que entra en tratamiento para curarse, el que sabe esperar con paciencia la resolución de una enfermedad.

En esa primera fase, entonces, las dos orillas de la relación se sitúan en un ángulo visual muy diferente. Por un lado el paciente, que constata la presencia de una enfermedad y la padece, y por el otro el terapeuta, dispuesto a servir y a cuidar esa especial enfermedad. Parecería, si nos dejamos llevar por las apariencias, que esa posición asimétrica tuviera que ser una posición total y definitiva hasta la resolución del problema acaecido en el paciente. En efecto, las terapias convencionales de la medicina se desarrollan de esa manera lineal.

Pero estamos hablando de psicoterapia. La cura que debe establecerse acontece a través de la psique. Cura de la psique a través de la psique; en eso consiste la psicoterapia. Además, el hecho de que toda psicoterapia se desarrolle a lo largo de un tiempo más o menos largo, coloca la dimensión de paciente en ambas orillas de la relación. El paciente se dispone a ser paciente, a esperar -con mayor o menor inquietud- el desarrollo del proceso. Y el psicoterapeuta también debe disponerse en esa modalidad de ser paciente: también debe saber esperar el desarrollo del paciente.

De esa manera, ya en la primera fase de la psicoterapia, y a pesar de la aparente y total asimetría provocada por el sufrimiento, las dos orillas se sitúan en posición simétrica con respecto, por lo menos, a tres factores. El primero, la equiparación, en torno a la cura, de las sustancias de referencia: tanto la sustancia que ahora sufre, la psique del paciente, como la sustancia que cuida y cura, la psique del terapeuta. El segundo factor es, asimismo, la equiparación en la común dimensión de "ser pacientes"; es decir, la idéntica disposición a esperar "pacientemente", aun con diferencias obvias entre las dos psiques en cuanto a la dificultad de establecer esa espera. Y, por último, la equiparación en lo que se refiere al conocimiento de la orilla del sufrimiento: también el terapeuta, mediante un adiestramiento suficientemente largo, sabe o debe saber qué significa ser él mismo "el que sufre", "el que padece".

Existen, entonces, factores asimétricos y factores equiparadores. ¿Cómo se mueve, pues, la relación, dado el estado inicial de la psique del paciente?

Lo primero que debe suceder es su plasmación en un diálogo dirigido a que ambas orillas conozcan el estado real de la psique del paciente. Es decir, el paciente habla de su sufrimiento, mientras que el terapeuta intenta comprender la naturaleza de ese sufrimiento *escuchando* pacientemente, a la par que *preguntando* para conocer, según sus ideas generales y su experiencia particular, los pormenores de otras áreas de la psique del paciente que, directa o indirectamente, pudieran estar vinculadas con ese mismo sufrimiento.

Es decir, en la primera fase, el diálogo se vehicula hacia la toma de conciencia del grado de *desintegración* de la psique del paciente. El sufrimiento, el conflicto o problemática que está en su base, ha interrumpido la labor asimiladora e integrativa que la psique necesita efectuar para poder *vivir en el tiempo*. De alguna manera, toda enfermedad psíquica significa, especialmente si requiere ayuda, la constatación de una *parada*. La psique se siente detenida porque ya no se siente capaz de llevar a cabo la asimilación. Pero la asimilación resulta imposible sin una identidad íntegra y a la vez mutable, en devenir. Valer decir, si ha desaparecido el fenómeno de la integración, mal puede asimilarse ningún tipo de material, ni interior ni exterior. En otras palabras, y respecto de los fenómenos que estamos estudiando, la enfermedad puede definirse, sobre todo, como la pérdida de la psique de sus capacidades de integración y las derivaciones que, en consecuencia, esto tiene sobre el fenómeno de asimilación.

El malestar psíquico significa *desintegración* porque, en cualquier neurosis o en la psicosis u otros estados psicopatológicos, la carencia de la integración es primaria. Es la imposibilidad de sentirse un "todo" íntegro, ante las novedades interiores o exteriores, lo que lleva a un individuo a solicitar ayuda. Se ha perdido la posibilidad de abrazar en un único ente (nuestra propia psique) todos los materiales que, en realidad, nos componen. De ahí la ruptura del diálogo intrapsíquico. No puedo ser yo respecto de esa inquietud o temor, respecto de eso que me propone la *imaginación*. O existe algo dentro de mí que no me corresponde, o existe algo por fuera que no me deja ser. En definitiva, no coincide lo que en verdad *soy* con lo que, de una u otra manera, *me acontece* a mí mismo.

A pesar de todas las variantes que nos propone la psicopatología y de la entera gama de vivencias particulares e irrepetibles que la acompañan, el factor primordial, el que "nutre" el origen de una práctica que llamamos psicoterapia, es el mismo: lo que era un uno íntegro, ha dejado de serlo. Por eso, ante una experiencia de ese estilo, al no poder contener en un todo la entera e interminable secuencia vital que me acontece, con toda la multiformidad e imprevisibilidad que la caracteriza, me paro, no puedo más, pido ayuda.

Ante una situación de ese estilo, contemplemos los beneficios de esa alteridad inicial, de ese Yo/Tú repleto de asimetrías con el que comienza la psicoterapia. El mero hecho de dialogar e indagar, desde dos orillas distintas, las problemáticas inherentes a la *desintegración* de la psique del paciente, ejerce una labor de *alivio* de la curva de desintegración. A pesar de lo que cuenta el paciente, a pesar de lo que indaga el terapeuta, ambos se refieren desde un principio a un Otro que está enfrente; es decir, ambos coinciden en su esfuerzo de *identificar* la presencia de un todo íntegro en la psique del paciente. A pesar de los mecanismos transferenciales que aparecen, en esta fase es muy importante la labor de *esbozar* un todo íntegro en la psique del paciente. Aunque ese esbozo sea vivido por el paciente como relativo al espejo-terapeuta que tiene delante. Así, comienzan las ampliaciones, la lluvia de imágenes. En el curso final de esta fase, no es raro que el paciente quede deslumbrado, fascinado casi, con la riqueza, insospechada hasta entonces, que contienen y rezuman sueños, síntomas, imágenes y otras expresiones de su propia psique; cuyo sentido último, sin embargo, y por lo pronto aún a manera de esbozo, no reposa a su entender ni el compendio de las ciencias del conocimiento, ni en la psicología ni en la experiencia acumulada durante milenios por nuestra especie, ni mucho menos en el diálogo interpsíquico y paritario que ha de alumbrarlo, sino en la pericia del espejo que tiene delante, esto es, en las cualidades de ese al que viene llamando "mi" terapeuta.

b. La fase de la asimilación intrasubjetiva.

Conexiones, totalidades-no totalidades:
convergente-divergente, consonante-disonante...,
de todas las cosas, una sola, y de una sola, todas.
Heráclito.

Cuando se ha tomado conciencia del grado de desintegración de la psique del paciente, y con ese esbozo *integrativo* consiguiente, ambos interlocutores pasan a otra fase. Desde el esbozo del *uno* en la psique del paciente, el terapeuta intenta establecer *conexiones*, puentes de sentido, entre una parte y otra de la psique del paciente. Comienza la fase *asimilativa interior*.

El psicoterapeuta, aún muy distante en cuanto a equiparación con la psique del paciente, pone en relación de equivalencia, en la psique del paciente, partes sanas con síntomas; pone en relación lo consciente con lo inconsciente, un sueño con los deseos, la voluntad con el instinto, la memoria con el proyecto, al Yo con la Sombra, etcétera.

En esta fase, tanto la especulación freudiana sobre la represión y los mecanismos de defensa, como el aparato junguiano dirigido a la paridad de los elementos psíquicos y a los fenómenos ineludibles de compensación, cuanto otras maneras de establecer puentes dialógicos entre los elementos psíquicos, actúan todos en una misma dirección: la de ayudar a conseguir una asimilación entre las oposiciones psíquicas capaz de activar el diálogo intrapsíquico en la psique del paciente.

Como es obvio, en esta segunda fase aparecen las famosas "resistencias", debido a la dificultad del paciente para establecer una asimilación entre partes antes consideradas extrañas o de muy diferente valor. Pero el hecho mismo de que aparezcan las resistencias, dice mucho sobre la sedimentación de los factores integrativos esbozados en la primera fase. Una resistencia es ya un fenómeno de tensión entre partes que componen un mismo ente. En todo caso, la resistencia solo aparece cuando ya existe una cierta integración; lo cual aleja al sujeto de aquella parada, de aquella incapacidad de luchar que, casi siempre, es la que motiva el inicio de la psicoterapia.

En esta segunda fase, el psicoterapeuta deberá ser aún más "paciente"; es decir, por un lado deberá saber esperar, y, por el otro, puede favorecerle mucho recordar las dificultades que él mismo tuvo en su experiencia de paciente real.

En el curso del diálogo, poco a poco, cambian las posiciones. Las dos psique van conociéndose mejor, a pesar de que permanecen las máscaras iniciales. Paulatinamente, las ampliaciones de las imágenes empiezan a decrecer, y van dejando mayores espacios para que el psicoterapeuta vaya introduciendo partes de su personalidad. Sin embargo, él todavía es un espejo; pero ahora ese espejo va devolviendo en el diálogo únicamente imágenes muy concretas y relativas a la integración del paciente, es decir, imágenes limitadas y personales. Son imágenes que "conectan" aspectos, hasta ese momento, separados o juzgados de manera muy diferente por el paciente. A veces aparecen entonces signos de rebeldía en él. El espejo ya no le devuelve sus imágenes ampliadas al infinito, sino que le devuelve imágenes de un particular ser humano, concéntricas. La fascinación decrece. Siente el abandono y la vuelta a la dimensión humana que ya una vez no pudo soportar. Por otro lado, tiene la firme convicción de que el terapeuta le quiera dañar, de no serle ya simpático, de que el terapeuta haya resuelto pedirle cuentas.

Pero no hay vuelta atrás. El terapeuta, una vez formalizado el esbozo de integración de la fase anterior, debe poner en relación de semejanza las partes que, contemporáneamente, deben prestarse a integración, es decir, que han de pasar a formar parte del "todo" en que la psique del paciente debe convertirse. Como vemos, para pasar de lo que es un esbozo a erigir los primeros cimientos de la construcción de la integración, es necesario casar, conjuntar, amalgamar, los elementos de base del edificio psíquico.

c. La fase de la asimilación interpsíquica.

> La palabra es sombra del hecho.
> **Demócrito.**

Como empieza a comprenderse, las funciones de la integración y de la asimilación se desarrollan progresivamente en el curso del proceso psicoterapéutico. Pero hay que levantar el edificio psíquico en su totalidad. Hay que lograr la plena integración para solventar la desintegración del sufrimiento psíquico. Y para lograrla, dado que de ella depende que el edificio psíquico en vías de integración pueda desarrollarse y sostenerse en el tiempo, hay que tener en cuenta la amalgama, que no es otra cosa que el producto de la asimilación de los materiales interpsíquicos.

Alcanzada la fase en que han sido construidos los cimientos (esbozo de integración más la asimilación intrapsíquica), la psique del paciente encuentra otra dificultad. El psicoterapeuta curva el espejo reflector hasta hacerlo desaparecer. A partir de ahora, el edificio psíquico del paciente ha descubierto a su verdadero "arquitecto": él mismo. Y no sabe cómo desarrollar su función. En realidad, el psicoterapeuta sigue ahí, frente a él, pero ya ha eliminado su máscara de espejo reflector; ahora está simplemente ahí, justo enfrente del paciente, y cuando tal espejo habla, lo hace por sí mismo, en cuanto sí mismo. Es un momento de gran dificultad, pero no hay remedio: el paciente ya ha desvelado su condición de ser el único arquitecto posible, habida cuenta del retiro del espejo; traición necesaria que el terapeuta debe saber realizar en el momento oportuno, esto es, justo después de la sedimentación de la base del edificio.

Hay que continuar a solas, pues, la construcción del edificio. Y en ese momento crucial de toda psicoterapia, si no acontece el abandono del paciente, caso muy frecuente en los casos de narcisismo y/o por impericia del propio psicoterapeuta, es cuando el psicoterapeuta debe saber ofrecer otra posibilidad constructiva del edificio integral: la posibilidad de que el arquitecto-paciente pueda *asimilar* materiales procedentes del diálogo interpsíquico para levantar su edificio integral. Y para que esa asimilación sea posible, es necesaria una buena dosis de humildad por parte del terapeuta. Como dice Jung:

La modestia por parte del terapeuta es necesaria por el hecho de que, hasta ahora, no existe una psicología universalmente válida; sino que existen, más bien, variedades innumerables de temperamentos y de tipos de psiques más o menos individuales, que no entran en ningún esquema[18].

La humildad del terapeuta, además, tiene mucho que ver con las posibilidades de la asimilación interpsíquica. En el fondo, buena parte de los resultados de esta fase dependerán mucho de la claridad de su disposición a la hora de comprender la esencia de su labor de psicoterapeuta.

En efecto, para que sea posible la asimilación a través del diálogo de las dos psiques, el psicoterapeuta, abandonado ya el espejo reflector (vinculado a las necesidades iniciales), debe ponerse en disposición de "equiparar" su psique con la del paciente. El objetivo de este pasaje es que la psique del paciente, ya equiparada con la del psicoterapeuta, pueda "alimentarse" de ciertos materiales que le sirvan, a modo de amalgama, para seguir con la tarea de construir su propio edificio psíquico; edificio obviamente metafórico, complejo, "vivo", puesto que deberá mutar en el tiempo sin, a su vez, destruirse o desintegrarse. Ese modelo, que descubre *semejanzas* y *similitudes* por encima de las diferencias, erige aquel puente dialógico que, una vez formalizado, sirve de base para el intercambio de sentido. Pero no es esta la última fase de la psicoterapia. Por ahora, toda la atención ha sido puesta necesariamente sobre las necesidades individuales de la psique del paciente. Su necesidad del edificio, sus necesidades de asimilación, intrapsíquica e interpsíquica, su necesidad de convertirse en un todo íntegro. Pero, una vez construido el edificio psíquico, ¿cómo convivir con la multiplicidad de edificios y eventos y circunstancias que poblarán el mundo relacional? ¿Cómo evitar que el edificio se resquebraje y, fruto de la desintegración, vuelva el sufrimiento?

d. La integración del sentido.

> *Así como ninguna prescripción puede conducirnos al encuentro, así no hay quien nos haga salir de él. Así como para tener acceso al encuentro basta con aceptar la Presencia, así, igualmente, basta la aceptación en un sentido nuevo para salir de él. Así como uno entra en el encuentro con un simple "Tú" en los labios, así con el "Tú" en los labios lo abandonamos y retornamos al mundo.*
> **Martin Buber. *Yo y Tú.***

El edificio ha sido levantado. La psique de quien era paciente ya ha alcanzado un movimiento progresivo. Existe un puente dialógico del que continúa alimentándose para seguir descubriendo nuevas facetas aún pendientes de integrar en su personalidad. Pero la verdadera asimilación e integración no depende solamente de la capacidad de asimilar desde puentes dialógicos. También hace falta descubrir su *sentido*; hay que recordar cómo se ha erigido el puente y por qué, de manera tal que sepa tenderlos en todas las facetas de la vida en las que su psique por fuerza se verá comprometida. No solo eso: deberá comprender que el puente dialógico es "su" única manera de buscarse a sí mismo desde perspectivas exentas de encastillamientos y peligros. Deberá conocer los límites que la empresa contiene (en realidad, ser "un" individuo es ser un individuo como los demás), etcétera, etcétera.

Asimilar e integrar el principio dialógico es, entonces, alcanzar un *sentido* en el tiempo. De alcanzarlo, terapeuta y paciente, antes de despedirse de esa relación terapéutica, y caídas ya las máscaras de "paciente" y "terapeuta", o, mejor aún, asimiladas definitivamente e integradas estas en la memoria, podrán permitirse un cierto tiempo de diálogo puro, con el fin de preparar ese después con la misma paciencia y cuidado que han aprendido a lo largo del proceso.

En realidad, no hace falta describir esta fase, aun cuando es absolutamente necesaria; puesto que la variabilidad del diálogo entre los dos arquitectos psíquicos, que *hablan* desde cada edificio propio, es enorme y pertenece por entero a la *libertad* del relacionarse. Solo queda desear, en este punto, que el arduo camino que ha llevado a ambas psiques hasta ese encuentro humano, les abra definitivamente la integridad y permeabilidad infinitas que las acompañe hacia las líneas de vida que les estén destinadas.

CAPÍTULO V

EL SÍ-MISMO. EL PROCESO DE INDIVIDUACIÓN[1]

1. Diálogo interior y diálogo con el mundo.

> *En vano dirigimos nuestra mirada a los espacios celestes y buscamos penetrar en las vísceras de la tierra; en vano interrogamos las obras de los doctos y seguimos las oscuras huellas de la antigüedad: en realidad no tenemos más que separar la cortina de palabras para aprehender, detrás de ellas, el árbol del conocimiento, cuyos frutos exquisitos están al alcance de nuestra mano[2].*
>
> **George Berkeley.**

A lo largo de este libro ya ha sido puesto de relieve muchas veces la importancia de la construcción de un puente dialógico entre terapeuta y paciente para llevar a cabo la tarea encomendada a la psicoterapia. El paciente necesita ese puente para expresar su dolor, así como también para obtener trazos de comprensión de su psique, que asimilándose e integrándose a través del puente dialógico lleven la dinámica psíquica hacia una vía de salud. De la misma manera, y entre otras muchas cosas, el terapeuta necesita ese mismo puente dialógico para comprender aquellas similitudes y diferencias entre su psique y la del paciente que conviertan su acción (la suma de todas sus acciones) en una acción "terapéutica".

En efecto, el diálogo es la única modalidad relacional que asegura el beneficio para ambos lados de la relación. Y, si aceptamos que lo que el paciente quiere al establecer su petición es "curarse", recíprocamente el terapeuta, para sentirse tal, debe fundamentar toda acción que le ataña en una búsqueda de "curación" para el paciente. Así, el terapeuta se cura durante el diálogo cuando ese diálogo logra curar al paciente: solo entonces el terapeuta se convierte en terapeuta, puesto que el paciente entra en una posición dinámica, susceptible de alejarse de las cadenas de la enfermedad y de devenir pleno individuo.

Si comprendemos este juego de palabras, podemos decir que construir un diálogo terapéutico es construir una relación duradera capaz, por un lado, de conducir al paciente hacia su dimensión de individuo liberado del peso del dolor psíquico; y capaz, por el otro lado, de conducir al terapeuta hacia su dimensión de terapeuta, para convertirlo, una vez alcanzada, en un individuo liberado de su atención al dolor psíquico del que fuera paciente.

Toda psicoterapia pretende, pues, transformar benéficamente a las dos psiques que entran en relación. Y esa transformación se hace posible a través del diálogo, al implicar a ambas psiques en un proceso en el que, desde una total alteridad respecto del dolor, acaben en una gran cercanía respecto de la salud; o, dicho de otro modo, para que las dos psiques, partiendo de una total asimetría respecto de las fuerzas de construcción del puente dialógico, acaben en una total simetría en cuanto al beneficio del diálogo mismo.

La elección del diálogo como vehículo de cura, es la elección de la única relación en donde la *alteridad* y la *similitud* entre las psiques que lo actúan, en lugar de constituir estados o funciones opuestas, se convierten en polos complementarios de una misma actitud psíquica.

En eso consiste precisamente el diálogo: en ampararse en la alteridad y similitud para, de un lado, hallar un sedimento común para comunicarse; y para reivindicar, de otro lado, aquella voz individual e irrepetible que lucha por abrirse camino hacia el "otro", quien, acogiéndola, a su vez la devuelve con la misma inconfundible irrepetibilidad.

Por consiguiente, en el momento de instaurar la psicoterapia, esto es, una vez abordada la *inminencia* que la ha provocado, el terapeuta será el garante de que la alteridad de estados bajo la cual comienza la psicoterapia, no nuble ni enturbie ni elimine aquellos elementos de similitud entre las dos psiques; los cuales, al aceptarse, van a encargarse de construir paulatinamente el puente dialógico. Es decir, la alteridad de estados (el sufrimiento en el paciente, el papel desempeñado por el terapeuta) debe transformarse paulatinamente, y por acción del terapeuta, en una alteridad de individuos que tienden a relacionarse bajo la forma del diálogo. Y en esa alteridad de individuos, como veremos más adelante, está ya implícita la semejanza de base entre uno y otro miembro de la relación. Esa es la vía del diálogo, donde el sendero intrapsíquico y el sendero interpsíquico, así como también los senderos de la identidad y de la diferencia, confluyen en el camino mayor de la búsqueda de sentido.

Un diálogo terapéutico, pues, que se convierte en la trasposición dual del dinamismo psíquico en situación de salud, donde el equilibrio y relación estable entre los opuestos convertía a estos en elementos "cargados" de una capacidad de diálogo inagotable. Así es la salud psíquica, así el diálogo psicoterapéutico, el cual se servirá de los procesos de integración y asimilación para llevar la cura hasta la psique del paciente.

La psicoterapia, entonces, es una modalidad de relación entre psiques que busca, a través del diálogo, la puesta en marcha de la salud en la psique de cada paciente, salud que ha de traducirse en el diálogo fructífero de sus oposiciones. Luego veremos cómo ese fin terapéutico (el diálogo intrapsíquico entre las oposiciones) pone en marcha otras modalidades dialógicas intersubjetivas en la psique de cada paciente. En la psicoterapia junguiana, que es donde ese modelo de psicoterapia basada en el diálogo ha sido mayormente estudiado y esclarecido, los medios terapéuticos (el diálogo entre las psiques del terapeuta y del paciente) y el fin terapéutico (el diálogo entre las oposiciones de la psique del paciente) coinciden y se subsiguen circularmente, hasta convertirse en un modelo dialógico que, una vez asimilado, le sirve al paciente para la relación consigo mismo y para su relación con el mundo.

En lo que concierne a la psique del terapeuta, la construcción de ese puente dialógico será, en su variabilidad de caso a caso, el método principal para llevar a cabo la terapia. Como nos dice Jung en 1935:

…la psicoterapia ya no es aquel método simple y unívoco que en un principio se creía que fuese, sino que poco a poco se ha revelado una especie de "procedimiento dialéctico", un diálogo, un confrontarse entre dos personas[3].

Y ese diálogo, ese confrontarse una persona con otra, al alejarse de las pretensiones de la psicología "técnica", aplicativa, de criterios prefijados, pasaba a reubicarse en el espacio casi filosófico de la reflexión compartida. Jung, en su indagación pragmática de la cura, constató la interactividad del procedimiento terapéutico, y devolvió así la responsabilidad a los individuos concretos que cruzan dialógicamente su expresión en el campo de cura.

Sin lugar a dudas, esa reflexión de Jung acerca de la intersubjetividad de toda psicoterapia (más allá de la "cortina" de palabras procedentes de teorías con las que se cree actuar), vale decir, esa reflexión acerca de que el procedimiento real está basado sobre todo en el diálogo, frecuentemente ha pasado desapercibida. Por eso resulta de interés recordar y seguir sus mismas palabras:

La dialéctica, originariamente el arte de conversar de los antiguos filósofos, bien pronto sirvió para designar un proceso creativo de nuevas síntesis. Una persona es un sistema psíquico que, cuando actúa sobre otra persona, entra en interacción con otro proceso psíquico. Esa formulación de la relación psicoterapéutica entre médico y paciente, quizá la más moderna, evidentemente se ha alejado mucho de la concepción inicial, según la cual la psicoterapia era un método estereotipado al alcance de quien quisiera lograr un determinado efecto. Lo que provocó esta imprevista y, querría añadir, mal vista ampliación de horizontes, no fueron exigencias especulativas, sino la dura realidad; quizá, más que cualquier otra cosa, el reconocimiento de que el material obtenido por la experiencia podía prestarse a interpretaciones diferentes[4].

Esta reflexión junguiana sobre la posibilidad de que el material obtenido de la psicoterapia fuese susceptible de interpretaciones diversas, es lo que lleva a Jung a deslizarse por el camino del procedimiento "dialógico"; también llamado sintético-hermenéutico, problemático y analógico, según el orden del discurso seguido. Para la cura del sufrimiento psíquico, entonces, el terapeuta carece de un método infalible con el que "reducir" los síntomas de la enfermedad. Los síntomas, para Jung, no son más que la plasmación superficial de un malestar más complejo y profundo, cual es la ruptura del diálogo de las oposiciones psíquicas: consciente-inconsciente, colectivo-individual, Yo-Sombra, etcétera. Por ese motivo, resulta un literalismo fuera de lugar la búsqueda de eliminación de los síntomas: si estos son abatidos y la problemática de fondo permanece, la psique enviará otros síntomas sucesivamente, de forma inextinguible. De ahí que deba procederse caso por caso hasta reanudar, con el concurso dialógico concreto del terapeuta y del paciente, esa dinámica más profunda entre las oposiciones.

Más que hacia los "síntomas", el terapeuta debe dirigir su mirada, pues, hacia su misma personalidad y hacia la irrepetible personalidad de cada paciente; hasta vislumbrar y favorecer el diálogo entre las dos psiques que pueda, solo entonces, restaurar el dinamismo interrumpido de la psique del paciente. Y esa tarea, comenzar la construcción de un puente dialógico entre su psique y la del paciente, no es acumulable, no es una tarea que pueda considerarse nunca como ya aprendida, puesto que debe actuarse y resultar resistente en la realidad de cada relación. Por eso, una psicoterapia que se erija sobre el diálogo, no puede gozar de un método general aplicable en cualquier caso. Como nos dice Jung:

Ya que [...] lo individual es lo absolutamente único, lo imprevisible, lo ininterpretable, el terapeuta debe [...] renunciar a todas sus técnicas, a todos sus presupuestos, limitándose a un procedimiento puramente dialéctico, es decir, a una disposición que evite cualquier método[5].

Pero entonces, si se carece de método, cabría preguntarse: ¿Cómo se estipula el diálogo? ¿Cómo puede el terapeuta discernir si ese diálogo entre su psique y la psique del paciente viene acompañado del fruto apetecido, a saber, la recomposición del funcionalismo psíquico de esta última? Por una parte, y por lo que respecta a la conexión entre relación interpsíquica y alivio intrapsíquico, podemos remitirnos a lo explicado mediante las funciones de integración y asimilación, ya desarrolladas en un capítulo anterior[6]. Por otra parte, el terapeuta que quiera actuar con el diálogo, debe saber cómo verificar la existencia de un diálogo intrapsíquico en la psique del paciente. Pero, ¿de qué manera? ¿De qué modo puede el terapeuta dedicarse a construir el puente dialógico y, a la vez, verificar su resultado en el mundo intrapsíquico del paciente?

En efecto, la particularidad del diálogo de la psicoterapia reside, precisamente, en esas preguntas. En primer lugar, para construir los cimientos de un puente dialógico, el psicoterapeuta actúa de la misma forma que actuaría en cualquier otro tipo de diálogo: verificando la disposición del Otro (del paciente) a seguir un procedimiento de esas características. En otras palabras, para establecer un diálogo, es preciso que el terapeuta constate en un determinado momento, esto es, pasada la fase de la inminencia y del esclarecimiento primero de posibilidades de interpretación del sufrimiento, la disposición de la conciencia del paciente a actuar a través de un puente dialógico[7], a través de la búsqueda de sentido, a través de la interacción. Si esa disposición consciente al diálogo existe en ambos interlocutores, podemos suponer que la psicoterapia vea allanados sus pasos hacia la construcción del puente dialógico.

Mas, para que ese diálogo pueda llamarse terapéutico, tienen que acontecer ciertas transformaciones psíquicas, más allá de la disposición general de ambos a actuar en clave dialógica. El terapeuta, además, no puede abandonar la tutela de esa dimensión en la que habrá de dirimirse si un determinado procedimiento es terapéutico o no. Y un determinado procedimiento resulta terapéutico cuando es capaz de restablecer un equilibrio valorable en la psique antes afligida. El problema, pues, reside en cómo verificar y custodiar la existencia de esa transformación reequilibradora. ¿De qué se vale, entonces, el terapeuta para saber que aquel puente dialógico conduce hacia una transformación, de naturaleza terapéutica, en el funcionalismo intrapsíquico del paciente? ¿Cómo custodiar, si ya existe, esa función dialógica y terapéutica para que esta sea actual en cualquier relación, más allá de la psicoterapia misma?

Para responder a estas preguntas, el psicoterapeuta junguiano goza de dos entidades desde las cuales vislumbrar la valencia terapéutica del procedimiento dialógico. La primera, es la irrupción periódica de imágenes del "sí-mismo" en la psique del paciente, constatables a lo largo de la psicoterapia. La segunda, es la disposición estable de la psique del paciente al diálogo con el mundo, constatable, desde la observación misma de la relación psicoterapéutica, a través de las vicisitudes del *Proceso de Individuación*. Esas dos entidades, de naturaleza claramente metafórica, acompañan al psicoterapeuta en su tarea de observador partícipe de la relación terapéutica. No se trata, indudablemente, de "pruebas objetivas": tampoco el sufrimiento de la psique del paciente puede aclararse desde "síntomas" o "categorías objetivas" impersonales, tal como ya hemos visto antes. Se trata, más bien, de restaurar el diálogo interior y el diálogo con el mundo: se trata, en suma, de acompañar un desarrollo individual que conduzca al individuo a *poner de acuerdo* lo que antes se definía por su enemistad: las oposiciones psíquicas.

Es a través del sí-mismo y del proceso de individuación, dos modalidades de expresión por igual simbólicas, que la psique muestra la asimilación e integración del diálogo propuesto durante la psicoterapia. El diálogo entre terapeuta y paciente, pues, va deslizándose paulatinamente hacia el mundo intrapsíquico del paciente; el cual, al recuperar el dinamismo entre las oposiciones, produce imágenes o disposiciones de carácter sintético, es decir, simbólico. El sí-mismo y la individuación son, de ese modo, los símbolos encargados de *aludir* al diálogo intrapsíquico y a la disposición interior al diálogo con el mundo. En cuanto símbolos o formaciones simbólicas, no son traducibles, interpretables, puesto que el símbolo, para seguir siendo símbolo, debe estar abierto a una totalidad no alcanzada, hacia la que tiende incesantemente. Pero aun tratándose de presencias atenuadas, esos símbolos *conducen*, durante el diálogo terapéutico, las disposiciones dinámicas de la psique en donde aparecen; vale decir, sirven de "guía" al proceso terapéutico, se erigen en auténticos valedores y productores del diálogo mismo.

Antes de pasar al estudio de esas dos formaciones, y para evitar equívocos, conviene recordar que el sí-mismo y la individuación no son "metas" ni lugares finales de un proceso que, en un determinado momento, puede darse por acabado. En realidad, la psicoterapia junguiana trata de recuperar el dinamismo, de transformar la psique acogiendo el diálogo entre los opuestos, y nunca de "superar" tensiones; lo cual, si se alcanzase, conduciría a una unilateralidad, a la muerte de los símbolos y a la desaparición de la necesidad de diálogo. Por consiguiente, la aparición de la imagen del sí-mismo no es más que una *alusión* a una concordia psíquica que la psique produce para iniciar, desde su interior, el camino dialógico. No es el punto final de un recorrido; sino, muy al contrario, la ventana desde la que la psique se encamina hacia sí misma y hacia la búsqueda de sentido. Del mismo modo, la individuación no es el punto final de la tensión entre el individuo y la colectividad; sino, por el contrario también, el avance de una "concordia" posible entre las dimensiones individual/colectivo que una psique en movimiento deberá mantener en continua y leal dialéctica. De lo que se deduce que la aparición de imágenes del sí-mismo y de la dirección hacia el camino de individuación, resultan metáforas simbólicas; lo suficientemente eficaces, además, como para garantizar a lo largo del proceso terapéutico la disposición de la psique del paciente a elaborar y asimilar el diálogo que se produce entre él y el terapeuta.

A lo largo del diálogo psicoterapéutico, el sí-mismo, entonces, resulta una metáfora simbólica de la asimilación e integración del diálogo intrapsíquico. El proceso de individuación, por su parte, se convierte en la puesta en marcha de la asimilación e integración del diálogo terapéutico, esta vez a nivel interpsíquico, y sirve de anticipación simbólica para un fructífero diálogo con el mundo.

Y ahora, descubiertas las funciones que hacen las veces de "vigías" del proceso terapéutico, veamos estas dos formaciones con más detenimiento.

2. El sí-mismo.

Es imposible recibir la "verdad" de sí mismos. Cuando uno la siente formarse (es una impresión), forma "otro sí mismo no habitual"... del cual se está orgulloso, del cual se está celoso... (es el colmo de la política interior). Entre el Yo claro y el Yo confuso, entre el Yo justo y el Yo culpable, corren viejos odios y viejos arreglos, viejas renuncias y viejas oraciones[8].
Paul Valéry.

Como herencia del pensamiento filosófico, la psicología y el psicoanálisis introdujeron, desde variadas ópticas y con distintas implicaciones, el concepto del sí-mismo en sus especulaciones, ya fuera en su significación de núcleo de la personalidad o de la identidad personal que traslucía más allá, más adentro, o ya fuera como síntesis de los elementos psíquicos que iban investigándose. Así, al desbrozar con una voluntad de espeleólogos las más recónditas alcobas psíquicas, la psicología y el psicoanálisis, esas nuevas ciencias independizadas a caballo entre el Siglo XIX y el XX, necesitaban una visión de conjunto de la psique que reuniese en una sola imagen aquella unidad psíquica que, de lo contrario, corría el riesgo de desaparecer bajo el impulso de las excavaciones y estudios pormenorizados de los elementos y contenidos de la psique.

Por ese camino, el concepto del sí-mismo se ha convertido en un concepto variable según las necesidades de reunificación de los elementos estudiados por cada teoría. Si la visión de la psique era una visión "biológica", es decir, observadora de los elementos instintivos o pulsionales que fundamentaban la energía y el sentido del andamiento psíquico, entonces el sí-mismo (en este caso traducción del *self* inglés) resultaba ser esa función a través de la cual el individuo se hacía consciente de su propia dimensión interior, de su identidad personal y de su subjetividad[9]. Si la visión de la psique, por el contrario, era una visión "natural filosófica", hija de las especulaciones del romanticismo, entonces el sí-mismo (en este caso más cercano al *selbst* alemán) representaba una esencia interior, independiente de los grandes flujos y mutaciones producto del devenir de la naturaleza.

Es decir, el concepto del sí-mismo, sea en Kohut, en Freud, en Winnicot, en Kernberg o en cualquier otro estudioso del psicoanálisis y la psicología, es un concepto de referencia que devuelve, según las angulaciones propias de cada uno de estos pensamientos, una imagen de totalidad a la personalidad de los individuos que serán estudiados. Así, pues, el sí-mismo es por lo general un concepto que traduce, más allá de los elementos analizados o analizables, una imagen global de la entera personalidad o de una función "interior" que aúna los elementos analizables.

Eso en relación al pensamiento analítico. Pero a lo largo del presente libro hemos ido aclarando que el pensamiento junguiano no puede ser llamado, estrictamente, un pensamiento analítico. La psicología analítica de Jung habría podido llamarse, y con razón, psicología compleja, puesto que enlaza métodos y visiones de distinta naturaleza, como son, por poner un solo ejemplo, el método analítico y el método sintético. Y entonces, para Jung, dada su visión de la psique como un complejísimo entramado de oposiciones, ¿qué es el sí-mismo? ¿En qué consiste? ¿Cuál es su importancia a lo largo de la entera especulación junguiana?

Para Jung, el sí-mismo representa una instancia susceptible de abarcar y que tiende a configurar la imagen de totalidad psíquica. Probablemente, el sí-mismo sea una imagen producida por la lucha de la entera psique por deshacerse del empuje "desmenuzador" de las visiones que el individuo tiene de sí. Nuestro conocimiento es parcial, y nuestra tendencia es la de identificarnos con lo que llegamos a conocer. Si solo existiese esa tendencia, pues, el proceso de autoconocimiento vendría acompañado necesariamente de una pérdida de aprehensión de la globalidad psíquica. A mayor conocimiento de particulares, mayor limitación de las áreas conocidas. Por ese camino, la psique acabaría moviéndose sobre un territorio cada vez menor y más compartimentado. Contra este proceso lucha el sí-mismo; una entidad que, al presuponer factores y regiones conscientes e inconscientes, se convierte en una región solo parcialmente susceptible de descripción, lo que nos obliga a admitir que una porción de su territorio, y no la menor, permanece incognoscible y no delimitable[10].

La aparición del sí-mismo significa, entonces, la admisión de que no todo el territorio que nos pertenece puede ser conocido de forma concreta, aun perteneciéndonos de pleno derecho. Significa ensanchar la psique y extenderla a territorios imaginales que solo pueden ser *vislumbrados*, mas no percibidos con claridad.

La psique, gracias a la experiencia del sí-mismo, ya no es solo lo que se puede percibir y conocer: también es todo lo que, siendo nuestro, nos conforma y da sentido a lo cognoscible, liberándolo de su aislamiento aprisionador y suministrándole una ubicación relativa dentro de un territorio inabarcable que, sirviéndole de frontera por un lado, a la vez le devuelve una potencialidad virtual que quizá en un futuro será tierra de asiento para la voluntad conocedora.

Para la psique, entonces, el terreno ofrecido por el sí-mismo se convierte en territorio *trascendente*, en región virtual susceptible ulteriormente de ser recorrida, pero que, por el momento, ya es *avanzada* por una sensación intuitiva que induce en la psique imágenes de su vitalidad. El sí-mismo, por lo que vemos, es un símbolo que estará en relación con los territorios psíquicos que suministran novedad, libertad, posibilidad de juego. Es tanto un territorio original como una posibilidad de futuro, y le sirve de base a la disposición de la psique a establecer conexión con los procesos creativos, con la construcción de lo real, con la función simbólica, con lo "numinoso".

Pero veamos cómo lo conceptualiza Jung:

Puesto que en la práctica existen fenómenos de la conciencia y del inconsciente, el sí-mismo, en cuanto totalidad psíquica, posee tanto un aspecto consciente como un aspecto inconsciente. Empíricamente, el sí-mismo aparece en los sueños, en los mitos y en las fábulas mediante una imagen de "personalidad de grado superior", como rey, héroe, profeta, salvador, etcétera; o quizá mediante un símbolo de la totalidad, como el círculo, el cuadrado, la cuadratura del círculo, la cruz, etcétera. Al representar una *complexio oppositorum*, una síntesis de los opuestos, también puede aparecer como una pareja unificada, como por ejemplo el Tao, la fusión de la fuerza *yang* y la fuerza *yin*, como pareja

de hermanos o quizá bajo el aspecto del héroe y de su antagonista (dragón, hermano enemigo, enemigo mortal, Fausto y Mefistófeles, etcétera). Eso quiere decir que, en el terreno empírico, el sí-mismo aparece como un juego de luz y sombra, a pesar de que conceptualmente se entienda como un todo orgánico y, así, como una entidad en la cual los opuestos encuentran su síntesis. Ya que un concepto de ese género se sustrae a cualquier representación –*tertium non datur*-, él es también, por esa misma razón, trascendente[11].

Debido a ese carácter trascendente, el sí-mismo de Jung probablemente deba ser estudiado con la misma dialéctica de oposiciones que el resto de su aparato teórico. No nos es desconocido, por ejemplo, cómo el concepto de Sombra mantiene relación dialéctica con el concepto del Yo, con el cual formaba una pareja de opuestos en homeostasis continua. Dados esos presupuestos, dadas las parejas de opuestos como composición susceptible de estudio de la psique, dado el principio de compensación y la búsqueda de armonía y diálogo entre las oposiciones, ¿cuál es la posición del sí-mismo? ¿A qué pareja de opuestos pertenece su funcionalismo? A lo largo de este apartado, avanzaremos algunas de las hipótesis que pueden vislumbrarse a la luz de la reflexión sobre las obras de Jung y las de algunos autores posjunguianos.

a. El sí-mismo en su relación con el Yo.

> *Entre el Yo y el sí-mismo existe entonces una relación de circularidad, por la cual el pensamiento del sí-mismo prepara el del Yo, y el pensamiento de este prepara el pensamiento de aquel*[12].
>
> **Mario Trevi**.

Una de las modalidades con las que ha sido estudiado, desde una óptica junguiana, el sí-mismo, ha sido a través de su relación dialéctica -"circular", diría Mario Trevi- con el Yo. Debido a que el Yo junguiano, por estar *flotando sobre un océano de arcaicas sedimentaciones*[13], es una instancia psíquica mucho más precaria que la que se deduce de su imagen habitual, la posición que ocupa en la psique, aun siendo de gran relieve, no es la de un auténtico protagonismo. El Yo está obligado a mantener constantemente una relación de discriminación y análisis de los procesos psíquicos, mientras que a la vez sufre la atracción de ese océano de arcaicas sedimentaciones sobre el cual flota.

Un Yo de esas características, implicado de continuo en una elaboración de la realidad que lo convierte en una instancia de "valor" solo en el presente, necesitaba, sin duda, de la colaboración y el complemento de una instancia psíquica lo más alejada posible de su concreción y de su dependencia del presente. Esa instancia psíquica, especialmente en el pensamiento de Mario Trevi, es el sí-mismo, cuya ubicua temporalidad e inmanencia podía representar, en su completa abstracción, un complemento para la psique, sobre todo si fuera colocado en pareja de opuestos con el Yo; es decir, si con ello se actuase una solución antinómica.

La solución antinómica Yo-sí-mismo, sirve como modelo interpretativo de la vida psíquica[14]. Nos lo aclara Trevi:

Este modelo conlleva que el Yo y el sí-mismo se impliquen recíprocamente en un juego estructural de extraordinaria complejidad. Tal juego conlleva la inclusión recíproca del Yo y del sí-mismo, el nacimiento mutuo de uno y del otro, la circularidad del Yo y el sí-mismo y la complementariedad de ambos. Si hacemos del sí-mismo la totalidad de la psique, es fácil comprender cómo el Yo esté contenido en el sí-mismo. Más difícil es comprender cómo el sí-mismo esté contenido en el Yo; pero es suficiente observar que el Yo no sería tal si no contuviese como núcleo germinal el sí-mismo para comprender de qué manera este último esté contenido en aquel[15].

Ese modelo para interpretar el funcionalismo de la vida psíquica, evoca la relación freudiana entre el Yo y el Ello; pero, a diferencia del modelo de Freud, el de Jung se estipula sobre la relación entre la pareja de opuestos Yo-sí-mismo, cuyo protagonista es la continua bidireccionalidad del proceso que los relaciona a ambos. Como nos señala el mismo Trevi:

El bellísimo modelo elaborado por Freud para la comprensión de la vida psíquica, contempla el nacimiento del Yo desde el Ello. Pero el modelo elaborado por Jung no contempla solo el nacimiento del Yo desde el sí-mismo, sino también el nacimiento del sí-mismo desde el Yo. Toda la historia del hombre es una ilustración de esa paradoja. El Yo produce el sí-mismo en cualquier instante de tiempo[16].

La psique, según esta visión, precisa de esos dos elementos o funciones psíquicas en continua relación, en complementaria actividad. En el fondo, la psique no puede vivir solo discriminando y ordenando sus pasos en la realidad, tal como sería la actividad psíquica si esta solo dependiera del Yo. La psique también necesita la "composición" de contrarios que es capaz de llevar a cabo la instancia del sí-mismo, esto es, necesita de su potencial de activador simbólico, de su complejidad "pacificadora" de los litigios entre los opuestos. Por esa doble necesidad ordenadora y reunificadora, simplificadora y compleja, analítica y sintética, generadora tanto de tensión discriminante como de paz conciliadora, es que la dinámica psíquica por excelencia concuerda con el modelo de la mutua inclusión Yo-sí-mismo, inclusión mediada por la completa circularidad entre ambos.

Mas esa circularidad, como ya ha sido señalado, implica la posibilidad de que el Yo forme el sí-mismo. El sentido inverso de esa circularidad resulta obvio. ¿Cuál es la vía, pues, a través de la cual el Yo se convierte en productor del sí-mismo? A nuestro entender, el diálogo psicoterapéutico puede actuar como vehiculador de la formación del sí-mismo. Veamos el proceso: un diálogo entre psiques que vaya ilustrando al yo acerca de la posibilidad de establecer un diálogo intrapsíquico con todas sus oposiciones, es un diálogo que, por inclusión, favorece la formación del sí-mismo. A medida que el Yo aprende a dialogar con sus opuestos (operación que, por otro lado, puede desarrollarse también de forma espontánea, exquisitamente interior), la psique global, que trasciende los dos interlocutores, los dos opuestos, actúa al unísono, e independiente de la escisión entre los contrarios. Bien, la psicoterapia junguiana, estipulada bajo la vigilia consciente favorecedora del diálogo entre ambas psiques, nutre por igual el diálogo interpsíquico y el diálogo intrapsíquico. A través de los procesos de integración y asimilación, durante los cuales los Yos respectivos y las dos conciencias aprenden a relacionarse con todo lo que está más allá de ellos (y que sin embargo forma parte de la misma unidad psíquica), y siempre que esa relación dialógica se desarrolle en igualdad de condiciones, es a través de ambos procesos, entonces, que las dos psiques trascienden el espacio mismo del Yo y de la conciencia para, vislumbrando y abarcando todo el territorio psíquico, engendrar el sí-mismo. Desde el Yo, entonces, se engendra también el sí-mismo, mediante un proceso dialógico que expresa potencialmente la complejidad de la psique entera.

b. El sí-mismo y los distintos niveles de experiencia.

Sea cual sea la forma en que queramos definir al sí-mismo, este es algo diferente del Yo; y así como una más alta comprensión del Yo conduce al sí-mismo, este último es algo más comprehensivo, que encierra en sí la experiencia del Yo y entonces lo trasciende. Precisamente como el Yo es una cierta experiencia de mí mismo, así el sí-mismo es una experiencia de mi Yo, vivida, sin embargo, no en la forma de un Yo más vasto y más alto, sino en la forma de un no-Yo[17].

Carl G. Jung.

Una de las novedades introducidas por Jung en el pensamiento contemporáneo, fue, sin lugar a dudas, la constatación de diversos niveles de experiencia en el ser humano. El ser humano, ese sujeto de experiencias, no siempre las traducía al mismo nivel a lo largo de su existencia; sino que aquí y allá, tanto en la salud como en la enfermedad, tanto en la visión laica como en la religiosa, el sujeto disponía de distintos niveles a los que correspondían cadenas experienciales de distinta naturaleza.

En realidad, también Freud estaba indagando en esa misma línea. ¿Qué son sus tópicas psíquicas, y especialmente la segunda, más que la admisión de que el reino del Yo no es el único capaz de llevar al sujeto a determinadas experiencias? Para Freud, una parte de las vivencias, sobre todo las de carácter neurótico, se debían al "retorno" del material reprimido (procedente del Ello), o, en su defecto, a las presiones que sobre el Yo ejercía implacablemente el Super-Yo. Las consecuencias de la visión freudiana, entonces, se hacían evidentes: el Yo había sido "destronado" del papel de protagonista de la experiencia y de la entera vida psíquica.

Jung, por su lado, iría aún más lejos. Al concebir la psique en condiciones normales como un cosmos donde el Yo cumplía una misión importante pero no la única ni necesariamente la de mayor valor, destronaba desde el inicio al Yo de toda posibilidad, pasada o futura, de erigirse en punto de referencia único de la vida psíquica. El Yo de la visión junguiana no puede absorber las funciones que no le competen; no basta que admita las energías que se mueven en el cosmos psíquico. El Yo ya no obtendrá nunca, por mucho que conozca, el cetro real del protagonismo psíquico. Su futuro, su único futuro, es el de conocer sus límites y disponerse a dialogar, en régimen de democracia, con todas las demás funciones psíquicas en aras de que surja, a partir del pacto puntual con cada oposición, una energía sintética que conduzca hacia una situación liberada al verdadero rey: la entera psique, el entero pueblo psíquico.

El caso es que la psique no está hecha para ningún tipo de jerarquía ni verticalidad. Cada instancia psíquica, el Yo, el sí-mismo, la Sombra, el Ánima, etcétera, tiene sus propias y legítimas apetencias. Cada una, también, tiene un distinto nivel de experiencia, de vivencia. De esa manera, el Yo puede tener experiencia de lo que queda más allá de él, puede hacerse con una conciencia de ese otro que anida en su interior, tal como era la visión freudiana. Pero, a la inversa, también lo que no es el Yo, el no-Yo, puede conocer al Yo y a su vez hacer experiencia de él; es más, el no-Yo es lo único que puede realmente experimentar al Yo. Y ese hecho, lejos de ser perturbador, es un hecho psíquico de gran relevancia. Sin esa operación de experiencia del Yo recabada desde lo que es el no-Yo (el conjunto de instancias que no son él), entonces la psique, ese cosmos multiforme y poliédrico, tendría una perspectiva unilateralizada, tendenciosa quizá, y desaparecerían los espacios de libertad sobre la experiencia misma; espacios conformados sobre la capacidad de la psique de ver las cosas e interpretarlas de diversas maneras, según diversos criterios, desde distintos niveles hipotéticos.

Ese cosmos psíquico, por consiguiente, precisa de una constitución y de ciertos órganos encargados de velar por el cumplimiento de las normas de convivencia, de velar por la dignidad de cada nivel de experiencia y de garantizar la plena expresión de las minorías. Ese órgano constitucional es el sí-mismo; cuya función preponderante no es la de coartar el nivel de representación de las instancias elegidas (por ejemplo al Yo, legítimo en su carga), sino la de actuar, al surgir un conflicto de intereses, en defensa de la constitución una vez escuchadas las partes y las circunstancias del litigio.

En esto reside la trascendencia del sí-mismo. En cuanto garante de la totalidad psíquica, totalidad avanzada por símbolos (mandalas, cuadrados, águilas, reyes, fraternidad, etcétera), el sí-mismo trasciende el Yo y se coloca en un nivel de experiencia asequible al Yo; de modo que dicha experiencia, a la vez que lo limita para que no cometa excesos en el uso del poder, sin embargo lo favorece en las tareas de buen gobierno, las cuales serán posibles en tanto y en cuanto el Yo pueda dialogar con el resto de funciones.

La psique, entonces, puede confiar en el gobierno del Yo siempre que su prudencia lo inste a la tutela "superpartes" del sí-mismo. Puesto que nadie, ni siquiera el Yo, ni siquiera el sí-mismo a solas, puede garantizar la concordia psíquica, la placidez de la experiencia compartida. Para ello deben ser posibles todos esos niveles de experiencia: la experiencia de sí que tiene el Yo, la experiencia que asimismo tenga del Ánima, la experiencia "en negativo" de la Sombra, y la recíproca supervisión de esas experiencias a cargo del sí-mismo. El reino de la psique, por otro lado, no es un reino que pueda tolerar ambiciones solo limitadas al corto plazo. Su misión es la de permanecer todo el tiempo de su existencia en la línea de un devenir y variación sostenibles. Así que la figura del sí-mismo, capaz pues de experimentar el Yo, el Ánima, la Sombra, etcétera, es garantía para la libre expresión de las distintas voces y experiencias que pertenecen a la psique, y se configura como la reflexión general y mediata de todos los eventos y circunstancias que acontecen en la psique.

c. El sí-mismo y la trascendencia.

> *Cuando se logra sentir el sí-mismo como algo irracional, como un ente indefinible, al cual el Yo no está contrapuesto ni sometido, sino que le es pertinente y rota en torno a él como la tierra en torno al sol, entonces la meta de la individuación ha sido alcanzada. Cuando se logra "sentir", digo, puesto que así defino el carácter perceptivo de la relación entre el Yo y el sí-mismo. En esa relación no existe nada conocible, porque nosotros no podemos decir nada acerca de los contenidos del sí-mismo. "El Yo es el único contenido del sí-mismo que conocemos". El Yo individuado se siente objeto de un sujeto ignoto y superior[18].*
>
> **Carl G. Jung.**

Uno de los aspectos más destacados en las especulaciones de Jung, no solo es la finalización del reino absolutista del Yo como visión posible del mundo psíquico, sino la apertura de la psique a la experiencia de la trascendencia. El cosmos psíquico propuesto por Jung es capaz, dentro de su mismo espacio, dentro de su misma galaxia, de la experiencia trascendente.

Obviamente, con anterioridad a la irrupción de las figuras de Freud y Jung, y con la salvedad de ciertas especulaciones filosóficas, el Yo, al ser el protagonista último de la vida psíquica, no tenía más remedio que buscar en el espacio exterior un punto de referencia para cubrir sus necesidades de trascendencia.

Pero el pensamiento junguiano, al establecer que la psique es un rico e inextinguible entramado de elementos en oposición, no tenía por qué buscar fuera de su territorio el anclaje de su necesidad trascendente. La función trascendente de Jung es una función psíquica, interior, que establece puentes de trasvase de sentido entre la conciencia y lo inconsciente, entre el Yo y cada una de sus oposiciones. Por lo demás, el sí-mismo, esa atalaya desde la que la psique contempla la variedad de sus experiencias, es macrofunción de índole reflexiva y, a la vez, punto de referencia para espejarse desde las funciones interiores, especialmente las del Yo. De ahí la circularidad psíquica, sus rotaciones diversas, sus posibilidades de libertad (la posibilidad de interpretar de distintos modos); de ahí, igualmente, sus necesidades de vinculación entre las funciones del todo (el sí-mismo, una especie de "Atman" bidireccional); así como también las funciones de la parte: el Yo, la Persona, el Ánima, etcétera. De esas correspondencias interiores, de esa suerte de principio dialógico introyectado, nace la función trascendente, cercana a la función simbólica y punto de salida de esta.

Desde esa perspectiva circular y trascendente, el Yo no solo iba a ocuparse de la experiencia de sí y de la experiencia del mundo, sino que pasaba a gozar de un punto de referencia psíquico que, al experimentarlo a él mismo, le suministraría una doble visión (activa y pasiva, como sujeto y objeto del sí-mismo) que acabaría por cambiar su anterior y unilateral tendencia. Para el Yo, entonces, la experiencia del sí-mismo iba a servirle de punto de referencia y de punto de arranque para una conciencia crítica. Superada su ingenua cerrazón unilateralizante, conocidas y aceptadas las otras instancias de la psique, el Yo, trascendiendo y dialogando en el espacio intrapsíquico, "sintiéndose objeto" -una vez individuado- de ese sujeto ignoto y superior cual es el sí-mismo (la sensación de la imagen total de la psique, más allá de sus elementos estructurales), iba a encontrarse con una responsabilidad completamente novedosa: la de construir, desde la crítica, la autocrítica y el diálogo, la función de la individuación. Una función esta, la individuación, posibilitadora y a la vez autolimitante, preponderantemente responsabilizadora, la cual, como veremos en el apartado sucesivo, iba a tener que aceptar y comprender tanto su "proveniencia" del diálogo trascendente cuanto su "meta" y dirección posible: la relación diálogica con el mundo, sin más mediadores que la conciencia crítica resultante de sus múltiples experiencias interiores.

La aparición del sí-mismo, entonces, a partir de esa suma de experiencias de sí históricas y potenciales (concretas, a distintos niveles de la experiencia ya hecha; y también virtuales, asomadas a un futuro todavía no conocido), iba a "cargar" al Yo y a la conciencia de una energía trascendente hasta ahora totalmente desconocida, ya que situada en el espacio cósmico de la vida psíquica. Seguidamente, veremos de qué manera esa "carga" llevaba implícita un modelo de relación interpsíquica, entre una psique y otra, entre una psique y el mundo, basado en el principio dialógico.

3. El proceso de individuación.

> *La segunda antinomia fundamental de la psicología dice por ello: "Lo que es individual no significa nada en la perspectiva de lo que es general, y lo que es general no significa nada en la perspectiva de lo que es individual". Como es sabido, no existe ningún elefante general, sino solo elefantes particulares; de todas maneras, si no se diese una generalidad, una constante pluralidad de elefantes, sería sumamente improbable un elefante individual y único en su género[19].*
> **Carl G. Jung.**

De entre todas las especulaciones de Jung dirigidas a la psicoterapia, probablemente la más emblemática y conocida sea aquella que se mueve en torno a la individuación. Sin embargo, se hace necesario reconocer que ese concepto no es estable en el aparato teórico junguiano. A veces cercana a un concepto de "resultado" de la relación psicoterapéutica, esto es, a un concepto similar a la "resolución" de problemas, algo así como una curación, la individuación es también, en otras ocasiones, un concepto cercano a las implicaciones de la "iniciación", o, quizá, una función psíquica que se instaura en un determinado momento, pero que se desarrolla en la forma de un "proceso".

Debido a esta inestabilidad conceptual, para algunos una muestra de la ambigüedad o inaprensibilidad del lenguaje junguiano, se hace necesario, antes de formalizar nuestro discurso, aclarar cuál es el ámbito en el que nos vamos a mover.

Hablaremos de "proceso de individuación", y no de los otros aspectos, por varios motivos. El principal de ellos, es la necesidad de ser rigurosos frente al concepto mismo, un concepto cuya historicidad conduce en una sola dirección consecuencial: la de la instauración de un proceso inextinguible; durante el cual, y en línea con la cita de Jung elegida para encabezar este apartado, lo general y lo individual se convierten en dos aspectos indivisibles que se alimentan y limitan recíproca e incesantemente.

El concepto de "individuación", en sus inicios, y de la mano de Avicena, fue tratado como un *principio* filosófico, quien rememoraba así una máxima aristotélica:

Todas las cosas que son numéricamente muchas -había dicho en efecto el estagirita- tienen materia: ya que el concepto de esas cosas, por ejemplo, del hombre, es uno e idéntico para todas, mientras que Sócrates (que tiene materia) es único[20].

Este problema (entre lo absolutamente singular de una cosa y su pertenencia a una generalidad) atravesó, desde Avicena, la historia de la filosofía, hasta que cayó lentamente en descrédito dada la disolución de su presupuesto fundamental: la prioridad ontológica de la sustancia común[21].

Pero a pesar del descrédito del término, Jung funda su psicoterapia como proceso de individuación; aunque alejando la individuación del estatuto de principio y acercándola, más bien, a una búsqueda de significado. Es decir, en la especulación de Jung, esa antinomia entre lo general y lo absolutamente único, ha sido desalojada de su ubicación en cuanto principio dogmático, y ha pasado a ocupar la función psíquica destinada a equilibrar la búsqueda de sí a través de la disposición dialógica con el mundo que nos rodea.

Eso es lo que pretende, en definitiva, el pensamiento psicoterapéutico de Jung: enclavar la psique en un funcionalismo cuyo resultado individual (el conocimiento de sí, de todas las facetas psíquicas engarzadas en el diálogo intrapsíquico) no comporte alienación alguna para el sujeto antes afligido. Porque la solución individual, si no estuviera acompañada de la solución general, dejaría al individuo con un conocimiento y una disposición desequilibrados sobre su sola persona, lo cual podría apartarle de sus necesidades adaptativas respecto a su mundo circundante.

En realidad, el proceso de individuación así entendido comienza desde el inicio mismo de la relación psicoterapéutica. La personalidad del terapeuta, señalada como un factor muy importante para el éxito de la psicoterapia, habrá debido cumplir con anterioridad su largo y fatigoso adiestramiento. ¿Y en qué consiste este adiestramiento del terapeuta? En obtener un conocimiento de sí (de las propias problemáticas y potencialidades) que se vea acompañado de una disposición clara a enfrentarse dialógicamente con la personalidad concreta de cada paciente. El conocimiento de sí, entonces, más una disposición al conocimiento del otro. Comprender la diferencia de su propio caso (la propia biografía, las vicisitudes, los complejos, las sombras, la función simbólica, la armonía particular, etcétera), para así comprender también la similitud y diferencia entre él y cada paciente.

A este conjunto de oposiciones, que reposan sobre las antinomias individual/general y similitud/diferencia, se llama proceso de individuación. En el momento del inicio de la psicoterapia, ese proceso debe ya estar en marcha en lo que compete al terapeuta; de manera que ese modelo, su propia individuación, pueda ser el modelo de relación que es propuesto a cada paciente. La propuesta de que la relación pueda estar basada en la individuación de los dos miembros, es la propuesta de toda psicoterapia dialógica; puesto que el diálogo verdadero solo es posible allí donde el grado de similitud no niegue ni sea negado por el grado, por lo demás no eliminable, de diferencia entre los interlocutores, ni viceversa. Tal parece ser también el pensamiento de Martin Buber, quien nos ha dicho:

Toda relación real en el mundo descansa sobre la individuación; esta individuación hace su delicia, pues solo ella permite que se reconozcan los que son entre sí diferentes[22].

El reconocimiento de sí y del otro es la tarea que, a lo largo del proceso psicoterapéutico, persigue el proceso de individuación. Es también lo que avala, por otro lado, que una ciencia general (como lo es la psicología) pueda ocuparse de los hechos particulares: la psique irrepetible de cada individuo. En la doble admisión del orden de lo general y del orden de lo individual, en el equilibrio homeostático entre la similitud y la diferencia, pues, estriba el concepto de proceso de individuación. Proceso que, bien mirado, fundamenta el arte de la psicoterapia dialógica.

En un verdadero diálogo, toda propuesta es funcional, nunca el resultado último. En un verdadero diálogo, pues, el sí-mismo, pongamos por ejemplo, o la individuación (del terapeuta o del paciente, claro está), no son más que las disposiciones que la psique está presta a emprender en el tiempo. Nada puede darse por acabado, ni en un lado ni en el otro. El sí-mismo deviene así la disposición a la reflexión constante sobre el Yo; reflexión de carácter crítico que, para ser tal, deberá actuarse en el tiempo, una y otra vez, incesantemente. La individuación, por su parte, esa disposición a "reconocerse" y a "reconocer" a cada otro con quien vaya a formarse una relación, es la función psíquica encargada de establecer vínculos en los cuales estén igualmente preservadas la similitud y la diferencia, la adhesión y distancia (como diría Trevi); todas necesarias para poder desplegar el diálogo entre semejantes que, a su vez, deben reconocerse como diferentes. Y esa funcionalidad, desplegada por la individuación, es la que, en psicoterapia, deberá servir de trasvase de sentido sobre el puente dialógico establecido entre el terapeuta y el paciente. Esa es la meta de toda psicoterapia: lograr, desde la tremenda diferencia inicial representada por el dolor, un diálogo auténtico. Una vez conseguido, una vez que la voz de cada uno (y asumidas las similitudes) pueda vehicularse libremente y ser reconocida por el otro, la psicoterapia llega a su fin, para luego convertirse en metáfora de las posibilidades dialógicas del individuo "ya reconocido", "ya individuado". Y esas posibilidades, esa potencialidad ínsita en la individuación, pasa entonces a formar parte del mundo, ha de desplegarse en el mundo para conservar su funcionalismo.

Ese es el resultado que se espera obtener con una psicoterapia basada en el diálogo y en el proceso de individuación de los interlocutores: que la psique, reanudado su entero funcionalismo, y libre de las cadenas de la aflicción, pueda plasmar su "experiencia" terapéutica de relación intra e interpsíquica, ya lejos de la terapia misma, en su continuo "diálogo" con el mundo, en una inagotable búsqueda de sentido. Una búsqueda inagotable que, no obstante, en el encuentro con el Otro halla su límite y, paradójicamente, su posibilidad concreta. Así parece traducirlo este último fragmento, con el que vamos a terminar, del maestro del pensamiento dialógico, M. Bajtin, proveniente de su libro *Estética de la creación verbal:*

El sentido es potencialmente infinito, pero solo puede actualizarse al tocar otro sentido (un sentido ajeno), aunque solo se trate de una pregunta en el discurso interior del que comprende.

CAPÍTULO VI

APLICABILIDAD PRÁCTICA DEL ANÁLISIS DE LOS SUEÑOS[1]

1. El sueño y los sueños.

La eficiencia no estriba en romper el espejo, por oblicua que sea su superficie, sino en insinuarse, en ir insinuando la conciencia, en ir abriendo dentro del mismo mundo onírico -la realidad hermética y absoluta- un camino o esbozo de penetración. Después de todo como ante la realidad sucede; la realidad que tan a menudo se nos vuelve extraña, inaccesible, justamente cuando más se acentúa su carácter de realidad. Entonces en la vigilia se está en un sueño.
María Zambrano. *Los sueños y el tiempo.*

Quizá, en la noche de los tiempos, existió un orden uniforme en la vida del hombre. Atareado de continuo en las faenas de la supervivencia, acaso su tiempo de vigilia estaba repleto de ocupación y extrema dedicación a la naturaleza nutricia. Precisamente por ello, la naturaleza misma lo apoyaba y cuidaba, suministrándole, cuando ya caía rendido por su tremendo esfuerzo, un sueño reparador desprovisto de exaltaciones. Quizá, entonces, hubo un tiempo en que la vigilia era verdadera vigilia y el sueño un auténtico reposo. Pero de esto hace ya mucho tiempo. Pasaron siglos y siglos, en realidad milenios, de lenta o rápida evolución. Y esa evolución conllevó adiestramiento y un uso de artilugios y herramientas cada vez más perfeccionado, vale decir, conllevó una paulatina separación, un ir abriendo distancia entre el hombre y la naturaleza. Y así llegó el día en que, acaso llevado hacia un aumento de complejidad en su contacto con la naturaleza, el hombre acabó por acumular en su vivencia los lentos aprendizajes de su periodo de adiestramiento: halló en el fuego al ahuyentador de las bestias, extrajo metales de la madre tierra para construir armas y escudos; es decir, suplantó a la naturaleza misma en la orientación primigenia de sus propios pasos. Y entonces, en ese mismo instante, hace ya tanto tiempo, la psique, esa particular membrana de contacto que había ido separando al hombre de la naturaleza, fruto de la complejidad naciente se plegó sobre sí misma, y asumió sobre sí todo el peso (el goce y la responsabilidad) de ordenar el ritmo de la totalidad de la vida.

De eso hace ya mucho tiempo. Desde entonces, la vigilia, concentrada en pasos y proyectos cada vez más específicos, a cada meta conseguida necesitó regalarse un reposo, para llevar a cero su gradiente de actividad dirigida, para descansar antes de volcarse en otra actividad. Pero entre sol y noche, cuántas actividades, cuántos reposos...

De aquel orden binario (vigilia-reposo), si es que en verdad existió, nada nos queda. La vigilia de un solo día es un periodo en el que suceden tantas atenciones como desatenciones, tantas concentraciones como contemplaciones, tantas ideaciones como huecos y vacíos hay durante el curso del pensamiento. De la misma manera, por el otro lado de la vida, ya de todos es sabido que el sueño no significa solo reposo. El sueño, después de los descubrimientos neurofisiológicos de la actualidad, que no cesan de crecer y causar sorpresa, se ha convertido en un periodo de gran complejidad: sabemos que existen fases, progresiones y regresiones de la actividad cerebral, sabemos y hemos observado la fase REM, donde la actividad se vuelve máxima -movimientos y tensiones rapidísimas- y donde acontecen la mayor parte de los sueños.

Sí. Si en el tiempo de vigilia nada hay que impida, ni que pueda impedir, la irrupción constante sobre el plano de conciencia de material subliminal, inactivo o inconsciente (de ahí la complejidad del estudio del estado de conciencia y de la psicopatología); asimismo en el tiempo del sueño nada hay que impida, ni que tampoco pueda impedir, la irrupción, junto a la relajación que les sirve de base, de actividades complejas, cuyo más alto fruto, para lo que aquí nos interesa, son los sueños.

Debe quedar claro, a partir de aquí, que llamaremos "sueño" al periodo total del dormir, y "sueños" a esa especial producción onírica de la que nos vamos a ocupar. Así, los sueños, por lo que conocemos, ocupan el veinte por ciento de la duración del tiempo total del dormir. Ocurren cuando el animal está en aparente reposo, en ese reposo absoluto respecto solo de las actividades de la vigilia; y constituyen una necesidad biológica del hombre, imprescindible además, que retorna espontáneamente si el hombre se ve impedido por alguna razón de cumplir su reposo.

En la actualidad, hallamos a los neurofisiólogos y a los psicólogos ocupándose de los sueños, con paradigmas distintos y algunas concordancias. La neurofisiología estudia los sueños en tanto elementos fundamentales de las secuencias del sueño. La psicología, por el contrario, estudia los sueños en tanto elementos fundamentales de la secuencia total de la psique. Probablemente, ambos paradigmas sean susceptibles en un futuro de acercar sus presupuestos, ya que ni uno ni otro agotan las interrogaciones sobre el fenómeno onírico.

Por ejemplo, y dado el hecho incuestionable de la correlación entre la fase REM y la aparición y recuerdo de los sueños, ambos paradigmas muestran sus límites. Veamos qué nos cuenta Angiola Iapoce, una estudiosa junguiana sobre el tema onírico:

...los neurofisiólogos no consiguen explicar algunos hechos fundamentales, tales como: ¿por qué solo una parte de la actividad onírica, que en gran medida corresponde a la fase REM, se recuerda como sueños; y por qué los sueños, para ser percibidos, necesitan del recuerdo, que los convierte así en un fenómeno altamente subjetivo, respecto a su contenido y al estado de ánimo? Los psicólogos, a su vez, viendo prevalentemente los aspectos subjetivos de la percepción, del recuerdo y de la emoción, no consiguen responder a la pregunta acerca de su universalidad y de su estar presentes desde siempre en la historia de la humanidad[2].

En efecto, los sueños, como cualquier otro evento psíquico, encierran una gran complejidad. Basta pensar en la más que probable estructura poliédrica de la psique para que, dado un específico fenómeno psíquico que queramos estudiar, tengamos a disposición infinitas posibilidades de aproximación, según la cara desde la que dispongamos nuestra mirada.

Por consiguiente, los sueños son susceptibles de múltiples aproximaciones, tal como lo demuestra la atención diversa que, desde la antigüedad, han recibido a través de las culturas que han ido sucediéndose en el tiempo. En realidad, los sueños, desde que aparecieron al recuerdo en el despertar, no han dejado nunca indiferente al hombre. Este no solo ha intentado comprenderlos interrogándose sobre ellos, sino que también los ha contado a otros hombres (en ocasiones al chamán o al hechicero) para ampliar aún más la interrogación. En toda cultura, en cualquier tiempo, en cualquier latitud, los sueños han servido para la reflexión del hombre, "han dado que pensar" al hombre. Y así aparecieron visiones generales, comprensiones que intentaban dar razón de qué eran o qué podían significar los sueños. Ya metidos en el terreno de los patriarcas de nuestra cultura, Aristóteles nos ha dejado una serie de teorías sobre los sueños, con las que los acercó a la facultad de imaginación del alma[3]. Lucrecio, por su parte, giró en torno al engaño de la razón y a las imágenes de los sueños usando el mismo término: "simulacro"; que es la imagen del deseo, más allá de la mera voluntad, y aun así capaz de impregnar los movimientos de la vigilia tanto como los del sueño. Veamos una muestra del complejo pesimismo -o ironía según algunos- de Lucrecio, de quien el gran Schopenhauer conservará mucho más tarde los destellos. En un apartado de su *De rerum natura*, reza este bello fragmento:

Ciertamente, los simulacros están impregnados de arte, y vagan, instruidos, para poder realizar, de noche, su teatrillo. ¿O quizá sea verdad aquello otro? Que en un solo instante de tiempo que podamos advertir (esto es, en el tiempo de emitir un único sonido), se esconden muchos "tiempos" que la razón descubre existentes: y por ello ocurre que, en cualquier tiempo, todo tipo de simulacros estén allí listos, y dondequiera a disposición: tanta es la velocidad, y la masa de las cosas es tanta; cuando la primera, entonces, desaparece, y otra nace en distinta posición, parece que la precedente haya cambiado el gesto. Y puesto que son leves, el ánimo no puede discernir más que aquellos hacia los que precisamente se concentra: y así todas las demás cosas que existen desaparecen, salvo aquellas hacia las que se está dispuesto [...] De todas maneras, aun en cosas evidentes, puedes notar que si no empeñas la atención, es como si en verdad todo el tiempo esté lejos de ti el objeto, y remoto desde hace mucho. ¿Por qué entonces sorprenderse si el ánimo pierde cualquier otra cosa, salvo aquellas hacia las que se ha empeñado él mismo? (Después, de pequeños indicios, inventamos las grandes teorías, nos lanzamos nosotros solos en el engaño y en la ilusión.)[4]

A esta visión fulgurante, donde los simulacros vagan de día y de noche, consteladas por la disposición del ánimo, le seguirá, tres siglos después, Artemidoro, con su interés interpretativo, quizá como el fruto compilador de numerosas leyendas y costumbres acerca del significado de los sueños. En *La interpretación de los sueños*[5], Artemidoro, intuyendo una máxima que no pasará desapercibida a Freud y Jung, esto es, el significado emocional de los sueños y su distinción entre "sueños directos" y "sueños simbólicos", abrirá, para el mundo árabe del Siglo IX, así como también, más tarde, para el renacimiento italiano, el interés por los sueños a través de una "suma oniromántica" cuyos ecos llegan hasta nuestros días.

Pero si debemos acercarnos al mundo actual, no podemos dejar de recordar, antes de llegar a la figura de Freud, a otros grandes estudiosos de las ciencias oníricas. Paracelso y Giordano Bruno se ocuparon con especial cuidado de los sueños. En 1635, apareció *La vida es sueño*, de Calderón, que causó gran revuelo en buena parte de Europa. Leibniz, cuya relación con Bruno no puede pasar desapercibida, llegó a decir en 1693:

Creo [...] que los sueños nos renueven frecuentemente antiguos pensamientos[6].

Más tarde, en época romántica, von Schubert escribió un tratado sobre el simbolismo de los sueños, a los que concibió como imágenes que en realidad eran símbolos universales. Es decir, de una u otra forma, existía en Europa una tradición que dirigía sus esfuerzos hacia el tema del mundo onírico y, también, a través de Lucrecio, Shakespeare y Calderón, hacia la paradójica relación entre los sueños y la razón.

Si nos fijamos bien en los ejemplos citados (que bien pudieran ser muchos más), notaremos, para volver a la discusión general, que a lo largo de la historia la temática de los sueños ha sido abordada especialmente desde dos ángulos o perspectivas: o los sueños existen por sí mismos, esto es, independientemente de cualquier motivo actual de la conciencia, con lo cual podrían ser indagados e interrogados directamente; o bien se convierten en algo así como en un "mensaje cifrado" entre el mundo consciente y el mundo inconsciente, con lo cual traducirían un dilema constante entre las posiciones de la conciencia y las de lo inconsciente, entre la realidad y la fantasía, en fin, como en Calderón, entre "lo que es de la vigilia" y "lo que es del sueño".

De este modo, no es lo mismo pensar que los sueños pertenezcan a lo inconsciente, y que signifiquen la *via regia* para alcanzar el reino inconsciente, que pensar que pertenezcan a un área de confín (aun activada en tiempo de reposo) entre la conciencia y lo inconsciente. De la misma manera que no es lo mismo pensar que los sueños "recojan" un material desechado por la conciencia, que pensar que puedan "inducir" a la conciencia hacia significaciones aún no abordadas.

Nadie duda de la importancia capital de la figura de Freud en cuanto promotor moderno de las temáticas oníricas. Para los sueños, Freud significa tanto como Cajal para la comprensión de la comunicación neuronal. Es decir, *La interpretación de los sueños*, de Sigmund Freud[7], obra publicada en 1900, permanece como la obra pionera de toda moderna aproximación a los sueños y su comprensión. Hagamos un poco de memoria de las implicaciones de esta obra. Para Freud, los sueños se convierten en la "*via regia* hacia el descubrimiento del inconsciente", su función estriba en la "realización del deseo" (satisfacción lograda por vía alucinatoria), el trabajo que cumplen es la conversión de un contenido latente en un contenido manifiesto, para lo cual "enmascaran" o "deforman" las "verdades" instintivas que no serían, sin ese travestimiento, susceptibles de ser aceptadas por el Yo.

Los sueños que llegan a nuestro despertar son, para Freud, algo así como un "síntoma", como un síntoma de los problemas neuróticos. En efecto, el enmascaramiento onírico de la verdad instintiva se logra por los mismos procedimientos con que se forman los síntomas neuróticos: condensación, desplazamiento, etcétera. Y así, es "necesaria" la interpretación, es necesario "descubrir" la verdad que ocultan, hasta dar con ese contenido latente, que será, desde entonces, el contenido de la interpretación suministrada por el psicoanalista. En sí mismos, con las imágenes reales con las que se nos presentan, los sueños no tienen mucho interés, salvo el de ser mecanismos de defensa del sueño, es decir, conductores de una parcial realización del deseo que amortigua la angustia y que protege el reposo.

La posición freudiana respecto a los sueños es, pues, la de la interrogación, pero se trata de una interrogación como la que cumple el fiscal con el imputado en el curso de un proceso judicial. Se trata de una pregunta sin retorno, sin inversión posible: nunca se ha visto, en el curso de un proceso de ese talante, al imputado preguntarle al fiscal, por ejemplo, qué hacía a las once de la noche de aquel determinado día. De ese mismo modo, Freud ejerce una interrogación *sobre* el sueño, nunca una interrogación *desde* el sueño, a no ser la de las asociaciones libres sucesivas por parte del soñante. Y esa posición significa que los sueños representan solo un interés parcial (interpretador) en la especulación freudiana, a pesar de las apariencias. Dar por descontado que *siempre* la imágenes oníricas son un *velo* encubridor de una verdad latente, sostener invariablemente esa sospecha, significa negar que los sueños, aquellas determinadas imágenes producidas por el fondo oscuro de nuestra psique, puedan *decir* algo, puedan *provocar* o *interrogar* por sí mismas a la conciencia o al entero individuo que las acoge en su despertar.

Y en esto consiste la crítica que Jung hará a la visión freudiana de los sueños. Los sueños pueden también *significar* algo, pueden estar lanzando un *mensaje* a la conciencia, a la que implicarían así en una búsqueda exploratoria de territorios, visiones y pensamientos aún no transitados. Esas imágenes pueden no ser "desechos" ni "velos", sino que el hecho de haberse producido, el hecho de su presencia innegable, puede traducir *deseos directos* aún no contemplados por el campo de la conciencia. Con esta visión, Jung, por un lado, conecta con una pregunta ontológica que siempre ha acompañado al hombre: "¿qué me estará queriendo decir este sueño?"; y, por otro lado, prefigura un acercamiento –que no extingue la distancia epistemológica- de las más modernas visiones de la neurofisiología, algunas de las cuales estudian las variaciones y anticipaciones que sobre el campo cognitivo pueden aportar las imágenes oníricas.

A fin de cuentas, es insoslayable la co-implicación de los sueños y del campo de conciencia. Nosotros, en realidad, no hablamos de más sueños que de aquellos que conocemos, es decir, que de aquellos que *recordamos*; y esa tensión entre las imágenes oníricas y la memoria, esa tensión entre el reposo y la fase REM, implica un encuentro simultáneo entre planos distintos de funciones y actividades. En esa coyuntura aparecen los sueños, durante ese contacto los sueños se convierten para nosotros en una realidad.

La posición de Jung respecto a los sueños, será, entonces, una posición conciliadora. Ya una parte del trecho había sido abierta por Freud: los sueños tienen un cariz "individual", tal como lo demuestran las asociaciones libres, más allá de lo general de su simbología. Pero quedaba aún por cumplimentar la especificidad de las imágenes oníricas, la imposibilidad de su "traducción" sistemática. Por un lado, Jung mostrará un enorme interés por las imágenes, el contexto y la trama del sueño en sí. Posteriormente, atrapadas ya las imágenes en sí, colocará a la conciencia frente a ellas, con la vocación de interrogarse a sí misma desde la sustancia propia de los sueños. Y es que, en el aparato epistemológico junguiano, los sueños, como cualquier otra manifestación de lo inconsciente, no representan necesariamente una máscara de una verdad ocultada. Más aún: la verdad ocultada puede estar en una función como puede estarlo en otra, quizá incluso en el desconocimiento de una por la otra. Por ese camino, la sospecha de la conciencia, desaparecida toda ingenuidad, se dirige tanto hacia el *mensaje* de los sueños como hacia la *escucha* de la propia conciencia. Se trata de la sospecha de la sospecha misma, como bien ha esclarecido Mario Trevi en *Per uno junghismo critico*[8].

Esa propuesta conciliadora o, si queremos, interrogadora por partida doble, resulta una propuesta mucho más enraizada en la historia de las temáticas oníricas. Si -en Aristóteles- la facultad imaginativa del alma era responsable de la imaginación durante la vigilia y también de la imaginación onírica (sin esconder sus diferencias); si -en Lucrecio- los "simulacros" eran responsables del "teatrillo" nocturno tanto como lo eran de las grandes teorías producto del engaño; si -en Leibniz- teníamos al sueño como renovador de "antiguos pensamientos", entonces eso quiere decir que, para estos autores, el material que compone los sueños es un material semejante al que compone nuestra vigilia. Con lo cual, la interrogación que nos provoca su sorpresa puede dirigirse ora hacia lo inconsciente, ora hacia lo consciente, así como también hacia la enigmática relación que co-implica a ambos materiales en una unidad de sentido. Ya lo había advertido Shakespeare: *Estamos hechos de la misma materia de la que están hechos los sueños*. Esa es la tradición sobre la que Jung colocará su interés por los materiales oníricos, desde la cual favorecerá aquella *escucha* de la conciencia sobre la inabarcable sugestión producida por los sueños.

2. Aplicabilidad práctica del análisis de los sueños.

> *La vida y los sueños son páginas de un mismo libro. La lectura continuada se llama vida real. Pero cuando la hora habitual de la lectura (el día) alcanza su fin y llega el tiempo de reposo, entonces de frecuente continuamos aún, débilmente sin orden ni conexión, a hojear aquí y allá alguna página: muchas veces es una página ya leída, muchas veces es otra desconocida, pero siempre son del mismo libro.*
> **Arthur Schopenhauer. *Die Welt als Wille und Vorstellung.***

Como ya puede intuirse, en el mundo junguiano no va a existir una metodología precisa con la que afrontar las temáticas propuestas por los sueños. Frente a los sueños, Jung antepone aquella "maravilla" de la que hablaba von Gebsattel para definir la apertura y sorpresa del despertar de la conciencia ante la realidad inconmensurable. Y entonces, ¿qué va a hacerse de los sueños en el mundo junguiano? Por lo pronto, contemplarlos y aceptarlos como una realidad, como un evento psíquico de gran relevancia, con todas sus secuencias y detalles, con toda su pertenencia a un sujeto determinado y a su psique global. Seguidamente, una vez frente al sueño, como ante un movimiento de una pieza de Mahler, dejarse llevar por la melodía de las imágenes, sin salirse de ellas ni sustituirlas ni mezclarlas necesariamente con otras. Seguidamente, el sujeto, los sujetos de una relación, pueden interrogarse sobre ese sueño desde sus respectivas posiciones conscientes.

Es decir, para Jung los sueños son formaciones del sujeto completo y *hablan* al sujeto completo. En ese sentido, puede decirse que los sueños representan en su conjunto uno de los más importantes puentes dialógicos que el sujeto tiene consigo mismo. Por ello, no puede existir una clave técnica que imponga a las imágenes oníricas ningún tipo de interpretación apriorística. En 1961, al final de sus días, Jung afirmaba:

El sueño es un fenómeno normal y natural y no significa lo que no es.

Y entonces, de nuevo, ¿qué se hace con los sueños? Por lo pronto, "escucharlos", a ver qué dicen... Puede ser que hablen de deseos reprimidos, o de metas inalcanzadas, o de terrores pavorosos, o de logros espectaculares. Puede ser que hablen del pasado, así como del futuro. Puede ser que nos lleven hacia un mundo causal, de la misma manera que pueden llevarnos hacia el polo finalístico. En la amplísima bibliografía junguiana encontraremos aproximaciones para todos los gustos. Sin embargo, en todas ellas resaltan dos elementos constantes: la pertenencia de los sueños al soñador, y la comunicabilidad general del lenguaje que los sueños utilizan.

Esos dos elementos, siempre presentes en la especulación de Jung, conducen en dirección a la naturaleza. "Los sueños son un producto natural del hombre", representan una "función autónoma", podríamos decir, casando en esa misma premisa la generalidad de la simbología romántica y la particularidad insoslayable del sujeto soñante. En realidad, es difícil hallar otro fenómeno que, como los sueños, ponga en aprietos a nuestro aparato de categorías. En efecto, por un lado -como decía Freud- son una *via regia* hacia lo inconsciente; pero también, al necesitar de la memoria, están en contacto con la constelación consciente del momento. Por otro lado son "subjetivos", pero a la vez precisan, para estabilizarse, del "relato" objetivo, de lo que obtenemos casi un estilo paradigmático en el modo de contarlos. Todas nuestras certezas caen frente al designio de los sueños. Nunca, como al contar o relacionarse con sueños, nos viene tan natural usar un lenguaje prudente y atenuado, del tipo, "me parece", "era algo así como", "se parecía a", "me recordaba". Asimismo, el sentido de incompletud es general: "había algo más", "esta es la parte que recuerdo", "había otras escenas...".

De esa manera, y fiel a esa realidad inaprensible, en los ejemplos citados por Jung, parece que a veces estuviéramos en pleno romanticismo y otras veces en pleno objetivismo positivista. Por ello abogó por una doble interpretación de los sueños: una interpretación *a nivel del sujeto* y una interpretación *a nivel del objeto*; entendido el objeto, en esta última, como las imágenes inconscientes desprovistas del "peso" biográfico y de toda constelación consciente[9]. A pesar de ello, y asumida la lección freudiana en la interpretación a nivel del *objeto*, Jung privilegió, creemos que a lo largo del proceso terapéutico, esto es, en pleno camino hacia el proceso de individuación, la interpretación a nivel del *sujeto*, al punto que llegó a decir:

Toda la creación onírica es sustancialmente subjetiva, y el sueño es un teatro en el cual el que sueña es a la vez: escena, actor, apuntador, director, autor, público y crítico[10].

Sin duda, ni para Freud ni para Jung era fácil, como tampoco lo era ni lo será para ningún otro psicólogo, desenredar por completo la inestable sustancia de los materiales oníricos. Freud lo intentó con una onirocrítica que, no obstante, tuvo que pagar el precio de ver siempre las imágenes oníricas como un "velo" y no como una "verdad irrefutable", por muy incierta que fuera su presentación. Jung, por su parte, tuvo que pagar su mirada panorámica con una "inestabilidad" de perspectivas que diseminan, como veremos, la teoría y los ejemplos en direcciones siempre diversas.

Pero eso no elimina la riqueza del camino que, para la psicología, fue inaugurado por Freud. Los límites citados tampoco eliminan la amplitud de miradas que Jung dejó sobre los sueños; cuya ubicuidad se sostiene, como ya hemos dicho antes, sobre la atención a las imágenes objetivas y sobre la relación dialógica entre estas imágenes y la constelación consciente del momento. En el fondo, esta ubicuidad está avalada tanto por la ubicuidad afectiva (protagonista destacada en los sueños), como por los estudios de la genética y la neurobiología. A ese respecto, y tal como nos dice Angiola Iapoce[11], baste recordar que, para un científico como Hobson, los sueños no son más que la imagen de una mente que juega.

Veamos, entonces, algunos de los caminos panorámicos que, a lo largo de su extensa obra, Jung transitó para analizar los sueños. A partir de ahora, alejados pues de la confusión entre el dormir y los sueños, la palabra "sueño" y la palabra "sueños" serán empleadas en el mismo sentido onírico:

a. Los sueños en su relación con el inconsciente.

> *Sin el inconsciente, el sueño no sería más que una broma de la naturaleza, un absurdo conglomerado de restos diurnos, y no tendría sentido, así, discutir la utilidad de un análisis de los sueños. El problema solo puede ser tratado partiendo de un reconocimiento del inconsciente, ya que el fin que se propone el análisis de los sueños no es un simple ejercicio intelectual, sino el descubrir y volver conscientes los contenidos psíquicos hasta ese momento inconscientes y que se consideran importantes para la explicación o la terapia de una neurosis[12].*
>
> C. G. Jung.

En algunos casos, según vemos, Jung analiza los sueños en una clave exquisitamente freudiana, como *via regia* que conduce hasta los contenidos latentes responsables de las neurosis. Pero recordemos que el inconsciente en Jung es algo más complejo que el inconsciente freudiano. En él puede hallarse la causa de las neurosis, tanto como puede hallarse la entera historia del hombre, con sus diferentes estratos o épocas sucesivas. El inconsciente es la fuente de la creatividad y de lo numinoso, es el reino de la fantasía y del impulso que nos liga a la vida. Así, un sueño que nos liga a lo inconsciente, puede ser un sueño que traduzca una visión compleja y, por así decirlo, arquitectada de las estancias variadas del inconsciente. En ese sentido, los sueños que nos ligan a la imagen del inconsciente suelen ser sueños que acompañan el comienzo del análisis, y suelen mostrar el estado general del inconsciente en ese momento. Una paciente de treinta y cinco años, afecta de anorexia desde los quince años y que acude al estudio con una grave de-realización y angustia inminente, relata, en el segundo encuentro, este sueño:

Estoy en una embarcación muy grande, con muchas personas. El tiempo es terrible: está oscuro, hay un viento fortísimo, llueve y hay mar gruesa. En torno a la embarcación vuelan aviones a muy baja cota: hacen el camino de la embarcación pero van en sentido contrario al nuestro. Mientras que nosotros nos dirigimos hacia adelante, hacia la orilla, ellos parece que vinieran hacia nosotros casi amenazadores. El mar parece hinchado: es como si estuviera por explotar. Tengo miedo y busco cobijo tocando a mi marido... Camino con mi marido por un estrecho y largo local, la luz es muy tenue: quizá se trate de una galería, en ella se perfilan diversas "cavernas-tiendas" y yo me asomo a ellas, pero a la vez trato siempre de continuar hacia delante: tengo miedo de que el tiempo empeore; temo un terremoto... La embarcación ahora está sobrecargada de personas: parece ser que no pueda hospedarlas a todas. Estamos atravesando un canal. Hay montañas cercanísimas a la derecha y a la izquierda; sigue siendo de noche; parecen rocas habitadas. El paisaje es muy amenazador. Nos ha sido difícil alejarnos de la orilla por el temporal... Ahora estoy en un mercado, en un puerto; hay muchachos que corren por doquier; me roban una chaqueta y yo continúo

buscándola, encuentro al ladrón y me agrede. Trata de esconder el objeto del robo bajo un montón de pieles blancas. Yo huyo, salgo del mercado, me espera una persona; yo le cuento todo, pero esa persona no me cree... De pronto pienso en otra cosa. Debería comprarme un bolso.

Sin duda alguna, este sueño contiene muchas facetas que pueden considerarse como una suerte de filmación del estado del inconsciente de la paciente en sus características generales. El viaje, la confusión de direcciones, la angustia, el temor al hundimiento y al terremoto, la noche, las cavernas-tiendas, la búsqueda de una dirección, del camino hacia adelante, el mar hinchado, las montañas que cierran el paso del canal, la sobrepoblación de escenas, personas e inquietudes, el hurto de la chaqueta, las pieles blancas, etcétera. No hay ninguna duda del sufrimiento visto en clave de amenaza inminente. Ante un sueño de esas características, casi cada elemento debe esperar a una resolución, a una mayor determinación; pero, aun en clave onírica, ese sueño apuntó casi todos los aspectos con que el inconsciente, rebelde y agresivo, amenazaba una y otra vez a la conciencia de la paciente. Por espacio de seis años, los contenidos de ese sueño volvieron una y otra vez a manifestar su evidencia en la psicoterapia, en los síntomas y en la personalidad entera, y traslucieron su esencia de "radiografía" inconsciente, de imagen global de los dilemas anímicos.

Como es obvio, existen otras maneras de que un sueño nos ligue al inconsciente. A veces lo hace bajo un solo aspecto, como los sueños protagonizados por las temáticas de Sombra o de Ánima, muy frecuentes también en los comienzos de la psicoterapia. En el fondo, los ejemplos y variaciones serían infinitas, dada la co-pertenencia primordial entre las imágenes oníricas y el inconsciente. Pero lo que conviene resaltar en este caso es que no siempre el inconsciente, si visto en un sueño panorámico, apunta solo hacia la psicopatología. En el sueño relatado, al lado de la angustia está asimismo presente la firmeza del camino hacia adelante; al lado de la sobreabundancia está la soledad y el comedimiento; al lado de la pérdida está el proyecto, limitado y prometedor, de comprar un bolso. Es decir, difícilmente un sueño es solo una imagen del estado actual y del pasado: contiene además, si lo miramos con atención, muestras y posibilidades de recorrido, esperanzas y proyectos que en un futuro buscarán una definición. Es decir, "escuchar" un sueño es "vivir" con él, dejar que acontezca su múltiple referencialidad. Escuchar un sueño significa, pues, podernos interrogar calmadamente acerca de su proveniencia y de su curso actual; precisamente porque, al estar vivo, no olvidamos que atenderemos hacia donde él nos conduzca, que nos interrogaremos hacia dónde pueda estar dirigiéndose y también hacia dónde, quizá, pueda querer legítimamente que nos dirijamos. Puesto que en ocasiones, como dice Jung:

...el sueño reproduce aquella situación interior que la conciencia no quiere reconocer -o que reconoce solo con desgana- como verdadera y real[13].

Y entonces, la *via regia* se asume en toda su complejidad y en todos los sentidos en que es susceptible de ser recorrida: desde el origen (causa), pasando por el momento presente (estado), hasta su meta o finalidad (teleología). Pero podemos convenir en que, al inicio de una psicoterapia, el movimiento psíquico está protagonizado por el empuje inconsciente, por el "viento" inconsciente, por el "mar" inconsciente. Y de ahí la claridad de los sueños, una claridad que, a medida que transcurre la psicoterapia, va cediéndole el paso a una mayor complejidad.

Pero no todos los pensadores creen que los sueños representen una *via regia* hacia lo inconsciente. Ese es el punto más reivindicado por una de las figuras del posjunguismo, James Hillman. Para este fecundo autor, los sueños pertenecen no solo al inconsciente, sino al *inframundo*, a ese habitáculo del ánima indescifrable pero activable a través de la tarea de *hacer alma*. Los sueños no representan una "vía" hacia lo inconsciente, sino que "son" retazos directos y no interpretables de un mundo para nosotros inconcebible: se trata del inframundo, poblado por los mitos, por fantasías y por todo el "otro vivir". Y ese mundo, según Hillman, no es homologable de ninguna manera con el mundo diurno, aun siendo completamente "real". Pero veamos un fragmento de su particularísima obra *El sueño y el inframundo*:

Dado que el inframundo difiere del mundo subterráneo, aquello que tiene su hogar en él, los sueños, se refieren a un mundo psíquico o pneumático de fantasías, espíritus, ancestros, demonios que son invisibles por naturaleza (y no invisibles porque sean reprimidos o enterrados). Los sueños se refieren al inframundo de la esencia más que al mundo subterráneo de las raíces y semillas. Es un reino del ser y no del llegar a ser. De modo que un sueño no es tanto un comentario sobre la vida y una indicación en lo que se refiere al lugar donde se desarrolla la vida, como una declaración desde las profundidades cthónicas, el estado esencial frío e imperturbable (el mismo que hoy en día denominamos psicopático porque no da señales de moralidad, ni muestra valores o sentido del tiempo y del cambio, más allá de pensar y sentir el progreso, la transformación y el renacimiento)[14].

Los sueños, para Hillman, hablan así únicamente de su propio mundo, solo "para" su propio mundo. De ese modo, hasta el término inconsciente resulta inadecuado para hablar de la riqueza de ese mundo de sueños. Pero sigamos con Hillman:

Desafortunadamente, nuestro término moderno de "inconsciente" se ha vuelto un término usado con demasiada frecuencia, agrupando todas las fantasías de lo profundo, de lo inferior, de lo más básico, de lo más pesado (pesimista) y de lo más tenebroso en una misma categoría. Hemos enterrado en la misma tumba denominada "el inconsciente", el cuerpo encarnado y terrenal del primitivo Adán, el hombre y mujer colectivo común, y las sombras, fantasmas y ancestros. Desde la luz blanca de nuestro mundo diurno, no podemos distinguir el rojo del negro. Así es que interpretamos los sueños como mensajes de diversos tipos (físicos, psíquicos, divinos, ancestrales y prácticos), confundiendo la vida de los instintos con el reino de la muerte[15].

El inframundo es el mundo cthónico, donde todas las realidades, convirtiéndose en sueños, alcanzan un cariz distinto, móvil: el alimento de las fantasías del ánima; las que deben tomarse, si así se comprende, como una necesidad auténtica, sin distorsionarlas con las apetencias y terrores de la vigilia. Así, Hillman busca una mirada "desliteralizadora" de los sueños, evitar todo literalismo que pueda ofuscar la visión de lo absolutamente otro. Puesto que, como nos dice en este último fragmento:

Cuanto más sueño con mi padre y mi madre, hermana y hermano, hijo e hija, menos estas personas concretas son como yo las percibo en mi perspectiva ingenua y literal y más se transforman en habitantes psíquicos del inframundo. Mi familia se convierte en mis antepasados, sombras o fantasmas si ustedes prefieren, y mi familia cambia su ámbito de *ge* a *chthon*[16].

b. Los sueños y la constelación consciente: el símbolo.

> *¿Qué es, entonces, el sueño? El sueño es un producto de la actividad psíquica inconsciente durante el dormir. En ese estado, la psique está sustraída ampliamente a nuestra voluntad consciente. Con el minúsculo residuo de conciencia que apenas nos queda en el estado onírico, solo podemos percibir aún qué está pasando; pero ya no somos capaces de dirigir el curso de los fenómenos psíquicos según nuestros deseos e intenciones, y, así, también estamos privados de la posibilidad de engañarnos. El sueño es un proceso involuntario basado en la actividad autónoma del inconsciente*[17].
>
> **C. G. Jung.**

Los sueños, a lo largo del recorrido psicoterapéutico, cambian, experimentan modificaciones en cuanto a forma y contenidos: por lo general se difuminan, se hacen más complejos y provocadores, y desaparece aquella claridad de estado que, aun relativamente, hemos considerado como típica del comienzo del análisis. De alguna manera, la memoria juega un papel muy importante en las construcciones oníricas. La interdependencia absoluta de sueño y memoria, que además aleja a las imágenes oníricas de cualquier semejanza con las de la percepción, es un hecho innegable. Y es innegable porque si bien podemos descartar la presencia de la conciencia allí donde acontecen los sueños, paradójicamente debemos admitir, si tenemos en cuenta el recuerdo de los sueños (esto es, la mutua pertenencia de memoria y conciencia), que esa misma conciencia, al menos en alguna de sus funciones, no puede andar muy lejos de ese acontecimiento. Podríamos llegar a decir, sin temor a causar escándalo, que mientras que en la sala de proyección inconsciente acontecen los sueños, en simultáneo los reflejos, sombras, algunas secuencias y partes del sonido de esos mismos sueños alcanzan a introducirse en una sala contigua, la sala de la conciencia adormecida; y que, tras el despertar y el consecuente encendido de la luz de la vigilia, se "recuerdan" con especial interés algunas escenas acontecidas en la precedente sala de proyección ahora apagada.

Sí, la conciencia no puede hallarse muy lejos. Pero entonces, ¿por qué los pacientes van variando sus sueños a lo largo del proceso terapéutico? Probablemente, lo primero que suceda es que los sueños, vividos anteriormente con la pasividad de quien duerme en la sala contigua, encuentren en el marco de la psicoterapia una atención particular. La psicoterapia, cualquier forma de psicoterapia, coloca al terapeuta y al paciente en una sala de proyección de las imágenes oníricas del paciente. Ninguna forma de psicoterapia deja de ser, respecto a los sueños, "cinematográfica". Los sueños son recogidos, contados, ciertas escenas son subrayadas, sometidas a reflexión, se las "escucha" atentamente y se "contempla" lo que pudieran significar; y, poco a poco, en lugar de un único espectador apabullado, inerte y desinteresado frente a sus propias imágenes, la sala de la psicoterapia habilita, en un patio de butacas privilegiado, a dos aspirantes a críticos cinematográficos.

Esto es lo que sucede a lo largo del proceso. Poco a poco, el paciente se entusiasma con la riqueza de su producción onírica. Poco a poco, va sabiéndose el auténtico protagonista -él y todo su séquito de imágenes- de sus *films*. Su memoria, a través de la atención inusitada, no puede no intervenir en el proceso. Recordemos, por la cita de Jung al inicio del parágrafo, que la voluntad está ausente en la producción onírica. Pero, añadamos, la memoria está en ambos lados: tanto en la vigilia, como en el umbral mismo de la sala de proyección inconsciente. Y esa memoria ubicua, amplificada hasta la sofisticación mediante los atentos visionados de la sala terapéutica, probablemente gane un acceso privilegiado en la sala de proyección inconsciente, hasta convertirse, quizá, en un crítico de prestigio.

Lo que queremos decir es que, por medio de la atención vigilante (de vigilia y custodia, no de control) que sobre las imágenes oníricas se efectúa en sede psicoterápica, la memoria del paciente, ese custodio que opera incansablemente en la vida psíquica, no puede estar adormecida del todo durante el momento en que acontecen en directo las proyecciones oníricas; si lo estuviera, ¿cómo recordaríamos los sueños? De ese modo, el paciente aprende paulatinamente a relacionarse con los propios sueños y, por qué no, a indagar en nuevos motivos que antes habían pasado desapercibidos. Lo cierto es que, durante la relación psicoterapéutica, los sueños se vuelven cada vez más abstractos, más condensados en cuanto a imágenes sorprendentes, quizá más detallistas y menos "descubiertos" en su trama. Por ello, al despertar y volver a la vigilia, ambos, soñante y terapeuta, se irán haciendo más propensos a "escucharlos" y "contemplarlos" con mayor estupor; ante lo cual, probablemente, tendrán que desplegar una actitud hermenéutica, de interrogación consciente, y acabar quizá por admitir una parcial relación con la situación de la conciencia.

El proceso, en línea de hipótesis, es el siguiente. La memoria, la única facultad de la conciencia presente durante o al lado de la producción onírica (la que "pesca" los sueños y los lleva a la realidad diurna), se ve fortalecida en el arco de la relación analítica; por lo cual, lógicamente, debe asimismo fortalecerse en su capacidad de "pescar" imágenes inconscientes del sueño. Aumentando su labor "reunificadora", de pesca de materiales desde uno y otro lado (desde el sueño y la vigilia), la memoria "capta" imágenes que, en su abstracción, tienen mayor significado para ambos lados de la vida psíquica. La memoria, entonces, se convierte en una suerte de "médium", y como tal traslada las imágenes del inconsciente onírico hacia contenidos "simbólicos". Esa operación, así descrita, es lo que Jung llamaba la "función trascendente"; una función capaz de formar los símbolos a través de un pasaje continuo, dada una cierta materia prima, inconsciente, entre lo consciente y lo inconsciente, y capaz por tanto de unificar los opuestos en una unidad indisoluble[18].

Es decir, durante el diálogo psicoterapéutico, y fruto de él, se va haciendo conciencia de lo inconsciente. Pero, en Jung, esa frase no significa exactamente aquel lema de "poner el Yo donde estaba el Ello"; sino, por el contrario, significa aprender el Yo a "dialogar" con el Ello, sin que ninguno de los dos pierda dignidad ni garantías. Hacer conciencia de lo inconsciente, entonces, significa -junguianamente- acercar los intereses de la conciencia y del inconsciente, defender la necesidad y dignidad de ambas funciones psíquicas. En ese sentido, a lo largo de un diálogo psico-terapéutico (y por diálogo, como ya hemos explicado en otros capítulos, entendemos esa misma dignidad entre la psique del paciente y la del terapeuta, de la que hablamos ahora respecto de las funciones psíquicas), el interés de las observaciones del terapeuta se dirigirá por igual hacia el lado diurno y el lado nocturno de la psique, en aras de acercar la multirreferencialidad del plano de las imágenes inconscientes a la multirreferencialidad del plano de la conciencia que interroga y se interroga. A ese tipo de intervención, que deja de reducir el sueño a dinámicas solo inconscientes, la vamos a llamar una intervención interesada en la indagación y el favorecimiento de la aparición del símbolo.

Y es que el interés de Jung es el de lograr el justo equilibrio entre la conciencia y lo inconsciente. Y no por una vena romántica acaso mal elaborada, sino por dos hechos muy consistentes. De un lado, por la necesidad de evitar inconvenientes con respecto a la aparición del símbolo, que, en la especulación de Jung, es considerado el auténtico motor de la psique en su arduo camino hacia el futuro, a la que empuja hacia adelante en tanto recolector del entero *élan vital* de la libido. De otro lado, por las sospechas de Jung acerca de la conciencia, es decir, acerca de la voracidad de una conciencia siempre ávida de instalarse en un terreno de seguridad. A ese terreno de seguridad, Jung lo llamaba "unilateralidad", dogmatismo consciente; el cual, dicho sea de paso, al intentar la conciencia deshacerse de las continuas provocaciones inconscientes, podía conducirla, precisamente unilateralizándose, hacia una nueva escisión entre el lado diurno y el lado nocturno de la psique.

Así pues, en una psicoterapia junguiana, dialógica desde cualquier punto de vista, llega un momento en que las imágenes oníricas son consideradas el resultado del acercamiento entre las funciones consciente e inconsciente de la psique; acercamiento producido ya sea a través de la memoria ubicua y fortalecida, como hablábamos antes, o ya sea a través de la función trascendente de la psique, según diría Jung. En ese mismo momento, las imágenes devienen dialógicas, productos sintéticos con características "simbólicas". Consiguientemente, el acercamiento a los sueños, por parte de los dos interlocutores del diálogo psicoterapéutico, estará destinado a interrogarse sobre el "sentido" simbólico del aparecer de esas imágenes.

Veamos un ejemplo. En el curso de una psicoterapia, una colaboradora de Jung, Jolande Jacobi, y el paciente en cuestión, un joven ingeniero suizo, "Henry", introvertido y deseoso de convertirse en un adulto responsable, afrontaron el sueño de este último que vamos a relatar. La historia completa se encuentra en *El hombre y sus símbolos*[19]; obviamente, pondremos en evidencia solo lo necesario para el tema que nos ocupa:

Me encuentro en un estrecho camino de montaña. A la izquierda (según se desciende) hay un profundo abismo; a la derecha, un muro de rocas. A lo largo del camino, hay diversidad de cuevas, refugios, cortados en la roca, como protección de la intemperie para los vagabundos solitarios. En una de esas cuevas, medio escondida, se había refugiado una prostituta. Aunque parezca extraño, la veo desde atrás, desde el lado de las rocas. Tiene un cuerpo sin formas, esponjoso. La miro con curiosidad y le toco las nalgas. Quizá, eso me parece de repente, no es una mujer sino una especie de prostituta masculina [...] Esa misma criatura va entonces hacia adelante como un santo, con una chaqueta corta color carmesí echada por los hombros. Baja

el camino y entra en otra cueva mucho mayor, con sillas y bancos toscos. Con mirada altiva echa a todos los que ya estaban presentes, y a mí también. Luego, él y sus seguidores entran y se instalan.

Frente a este sueño y, justamente, sin salir nunca de él, de su contexto y concreción, Jacobi y Henry hilvanaron sus interrogaciones y asociaciones. Lo que más cabe resaltar, en la comprensión de ese sueño efectuada por la Jacobi, es la "mezcla" de literalismo y dinamismo respecto al sueño. Por una parte, el sueño es lo que es en sí mismo; pero, por otra parte, el sueño es en relación a la historia de Henry, y, sobre todo, "camino" hacia metas todavía no resueltas. A esa conjunción de opuestos frente al sueño es a lo que podemos llamar una *mirada simbólica*; una mirada que, para muchos junguianos, es el signo de distinción del proceder psicoterapéutico, más allá de los momentos iniciales, esto es, una vez elaboradas las fases de indagación de todos los mecanismos inconscientes implicados en el sufrimiento y superada la transferencia. Respecto al sueño relatado, la Jacobi "mira" tanto la situación del inconsciente reflejada directamente: la figura hermafrodítica, santa, el abismo inconsciente, etcétera; como también la situación consciente y sus planes de futuro: las cuevas como "zonas excavadas" por el hombre intencionalmente, el enfrentamiento con el complejo materno de la prostituta, al tocar sus nalgas y "descubrir" su naturaleza masculina, el contacto con lo espiritual y la dificultad de convertirse en adepto, etcétera. En la elaboración de la Jacobi hay cabida para el pasado y el presente; igualmente, no deja de percatarse de las temáticas de futuro implícitas en el sueño de Henry. Toda esa complejidad hace de la aproximación junguiana a los sueños una aproximación *simbólica*: relatar cuanto de causa eficiente pueda hallarse, sin dejar nunca de *remitir* hacia terrenos psíquicos todavía no transitados o existentes solo potencialmente. Esa es la doble naturaleza del símbolo y de la interpretación hermenéutica junguiana.

En esa perspectiva, el sueño pasa de ser, a lo largo del diálogo terapéutico, una mera plasmación del inconsciente a ser una plasmación de la riqueza de planos de la psique total. En eso consiste la mirada simbólica: en avivar a través de analogías sobre las imágenes oníricas la cualidad inconsciente, y en avivar a la vez la "vigilia" consciente y su responsabilidad de futuro; hasta que la psique, enfrentándose completamente a los sueños, primero vislumbra el potencial simbólico de sus imágenes y después obtiene una vivencia *sintética*. Vivencia en la cual lo conocido, por muy importante que sea para el equilibrio actual, no está reñido con lo todavía no conocido; y menos aún debe "tapiar" la vigencia tendencial de aquello que, por hallarse en devenir, está aún por conocer.

Un devenir que, sin desechar lo conocido, alimenta la búsqueda de un sentido hacia adelante, y que de este modo prepara al hombre para su vivencia simbólica. Así nos lo sugiere María Zambrano, una gran exponente del pensamiento simbólico, en este bello fragmento que servirá para cerrar de momento esta disquisición:

Como si la evolución creadora no fuese el proceso de una larga cadena de sueños, de los cuales otros sueños marginales no han logrado realizarse, encarnarse. Como si el *élan vital* no fuese el soñar, soñar con la tendencia que en el hombre es pretensión de encarnar el sueño y llevarlo al ser atravesando la realidad[20]

CAPÍTULO VII

LA TEORIA GENERAL
DE LOS COMPLEJOS[1]

1. Crisis en la visión Ilustrada del hombre.

La Teoría General de los Complejos de Jung se instaura sobre la gran crisis de los conceptos de unidad e identidad que, hacia finales del Siglo XIX, viene a revolucionar la visión que de sí mismo tiene el hombre. Con el nacimiento de las psicologías, pues, por fuerza nacería en paralelo una perspectiva de la psique derivada de la crisis descrita.

De pronto, todas las certezas auspiciadas por el impulso científico y aunador de la Ilustración se toparon con la imposibilidad de conducirse dentro del discurso "humano". Y si la unidad y centralidad de la conciencia -del Yo incluso- quedaban en entredicho, la primera cuestión para las psicologías era cómo abrazar con decisión la complejidad y multiplicidad de todo lo humano que había surgido al amparo de la nueva visión del hombre: cómo comprender, incluso y tal como veremos por la cita de Jung, aquellas expectativas religiosas que tantas veces lo caracterizaban:

La psique está lejos de constituirse como una unidad, sino que es más bien un entremezclado bullente de impulsos, inhibiciones, afectos contrastantes, cuyo estado conflictual es para muchos tan insoportable que llegan a esperarse la redención celebrada por la teología. Redención, ¿de qué? De un estado psíquico extremadamente precario. La unidad de la conciencia, o de la llamada personalidad, no es una realidad, sino solo un pio deseo[2].

De esa manera, la psicología -y muy especialmente la psicología de Jung- habría de encaminarse hacia una idea compleja de la psique, cuya inabarcable totalidad solo dejaba un tenue rastro a través del estudio de la funcionalidad y el dinamismo psíquico; es decir, a través de una psicodinámica que, buscando dar razón de las antinomias fundamentales del hombre, de su inextricable entramado existencial, a la vez procuraba ser capaz, por lo tanto, de reunir en su andamiento funcional la parte más singular de la experiencia del hombre y la relación de este con la materia y el mundo. En palabras del mismo Jung:

La singularidad de la psique es una dimensión que nunca se realiza por completo, sino que está siempre en devenir y es, a la vez, fundamento indispensable de toda conciencia. Los "estratos" más profundos de la psique, mientras más profundos y oscuros sean, más pierden a su vez en términos de singularidad individual. "Debajo", a medida que se acercan a los sistemas funcionales autónomos, dichos estratos asumen un carácter cada vez más colectivo; hasta el punto de que en la materialidad del cuerpo, y precisamente en los cuerpos químicos, devienen universales y a su vez se extinguen. En definitiva, el carbono es carbono. Por ello, en el fondo, la psique es mundo[3].

2. Definiciones: el complejo a tonalidad afectiva.

En la Teoría General de los Complejos (TGC), el complejo resulta ser la más pequeña estructura psíquica concebible. Esto es, no podemos imaginar nada real, nada que actúe de alguna manera, si no forma parte del complejo. Si el complejo es un conglomerado de representaciones coloreadas por un tono afectivo determinado, esto quiere decir que los elementos atómicos que lo componen, por ejemplo, una o varias representaciones, no existirán por sí solos -salvo que lo hagan en modo virtual- a menos que estén ligados a un tono afectivo.

El complejo, la molécula funcional psíquica, es, así, la *más pequeña unidad psíquica capaz de alcanzar la conciencia*. Eso sucede de manera autónoma; con lo cual, al existir gran número de complejos (el paterno, el materno, el masculino, el femenino, activo, pasivo, apolíneo, dionisiaco, heroico, espiritual, el complejo del Yo, por citar algunos ejemplos), y dado que cada uno de ellos es capaz, pues, de alcanzar la conciencia con autonomía, es que de ello se deriva entonces la aserción de la TGC, esto es, que no existe una sola conciencia, sino una *pluralidad de conciencias complejuales conectadas entre sí de manera sistemática*. Algunas de las cuales se van a mostrar incompatibles con otras, por lo que así operarán en el orden inconsciente.

Pero, por el momento, y antes de profundizar en terrenos de complicadas implicaciones, vale la pena intentar aferrar el complejo a tonalidad afectiva[4]: plantearse qué es, de qué manera determina la psique, cuál es su relación con el complejo ideo-afectivo y hacia dónde se dirige. En el momento de comenzar Jung el estudio sistemático de los complejos[5], Breuer y Freud (en *Estudios sobre la histeria*), así como también algunos exponentes del lenguaje científico -Herbert y Mach-, ya habían dirigido su atención a la temática de los complejos. Desde el principio, la palabra "complejo", por oposición a "simple", designaba el origen compuesto de cierta realidad o, en el caso de la psique, el origen compuesto y complejo de la patología mental.

Ya en el plano de la psiquiatría y la psicología, el complejo designaba la raíz no descomponible de la situación patológica. Si en clave de hipótesis, y dado el ánimo descriptivo imperante desde la Ilustración, por una parte cabía la posibilidad de imaginar una partición de la psique en funciones y elementos bien determinados, es decir, si era viable imaginar una topografía que en cierta manera recordara el impulso de la descripción anatómica; por otra parte aparecía el complejo como explicación causal, para tratar fehacientemente la matriz psicopatológica, por lo menos como una combinación de elementos o funciones de esa misma topografía. Es decir, la psique era "topográfica" solo en clave virtual y estática, pero se convertía en funcional y compleja apenas se hablara de dinamismo o de ausencia de dinamismo como etiología de la perturbación mental.

El hecho o dato psíquico es, de este modo, un conglomerado, el resultado no descomponible de una interacción de elementos o de funciones. Así era el aparato de las transformaciones psíquicas ideado por Bernheim. De esa naturaleza serían los aparatos del psicoanálisis, de la psicología analítica y de buena parte de la fenomenología y de la psiquiatría existencial.

El concepto de complejo arranca y se formaliza para dar voz a ese dinamismo psíquico sin caer en las redes de una topografía de corte anatómico. Sobre ese concepto anidaría el de afectividad, ese otro concepto que planeaba sobre la psiquiatría y la psicología con igual ímpetu. Desde los pioneros de la psiquiatría clínica, Kraepelin y Griesinger, pasando por Bleuler, Freud y el mismo Jung, aquellas "pasiones" percibidas por los antiguos pioneros alcanzarían el rango de función primordial. No existe empuje vital, no existe libido que de alguna manera no remita a la noción de afectividad. En el origen mismo de la patología mental, pues, así como también en la normalidad, la afectividad tenía que jugar un papel más que preeminente. De lo cual se deduce que era imaginable poner a los dos conceptos, complejo y afectividad, en relación con los estudios sobre los datos suministrados por la psique.

En Bernheim, el dinamismo psíquico partía de la idea; la cual, mediatizada por la cadena de transformaciones psíquicas, tendía a expresarse en acto. En el caso ya más moderno de Jung, el complejo ideo-afectivo, o el complejo a tonalidad afectiva, tendía irresistiblemente a expresarse en hechos psíquicos de poderoso relieve etiológico y psicopatológico.

Veamos entonces el problema de la afectividad en Jung.

3. La afectividad en Jung.

> *Como sinónimo de afecto uso [...] emoción. Al contrario de Bleuler [...] diferencio el sentimiento del afecto, ya que aquel puede ser una función a disposición de la conciencia [...] Además, el afecto se distingue claramente del sentimiento por las inervaciones corpóreas manifiestas [...] Concibo el afecto, de un lado, como un estado de sentimiento de naturaleza psíquica; y, de otro lado, como un estado de inervación corpórea de naturaleza fisiológica. Tales estados, sumándose, actúan el uno sobre el otro; es decir, cuando el componente sentimental se acentúa, se asocia a él un componente sensorial a través del cual el afecto se acerca a la sensación [...] diferenciándose netamente del estado de sentimiento. Considero a los afectos particularmente pronunciados, a los acompañados, esto es, de violentas inervaciones corpóreas, como pertenecientes al campo de la función sensorial y no al de la función sentimiento.*
> **C. G. Jung. *Tipos psicológicos.***

A través de esta importante cita, vemos la noción de afectividad en Jung enclavada en el área del sentimiento psíquico y, a la vez, en el mundo sensorial de las inervaciones corpóreas. Significa esto que el afecto no es para Jung sinónimo del sentimiento, el cual sí puede gestarse por voluntad y permanecer en el campo de la representación, mientras que el afecto genera necesariamente una respuesta corpórea que se traduce en su plasmación a lo largo de las redes nerviosas y sensoriales.

En el caso del complejo ideo-afectivo, pues, las representaciones, pertenecientes al campo de lo psíquico, reciben una impregnación sensorial que las hace transitar de manera corpórea por la fisiología del individuo. Es eso lo que hace que el complejo ideo-afectivo esté radicado tanto en el mundo de la psique como en el del cuerpo; que esté tan enclavado en el ser mismo del hombre (visto como suma de la subjetividad y del empuje del cuerpo), que una vez que se haya cargado energéticamente resulte muy difícil mitigar sus efectos en la entera personalidad del individuo.

Esa visión de Jung acerca de una afectividad tan cercana al mundo sensorial, es lo que permitió el uso del *test* de asociación para tratar de indagar en la presencia más o menos patógena de determinados complejos. Queremos decir con esto que las primeras investigaciones de carácter psiquiátrico tuvieron en Jung el interés, ya determinado, de la búsqueda y constatación de complejos. Y si el campo de las representaciones (imágenes, sentimientos, recuerdos) permitía poner el acento en la anamnesis, por su parte el campo de la afectividad como inervación sensorial permitía, y acaso obligaba, realizar una indagación de carácter experimental, claramente del orden de las ciencias naturales. La doble naturaleza del complejo ideo-afectivo así lo requería. No está dicho que en el conjunto de la obra junguiana no planee en el fondo esa doble matriz indagatoria: la psique como órgano mediático entre las ciencias del espíritu y las ciencias de la naturaleza, y, por lo tanto, la psicología como suma de métodos especulativos y experimentales.

Téngase en cuenta que una buena parte de la psiquiatría, al enfrentar problemáticas similares a las de Jung, ha intentado una y otra vez sustraerse a la escisión mente/cuerpo. Quizá se trate en realidad de una ciencia limítrofe, obligada a considerar que toda diferenciación entre naturaleza y cultura es un hecho secundario a la doble constitución de la psique. Una psiquiatría que intente sustraerse de la "anatomización" de la neurología y de la "virtualización" de la psicología, por fuerza debe desplegarse conjuntando las dos matrices, aun a riesgo de parecer ambigua. El caso de Jung es emblemático al respecto. Si leemos un texto como *Psicología de la dementia praecox*, de 1907[6], con los ojos del psicólogo, nos parecerá un estorbo la alusión a una "toxina" como causa de la esquizofrenia; de la misma manera que, a un neurólogo, le parecería un estorbo el modo en que Jung atribuye a la carga energética de un complejo la diferencia entre un cuadro patológico y una situación normal, en lugar de señalar una diferencia anatómica[7].

Queda entonces por dilucidar si la presunta ambigüedad de Jung en sus indagaciones y metodologías no represente, en verdad, más que la muestra de su instalación en una ciencia psiquiátrica que ha intentado, desde el principio, permanecer al margen de la escisión mente/cuerpo a la hora de intuir la psique como sustrato capaz de generar una ciencia propia y limítrofe.

Lo cierto es que, desde la noción de complejo, Jung desarrolla una investigación que abarca tanto (1) el estudio de los "cuerpos pequeños" de la psique (véase cada complejo en particular, cada imagen onírica, cada imagen creativa); como (2) una visión amplia de la psique cual entramado de complejos, cual conjunto que expresa toda una variedad de compensaciones, de composiciones sintéticas; cuanto (3) la expresión de un cuerpo unitario llamado "personalidad".

Como si desde esa unidad del complejo, la más pequeña capaz de alcanzar autónomamente la conciencia, Jung se propusiera elaborar tanto hipótesis ínfimas: desde el complejo hacia los elementos que los componen; como hipótesis máximas: desde el complejo al conjunto de relaciones entre complejos y fuerzas y planos y funciones y tipos que hacen que cada ser humano sea propiamente él y no otro. Quizá el proceso de individuación sea una entelequia incomprensible si no es desde esa doble indagación, que lleva al individuo a descubrir la cantidad de elementos que tiene en común con el resto de individuos, y a la vez la cantidad de vicisitudes y composiciones y entramados y químicas e historicidades que lo separan -desde otro plano- de la comunidad.

Dentro ya del complejo ideo-afectivo, la parte correspondiente al estudio de imágenes, ideas primordiales y representaciones puede ser afrontada desde *el plano de lo general*, es decir, esas imágenes y representaciones pueden compararse, amplificarse con el material procedente del mundo de la cultura en general. Por esa parte Jung se aplicó a indagar en varios terrenos que ofrecían representaciones o imágenes emparentadas con el material "ideativo" de los complejos, hasta advertir su capacidad de impregnar universalmente. De ahí el recurso a la antropología, a la historia, a las religiones, a la mitología, al magma de la cultura en general[8].

Por el contrario, para aproximarse a la parte dedicada al estudio afectivo, y garantizada experimentalmente su indagación dirigida a recoger la especial "sensorialidad" de los complejos, Jung se introdujo en *el plano de lo particular*, de lo extremadamente personal. De ahí el recurso a una psicoterapia individual; desde la cual dar razón del peso biográfico, anamnéstico, mnemónico con que aquellas imágenes y representaciones, en sí mismas "cuasi" generales, se introducían de manera tan particular y a veces patógena en aquel determinado individuo, a quien así impregnaban de una sensorialidad (afectividad) tan específica. A esa sensorialidad se aproximó Jung con la misma determinación que hacia la historia clínica mostraron los fenomenólogos; es más, entre ese nivel afectivo-sensorial de los complejos y las descripciones fenomenológicas en torno a la "experiencia vivida", hay muchas más similitudes de lo que a primera vista pudiera parecer. Y para orientarse en esa pesquisa de carácter tan individual, Jung usó métodos de indagación propios y una epistemología muy característica; conjunto del que resaltan el principio de compensación y, posteriormente, la tipología psicológica, es decir, una epistemología aproximable a los estudios de la psiquiatría clásica sobre la personalidad.

Resumiendo: en el plano de las representaciones, Jung indaga sobre las imágenes y representaciones que presenta el material clínico, y lo compara y amplifica con el recurso de las ciencias del espíritu: el método comparativo y la técnica de la imaginación activa. Mientras que, en el plano afectivo, Jung estudia los efectos concretos que tiene la sensorialidad de los complejos en el individuo en cuestión, y se ampara luego en un recurso de las ciencias naturales para dar razón de ello: el método descriptivo de la tipología. Como puede fácilmente intuirse, hay en ello un doble registro, una doble operación epistemológica sobre los complejos, quizá para preservar esa dualidad (general e individual, virtual y corpórea) de la psique misma.

Se trata de una dualidad, de una antinomia primordial, que en la molécula del complejo encuentra la posibilidad de alcanzar un dinamismo a través de acuerdos "circulares", en vez de constituirse en antítesis. Así, el campo representativo de los complejos fluye hacia y posibilita una sensorialidad específica, que a su vez nutre el campo de representaciones generales, y así sucesivamente; de la misma manera que sucede en la circulación energética del imán, donde el recorrido de una polaridad a otra hace dialogar e influenciar la carga del entero dinamismo.

4. Psicopatología de los complejos.

> En lugar de admitir que una disposición hereditaria o una "noxa" [toxina]
> conduzca directamente a un proceso patológico orgánico, y que a través
> de él produzca una perturbación psíquica secundaria, yo tiendo hacia la
> opinión de que, sobre la base de una disposición, cuya naturaleza todavía
> desconocemos, insurge una función psicológica no adaptada, que en
> ciertos casos se desarrolla hasta la perturbación mental declarada y que
> provoca además manifestaciones orgánicas secundarias de decadencia.
> **C. G. Jung. El contenido de las psicosis.**

A través de los complejos podemos acercarnos a la psicopatología junguiana. No es que en sí mismos estos sean patógenos; sino que, en determinadas circunstancias, una cierta disposición psíquica se convierte o facilita la insurgencia de una función psicológica no adaptada, a través de la cual el complejo se inerva, se "carga" de energía y cristaliza como un "cuerpo extraño" dentro de la personalidad, de lo cual resulta la patología. Esa es la base de la psicopatogenia junguiana.

Esas premisas, tan aparentemente simples, esconden, sin embargo, una enorme complejidad. Ya el concepto de "complejo" nos advertía acerca de la interdependencia de factores susceptibles de estudio. Lo que nosotros podemos estudiar, porque hay motivos plausibles para hacerlo, son los complejos. No obstante, y dado que son la más pequeña unidad susceptible de alcanzar la conciencia, los complejos se nos sugieren como resultado de tres planos interconectados: (1) *el plano de la personalidad*, con sus "disposiciones" especiales; (2) *el plano del funcionalismo psíquico*, es decir, de las operaciones específicas de la psique; y (3) *el plano de los elementos psíquicos*, que al ser los elementos de base del complejo no son susceptibles de estudio más que por aproximación, es decir, mediante hipótesis, comparaciones y amplificaciones.

Resumiendo, y como veremos más adelante, no enfermamos debido a la presencia de complejos patógenos, sino que los complejos devienen patógenos en cuanto reciben una especial carga energética o inervación: en cualquier caso, resultante del desequilibrio entre el plano individual (personalidad y disposición), el plano funcional (psicodinámico), y el plano de los contenidos (los elementos psíquicos). Esos desequilibrios desembocan en patología; la cual sitúa en primer término la presencia de los complejos, desde los cuales habrá que dirigirse hacia los diversos planos que en ellos confluyen.

A la exploración de los pacientes, entonces, Jung no opone una anamnéstica dirigida hacia una clasificación de tipo nosológico clásico. Lo que en un principio pone de relieve son complejos, es decir, esos compuestos de representaciones con tonalidad afectiva que, instalados en la psique, protagonizan los cuadros específicos. Después de destacar la presencia efectiva de los complejos, Jung se dirige hacia la exploración de los tres planos ya citados, con el fin de discriminar hasta qué punto existe un daño general en la personalidad, o bien una disfunción patológica, o bien una conflictualidad paradójica entre complejos (algo parecido a la neurosis), o bien un solo complejo excepcionalmente cargado y unilateralizado, etcétera. Veamos entonces cómo se desarrolla ese estudio por planos desde los complejos.

a. El plano individual.

El estudio del plano individual se desarrolla a través de una amplia anamnesis dirigida a saber cuanto sea posible acerca de la personalidad del individuo. En ese plano se estudia la biografía, por supuesto, pero también las creencias, las opiniones, las disposiciones, el punto de vista. Quizá también convenga conocer la historia familiar, el ámbito social, el contexto histórico, las directrices y curvas de las etapas de la vida, sus quiebros y vicisitudes.

Probablemente sea este el plano que desembocó en la parte más general de la tipología[9]. Dado un determinado complejo, había que verlo a la luz de su colocación dentro de un modelo de personalidad. Por poner un ejemplo, dado un complejo de tipo narcisista, no será lo mismo que se instale en una personalidad extrovertida que en una personalidad introvertida. En efecto, el mismo complejo actuaría como compensación en el caso extrovertido, al añadir un límite a la expansión, a su disposición de relación; y, por el contrario, como unilateralidad muy marcada en el caso introvertido, al ampliar o inervar una disposición a la retracción social ya genérica. El complejo relatado en las *Metamorfosis*, de Ovidio, opera en esa dirección unilateral. El mito de Narciso relata la confluencia de una cierta disposición introvertida (el carácter esquivo en su infancia y adolescencia), y del complejo materno y desconfiado de la madre en su petición oracular a Tiresias. Esas dos circunstancias no hacen más que empujar a la psique en una misma dirección incontrastada, sin que las sugerencias y estímulos de todos los otros personajes del mito, que invitan a Narciso a establecer contacto, encuentren el más leve resquicio para poder ser efectivos. De ahí la carga del complejo y la gravedad trágica de la situación de Narciso, impelido sin remisión hacia el abismo de sí mismo.

Es probable que el resultado fuese otro si el propio complejo narcisista, esa tendencia o disposición a la retracción sobre sí, nadase alrededor de una práctica relacional plausible, debida a una confianza o favorecimiento ambiental. Entonces hallaríamos quizá una cierta dificultad contradictoria: un querer y no querer al mismo tiempo, una cierta disposición a la relación frenada o empañada por una tendencia a la retracción, etcétera. Quizá resultaría de ello una insatisfacción muy seria, a veces hasta una cierta penosidad gravosa (la sensación de perjudicar el andamiento de las relaciones), pero sin que las consecuencias pasasen de la contradicción neurótica (dicho con todo el respeto al dolor neurótico), es decir, sin un peligro inmediato a ese incontrastado camino hacia el abismo narrado por el mito.

De ahí que Jung piense que la gravedad de un complejo resida en su "carga" energética, es decir, en su relación libídica con la personalidad general y con el contexto específico, mucho más que en la naturaleza de sus componentes.

b. El plano funcional.

Una vez que tenemos constancia de la existencia de un complejo (por observación, experimento asociativo, por la historia clínica, a través del estudio sintomatológico...), se hace necesario tomar en consideración cómo opera dentro del funcionalismo psíquico de cada paciente. Así, el complejo puede conducirse a través del pensamiento, de la sensorialidad, del sentimiento o de la intuición, si es que nos atenemos a las funciones fundamentales ilustradas en *Tipos psicológicos*. Puede conducirse a través de varias de ellas, y la forma psicodinámica del complejo tenderá a diferenciarse según las múltiples ecuaciones funcionales posibles. De la misma manera, no es lo mismo que un complejo acabe conduciéndose a través de los canales de la función simbólica, a que ese mismo complejo se vea sometido a una conducción unilateral a cargo de una función específica[10].

Es psicopatológicamente muy importante saber el grado de impregnación funcional de los complejos: algunos anidan en lugares que, en términos funcionales, no son influyentes, mientras que otros anidan y colonizan varias funciones a la vez, lo que hace que la psique fluya por los caminos prefijados por los complejos. Por el mismo motivo, algunos son muy fáciles de observar, mientras que otros nadan en las zonas más profundas e inasequibles a la simple observación.

La actividad de un complejo, pues, depende del grado con que impregne las funciones psíquicas. Sin embargo, la actividad de un complejo no es sinónimo de gravedad. Al fin y al cabo, es a partir de su actividad que sabemos cómo se conduce un complejo, que percibimos sus manifestaciones, que intuimos incluso su capacidad de dañar o no el entero funcionalismo psíquico. No así ocurre con un complejo por el momento inactivo, que desde fuera del sistema funcional puede condicionar, amenazar, restringir el entero funcionalismo psíquico.

De ahí que en algunas patologías, desde la neurosis de ansia hasta los momentos iniciales de un proceso esquizofrénico, haya que profundizar mucho en la psique de los pacientes para hallar los complejos que las determinan. Los complejos inactivos funcionalmente, así, pueden ser muy activos psicopatológicamente, y amenazar a la entera psique como un enemigo invisible capaz de irrumpir en cualquier momento y causar estragos en la personalidad[11].

El estudio del plano funcional es lo más parecido a una fenomenología analítica. Lo que aquí se estudia a través de la impregnación de los complejos en los sistemas funcionales de la psique (sistemas funcionales esbozados por Jung, pero que pueden ser desarrollados y ampliados por cada investigador en la medida que demuestre a su vez una estructura funcional), es la modalidad en que el complejo o varios de ellos, al recorrer, impregnar o inervar las funciones de la psique, intervienen en la psicodinámica y, por lo tanto, el modo directo en que afectan a la psicopatología. Hablamos de fenomenología analítica porque, en este punto de la indagación de los complejos, aparece el fenómeno psíquico en toda su concreción. Por ejemplo, en una neurosis obsesiva marcada por ideas impelentes y coactivas, la función del pensamiento quedará gravemente afectada desde su lado formal, mientras que es posible que el mismo complejo obsesivo afecte secundariamente al área del sentimiento y de la intuición. El relato pormenorizado de cada implantación del complejo obsesivo, dibujaría ese especial tono vívido que impregna y encorseta funcionalmente al fenómeno en cuestión.

Pensar que desde el campo de la Psicología Analítica pueda el terapeuta indagar en el funcionalismo psíquico de los complejos, convierte al terapeuta junguiano en un estudioso del aquí y ahora. Ya no solo del "qué", del "desde dónde" y del "hacia dónde" tiende el complejo, sino también del "cómo" actúa dentro del sistema psíquico, si afecta a una o varias funciones; o bien, como ya hemos mencionado, si es que el complejo es incluso capaz, desde fuera del sistema funcional, de afectarlo parcial o completamente en cuanto "enemigo invisible" pero intuido[12]. Por seguir con el ejemplo antes empleado, dado un complejo narcisista, enclavado en una sola función, pongamos por caso el pensamiento o el sentimiento, este podría no obstante afectar de manera muy distinta según qué función sea la encargada de canalizarlo. Imaginemos que el complejo afecta, hasta colonizarla, a la función pensamiento: se daría una cierta retracción idea- tiva, algo así como pensar de manera muy desinteresada en el mundo relacional propio. Sin em- bargo, si ese complejo no afectara a la función sentimiento, su alcance sería más bien limitado; puesto que la función sentimiento, que junto a la sensorial se descarga especialmente en el aquí y ahora, sería capaz de contrarrestar y compensar la retracción ideativa, al ajustarla de manera apropiada a las manifestaciones efectivas de cada relación. Es de mucho interés, entonces, saber cómo se introduce el complejo en el sistema funcional; ya que, si no está compensado, podemos intuir y favorecer en el paciente una hipótesis realística acerca de cómo pudiera estarlo: a través de qué vías, a través de qué funciones o macrofunciones pudiera conseguir que dicho complejo sea vehiculado de manera menos invalidante.

Obviamente, en este plano funcional podría llegar a pensarse en un compromiso somá- tico vehiculado por uno o más complejos. Queda por esclarecer, entonces, una teoría psicoso- mática desde la TGC. Pero consideramos que esa labor tiene tal relevancia que es mejor dejarla para otra ocasión.

c. El plano de los contenidos.

El estudio del contenido de los complejos es otra tarea planteada por Jung desde sus princi- pios en el campo de la psiquiatría. Que la más pequeña unidad psíquica capaz de alcanzar la conciencia sea el complejo, es un hecho que, lejos de detener el empuje indagatorio de Jung sobre los elementos que los conforman (las representaciones, por ejemplo), le sirve de acicate y estímulo para una apertura epistemológica. Con el fin de investigar los contenidos de los com- plejos, Jung emplea el método comparativo, al que atraviesa con un empuje hermenéutico hasta entonces desconocido en la psiquiatría.

Obviamente, si la más pequeña unidad psíquica consciente era el complejo, a Jung no le quedaba más remedio que indagar en los contenidos desde un punto de vista supraindividual, por fuera del hecho de la conciencia particular. Es decir, si la conciencia era el límite del comple- jo en el orden individual, para estudiar sus contenidos había que huir del término individual. En el fondo, era una idea que se había venido gestando desde el Romanticismo: el orden inconscien- te no está ligado al límite individual, sino que es un exceso cuyas comunicaciones pueden ser "descifradas" desde una perspectiva general, universal, en ocasiones meramente antropológica o histórica. El estudio de los símbolos, o del lenguaje onírico, requería la prestación de varias disciplinas "de letras"; disciplinas que estudiaban al hombre desde una vertiente general, que recogían materiales de importancia colectiva y que, de este modo, se constituían en saberes que permitían cotejar entre sí todos aquellos elementos inconscientes, tomar conciencia de ellos, "comprenderlos" o amplificarlos adecuadamente.

Si la unidad del complejo cristalizaba en el hecho psíquico consciente, para estudiar sus contenidos había que remitirse a la idea de inconsciente; lo cual empujaba en la dirección de las ciencias del espíritu, en cuanto expedientes capaces de reflexionar sobre esas cualidades tan específicas del hombre como poco estimulantes desde el punto de vista de las ciencias naturales. De ahí que Jung se amparase en la filosofía, en la antropología, en la historia de las religiones, en todas aquellas vertientes de la cultura y la historia que le permitiesen, si no tratar directamente los elementos del complejo, sí al menos aproximarse a ellos con las armas propias de la indagación de lo inconsciente, en primer lugar, mediante el recurso del método comparativo.

Realmente, no solo los elementos oníricos demostraban una cierta incidencia supraindividual. También muchas fantasías, creencias y, sobre todo, elementos de la psicopatología daban a entender que el ser humano, en todo tiempo y lugar, asimismo poseía, a la par que un desarrollo individual desde y hacia lo particular, un enorme poso de elementos que lo emparentaban desde varios ángulos a ciertos expedientes de la humanidad. Porque, tal como ya lo había mostrado Bernheim en su *Hipnotismo y sugestión*, la psicopatología misma hacía recalar elementos generales sobre el discurso del hombre. Desde mucho tiempo atrás, milenios en ocasiones, se tiene noticia de la "histeria", de la "hipocondría", de diversos estados de alteración mental, del "mal oscuro" (depresión), de la locura. Todo ello susceptible de ser visto desde una perspectiva psicopatológica con suficiente estabilidad y parentesco en el orden del hombre; al igual que vemos también los grandes temas del hombre reflejados en las obras de teatro clásico, en los relatos orales y después escritos, en la mitología, en las artes, en la música...

De esa constancia Jung haría acopio, como no podía hacer menos un exponente del tardo-romanticismo: recogiendo material, indagando en los parecidos, en las imágenes, en los motivos y, sucesivamente, formulando teorías para dar razón de esas indagaciones: la teoría del inconsciente colectivo, el asunto de los arquetipos, etcétera. Pero lo cierto es que existen elementos de la psique, bases del hecho psíquico al igual que de todo lo individual, que merecen una aproximación multidisciplinar del estilo de la utilizada por Jung, aunque no necesariamente idéntica ni en los medios ni en su vertiente epistemológica. De lo que no cabe la menor duda es que nos encontramos frente a una disyuntiva: o bien soslayamos, por su nula influencia, esos elementos supraindividuales e inconscientes (siempre presentes en los materiales psíquicos); o bien nos veremos forzados a utilizar, de uno u otro modo, el método comparativo para tratar de "comprender" desde ahí y en lo posible cómo todo eso actúa favoreciendo a veces la patogenicidad de los complejos mismos.

5. Complejos secundarios y complejo del Yo.

Parece que los años venideros se dedicarán preponderantemente al estudio de aquellas viejas concepciones sobre la esquizofrenia que veían en tal enfermedad solo y sobre todo una perturbación personal en la adaptación a las dificultades de la vida.
Manfred Bleuler.
Forschungen und Begriffswandlungen in der Schizophrenielehre.

Existen muchas dificultades para esclarecer cuál es el papel del individuo frente a los complejos. Tengamos en cuenta la dimensión antinómica individual/general. Y es que además los complejos, aun gozando de una sustancia común, no solo tienen una relación particular con cada individuo (según el desarrollo de la afectividad que los *carga* y los *inerva* de manera especial); sino que además se distinguen por el grado de conexión al plano de conciencia, y también por el grado de dialéctica que puedan tener respecto al Yo, ya fuera que consideremos a este último como un simple complejo entre los demás, ya fuera que lo consideremos como un complejo capaz de modular, e incluso de modificar, la patogenicidad de los complejos (secundarios) en la economía global de la psique.

Veamos de ello un detalle. Solo cuando un complejo es asimilado por la conciencia es susceptible de convertirse en un símbolo. El complejo deviene material simbólico, pues, cuando es *admitido* por el plano de conciencia. Pero, ¿basta la conciencia para transformar los complejos en símbolos? ¿Es esa una condición suficiente? ¿Sería entonces la conciencia el *sustrato alquímico* de las transformaciones?

Desde luego, mucho se ha hablado en la obra de Jung -y en la de sus epígonos- del inconsciente, de las fuerzas que anidan en él, de su inabarcable extensión, de sus posos personales y filogenéticos, culturales y experimentales, de su sustancia antinómica y dialéctica. Los complejos, y muchas otras cosas, están sumergidos en el inconsciente, surgen en él y desde él, hasta que, por una extraña predilección, por una especie de fuerza ineludible, emergen a la superficie y se plasman de una u otra forma sobre el plano de conciencia. La psicodinámica está más o menos clara. Si emerge un contenido individual, el sujeto reflexiona, hace un hueco en el plano de conciencia y admite –casi siempre con alivio- el contenido. Así llegamos a decisiones nuevas, modificamos nuestra personalidad alimentando una relación o sintiendo los límites de ella. Pero toda operación de la conciencia sobre un complejo fuertemente "personalizado" es parte de una operación futura, deja intacta "nuestra libertad". Casi se diría que queda toda la vida para abordarlo de manera satisfactoria. Si, por el contrario, emerge un contenido de carácter supraindividual, entonces este, en su inopinada irrupción, puede no encontrar hueco en la conciencia y abatirse sobre ella como un cañonazo sobre la rígida cubierta de una nave. Ahí vienen las psicosis o, si se generan incómodos apaños en la cubierta, las llamadas neurosis.

Pero, visto así, todo depende de la naturaleza y de la "carga" de un complejo. Mientras más cargado y colectivo sea un complejo, más daños causará en el plano de conciencia...

El inconveniente de ese planteamiento no es que sea falso (que por entero no lo es), sino que menosprecia la capacidad de la conciencia de generar actividad. Pone al inconsciente como principio de la actividad psíquica, y deja a la conciencia como mero receptor de los estímulos inconscientes. Entonces todo dependería de la "carga" de los complejos y de las constelaciones históricas, contextuales, familiares. No respondería a un posicionamiento de la conciencia, a una disposición, a un diseño inclusive...

Bien, lo que creemos es que no cabe menospreciar a la conciencia como principio activo de la dinámica psíquica. La conciencia también es antinómica (*to be or not to be*), y puede ser pensada como una sustancia igualmente capaz de generar novedad, fenómenos nuevos. El mismo Yo, esa especie de isla a la que como náufragos hemos colonizado, es, con su participación estelar consciente (no importa el mar inconsciente que lo limita y lo baña de continuo, sino que hay que resaltar su ser centro de operaciones, de supervivencia, de recuerdos, de proyectos, de centro de reconocimiento unitario), algo más que una figura del destino, impermeable a las vivencias. Basta ver las mutaciones del Yo a lo largo de la vida, sus nuevos límites, sus nuevas posibilidades. Entre Yo y lo que no es Yo, la dialéctica resulta tremendamente variada e inestable.

El Yo, por ejemplo, puede ocupar toda su actividad en la búsqueda de una adaptación al entorno, visto ese entorno como el conjunto de elementos familiares y sociales. Puede que desdeñe la *mirada interior*, la reflexión profunda y el contacto con los complejos. Puede atribuir a esos complejos la noción de alteridad, entendida como otredad, como materia no propia, no solo extraña, sino incluso extranjera, producida por un otro no bien determinado pero plausible en su oposición a lo que es Yo.

Esa posición no tiene nada de raro. Una de las funciones del Yo es discriminar entre lo propio y ajeno, entre yo y tú, entre yo y ello, en terminología buberiana. Pero esa necesidad discriminatoria puede ser empleada por Yo, no para establecer la distancia justa entre individuos distintos que quieren relacionarse, tal como plantea Buber[13]; sino para implantar esa distancia entre el uno y uno mismo, entre los planos superficiales y profundos de una misma entidad psíquica, entre el deseo de ser y la irremediable constatación de lo que en verdad se es. Y ahí, precisamente ahí, el Yo puede encontrar tensiones que lleguen a alcanzar niveles insostenibles. Al desdeñar materiales propios, el Yo o se empobrece y se aísla, y aleja progresivamente de sí materiales necesarios para mantener la unidad psíquica, con el consiguiente peligro de alienación autística; o, por el contrario, sufre una y otra vez los embates de lo que, aun repudiado, no logra quitarse de encima.

Esos embates pueden ser ataques que minan al Yo en sus funciones generales, tal como ocurre en el delirio (donde el material desechado acaba por implantarse en los territorios del Yo, en una especie de regicidio); o también asedios guerrilleros, que así como pueden no darles tregua a las necesidades de seguridad del Yo, lo que aumenta su ansiedad neurótica, pueden también dominar parcelas de territorio del Yo, tal como sucede en las neurosis específicas.

El Yo, sin embargo, puede dedicarse por un lado a diferenciarse hacia fuera de lo que no es él (lo cual no impide, claro está, el descubrir una y otra vez las semejanzas con el otro); y dedicarse, por otro lado, a relacionarse íntimamente con los complejos que, al igual que él, forman parte de la unidad psíquica.

Para conseguir esa posición del Yo, es necesaria la activación de los distintos planos de conciencia. Vamos a tratar de definirla siguiendo el pensamiento del analista junguiano Amedeo Ruberto[14]. Ruberto plantea la hipótesis de la existencia de tres niveles o actividades de la conciencia:

a) un plano general de la conciencia, que contiene los otros niveles y estructuras; una especie de aparato integrador y asimilador de las experiencias del sujeto, que iguala en su disposición lo que es propio del Yo y lo que, no siéndolo, también es susceptible de alcanzar la conciencia.

b) una conciencia del Yo, capaz, pues, de definir con claridad lo propio de manera estable así como también su posición en el tiempo.

c) una conciencia de los Complejos, por la cual la conciencia relaciona el Yo y los complejos de manera dialéctica. Es lo que puede llamarse una conciencia simbólica.

Si la conciencia activa estos tres niveles, entonces el Complejo del Yo y los Complejos denominados secundarios van a establecer una dinámica relacional en la que, sin confundirse, ampliarán sucesivamente su propio horizonte y quedarán ligados por la naturaleza ineluctable de su dialéctica, por la imposibilidad de escindirse.

Dicho esto, vamos a ver cómo constatamos la presencia de estos complejos secundarios, es decir, vamos a tratar de identificar qué características nos permiten acceder a su entidad:

1. Autonomía: los complejos, siendo además independientes unos de otros, son autónomos porque actúan a discreción, es decir, se presentan a través de la discontinuidad del comportamiento, a través de su imprevista descontextualización;

2. Automatismo en el comportamiento: los complejos se definen también por la impulsividad, por su inmediatez y por su falta de capacidad reflexiva;

3. Tonalidad afectiva idiosincrásica: uniforme y coherente de complejo a complejo;

4. Cualidad simbólica: las representaciones complejuales se expresan como un conjunto cohesionado y solidario en todas sus partes, de modo tal que ninguno de sus componentes heterogéneos puede ser separado del resto sin alterar el conjunto de su expresión.

A lo largo de la vida psíquica, y tanto por causas circunstanciales como por necesidades personales, en más de una ocasión los complejos secundarios alcanzan una inervación que ridiculiza la denominación "secundario", y pasan a incumbir a la entera psique con una impregnación imponente.

Pongamos un ejemplo. El Complejo paterno, es decir, el conjunto de representaciones psíquicas coloreadas por una tonalidad afectiva determinada en torno a la figura del padre, puede ser considerado un complejo secundario dentro de la economía psíquica global en condiciones normales. El problema es que basta una vicisitud, el abandono o la muerte del padre, nuestra propia paternidad o cualquier otro evento relacionado con la conformación individual del complejo paterno (que puede contener representaciones en apariencia muy alejadas de lo que comúnmente asociamos al padre), para que dicho complejo salga de esa posición secundaria e imprima su sello en la conciencia y en la dinámica psíquica. Ahí es necesaria una conciencia lo más amplia posible, al igual que un Yo dispuesto a relacionarse dialécticamente –a la par- con ese complejo.

Así va a suceder igualmente con el Complejo materno[15], con la Persona, con el sí-mismo, con la Sombra y con todas las temáticas complejuales estudiadas y estudiables desde el punto de vista general y también desde la especificidad de su constelación individual. Todo, absolutamente todo, va a depender de la disposición a ser conscientes, de la conciencia simbólica y de la conciencia del Yo. Un Yo que debe disponerse a nadar tanto en la superficie unitaria como en los mares profundos que lo bañan, quizá incansablemente, esa es su tarea... El resultado de todo ello es el símbolo, verdadero *psicopompo* de la psique, a decir de la terminología de Mario Trevi[16]: el único material psíquico capaz de reunir, recordar y dirigirse hacia un futuro todavía no alcanzado, esto es, de moverse en el interior de todas las parcelas psíquicas, de relacionar lo uno con lo otro sin caer en la simbiosis ni en la escisión.

Para que se dé el símbolo, pues, son necesarios tanto los complejos, como una disposición de la conciencia, cuanto un Yo capaz de relacionarse paritaria y recíprocamente con ellos. Esa obra inacabada –el símbolo- es la pretensión máxima de plenitud alcanzable. No es nada más que una parte; pero, en su pequeñez, es capaz de aludir de continuo a un todo, puesto que como símbolo está preñado de significado, un significado cambiante y solo presentado como en toda vitalidad en curso. Y, por encima de cualquier otra consideración, es el símbolo el único producto psíquico capaz de sustraerse a los impulsos y a la avidez de determinar, de una vez por todas, quiénes somos, al reunir todas las funciones psíquicas en una única dirección vital, a la vez conocedora de sí y bien dispuesta a encarar con naturalidad las eventualidades de la vida.

CAPÍTULO VIII

HERMENÉUTICA Y PSICOLOGÍA ANALÍTICA[1]

1. Hermenéutica y Psicología Analítica. Explicar y comprender.

¿Pero cómo puedo explicar, cómo os lo puedo explicar a vosotros? Entenderéis aún menos después de que lo haya explicado. Todo lo que podría esperar de haceros comprender, son solo acontecimientos, no lo que ha sucedido. Y las personas a las que nunca les ha sucedido nada, no pueden comprender que los acontecimientos no tienen importancia.

T. S. Eliot. *Harry*, en *The family reunion*.

Este famoso fragmento de *Reunión de familia*, de Eliot, sugiere a la perfección el tema que será abordado en este capítulo, es decir, la difícil y problemática conjunción entre el "explicar" y el "comprender" en la psicología y, a mayor razón, en el curso de una "relación dialógica".

En efecto, la hermenéutica y la psicología analítica tienen en común la continua e inextinguible reflexión acerca del sujeto que "interroga"; sin embargo, la psicología analítica, y en especial modo la psicoterapia dialógica, vienen a añadir aún más problemas a la interrogación. Porque, lejos de huir de la hermenéutica, ambas la engarzan y entrecruzan con la asunción completa de la "vitalidad" de un otro (tan sujeto como aquel que al inicio interrogaba), quien asimismo explica, comprende e interroga, y con idéntica problematicidad.

Es decir, la psicología analítica y la hermenéutica comparten el mismo presupuesto *problematizante*: el sujeto que interroga. Pero el campo de la psicoterapia, dada la intersubjetividad *real* propuesta y aceptada por la psicoterapia junguiana, y admitido que el terapeuta se halla en una posición a la vez interrogante e interrogada[2], le *ofrece* a la hermenéutica un ulterior grado de complejidad en base a la reflexión sobre el arte del preguntar, sobre el hecho *interpretador* que a los otros dos campos (a la psicología y a la hermenéutica) les es atinente. Esto es, le ofrece la presencia viva de dos sujetos que se interrogan y que son interrogados, sin un texto que los vincule, pero con la misma finalidad que ya existía en la hermenéutica: la búsqueda de sentido; búsqueda que, en la psicoterapia, se desarrolla a través del diálogo cruzado de la expresión y la comprensión entre cada uno de los *sujetos* hermenéuticos que forman la relación.

De cualquier forma, en primer lugar convendría aclarar los nexos entre hermenéutica y psicología analítica desde un plano de similitud general y epistemológica, y pasar solo posteriormente a la posible razón dialógica propuesta por la psicoterapia junguiana.

La historia de la hermenéutica presenta, en sus muchos ámbitos, periodos e intereses, una relación constante con la reflexión en torno a las dificultades que se encuentran desde el momento de "interpretar" señales provenientes del exterior (y aun a veces del interior), hasta el descubrimiento de su sentido profundo, de su significado. Es decir, el horizonte hermenéutico se extiende, de lado a lado, de arriba abajo, sobre el inconmensurable territorio del dilema -ontológico y epistemológico a la vez- que acompaña al hombre en el acto o proceso de elucidación de los significados que se "esconden" tras las señales recogidas de su alrededor o de su interior.

La hermenéutica es un arte que, a pesar de gozar desde antiguo de una *téchne*, de una técnica de interpretación, se interroga una y otra vez, inextinguiblemente, sobre la puesta en marcha de esa *téchne*, sobre su validez y sobre su alcance específico. Puede decirse, así, que la hermenéutica es la suma de las técnicas que permiten una cierta interpretación, más la reflexión e interrogación ontológica sobre la interpretación dada. Por eso mismo hemos dicho que la hermenéutica ocupa el espacio del dilema (de la tensión) que acompaña al hombre a la hora de extraer significados de las cosas.

Por otro lado, si no fuese necesaria esa reflexión acerca del modo en que interpretamos las cosas, eso querría decir que la interpretación resulta automática y unívoca respecto de la aparición de la señal que la produce. Y la historia muestra, desde el principio, que esas deducciones literales y unívocas no casan en absoluto con la naturaleza del hombre, el cual, en su necesidad de indagar e interrogarse sobre las cosas, acaba por hallar significados siempre novedosos desde las mismas señales. De esa capacidad y necesidad del hombre, de esa curiosidad y libertad inalienables, surgió el arte de la hermenéutica, con el fin de iluminar el recorrido y sentido por el que transitaban sus actos de interpretación.

Es difícil trazar una panorámica sobre la presencia de la hermenéutica en la historia. Al ser un aspecto de la filosofía cuyos límites acaban difuminándose debido al enorme territorio de su interrogar, encontraremos la hermenéutica allí donde el hombre se haya interrogado "críticamente" sobre sus actos de interpretación. Así, siguiendo a Vattimo[3], la hallaremos en algunos textos de Platón relacionados con la dificultad que presentan ciertos objetos capaces de *impregnar el sentido con impresiones opuestas*, o con el "arte interpretativa" practicada por los que explican los oráculos. También la encontramos en Aristóteles, quien, en un conocido texto sobre los sueños, nos dice:

El hombre que vale para interpretar las representaciones es [...] aquel que es capaz de reconocer las fragmentaciones y las deformaciones de las imágenes[4].

Según empezamos a ver, al "intérprete" se le solicitan cualidades de discernimiento alrededor de las fragmentaciones y deformaciones con que pudieran venir expuestas las imágenes. Paradójicamente, pues, el verdadero intérprete es aquel que no interpreta directamente, puesto que su tarea consiste en elaborar una reflexión acerca del verdadero sentido que pudiera hallarse tras la *apariencia* de la imagen deformada merecedora de una interpretación. Así, "interpretar" significa, antes que nada, interrogarse sobre un campo de posibilidades, reflexionar críticamente sobre la perspectiva con que miramos las cosas; puesto que dicha perspectiva, en clave de prejuicios o de falta de ellos, respectivamente obstaculiza o facilita nuestro *reconocimiento* de esas mismas cosas.

La hermenéutica, desde esos comienzos, pronto se adentró por los senderos de la exégesis bíblica. En el Medioevo, santo Tomás y san Agustín se ocuparon por igual de las Sagradas Escrituras, y trataron de elucidar el significado conducido por las palabras de la tradición. Desde ahí, la hermenéutica pasó a ocuparse de los textos, y, huyendo del literalismo unívoco basado en la vinculación cerrada palabra-significado, puso atención en las *lecturas* figuradas. Más adelante, esa búsqueda de los significados "alusivos", "alegóricos" o "simbólicos" de los textos encontró un impulso extraordinario en dos frentes. Por un lado, hay que citar, según nos lo recuerda Trevi[5], el enorme esfuerzo hermenéutico realizado en el Talmud y también por las corrientes místicas hebraicas tales como la cábala y el jasidismo. Por el otro lado, citaremos las especulaciones humanistas de pensadores como Pico della Mirandola y Marsilio Ficino, quienes se dirigieron con idéntica fuerza hacia el "alumbrar" el sentido oculto de las Escrituras. En el ámbito de la Reforma, Lutero situó el problema en la tensión entre la conciencia individual y las Escrituras.

Ya en la edad moderna, el problema de las interpretaciones basadas en lecturas figuradas de los textos religiosos, que habían provocado un consistente enriquecimiento de esos "significados ocultos" tras los textos, se vería sometido, desde la parte católica y desde la parte protestante, a la necesidad de establecer un criterio que limitase el alcance de la actividad interpretadora. Así, en ámbito católico -según nos lo recuerda esta vez Vattimo[6]-, a partir del Concilio de Trento (1546) ese criterio sería fijado directamente por la autoridad de la iglesia. Para los protestantes, el criterio consistiría en la combinación de la fidelidad a la letra y al "espíritu" del texto, lo cual requería un cuidadoso estudio filológico e histórico del mismo. Para Spinoza, en el capítulo VII de su *Tractatus theologicus-politicus*, el criterio de la interpretación quedaba supeditado a aquellos pasajes de las Escrituras que a todas luces se sustrajeran a una comprensión literal.

La hermenéutica, entonces, siempre ha ido acompañada de la asunción de una tensión entre conocimiento y subjetividad, entre texto (inmóvil) y significado (variable y, quizá, progresivo). La infinita variedad de matices extraíbles de una obra fijada en un texto, implica a la vez *posibilidad* y *cautela*. Desde luego, la posibilidad es la de alumbrar significados aún no conocidos, señalar algunos significados conocidos solo en parte o, por último, volver a evocar significados que hubieran pasado al olvido o caído en desuso. La cautela, por el contrario, es la insoslayable admisión de la propia presencia, de la propia subjetividad en el momento de avanzar hipótesis de significado; admisión que ha de verse acompañada de una autocrítica o, como mínimo, de la humildad en el reconocimiento de los propios límites interpretadores.

Pero la hermenéutica, instaladas sus bases en esa tensión antes descrita, no iba a quedar supeditada al campo de las exégesis más o menos heterodoxas. Gracias a ella, por ejemplo, Giambattista Vico iluminaría, a finales del primer tercio del Siglo XVIII, rincones oscuros en la historia de nuestra cultura[7], y reabriría el discurso sobre materiales y posos culturales que habían sido desalojados de la memoria moderna. Desde ahí, la hermenéutica extendería la plasmación de esa tensión interpretadora (histórica y figurada) a cualquier tipo de texto. De ese modo surgirían los grandes padres de la hermenéutica, en especial la figura de Schleiermacher, el primero que fijaría, a caballo entre los siglos XVIII y XIX, el alcance y el nombre de esa nueva ciencia. Para Schleiermacher, la hermenéutica debía tratar la interpretación de aquellos textos de los cuales estamos separados por algún tipo de distancia: distancia lingüística, psicológica o histórica. El hermeneuta, entonces, debía traspasar esa distancia hasta:

…comprender el discurso tan bien y, luego, mejor de lo que lo entendiera el autor mismo[8].

El legado de Schleiermacher sería más adelante recogido por Dilthey, a quien podemos considerar el padre de la hermenéutica moderna, la que se adentra en el Siglo XX. Para Dilthey, como ya lo había sugerido su ilustre predecesor, la interpretación quedaba consolidada como un saber histórico. Verificado, pues, el producto histórico de un texto, podía procederse a su interpretación.

Con esa conexión entre la interpretación y el saber histórico, la hermenéutica llega al Siglo XX ahondando en los particulares del conocimiento histórico, elucidando este o aquel aspecto que pudieran estar relacionados con la posición histórica del texto, y privilegiando ora el lenguaje, la historicidad, el contexto, ora la presunción del intérprete de saber más que el propio autor, etcétera.

Por esa vía de profundización de las problemáticas históricas, la hermenéutica, ya en el Siglo XX, ampliaría su horizonte y poco a poco dejaría de preocuparse exclusivamente de los textos. En definitiva, se volvería a prestar atención sobre todo a aquel dilema, a aquella tensión entre el intérprete y lo interpretado, que había acompañado siempre al núcleo de la hermenéutica. Con la figura de Heidegger, la hermenéutica retorna a la reflexión sobre el intérprete, sobre todo a los "prejuicios ineliminables" que acompañan el acto de interpretar. Ese sendero, esa reflexión, de uno u otro modo habría de llegar hasta nuestros días, con las variaciones y posibilidades aportadas por Betti, Derrida, Gadamer y Ricoeur. Y de esa reflexión, de la conciencia "tensa" de la propia e insoslayable subjetividad, la hermenéutica se abriría ya definitivamente a todos aquellos campos limítrofes en los cuales, más allá de la existencia de un texto, se constatase un "acto interpretativo", una posición interrogadora, un contexto hermenéutico.

La hermenéutica, entonces, se engarzaba con todas las problemáticas interpretativas de las llamadas "ciencias del espíritu", es decir, también con las dudas y turbulencias que se cernían sobre la psicología de corte filosófico, esto es, no exclusivamente experimental. Así, al lado de los filósofos citados, debemos mencionar, dentro del espectro hermenéutico moderno, las aportaciones de la fenomenología, las de cierto existencialismo y la especulación jaspersiana. De frente al empuje de los avances científicos, la hermenéutica, entendida como el abanico que cubre esas reflexiones, suministra a las ciencias del espíritu un alcance y una metodología apropiadas para conducir su ínsita problematicidad.

En efecto, si las ciencias de la naturaleza "viven" de la demostración de sus resultados, las ciencias del espíritu "viven" de la profundidad y rigor de la conducta interrogadora. Si en aquella se "priman" las respuestas, en estas, por el contrario, se prima el conocimiento del arte del preguntar. Si en aquella los fenómenos se "reducen" a las causas que los explican, en estas los fenómenos son entidades complejas susceptibles de ser interpretados de varias maneras, puesto que su deducción a partir de causas no puede ser escindida de una teleología "abierta", que solo en un futuro dejará asomar su motivo final.

Respecto al carácter insondable del hecho humano, respecto a esa inabarcable profundidad de sentido, la hermenéutica moderna le ofrece a la psicología compleja una posibilidad de "hacer" discursos *sobre la psique*, sobre su andamiento, historia y proyecto; pero siempre que esos discursos estén ligados, circularmente, a la reflexión acerca de los discursos *de la psique* (expresiones tan caras a Mario Trevi), cuales son los que proporciona la subjetividad del observador con su inelimable perspectiva personal.

Y esa reflexión innata en la hermenéutica, esa doble reflexión "sobre" la psique y "de" la psique, es la que encontraremos a lo largo de la obra de Jung desde al menos 1913 y hasta el final de sus días, sin perjuicio de que el propio Jung la interrumpiera con especulaciones liberadas del "criterio" hermenéutico. Porque la psicología, si es que quiere permanecer con un estatuto abierto y a la vez vigoroso, no puede salir de su círculo hermenéutico. No puede, entonces, desentenderse de su única "verdad" plausible, cual es la dramática coincidencia entre el problema del intérprete (su psique) y el problema a interpretar (ya no texto, sino la psique de nuevo).

A continuación veremos cómo esta coincidencia fue asumida por Jung, y de qué manera fue la responsable de su actitud crítica frente a los aparatos psicológicos de pretensión universal y definitiva.

2. La presencia hermenéutica en la Psicología Analítica.

En todo Jung está vivo -y constituye el elemento diferencial respecto a los demás grandes psicólogos de nuestro siglo- el problema de la ineliminable presencia del sujeto que investiga en el objeto de la investigación psicológica[9].
Mario Trevi.

Una de las cuestiones fundamentales del pensamiento de Jung que, salvo ilustres excepciones, ha pasado más incautamente desapercibida o desatendida, es la cuestión referente a la reflexión (constitutivamente hermenéutica) acerca de la especial *perspectiva* desde la que un psicólogo fundaba su propio aparato teórico. Para Jung, toda psicología estaba invariablemente marcada por el "sello" personal de su creador, el cual, dicho en otras palabras, estaba imposibilitado para vislumbrar todo aquello hacia lo que personalmente no estuviese predispuesto.

Esta posición de Jung, la cual relativizaba a su vez todas las hipótesis de trabajo llevadas a cabo por él mismo, intentaba conducir a la psicología hacia un horizonte de reflexión y limitación alejado de toda pretensión dogmática o de aspiraciones definitivas. Significaba, así, ponerse en dirección de la investigación constante, merecedora de varias perspectivas para dar cuenta mínimamente de la riqueza de planos que componían la psique humana.

Estas investigaciones, sin duda de un marcado acento y preocupación hermenéuticas, han sido privilegiadas por algunos autores e investigadores posjunguianos con el estatus de representatividad y vigencia del legado junguiano; lo que ha favorecido, en contraposición, la crítica de aquellos posibles retazos dogmáticos de Jung (entendidos como pretensiones de erigir una psicología objetiva u omniabarcante) que poco casaban con ese sano y abierto límite representado por la conducta hermenéutica.

Otros autores posjunguianos, soslayando esas premisas relativizadoras y problemáticas, a su vez se han dedicado a formular sus propias exégesis del texto junguiano, pero sin tener en cuenta que el texto donado por Jung conlleva en su seno, tanto en sus premisas como en sus ejemplos más prácticos, una conducta hermenéutica, sabedora de la "tensión" de la propia perspectiva histórica; lo que, por un lado, imposibilita una exégesis literal o figurada, y, por otro lado, obliga al posjunguiano a tener que hacer las cuentas (también hermenéuticamente) con los límites y potencialidades implícitas en las propias perspectivas, en la conciencia del propio contexto histórico y en el desarrollo de la propia subjetividad.

La verdadera cuestión es conocer hasta qué punto sea posible, e incluso lícita, una exégesis respecto de un texto que se nos propone como enclavado en una limitada posición histórica. La disyuntiva, entonces, consiste en mantener fidelidad al texto junguiano en sus connotaciones estables (susceptibles pues de exégesis o, en su defecto, de apropiación indebida y fuera de contexto), o, por el contrario, en guardar fidelidad a esa idea "responsabilizadora" y "hermenéutica" que recorre, como es el caso de Jung, dinámicamente su entera obra.

Nuestra opinión, y es justo esclarecerlo, es que la obra junguiana, a pesar de caer una y otra vez en pretensiones "objetivizadoras" y finales, no es susceptible, dada la consciente asunción del riesgo hermenéutico de Jung, de una exégesis que la considere como "texto cumplido". En verdad, ningún texto está muerto si todavía tiene trecho por recorrer. Así nos gusta imaginar y pensar el texto junguiano: como un "médium" en donde la psicología, y cada psicólogo, puede y debe reflexionar "personalmente" sobre sus interpretaciones, de manera de volverse auténticamente responsable de ellas. Para ello, seguiremos el hilo de algunas problemáticas abiertas por los textos junguianos, en el intento de mantener viva la llama hermenéutica de la interrogación.

La presencia de la hermenéutica en la psicología analítica puede constatarse ya desde el especial ángulo de visión con que Jung abordó, en 1913, la problemática que acababa de surgir entre el pensamiento de Freud y el de Adler. Eso fue durante una comunicación presentada en el Congreso Internacional de Psicoanálisis[10], donde Jung esbozó su idea de los tipos psicológicos. En esa intervención (intervención que no gustó a Freud), Jung estimó que las teorías de Adler y de Freud respondían, ante todo, al propio "tipo" respectivo, es decir, eran plasmaciones plenamente legítimas de la subjetividad de cada uno de esos autores.

Sin lugar a dudas, en esa aseveración de Jung estaba implícita toda su conducta hermenéutica posterior. Esos "tipos", que explicaban la naturaleza discordante de las teorías psicológicas, resultaban compatibles y comprensibles para las personalidades enclavadas en el mismo "tipo" que las había producido. De esa guisa, las teorías se convertían en médiums de las posibilidades y visiones de un determinado tipo, conducían "verdades" significativas de una parte de la psique, y, aun así, debían admitir el límite que les imponía el no ser capaces de vislumbrar los significados que a ese tipo, pero no a otros, le quedaban vetados.

La psicología como una aventura de conocimiento posible y, aun así, limitada. Esa fue la problemática asumida por Jung a lo largo de su obra. Lo elaborado por un sujeto, encontrando una "escucha" y comprensión a través de ciertas similitudes de personalidad y conexiones históricas, encontraba a su vez el propio límite en esas mismas similitudes y conexiones, al no poder hacerse comprender por otros ángulos de visión alejados del suyo. En 1929 nos dijo:

Si por ejemplo pudiera admitirse que no somos nosotros los personales creadores de nuestras verdades, sino solo sus exponentes, simples portavoces de las necesidades psíquicas de nuestro tiempo, evitaríamos mucho veneno y amarguras...[11]

En capítulos anteriores ya hemos mencionado la conciencia histórica de Jung. Esa contextualización de sí mismo, con lo que conlleva de riqueza y de límite, fue lo que abrió la psicología analítica (cuya conciencia histórica no hace más que hermanarla con la conducta hermenéutica) a una investigación progresiva, resultado del trabajo de varios investigadores que colaboraron desde la puesta en marcha de sus respectivos esfuerzos personales. Si recordamos la variedad de los colaboradores de Jung, podemos entender esa tendencia a la multidisciplinariedad (o a la intersubjetividad) que caracteriza su obra. Como él mismo nos dijo, en una tentativa de aclarar su posición respecto de otras psicologías y puntos de vista:

Para evitar malentendidos añadiré enseguida que la nueva óptica no considera en absoluto incorrectos, superfluos o superados los métodos existentes; ya que a medida que se pro-

fundiza en la comprensión de la psique, más se convence uno de que la multiformidad y la multidimensionalidad de la naturaleza humana conllevan la máxima variedad de métodos y puntos de vista para responder a la variedad de las disposiciones psíquicas[12].

La psicología, pues, como una construcción progresiva y en la cual, además, la psicología del "intérprete" juega un papel a la vez de posibilidad y de límite respecto de ciertas comprensiones. Nadie, contemporáneamente al ejercicio de su comprensión, puede olvidarse (si quiere permanecer dentro de la reflexión hermenéutica) de que su comprensión está mediatizada por la presencia histórica de su propio punto de vista, que depende de ella, que se "engendra" y "limita" gracias a ella. Esa es la sustancia de la reflexión de Jung sobre la psicología, que es expuesta en los textos aducidos, así como también al final de *Tipos psicológicos*, en los encabezamientos de varios artículos de psicoterapia, en la "interpretación a nivel del sujeto" contenida en *Consideraciones sobre la psicología del sueño*[13], etcétera, etcétera.

En todo caso, la aspiración hermenéutica de la psicología analítica está avalada por la toma de conciencia de Jung de dos presupuestos fundamentales, que acompañan a todo acto de interpretación psicológica: el contexto histórico o relativo del intérprete, y la susceptibilidad de los materiales psíquicos observados de ser interpretados de maneras diferentes.

Pero el discurso junguiano puede ser comprendido (al menos en su faceta hermenéutica) también desde fuera, precisamente a través de los problemas aducidos por la hermenéutica moderna. En ese sentido, el psicólogo puede alimentarse incansablemente de las potencialidades del texto, pero deberá acompañarlas, si quiere mantener abierto el edificio junguiano, de la honda reflexión llevada a cabo por la hermenéutica; reflexión que gira en torno a esa progresiva admisión del peso que ejerce, a la hora de interpretar cualquier texto o faceta, la figura del intérprete desde sus particulares lingüisticidad, historicidad, prejuicios, límites, etcétera. Eso, siempre que el psicólogo posjunguiano desee transitar por el camino -problemático y limitante- de las ciencias del espíritu; camino que implica que no existe el hallazgo definitivo, dado que los sustratos problematizantes (lo humano, la existencia en sí, la psique), al ser constitutivamente irreductibles, solo permiten aproximaciones atenuadas y se alejan y sustraen, por consiguiente, de cualquier modalidad de pretensión dogmática:

El dogmatismo -dice Mario Trevi- es el comportamiento de la no verdad, puesto que toda verdad debe confrontarse con su propia negación posible[14].

La reflexión sobre la obra junguiana puede efectuarse, así, desde los presupuestos hermenéuticos. Podemos reflexionar, desde la crítica, sobre la obra junguiana, siguiendo las preguntas que, sobre todo lo humano, propone la hermenéutica moderna. Veamos un ejemplo del enriquecimiento que esto puede comportar. Como es sabido, una parte del mundo posjunguiano ha extraído de los textos de Jung exégesis más o menos "objetivizadoras", que tenderían a formular, desde la profundización de algunos aspectos concretos de las obras de Jung, la existencia de una psicología objetiva, es decir, estable, susceptible de una aplicación general. Respondamos a ello siguiendo a Gadamer, uno de los hermeneutas modernos más rigurosos y profundos. En su libro *Verdad y método*, hallamos la siguiente apreciación:

Lo transmitido, cuando nos habla -el texto, la obra, una huella-, nos plantea una pregunta y sitúa por lo tanto nuestra opinión en el terreno de lo abierto[15].

Y, más adelante, para aclarar ese terreno abierto en que nos sitúa lo transmitido, añade:

La estrecha relación que aparece entre preguntar y comprender es la que da a la experiencia hermenéutica su verdadera dimensión. El que quiere comprender puede desde luego dejar en suspenso la verdad de su referencia; puede desde luego haber retrocedido desde la referencia inmediata de la cosa a la referencia de sentido como tal, y considerar esta no como verdad sino simplemente como algo con sentido, de manera que la posibilidad de verdad quede en suspenso: este poner en suspenso es la verdadera esencia original del preguntar. Preguntar permite siempre ver las posibilidades que quedan en suspenso[16].

Si nos fijamos bien, ese situarse en terreno abierto, ese cuestionar la verdad del legado transmitido y, por el contrario, asumir su sentido, esa interrogación que permite siempre ver aquellas posibilidades que quedan en suspenso, ponen en tela de juicio las exégesis de la obra junguiana que hubieran sido sacadas directamente de su contenido. Preguntarse sobre su sentido, asumir y plantearse de nuevo la pregunta a la que esa obra "responde", en cambio, remite a una conducta hermenéutica. Y el sentido de la obra junguiana, a nuestro entender, no permite extraer de ella una psicología objetiva; precisamente porque su autor nadaba demasiado cerca del relativismo, y también de la asunción personal de responsabilidades, como para "fijar", a pesar de sus titubeos al respecto, lo que en su caso acabó siempre demostrándose simple pregunta, vale decir, simple emplazarse frente a unos hechos y disponerse a abordarlos, consciente de la propia perspectiva, con el ánimo de la interrogación. Lo cual nos obliga a nosotros mismos a un preguntar consiguiente. El mismo Jung nos había dicho:

Las teorías son inevitables, pero como simples auxiliares. Si se elevan a dogmas, demuestran que ha sido reprimida una duda interior [...] Ni la psique ni el mundo pueden ser enjaulados en una teoría. Las teorías no son artículos de fe, sino a lo sumo instrumentos de conocimiento y de terapia; si no es así, no sirven para nada[17].

Y es con ese ánimo de preguntarnos acerca de las connotaciones de sentido del texto junguiano, que ahora nos dirigiremos hacia la faceta dialógica, faceta de primer orden a la hora de "aplicar" los supuestos de la psicología analítica.

3. La hermenéutica y los campos dialógicos.

En la formación y en el uso de la lengua entra por necesidad todo cuanto constituye la percepción subjetiva de los objetos. Pues la palabra procede precisamente de esta percepción: no es una copia o reproducción del objeto en sí, sino de la imagen suya que se ha producido en el alma. Y como en toda percepción objetiva está inevitablemente mezclada la subjetividad, cabe incluso, con independencia del lenguaje, afirmar que cada individualidad humana constituye una determinada manera de entender el mundo[18].
Wilhelm von Humboldt.

Las propuestas de la hermenéutica sobre el arte del preguntar y sobre los fenómenos de comprensión, llevan a establecer que la lectura hermenéutica de un texto, siendo esta el cruce, el puente, entre dos historicidades reconocidas como tales por el lector, comporta una *fusión de horizontes* a lo largo del acto y proceso interpretativo. Esa fusión de horizontes, que reconoce con plena conciencia (operación llevada a cabo por el lector) la presencia de una relación Yo-Tú en las figuras del autor y del lector responsable, entraña en la lectura de un texto, a su vez, un doble reconocimiento que sirve de marco, tal como veremos, para la cuestión dialógica.

Sin embargo, es justo no olvidar que la historia de la hermenéutica llega a la cuestión del diálogo a través de dos evidencias asimétricas: el lector y el texto susceptible de ser interpretado; evidencias de las que infiere la presencia obligada del autor del texto, sin el cual, sin cuyo reconocimiento figurado, el texto se convertiría en *materia inerte* en manos del lector. Si así sucediera, dada esa inercia del texto, el lector podría extraer significados directos sin tener que *interpelar* su sentido originario, sin tener que establecer previamente que el texto es la simple respuesta -el simple médium de una respuesta- a la pregunta que, en su día y contexto, se planteó el autor.

Si la hermenéutica es, pues, el arte de interpretar según una distancia que solo puede resolverse volviendo a la pregunta del autor que suscitó el texto, para lo cual habrá que recurrir a estudios lingüísticos, históricos, filológicos, antropológicos, etcétera, entonces la novedad que la situación de "diálogo" impone a la pregunta hermenéutica es, desde luego, merecedora de gran consideración; puesto que el día y contexto de la situación dialógica ampara a los dos o más interlocutores en una situación histórica idéntica, contemporánea, y el correspondiente "ponerse de acuerdo sobre la conversación" deviene a su vez una actividad en la que se ven inmersos en una idéntica temporalidad.

Y entonces, cabría preguntarse, ¿no existe distancia alguna entre los componentes del diálogo? Todo lo contrario, sería la respuesta. Y añadiríamos: solo que, en lugar de las distancias de tipo cultural, lingüístico e histórico, la "reunión" que provoca el diálogo, al basarse sobre la presencia *viva* de los interrogadores, produce una distancia *ontológica* entre los seres que están haciendo la historia fáctica. Distancia que, probablemente, sea la madre de todas las distancias; puesto que no depende de ninguna circunstancia temporal o cultural, sino que caracteriza propiamente a cada uno de los seres (en cualquiera de sus dimensiones) que se introducen en una situación dialogada.

El Yo y Tú del diálogo no es, como sí lo era en la hermenéutica, un fin o un supuesto necesario en la conciencia del "intérprete" para mejor comprender el sentido oculto de un texto histórico. El Yo y Tú es la constante inicial y final de todo diálogo: sin Yo y Tú no puede existir el diálogo; sin un *para* un Yo y *para* un Tú, tampoco cabe esperarse la eventualidad dialógica. De lo cual se deduce que, en el diálogo, la situación hermenéutica se torna mucho más compleja, puesto que el Yo y Tú, interrelacionándose de continuo, deben por fuerza admitir que la facultad interrogadora no puede agotarse con la actividad interpretadora personal, con las propias respuestas, con un "hacerse la idea" de la riqueza de la pregunta; sino que dicha facultad está *mediatizada* por la capacidad de respuesta del interrogado, el cual, sucesiva o contemporáneamente, se convertirá con toda probabilidad en el que pregunta.

Y esa supeditación de los dispositivos hermenéuticos del Yo a los dispositivos hermenéuticos del Tú, y viceversa, hace que la "comprensión", en el diálogo, deba verterse más allá de lo que suele ser una *comprensión de las cosas* para, por el contrario, devenir una *comprensión mutua*, una compleja comprensión donde el comprender equivale por naturaleza, y sin posibilidad de separación, a *ser comprendidos*. En el diálogo, entonces, la fusión de horizontes deviene, por un lado, más íntima y concreta. Por otro lado, la necesidad de mantener claras las identidades del Yo y del Tú, hace que la fusión de horizontes se haga más relativa y, sobre todo, mayormente implicada en los temas intersticiales, en la conversación o comunicación entre los miembros. En el diálogo, la fusión de horizontes tiene lugar a través del puente dialógico y únicamente en él, puente dialógico establecido merced al acuerdo entre los interlocutores. Esa es su posibilidad y, por consiguiente, su límite.

Quizás sea por ello que Jung, como metodología de su psicoterapia, habló de un modelo de interpretación sintético-hermenéutico[19]. Expresión en la que reunió la facultad de poner preguntas y desvelar significados, propia de la hermenéutica, con la facultad de volver al punto central de la conversación, propia de las actividades sintéticas; para luego abordar, desde esa vuelta, el desarrollo de la personalidad (por asimilación y reunificación de la actividad hermenéutica). Recordemos también que a esa modalidad de psicoterapia Jung la llamó problemática, analógica, dialéctica, compleja o constructiva, adjetivando una y otra vez según pusiese el acento en la complejidad de la búsqueda de sentido hermenéutica, o en la necesidad de reunión sintética producida por la terapia y por el símbolo. Sin lugar a dudas, en ninguna ocasión abandonó lo que para él era fundamental en la psicoterapia: el diálogo franco de los dos interlocutores. Veamos algunos aspectos de ello.

En 1935, nos dice:

En otras palabras, el terapeuta ya no es el sujeto que actúa, sino el co-partícipe de un proceso de desarrollo individual[20].

O, más adelante:

Ya no es (el terapeuta) aquel que sabe, juzga, aconseja; sino que participa en el proceso dialéctico tanto como el que, de ahora en adelante, llamaremos el paciente[21].

Ese proceso de diálogo coloca, pues, al terapeuta, en el mismo contexto que el paciente. Pero, además, el primero debe saber algo de "cautelas" hermenéuticas:

El procedimiento también se origina de la posibilidad de interpretar de diferentes modos los contenidos simbólicos[22].

Como vemos, cautelas hermenéuticas capaces de revisar la vigencia del aparato interpretativo del terapeuta y de poner en duda, frente al individuo irrepetible, el potencial de sus conocimientos comprensivos. Todo ello para favorecer, en detrimento de la mera aplicación de conocimientos, aquella posición dialógica de la que se esperan los resultados:

En sustancia, en la relación entre terapeuta y paciente interactúan dos sistemas psíquicos; por esto, penetrando más profundamente en el proceso psicoterapéutico, se llega infaliblemente a la conclusión de que, al ser la individualidad un factor todo lo contrario que despreciable, la relación entre terapeuta y paciente comporta un proceso dialéctico[23].

Si las cosas son así para la psicoterapia dialógica propuesta por Jung, cabría preguntarse: ¿qué implicaciones tiene esto para la hermenéutica? De entrada, todas las implicaciones provocadas por la intersubjetividad del campo dialógico. En un campo dialógico, las facetas centrales de la hermenéutica, como son el comprender, el preguntar o el expresar, se establecen dinámicamente con la mediación de un Otro que las co-protagoniza. Con lo cual, la fusión de horizontes -el momento de la interpretación- necesita de todo el tiempo necesario para "pactar" equilibrios entre estas facetas y para establecer "consensos" con el Tú que tenemos delante. Por consiguiente, tenemos una ulterior complejidad de las preguntas hermenéuticas, con nuevos límites y criterios que conducirán al proceso dialógico en una dirección siempre dispar; pero que por ello mismo necesita, para alcanzar su meta, de un enriquecimiento de "sentido" valorable desde y para cada interlocutor.

El reconocimiento concreto del Otro, cuestión dialógica fundamental que escapa a los intereses actuales de la filosofía hermenéutica, coloca a la psicoterapia en una posición muy distinta (intersubjetiva) de aquellas otras terapias donde el uno aplica y suministra conocimientos al Otro. El Yo-Tú de la psicoterapia es real, aunque no sea especular, al menos en su punto de partida. Forma parte de la misma historia efectiva, y el lenguaje no es ni un punto medio entre los dos lenguajes, ni puede ser la mera reducción de uno (el lenguaje del paciente) a cargo del otro (el lenguaje del terapeuta). En la psicoterapia se espera, por el contrario, que se verifiquen aquellas funciones dialógica y dianoética que pueden ser extraídas, aun separadamente, de las obras de otro ilustre hermeneuta moderno, Paul Ricoeur[24].

En efecto, lo que en los textos de Ricoeur son principios hermenéuticos, esto es, la *función dialógica* (que coloca la interpretación como una posibilidad al lado de las demás y, sobre todo, como discurso que se construye por el simple hecho de estar en un Yo-Tú) y la *función dianoética* (que es la que delimita el alcance individual del proceso interpretativo, en cuanto expresión de sí[25]), en la psicoterapia forman funciones que, aun siendo distintas, se superponen, se limitan y se entrelazan mutuamente sin cesar; de lo cual resulta la formación de aquellos procesos de integración y asimilación, aquellos puentes entre relación interpsíquica y relación intrapsíquica (y viceversa) que caracterizaban, como hemos visto en otros capítulos, el especial diálogo psicoterapéutico.

Los horizontes de la expresión y de la comprensión devienen, en el diálogo, horizontes mediatizados incansablemente por el Otro, por su presencia y actividad ineludibles. La actividad hermenéutica, el proceso de alcanzar una interpretación, se construye así a dos voces: limitando las posibilidades del individuo a solas, pero añadiéndole a ellas las posibilidades suministradas por los horizontes del Otro. De ese cruce y entrelazamiento de individualidades plenas, está hecho también el proceso psicoterapéutico; el cual, siempre que intervengan todas las posibilidades de intersubjetividad, vale decir, siempre que terapeuta y paciente mediaticen sus actividades en pos de un objetivo común (el diálogo mismo alrededor del sufrimiento del paciente, pero también el diálogo mismo como medio de transformación de ambos), acabará por establecerse en tres planos no excluyentes, activará tres *horizontes hermenéuticos*. Y esos distintos horizontes podrían servirle luego a la hermenéutica, si es que esa rama de la filosofía acaba por abarcar y servir de base epistemológica a las posibilidades del diálogo psicoterapéutico, para robustecer y ampliar sus mismas bases. Puesto que la hermenéutica, habiéndose instituido como reflexión sobre los procesos de interpretación, está situada en realidad muy cerca de los problemas y tribulaciones que tienen lugar durante la interpretación psicoterapéutica, esto es, puede abastecer de una reflexión acerca de la "dialogicidad" o "monologicidad" del acto interpretativo.

Como quiera que sea, el diálogo psicoterapéutico, decíamos, interviene en la activación de tres horizontes hermenéuticos. Y sobre estos horizontes vale la pena reflexionar e interrogarse, puesto que el terapeuta, que es el garante de esa modalidad de diálogo que debe favorecer la transformación de lo patológico en terreno abonado para la salud, no puede dejar de preguntarse sobre la "tutela" y conservación del particular campo dialógico que va a servir de escenario o puente para dicha transformación.

En primer lugar, y entiéndase el orden como convencional e indistinto, el diálogo se despliega en el *horizonte del saber*: donde el saber general y la cultura adquieren el significado de medios para establecer niveles de comprensión y para efectuar comparaciones. Eso quiere decir, ya introduciéndonos en la praxis psicoterapéutica, que tras la expresión del sufrimiento o problemáticas relatadas por el paciente, y tras las preguntas que introduce el terapeuta para favorecer un "relato total", el horizonte del saber, esa suma de saberes de que debe disponer el terapeuta, ha de servir para una comprensión de dicho relato y para un esclarecimiento de las líneas de mayor tensión contenidas en él. Pero todos esos saberes juntos, a veces resultado de muchas lecturas y de una larga experiencia de "estar a la escucha", aun sirviendo para comprender "los motivos" patológicos que se esconden detrás del relato del paciente, y aun sirviendo también de base de comparaciones para ilustrar aún mejor una explicación de la "condición paradigmática" de ese relato, no pueden ser aplicados sin más al discurso psicoterapéutico sin antes haber valorado la capacidad de comprensión y asimilación que de ellos tenga el paciente.

Significa que el discurso dialógico, para ser eficaz, debe construir, a través de las potencialidades de los dos interlocutores, ese horizonte del saber. El cual no puede ser aplicado unilateralmente, desde los conocimientos del terapeuta, si no es a riesgo de no ser comprendido; sino que debe conducirse, a través del puente dialógico (a través de las reales posibilidades del

Yo y del Tú), dentro de los límites de comprensión de ambos. Y esos límites de comprensión son, precisamente, los que construyen el discurso dialógico en el horizonte del saber, los que se encargan de erigir un *lenguaje posible*. Nada puede ser asimilado si previamente no ha sido comprendido. Pero, a la inversa, gran parte de lo que no se comprende puede ser "aprendido" a través del impulso dialógico. Lo importante es que el saber devenido lenguaje se estipule sobre las reales posibilidades del diálogo, que pueda ser llevado al Yo y al Tú y servirles de horizonte común.

Es obvio que la cuestión de la limitación del horizonte del saber según las posibilidades dialógicas, produce en el terapeuta, cada vez que se dispone a afrontar el diálogo mismo, una relativización de su saber acumulado, de su saber general. Pero ya lo hemos dicho muchas veces: una psicoterapia dialógica no es la mera aplicación de un saber sobre un no-saber, sino la puesta en marcha de una intersubjetividad que traduzca un saber posible y útil. Para ello el terapeuta deberá limitar el alcance de su saber general para disponerse a buscar una vía de diálogo con cada paciente, hasta establecer (ya no desde el poder-saber que le serviría de escudo y obstáculo) un puente dialógico del cual la psique del paciente pueda nutrirse tanto como la suya propia.

Por eso -dice Jung-, si quiero cuidar la psique de un individuo debo, quiera o no, renunciar a todo privilegio, a toda autoridad, a todo deseo de ejercer mi influencia: debo por fuerza seguir un procedimiento dialéctico, que consiste en una comparación de nuestros respectivos datos. Y esa confrontación solo será posible cuando yo dé al otro la posibilidad de presentar su material lo más perfectamente posible, y sin limitarlo con mis suposiciones[26].

Pues un terapeuta responsable, consciente del tema del poder y de la unicidad del individuo que tiene enfrente, sabrá huir del monólogo cruzado para más bien encaminarse, previa disposición a comprender y explicar desde los límites propios y desde los límites del Otro, hacia las posibilidades del diálogo; posibilidades que, sin duda, también a él mismo (al igual que al paciente) le ensancharán su propio horizonte de saber.

En segundo lugar, el diálogo psicoterapéutico se despliega asimismo en el *horizonte de la relación*. Mientras que el *horizonte del saber*, aun dependiendo de las realidades concretas del diálogo, desplegaba un conocimiento -un lenguaje- capaz de conducir hacia situaciones de comprensión mutua y de establecer comparaciones (es decir, conexiones con hechos y datos provenientes de "sujetos" diferentes al Yo y Tú que estipulan el campo dialógico), por su parte el horizonte de la relación se mueve paralelamente a los individuos que establecen el diálogo. Se mueve, entonces, no sobre las posibilidades del discurso del Yo y del Tú, sino sobre la presencia concreta e individual (más allá del lenguaje) del Yo y del Tú. Es este un horizonte ontológico, pero con un retoque adicional: se trata de la dimensión de cada interlocutor, no en tanto *ser en el mundo*, sino en tanto *ser en la relación*. En esa faceta, terapeuta y paciente deben ser tales el uno para el otro, deben conservar la "distancia" pero a la vez hallar una "adhesión": sin duda, la adhesión de encontrarse frente a frente como protagonistas de un proyecto común.

Por consiguiente, es este un horizonte que debe amparar a los miembros de la psicoterapia con la sensación de "estar juntos", y en el cual, por lo tanto, serán muy importantes los sentimientos: empatía, simpatía, confianza, estima, etcétera. Esa cobertura emotiva que ampara al Yo y al Tú en la relación, no sirve, como algunos piensan, para tomar una tregua, para huir del problema central y dedicarse a las necesidades de la relación, en cuyo caso dicha cobertura solo serviría para evitar el dedicarse a los problemas del sufrimiento y a la búsqueda de sentido. No, los sentimientos que deben aparecer en el curso de una relación dialógica han de servir, por el contrario, a asegurar el clima propicio para que el Yo y el Tú, uno frente a otro, puedan intercambiar sus puntos de vista y reconocerse en cuanto individuos. Esos sentimientos, lejos de ser una huida, permiten pues la aparición de los individuos y actúan como vehículos para la plena expresión de lo subjetivo.

El horizonte de la relación es el horizonte donde la confianza hace que los individuos se reconozcan como tales y puedan, así, dialogar, generar un lenguaje o un modelo de comunicación que tienda, simplemente, a que cada uno *acontezca*. Y este horizonte, también de cariz hermenéutico, produce una "química" que merece un esfuerzo de reflexión. El terapeuta, respecto a este sentimiento, debe conocer el binomio *adhesión-distancia*, como diría Trevi[27]; debe saber, antes de ejercer una "interpretación" sesgada, que la una es imposible sin la otra, que toda distancia es imposible sin esa adhesión que a la vez nos la permite. Debe saber, pues, que toda *separación*, ya con palabras de Martin Buber, resulta imposible si no se acompaña de esa *solidaridad de conexión* de la que parte y a la que, al menos simbólicamente, se remite. Por eso, hay que conocer el potencial de la relación como medio para que broten los individuos y su ineludible responsabilidad. Como dice el mismo Martin Buber:

El Yo es real en virtud de su participación en la realidad. Se torna tanto más real cuanto más completa es su participación [...] Su participación se preserva en él de una manera viviente. En otros términos, como se dice de la relación más elevada, y que puede aplicarse a todas las relaciones, conserva en sí la semilla. Es ese el dominio de la subjetividad en el que el Yo adquiere conciencia, al mismo tiempo, de su solidaridad de conexión y de su separarse. La subjetividad genuina solo puede desprenderse dinámicamente, como la vibración de un Yo en el interior de su verdad solitaria. Es también el lugar donde nace y crece el deseo de una relación más y más elevada, el deseo de la participación total en el ser [...] La persona se torna consciente de sí misma como participante en el ser como coexistente y, por lo tanto, como ser[28].

Existir es, pues, coexistir. Y, dada esa premisa, es fundamental que el terapeuta pueda proponer modos de relación que permitan esa plena expresión de los individuos. Debe conocer el punto de inflexión donde la adhesión (la suya propia) se aleja de la distancia y viceversa, para luego reunirlas a ambas en un "estar y ser en relación" que favorezca la misma dimensión en el paciente. Para ello, debe saber cómo actúa la escisión de ese fundamental binomio relacional. Esto es, debe estar al corriente de los peligros de la *infección psíquica* (adhesión ilimitada, por su parte, que se aleja de la distancia), así como también de los peligros de la *idealización* (distancia ilimitada, también por su parte, que no permite la adhesión y lo convierte en un ídolo); circunstancias igualmente peligrosas para la psicoterapia dialógica, puesto que representan situaciones-límite de las cuales es siempre responsable.

No cabe la menor duda de que comprender esos matices requiere un análisis previo del terapeuta, al igual que una didáctica y supervisión de casos. Pero solo la llama hermenéutica, solo su inextinguible reflexión sobre los procesos de la relación, puede mantener viva la plena conciencia de las claves dialógicas, una y otra vez, de caso a caso y de encuentro en encuentro, hasta que florezca el horizonte sucesivo.

En tercer lugar, y recordemos que los tres horizontes están estrechamente entrelazados y son interdependientes, se encuentra el *horizonte del sentido*. Como toda relación, como todo diálogo que esté orientado hacia la finalidad de obtener una expresión y una comprensión, también la psicoterapia necesita alumbrar el horizonte del sentido; necesita, pues, culminar su tránsito en una dirección de sentido para el Yo y para el Tú que se encuentran en la relación.

La cuestión del sentido precisa, especialmente en lo que compete al terapeuta (tutor y responsable del andamiento de las claves dialógicas en la psicoterapia), de una apertura hacia la dimensión temporal del lenguaje. Por supuesto, no entendemos lenguaje como la sola expresión verbal, aunque la contenga. Lenguaje es aquella sustancia común del diálogo que, desde el primer día de la relación, se va desarrollando por el concurso de ambos interlocutores, a través de su participación activa. Y, obviamente, esa participación activa contempla, además de los núcleos estables, también las elipsis, los abandonos de caminos discursivos, las variaciones en torno al interés de determinadas temáticas, la contextualización, la amplificación, las metáforas, la elaboración de los sueños, la imaginación, el desarrollo y abandono de una trama, así como también todas las variaciones posibles respecto a la afectividad de la comunicación, por ejemplo, los tonos, las pausas, etcétera.

Pero lo que se entiende por sentido es el conjunto dinámico de todos esos rasgos de lenguaje, el poso de toda la trama que ha provocado el instaurarse de la relación; y, para ello, tanto como para el subseguirse de encuentros como para las aperturas de significados producidos por el diálogo terapéutico, cuenta la memoria, la memoria de los temas relacionados con el inicio y los precedentes del diálogo Yo-Tú en que se convierte la psicoterapia. Cada Yo y cada Tú es, antes que nada, un individuo en el mundo, posee sus valores de referencia y una visión de las cosas. El sentido que se espera que brote a lo largo del diálogo son las transformaciones valorables de esa dimensión temporal del ser: el progresivo acercarse a un puerto posible. Puerto que, en el caso del paciente, estaba oculto por la "parada" con que vivía su aflicción, o por la "aceleración" que cancelaba toda aprensión de sentido, o por el "naufragio" del ser en la pérdida, en las constricciones o en las prohibiciones, o por la incómoda sensación de que, de un momento a otro, estaba por suceder algo irreparable. En la aflicción psíquica, alguna cadena del orden temporal se ha roto o trabado; es decir, el sujeto, alienado, fuera de tiempo y lugar respecto de su anhelo de existir, siente, "sabe" que ha perdido el sentido, la justa concatenación de los elementos temporales que le sustancian. Por eso acude a la psicoterapia, en busca de ayuda.

El Tú con el que se encuentra el terapeuta en el momento de comenzar la psicoterapia, "sabe", pues, de una u otra forma, que el sentido se le escapa por algún sitio. El andamiento de la psicoterapia, de ese diálogo franco entre esos dos individuos, debe tener memoria de ello, debe custodiar esa situación preliminar con la cual inicia el diálogo; puesto que el "sentido", que ha de florecer de la psicoterapia, deberá conectarse y estar en relación, precisamente, con ese principio. Las preguntas que surgen al respecto, en lo que compete al tutor de ese diálogo, son de distinta naturaleza.

Sin lugar a dudas, el horizonte del sentido puede ser nutrido por el terapeuta en la medida en que "comprenda" la naturaleza temporal de la aflicción. Por un lado debe conocer la psicopatología, el saber general, que indica ciertos puntos de referencia en el campo del paciente. Por el otro lado, el terapeuta debe estar preparado para que, durante el diálogo, pueda desaparecer el peso psicopatológico y, detrás de él, aparezca una nueva dimensión de sentido, una nueva petición de sentido. Para el sentido, pues, el terapeuta está mediatizado de continuo por los extremos de *lo fijo* y de *lo mutable*, de lo *psicopatológico* y de lo constantemente *en devenir*, de lo que, dada la repetición o el surgir de una novedad, es susceptible de memoria o, para dar paso a la novedad, es susceptible de olvido. Así, a lo largo del diálogo tendrá oportunidad de verificar ambas perspectivas, ambas tendencias de su universo consciente. Si la tensión entre esos extremos se le vuelve sostenible, si los puntos de *esquematización* y de *relativización* no rompen su círculo hermenéutico, inseparable, entonces el terapeuta se encontrará con un individuo "vivo" frente a él, y podrá supeditar a la "verdad" del diálogo mismo la conclusión de su búsqueda de sentido.

En realidad, la psicoterapia es un campo que se desarrolla a través de concesiones: el diálogo obliga a esas concesiones, a que el terapeuta ejerza y relativice su papel, para que el paciente pueda hacer lo mismo. En la cautelosa concesión desde la esfera de los *roles* a la esfera de los *individuos*, estriba también la clave del diálogo, el hecho que permite el progresivo establecimiento de un Yo-Tú en relación. Y es a través de esas tensiones entre roles e individuos, esto es, entre el nivel de la *diferencia* y el nivel de la *similitud*, donde vendrá a jugarse la suerte de la construcción del principio dialógico: la formalización y construcción de un puente sobre el cual pueda transitar el sentido. Un sentido que, construido el puente, esperará a brotar del trasvase de los sentidos respectivos. Y esa tarea, inapelablemente, se llevará a cabo en el tiempo: serán necesarios muchos contactos entre los sentidos respectivos para que, fruto del diálogo, pueda surgir y desarrollarse el horizonte del sentido que podemos llamar terapéutico.

Para el terapeuta, entonces, se trata de una aceptación de la tensión entre facetas opuestas; *aceptación de la tensión* a la que debemos entender como su disposición a una reflexión continua dentro del arco de los opuestos, a los que ha de hacer circular en una toma de conciencia inextinguible. Será dicha aceptación lo que convertirá al terapeuta en un individuo disponible a la generación *en colaboración* del sentido. Y sobre esa misma aceptación se ciernen las preguntas hermenéuticas: el nivel de su interrogación abrirá el campo al de la interpretación, y este al de la interrogación del paciente, para luego movilizar acaso la interpretación sucesiva, cuyo verdadero sentido no puede más que finalizar en el consenso. La custodia del pasado, por su parte, cederá el paso al terreno de lo presente, a lo que está sucediendo y a las posibilidades futuras; en un dar vueltas sobre ese círculo hermenéutico que sirve para volver a "leer", para releer desde el diálogo mismo, el verdadero motivo, la trama, la urdimbre del proceso del paciente.

Todas esa eventualidades, por lo que respecta a la psicoterapia, solo pueden expresarse y comprenderse mediante el diálogo, a través de una construcción progresiva, mediante ese paradójico movimiento de inclusión y exclusión conjuntos, donde de la similitud del nivel de los individuos se pasa sin temores a la alteridad del Yo y del Tú y viceversa. En definitiva, puede decirse que, de la suerte del puente bilateral del diálogo, de esa tarea de construir, desarrollar y culminar ese círculo hermenéutico, está hecho el sentido, la única interpretación posible, el verdadero sentido de la relación instaurada.

En conclusión, y como hemos visto, diversos horizontes merecen la atención hermenéutica de los que se apresten a ser psicoterapeutas. Los tres horizontes que aquí hemos señalado: el horizonte del saber, el de la relación y el del sentido, ven al psicoterapeuta, si es que este se suma a una propuesta dialógica, como participante activo del carácter y dirección de la psicoterapia, a través de una actividad no aplicativa sino autorreflexiva que debe servir a tomar conciencia de que, sin un interlocutor reconocido en cuanto tal, el diálogo se vuelve imposible.

Y el diálogo se vuelve imposible tanto en la fusión irresponsable como en la dimensión de la alteridad definitiva, puesto que ambos impiden el sentido, que solo puede brotar del encuentro, de esa búsqueda conjunta que es límite también de "verdad". Sentido que se presenta siempre en la forma de una verdad relativa, hecha a medida del individuo tanto como de la relación instaurada a través del diálogo responsable con el mundo. Tal como nos dejó dicho Pareyson:

La verdad no se posee más que en la forma de tener que buscarla aún[29].

Algo así como lo que, a la inversa, en *Los Demonios*, de Dostoyevski, sucede a Stavrogin cuando, al recordarle a su interlocutor Satov un coloquio acontecido dos años antes, este le responde, dándole a entender a la perfección la carencia de sentido de aquel encuentro:

Esta frase es enteramente vuestra y no mía. Es completamente vuestra, y no es solo la conclusión de nuestro coloquio. Un coloquio "nuestro" no existió y punto: había un maestro, que pronunciaba grandes palabras, y había un discípulo resucitado de la muerte. Yo era aquel discípulo, y usted el maestro.

CAPÍTULO IX

LA INDIVIDUACIÓN Y LA MUERTE. VARIACIONES SOBRE LA TRAGEDIA[1]

1. La energía oscura y lo ineludible.

S i enorme y variada ha sido la literatura que la psicología analítica ha producido en torno al *bios* y el *pathos* de la psique (a su esencia, psicodinámica, desarrollo y potencialidad), quizá menor haya sido la atención o el interés prestados a otro tema capital, a saber, si existe y qué significado y qué funcionalismo pudiera tener un aspecto de la psique incapaz de traducirse directamente en símbolo, en operación creativa, en metáfora.

En un momento de la historia en el que una ciencia emergente como la cosmología asume con gracia olímpica que desconoce el 95% de la materia que compone el universo, y aun así alude a una energía oscura como motor susceptible de explicar el andamiento progresivo y expansivo del universo, quizá sea justo interrogarse de nuevo sobre la energía psíquica; y preguntarse luego si pueda resultar posible imaginar una libido negativa, una libido no erótica, pero sí capaz de explicar tanto el aspecto expansivo de la psique como su misma finitud.

Abordando la misma cuestión desde otra perspectiva, nos preguntamos: ¿Existirá un punto ciego en nuestra composición psíquica, un punto –un área- que no solo no circula, porque es contingente, sino que es la negación precisamente de toda actividad? ¿La podemos llamar "muerte"? Y a la energía que la fundamenta, ¿podemos llamarla energía oscura, el mismo nombre que ostenta una de las energías constitutivas del universo? En nuestra hipótesis, dicha energía, al presentarse en un momento ciertamente previo a toda acción (acuñada en una demora donde pensar en cumplir o en no cumplir una determinada acción resulta en verdad excesivo e impropio), acabaría por ser fuente de todo movimiento futuro. Por eso la llamamos energía oscura o negativa, siguiendo el símil de la cosmología moderna. Y al área que experimenta dicha energía la podemos llamar muerte, con el fin de denominar de algún modo que se preste a comprensión el insuperable límite que afecta al sujeto durante el periodo de su descarga.

Si seguimos este razonamiento, han de existir, entonces, zonas (siguiendo una perspectiva espacial) que se activan durante periodos (desde una perspectiva temporal) de vida psíquica. Zonas que, una vez activadas, no determinan precisamente acciones ni movimientos directos; pero que nada impide que puedan resultar, en segunda instancia, fenómenos propulsores de vida psíquica ulterior, esto es, ya cuando la energía se haya transformado en energía positiva y circunde áreas de mayor actividad y movimiento.

¿Qué es lo que nos viene a decir otra ciencia emergente en nuestros días, como es la paleontología? Algo así como que nuestra evolución en cuanto especie comienza cuando la ausencia de movimiento y la muerte, en lugar de ser el resultado final del significado biológico de la vida, se erige en inicio de operaciones complejas del hombre; operaciones que solo en primera instancia serán ritos mortuorios y funerarios, puesto que bien pronto se convertirán en actividades complejas, que van desde el funcionalismo simbólico hasta el arte, desde la ética hasta la organización social, desde el teatro hasta la necesidad del sentido.

La conciencia de la muerte, así, es la experiencia preliminar del ser humano. La asunción previa de ese límite es lo que moldea sus aspiraciones, lo que lo propulsa de manera sorprendente hacia una visión personal de sus inquietudes, y lo que lo acerca a cotas imprevistas de realización subjetiva y objetiva. Es algo así como la mera imagen de la muerte cual destino, convertida por lo tanto en motor de proyectos. ¿Qué otra cosa es la conciencia de la muerte? Y esos proyectos ulteriores, ¿de qué manera pueden escapar a su matriz? Nosotros no formamos parte de una especie que se encamina, así sin más, hacia el reino de lo ineludible; sino que, sabedores de nuestro destino mortal, lo anticipamos de tal forma que lo ineludible, tamizado en la conciencia de la muerte y vehiculado por la energía negativa, es tomado también como preinicio de nuestro teatro de operaciones. Ese es el momento de la transformación: cuando, desde lo ineludible avanzado, la experiencia se vierte en prólogo de actividad, y cuando, por ende, la energía negativa se convierte progresivamente en energía positiva, al igual que sucede con el movimiento del reloj de arena, o con los recipientes homeostáticos.

¿Está esto presente de algún modo en la psicología analítica? ¿Afecta a ciertas pretensiones del llamado proceso de individuación? ¿De qué manera se introduce en la comprensión de la psicopatología? ¿Existe algo en la dimensión trágica del ser que nos constituye ya de partida?

2. La presencia de la muerte y la tragedia en la psicología analítica.

En la psicología analítica, tan radicada en las polaridades psíquicas y en las fuerzas resultantes de su dinamismo, de naturaleza tan antinómica, no es de extrañar, pues, que se desprenda una idea de desarrollo progresivo e inestable como lo es la idea del proceso de individuación. Dicho vitalismo, dicha tensión existencial (imaginal, simbólica, creativa…), necesariamente tenía que proponer metáforas para aludir con ellas tanto a las fuerzas oscuras que fueran capaces de no menospreciar aquella interacción simultánea con las fuerzas luminosas, como a la sucesiva composición de estas últimas con las primeras, cuanto a la final relación complementaria entre ambas, de forma tal que juntas se rigieran por un principio de compensación.

Si esa es la trama de la psicología analítica, bien podemos comprender que conceptos como *muerte* y *tragedia* (vistos de manera tan radical por el psicoanálisis del primer Freud, al punto de resultar maniatados por un aparato en ocasiones excesivamente reductor y pesimista) pudieran llegar a difuminarse en el núcleo más duro de su propia esencia. En efecto, tuvieron que componerse casi al unísono con sus opuestos (renacimiento, serenidad, rescate), hasta llegar a traducirse tal vez en conceptos de naturaleza trascendente, alumbradores finalmente de sentido, orientadores de la experiencia, en ocasiones, verdaderas pruebas de iniciación.

El riesgo, entonces, podría ser el inverso. Más de un autor ha señalado el peligro de ambigüedad y atenuación de conceptos que se cierne sobre la psicología analítica, tildada en ocasiones de optimista en exceso y de erigirse fácilmente en fuente de inspiración esotérica, con mayor tendencia a dirigirse hacia comprensiones susceptibles de devenir auténticas inflaciones psíquicas que a convertirse en propuestas rigurosas de reflexión crítica.

En cualquier caso, en una obra tan extensa y rica como la junguiana, podemos hallar ejemplos de la presencia atenuada de la muerte en su significado renovador y trascendente; de la misma forma que podemos hallar una clarísima captación, para nada ambigua ni devaluada, de su esencia, tal como sucede, por ejemplo, en *Ánima y muerte*, de 1934:

Así como la trayectoria de un proyectil termina en el blanco, la vida termina en la muerte, que es entonces el blanco, la finalidad de toda la vida. La trayectoria ascendente y el vértice solo son grados y medios para alcanzar la finalidad, el final, es decir, la muerte. Esta fórmula paradójica no es más que la lógica consecuencia del finalismo de la vida […] Nosotros atribuimos un fin y un sentido al momento inicial de la vida; ¿y por qué no deberíamos hacer lo mismo para su decadencia?

Lejos entonces de enmarañarnos en si la muerte y la tragedia están o no presentes de forma adecuada, rigurosa y no atenuada en el arco de la entera literatura de la psicología analítica, quizá sería mejor aceptar que en ocasiones es así y que en ocasiones no lo es; entre otras cosas porque toda psicología está obligada a desarrollarse a través de conceptos comprendidos psicológicamente, esto es, desde el nivel inestable y a menudo contradictorio de su vivencia. Nada impide, pues, que, en una psicología, la muerte sea a veces alumbradora de sentido y de vida y que otras veces sea final y defunción de todo sentido. En cualquier caso, nuestra propuesta es otra: la psicología permite ofrecer hipótesis de sentido cuando se remite a distintas fuentes de la cultura. Esa es una tarea inacabable y fecundadora. Para ello precisamos una definición semántica que circunscriba los conceptos que vamos a utilizar.

3. La tragedia y la muerte. Una aventura a dos.

> *En los poemas homéricos el ejemplo más alto de una conversación florida entre las dos orillas de la muerte nos llega del poema del canto XI de la Odisea, allí donde Ulises y su madre se hablan larga y dulcemente, lejanos y muy cercanos a la vez, sobre el umbral del Hades. ¡Qué distinta es la tonalidad emotiva de su diálogo, respecto de aquel entre el Patroclo onírico y Aquiles, y de cualquier otro encuentro del mismo Ulises con las sombras que se yerguen hacia él desde lo oculto del Hades! En el coloquio entre el hombre vivo y la imago incorpórea de la mujer que lo ha parido, casi se tiene la sensación de que la naturaleza misma esté presente entre ellos con su misterio de nacimiento. Presente, como un intérprete invisible: entonces ellos se dirigen repetidamente el uno al otro llamándose todavía con las primeras palabras de la infancia: téknon emón, méter emé, "hijo", "madre".*
> **Luisa Colli.**

El nivel desde el que pretendemos aproximarnos a la muerte y a la tragedia es precisamente el del canto XI de la Odisea, aquí parafraseado espléndidamente por Luisa Colli, en *La morte e gli addii*. Las dos orillas de la muerte y de la vida hallan un puente en la palabra de los dos sujetos, en su lenguaje, en su plena expresión, pero en ningún momento se confunden ni pierden un átomo siquiera de alteridad. En efecto, existe toda una tradición que refleja este doble aspecto: palabra y otredad; o, visto desde otro ángulo, otredad absoluta entre vivo y muerto, y, no obstante, diálogo. Quizá se trate de la tradición del duelo: el diálogo a menudo fecundo entre las necesidades de la memoria y la necesidad de ser recordado.

¿Qué significa tragedia? Para algunos se trata de un género teatral; para otros, las vicisitudes del infortunio en la vida; para los más, una trama, teatral o no, que conduce hacia un final infausto; tradicionalmente, es el relato y representación de la precipitada caída en desgracia de un ser de partida poderoso, eminente u honorable. A menudo, la tragedia es vista también como una trama humana que indefectiblemente se asocia con la muerte.

Pero en este punto hay que ser precisos. No toda tragedia conduce a la muerte, de la misma manera que no toda muerte es producto de una tragedia. Probablemente, ambas participan o provienen de aquella energía negativa que hemos mencionado al principio. Pero esto no debe confundirnos. Toda energía se bifurca desde su misma puesta en acción. Para que esto no ocurriera, sería necesario que la energía permaneciese como campo potencial, como disparo de proyectiles sin trayectoria y, por lo tanto, sin blanco aún. Una vez desplegada, ahí se separan las trayectorias, las finalidades y, en consecuencia, sus blancos.

La muerte, por un lado, aparece a primera vista como algo más drástico, más radical, con un blanco mucho más contundente. Por el contrario, la muerte puede ser en ocasiones buscada o, solo desde ese nivel, evitada en su dejar de buscarla, en la medida en que nosotros podamos intervenir sobre ello.

La tragedia, por el otro lado, parece una cuestión menos corpórea pero más extensa y que genera una aún más enorme indefensión. De la curva de la tragedia nadie puede huir: su trayectoria escapa por completo a nuestros designios. Pues la tragedia resulta ser lo indefectible, lo inevitable, lo que se nos impone por grandes que sean nuestros dominios; dominios que manifiestan su naturaleza precaria, precisamente, al precipitarse uno en la cadena trágica.

Desde otro punto de vista, la muerte aparece con su carácter individual, y la tragedia acontece sobre un escenario a menudo poblado de personas, algunas agentes o coadyuvantes o acompañantes o participantes del infortunio mismo.

Es verdad que no es posible eludir ni la una ni la otra, pero ya hemos insinuado que en caso extremo se puede elegir el momento de la muerte; mientras que, por el contrario, no puede hablarse de posibilidad de elección en lo que respecta al momento de entrar en la tragedia, entre otras cosas porque uno no se basta a sí mismo para precipitarla. Son necesarios, al menos, espectadores, capaces de recoger y comprender el hecho trágico que está aconteciendo.

Desde este plano, *conciencia de la muerte* y *conciencia trágica* pueden resultar en buena medida distintas, no exentas de un cierto nivel de oposición. La conciencia de la muerte puede resultar una previsión de un evento futuro, un límite que se dibuja en el horizonte y que, al delimitar potencialmente la vida, de alguna manera la configura y le ofrece estabilidad. La conciencia trágica, por el contrario, es el límite aquí y ahora, una previsión de que la eventualidad trágica pueda ya haber comenzado a andar, lo cual relativiza todo contexto vital en sus facetas de solidez y seguridad. Si la primera habla de la incertidumbre de *lo que va a acontecer*, la segunda trata de la incertidumbre de *lo que acontece*: porque ya comenzó a acontecer, porque está aconteciendo o porque puede acontecer en cualquier momento. Ambas nos dejan en la indefensión, ambas nos recuerdan que carecemos de capacidad para oponernos a las fuerzas de la naturaleza. Pero si las fuerzas de la naturaleza hablan el lenguaje del *bios* en el caso de la muerte, en el caso de la conciencia trágica hablan directamente, y pueden llegar a colonizar incluso el lenguaje más específico de la naturaleza humana: su trama existencial, su estilo de vida; en última instancia, el centro mismo de lo que convenimos en llamar personalidad.

Por todo ello, las turbulencias que se presenten en la conciencia de la muerte van a producir unos fenómenos distintos de aquellos que procedan de las turbulencias en torno a la conciencia trágica. Y si distintos son los fenómenos, distinta será la psicopatología y distinto también el nivel de psicoterapia con el que aproximarse a ellos.

Pero antes de introducirnos en esos aspectos, convendría resaltar la funcionalidad de ambas conciencias, sus bondades. Porque es cierto que la conciencia de la muerte tiene aspectos muy positivos, y que también los tiene la conciencia trágica.

La conciencia de la muerte ensancha la vida desde el punto de vista de la vivencia de su duración. La vida se desarrolla desde los conceptos de duración y continuidad solo gracias a la conciencia de la muerte. Si hay conciencia de la muerte, entonces hay conciencia de la vida, y eso es el terreno desde el que parte la memoria, así como también los proyectos. Los tiempos verbales de la psique son los tiempos verbales que aporta la conciencia de la muerte. Temporalidad, duración, continuidad, memoria y proyectos son algunos de los aspectos con que se presenta la conciencia de la muerte, es decir, con los que esta permite la existencia de aquel concepto fenomenológico de Minkowski denominado *tiempo vivido*.

Si la conciencia de la muerte apunta hacia la *temporalidad vivida*, la conciencia trágica se dirige hacia los *fenómenos de intensidad vital*. Dada la precariedad que la imprevisible irrupción de la eventualidad trágica nos produce, el hecho vital concomitante pierde en duración en la misma medida que gana en intensidad. Estar bien aferrado a la vida es un concepto que se pone de manifiesto en el instante, en cada instante. La conciencia trágica añade a la supervivencia temporal la supervivencia vital, al permitir que la vida adquiera aquel cariz de "lo mío", de "lo que me pertenece". Algo de ello está presente en el concepto de *élan vital* de Bergson, y también guarda relación con los conceptos de libertad, de *contacto vital con la realidad* de Minkowski, de empuje, iniciativa, y demás asociados.

La libido oscura o negativa se bifurca desde su fuente en esos dos planos de conciencia, de cuya aleación resulta una conciencia preliminar negativa basada en la captación y asimilación de todo lo ineludible que planea sobre nuestra existencia, resumible en los conceptos de muerte y tragedia. Confiamos en que se perciba la enorme diferencia entre esta libido oscura y el concepto de *thanatos* que Freud incorporó. Sugerimos incluso que esa fuerza que tiende hacia la destrucción, llamada por el gran Freud, *thanatos*, lejos de ser una fuerza primordial del ser, no sea más que uno de los resultados de las perturbaciones susceptibles de ocurrir durante aquel tránsito, por lo demás natural, que va desde la libido oscura hasta la conciencia de la muerte y la conciencia trágica que hemos tratado de ilustrar.

4. Breve psicopatología de la conciencia de la muerte.

Si la conciencia de la muerte es lo que genera aquella duración y temporalidad que hemos esbozado apenas, podemos imaginar la enorme cantidad de fenómenos que desde ahí se derivan. Grietas de cualquier tipo que en ella se produzcan, van a conllevar síntomas diversos y malestar en la existencia.

Comencemos con las afecciones de la memoria y del pasado. ¿Qué es lo que en psicología se ha llamado *pérdida* y que, sin estar relacionada necesariamente con nada material, conduce a los fenómenos depresivos? ¿Y qué es la *culpa*? ¿Y qué la relación entre las dificultades del *duelo* y la depresión, ya avanzada magistralmente por Freud? Una vez perdido el contacto con alguna sustancia psíquica que previamente tuvo vida, ahora esta yace inerte ante la mirada psíquica actual. En ocasiones esa pérdida se relaciona con la culpa, puesto que se reconoce que no fue por accidente que dicha sustancia se perdiera, sino más bien por falta de custodia y diligencia, y, a veces, tal como sucede en *Lord Jim*, de Conrad, por acciones automáticas que dejan al sujeto como protagonista de un ataque autodestructivo contra su propia ética.

Esa memoria dolorosa comprime la temporalidad, y desactiva los tiempos presentes y futuros hasta producir una ralentización del curso vital que, incluso, puede llegar a tomar como inconcebible el cumplimiento de una sola jornada.

Conciencia de la muerte y depresión no forman parte, pues, de la misma historia narrada. El suicidio declara a viva voz la imposibilidad de aunar los dos conceptos. "Antes la muerte -con la ralentización completa que expresa, con la expiación que a veces la acompaña- que la conciencia de la muerte", parecería aquí ser la ecuación que se dirime: antes el *instante* que el *tiempo*, esto es, cuando la compresión del tiempo presagia una repetición infinita de dolor y carga.

Además de la constelación de los fenómenos depresivos, la perturbación de la conciencia de la muerte está implicada en la fenomenología obsesivo-compulsiva, en algunos aspectos de la anorexia, en algunas fobias y también, claro está, en la otra cara de la depresión, en la manía. En todos ellos, la temporalidad vivida muestra sus grietas, tanto a nivel de repeticiones como de ceremonias, tanto a nivel de impulsos como de proyectualidad fija y predeterminada. Los tiempos de la vida aparecen como secuestrados, ora comprimiéndose, ora alternando drásticamente su velocidad, ora desprovistos de su aliento relacional. La duración se postra ante el instante, hasta que el instante mismo es concebido como la única duración posible: háblese de letanías, nostalgias, ritos y evitaciones, todas ellas tendentes a cancelar el peso del tiempo y su dimensión provocadora en cualquiera de sus niveles, ya sea el de su continuidad, ya sea el de la inevitable variación a la que conduce su extensión.

No debe ser fácil, por consiguiente, restaurar los cauces de la conciencia de la muerte una vez interrumpidos antes o después de su aparición. En realidad, son muchos los estímulos que le llegan al sujeto con ánimos de suministrarle un elixir contra el peso de la existencia vivida; aun cuando ese peso contenido en la conciencia de la muerte (con su preludio a la vez infausto y vivificador) haya acompañado desde el principio las experiencias de nuestra especie, y aun cuando, por lo tanto, hayamos demostrado no solo cierta capacidad de sostenerlo adecuadamente, sino incluso de servirnos directamente de él.

Sea como fuere, la conciencia de la muerte se halla presente en buena parte de la tradición cultural, lo que muestra una tentativa de regreso hacia sus cauces. Aun partiendo desde orillas opuestas de la temporalidad, la *Recherche* proustiana y el *Ulises* de Joyce pueden comprenderse como el camino que expresa, respectivamente, la dificultad y la fecundidad de la experiencia vivida. Del mismo modo que las *Cartas a Lucilio*, de Séneca, se situarían como una de las expresiones directas más elevadas y bellas de la conciencia de la muerte. Y la *Odisea*, a lo largo de su periplo accidentado y lleno de aventuras, obstinadamente variable e inestable, como una insuperable muestra de los efectos que sobre la conciencia del tiempo causa la pérdida inicial de orientación; muestra que abarca desde la involuntaria huida –o búsqueda- hacia delante al precio del olvido, hasta la recuperación final de la temporalidad vivida, previo paso por el retorno a sí y el concomitante retorno de la memoria tras largos años de inquietudes sin fin y de aparentes y solo momentáneos reposos. Todo ello como explicación de la íntima dificultad del hombre ante el horror de la guerra y del genocidio gratuito.

5. Breve psicopatología de la conciencia trágica.

> *Hay una diferencia enorme entre las civilizaciones que carecen de conciencia trágica (y que por lo tanto ignoran también la tragedia, el* epos *y la novela en cuanto expresiones de tal conciencia) y aquellas cuya vida práctica está dominada por un autoconocimiento inspirado en una clara conciencia trágica [...] Esta no es necesariamente el producto de una alta civilización, es más, puede ser primitiva: sin embargo, un hombre que haya adquirido tal conciencia nos da la impresión de que solo entonces hubiera abierto los ojos al mundo. Ahora, efectivamente, al tomar conciencia de ser al límite del misterio, nace en él aquella inquietud que lo empujará hacia delante. Ninguna situación puede ser ya estable para él, porque ninguna lo sacia. Con la conciencia trágica toma inicio el movimiento de la historia, que no se manifiesta solo en acontecimientos exteriores, sino que se desarrolla en las profundidades mismas del ánimo humano.*
> **Karl Jaspers.**

A pesar de los beneficios mencionados de la conciencia trágica, tampoco resulta fácil hacer las cuentas de continuo con la precariedad de la existencia humana. Es como si un viejo mito se hubiera apoderado de nuestro curso vital y nos desviara, una y otra vez, de la sensación de importancia y relatividad de nuestros logros. Alcanzada una posición existencial (subjetiva, relacional, social…), algo se nos impone, como si quisiera preservar indefinidamente el peldaño recién superado. Es humano que así sea, como humanas son sus consecuencias…

El mito de la seguridad se asoma una y otra vez a nuestra experiencia cotidiana, generando tanto una pretensión máxima e ingenua de mantener los productos de nuestra ambición, como una incomodidad creciente frente a los embates imprevisibles e ineludibles del destino.

Acomodarse a nuestra precariedad significa acompañar nuestros intereses, e igualmente la puesta en marcha de nuestros proyectos, con ciertas dosis de escepticismo; las suficientes como para mantener un tono de intensidad vital cuya flexibilidad convierta al individuo en capaz de enfrentarse con fortuna variable a las vicisitudes de la vida, y también a las que aportan sus propias sensaciones interiores.

Mas el mito de la seguridad acucia nuestra visión y cubre de falsas expectativas el horizonte de nuestras bienintencionadas propuestas. Hay que ser resolutivos, parece proponernos el mito, una y otra vez: si te acercas al toro, *hay que acabar la faena*. No se trata ya de adentrarse en el territorio del conocimiento, fundamentalmente paradójico, pues adentrarse en él es hacerse consciente de su inconmensurable e inabarcable magnitud. Se trata más bien de *hacerse con* el territorio, o confundir aquel territorio con el territorio definitivo de la eternidad.

Es en ese preciso instante que la realidad, con su firme resistencia frente al orden de lo definitivo, se coloca fuera del mito. Y si nuestra libido –nuestro empuje- ha perdido la memoria de su sustancial oscuridad, y luego, presa de una fulgurante devoción, apunta ya al blanco suministrado por el mito, entonces la realidad entera puede ser vista como el enemigo, como aquel persistente incordio que pone en duda la posición alcanzada y que hace tambalear el concepto de seguridad.

Por esa vía, la tensión entre el mito y la realidad aumenta, hasta que se hace insoportable. Entonces puede ocurrir la ruptura entre los dos bravos contendientes: el yo-mito se hace con la seguridad, aun a costa de perder el contacto vital con la realidad; tal como sucede en las formas esquizofrénicas de impronta autista y, cualitativamente, en ciertas formas de narcisismo. Pero casi nunca el asunto se resuelve de forma definitiva, a pesar de las pretensiones del mito. A veces hay extrañas nostalgias de la realidad, mimada, fantaseada, imaginada o narrada, como en ciertos delirios paranoides. O la sensación de haberse instalado en la seguridad, pero en una seguridad paradójicamente muy precaria, con el enemigo cerca, muy cerca: habrá que estar alertas, lúcidos, precavidos, para apuntalar la zona de seguridad constantemente, extenuadamente. Resulta en verdad sorprendente la dimensión de la energía desplegada en la paranoia...

Otras veces la tensión no produce la ruptura entre los contendientes. Más bien se trata ahora de un combate interminable. La neurosis de ansiedad cuenta tanto la historia del mito de seguridad como evoca las peripecias de una realidad que amenaza, una y otra vez, con imponerse a las apetencias definitivas del yo. La inquietud, que en cierta medida es constitutiva de la conciencia trágica, se convierte así en una inquietud indeseada, patológica, padecida: se convierte en el síntoma.

En otras ocasiones son las sensaciones corpóreas incontrolables y que apuntan directamente a la enfermedad lo que me produce inquietud, mientras que a la vez quiero estar seguro de que no me pasa nada, de que no me va a pasar nada. En este punto se añade a la hipocondría ciertos niveles de la fobia, que se acerca ahora a las perturbaciones de la conciencia trágica (como antes se acercaba a las perturbaciones de la conciencia de la muerte, donde también podía instalarse la hipocondría, por lo menos, a ciertos niveles); eso hasta que el mito de la seguridad perezca tras un ataque masivo procedente de la zona de inquietud, cual puede concebirse el ataque de pánico.

Una atención aparte merece la histeria. Por ciertos contenidos y formas de expresión, recuerda las dificultades de la conciencia de la muerte, especialmente en lo referente a la afectación de la temporalidad, a través de la compresión extrema del tiempo, hasta culminar en el estado crepuscular; pero, desde una panorámica general, es posible también concebirla como una sorprendente expresión de las perturbaciones de la conciencia trágica. De la conciencia trágica puede uno intentar escaparse de muy distintas formas, no obstante sea conocido el final trágico de algunas fugas. Pero el ser humano resulta en verdad un animal muy particular. La cuestión no está exenta de cierta ironía (como sucede en algunas obras de Eliot, de Pirandello, de Calvino o de Max Frish) ni, a la vez, de cierta gravedad (como en *El Quijote* de Cervantes, en algunos relatos de Schnitzler y de Strindberg, o en *La metamorfosis* de Kafka). Porque, a veces, el ser humano, con la máxima tensión de la identidad del yo entre seguridad y precariedad, acaba por refugiarse en el último rincón que íbamos a imaginar: en la confusión con el héroe trágico. Escapar de la conciencia trágica identificándose, siquiera por un instante, con el héroe trágico. Refugiarse de la intensidad vital en la intensidad del instante; refugiarse del orden formal en la expresión concreta de la forma, más allá del mundo de interpretaciones convencionales que recaerán sin duda sobre el individuo.

Se trata de una intensidad vital máxima, pero desprovista de fondo, de memoria, de extensión más allá del enigmático concentrarse de las apetencias en un solo instante; como si estas convergieran trepidantes en un último punto, arrastradas vertiginosamente por un proyecto de retorno, o quizá por la memoria de un proyecto apenas vislumbrado. No creo que pueda tildarse de fatua ni vana la operación, a pesar de su difícil comprensión y su aún más dificultoso desciframiento. Si acaso, sorprende la duplicidad del movimiento, como si con este, al pasearse por uno y otro, se quisiera abarcar a los contrarios, sin necesidad o capacidad todavía de definir una trama determinada: ¿se sufre de soledad, o el precio de la relación es demasiado caro por lo que esta ofrece? ¿Se está inflacionado en la omnipotencia, o más bien comprimido en un atisbo abisal de lo prematuro y, por lo tanto, definitivamente impotente? Más que ofrecer la materia prima para el desarrollo de una trama argumental, sea dramática o narrativa, la histeria parece un compendio velocísimo y entremezclado de héroes y tramas y vicisitudes, provenientes de todo el arco de la cultura y la experiencia humana: un primer tenor ante una platea exquisita; un Edipo *expuesto* en el monte Citerón frente a los ojos coléricos y determinados de sus parricidas padres; el irremediable pozo crepuscular y misógino de los celos y dudas de Otelo; las emociones plenas de ilusión del novio durante su matrimonio regio; la debacle –tras angustiosa duda- de Hamlet en el dilema de la justicia y la autodestrucción, profundamente lúcida; el estar interpretando a solas, en la buhardilla de una casita en el bosque, una delicada *partida* de Bach… La sorpresa de la histeria es la apetencia *de* ser, más que la apetencia *del* ser; como si aclarara con ello que es posible que la vida, lejos de ser siempre una condición unitaria, sea más bien una atalaya desde la cual regresar o dirigirse (así de incierta es la experiencia) hacia las dimensiones de la multiplicidad.

La histeria nos ofrece entonces el reducto más imperecedero de la dimensión trágica del ser humano: no existe ya horizonte donde desplegar la intensidad vital, pero se dispone de una forma flexible capaz de recitar intensidades, experimentadas realmente en el orden de lo instantáneo y de lo subjetivo, de muy variada procedencia y de un aún más variado destino.

6. El proceso de individuación y el orden de lo negativo.

Como es bien sabido, el proceso de individuación se sitúa en el eje de la psicología analítica, y se presenta tanto como un proceso basado en la integración y la diferenciación de la psique en su mismo transitar por el mundo, cuanto como una de las metas principales de la psicoterapia dialógica instaurada por Jung.

La psicología analítica, de clara inspiración relativista y de vocación empírica, buscó metáforas que fueran capaces de situarse con fuerza en el campo de las ideas del Siglo XX. La individuación, concepto de matriz filosófica, trató de hallar un campo lo suficientemente extenso y delimitado por el que hacer florecer la línea de pensamiento de Carl Gustav Jung: el decidido dualismo junguiano, basado en antinomias y paradojas, debía por fuerza alcanzar a las funciones psíquicas y a las experiencias humanas. Nociones con frecuencia separadas o antagónicas en el curso de la historia, como son la pareja individuo/colectividad, acabarían conducidas por conceptos aunadores y perspectivas que algunos críticos han comentado como ambiguas. Desde luego, el dilema de la individuación puede resultar inquietante: el equilibrio reside en un nivel de adaptación a lo colectivo que permita la personalización, o bien al contrario, en alcanzar aquella personalización que sirva de buena adaptación a lo colectivo. Por otro lado, la meta se ubica en el proyecto: si la meta es instaurar un proceso, entonces el logro no puede ser más que provisional y precario.

No parece tan fácil, entonces, comprender la esencia de ese proceso de individuación; y menos aún, a juzgar por algunos excesos simplificadores, que frecuentemente conducen a fenómenos de *inflación* psíquica, sostener sus dilemáticas implicaciones: se crece, pero al lado de los demás, es decir, en horizontal (como diría Binswanger); se abre uno al conocimiento, tanto de sí como de los demás, pero sin desprenderse del conocimiento de sí aportado por el otro, ni del conocimiento de los demás también aportado por ese mismo otro. Hasta llegar a la máxima implicación de la individuación: para ser yo, el otro habrá de ser *el otro*; pues sin un otro individuado yo no puedo saber si lo que me ocurre es que me acerco a mi propia individuación, o si, por el contrario, me conduzco hacia el autoengaño. El relativismo empírico y pragmático tiene estos dilemas y paradojas.

De ahí la apuesta que hace Jung por el método sintético-hermenéutico en psicoterapia. Se trata de sentar unas bases de participación del terapeuta que, una vez establecidas, permitan el diálogo y la intersubjetividad plena.

Por lo dicho, parecería claro el recorrido posible del concepto; pero la experiencia muestra que el concepto de individuación, en ámbito junguiano, recala demasiadas veces en el puerto individual, y que se tiende una y otra vez a desembarazarse del puerto de la colectividad, es decir, a desvirtuar su propia esencia filosófica, así como se tiende también a rechazar su naturaleza dialógica e intersubjetiva.

Pero hay que recordar, en este punto, que la inflación no es más que un fenómeno que procede de la constelación maniacal. Esto es, que se trata solo de un periodo de exaltación que precede o sucede a un periodo de pérdida y depresión, llamado por algunos *nigredo,* que en su significado arrastra y resalta a la vez la negatividad y ciertas aficiones oscurantistas que suelen acompañarla.

Quizá sea un asunto de memoria. Recordemos el principio de estas páginas, tanto la libido negativa u oscura, como la conciencia de la muerte y la conciencia trágica, además de esas máximas sobre el proceso de individuación que podemos tomar por buenas: si la meta es instaurar un proceso, entonces el logro no puede ser más que provisional y precario; y, para ser yo, el otro habrá de ser *el otro*. Si sumamos estos conceptos para no olvidarnos ya más de ellos, entonces ya se aclara también el ejemplo suministrado por el diccionario de filosofía: que Sócrates es, por un lado, Sócrates, y, por el otro, uno más entre otros hombres similares, entre el conjunto de hombres, cada uno con su propia identidad.

¿Y cuáles son las circunstancias que permiten a los hombres tener una identidad, conocerse a sí mismos y conocer a varios de sus semejantes? Sin lugar a dudas, todas aquellas que los obliguen a hacer las cuentas con lo que se les resiste, con lo ineludible.

La realidad ha sido un concepto que ha reunido ese carácter de resistencia y de ineludibilidad frente al sujeto. *Funciones de realidad* -añadiría Janet- son las operaciones que ejerce la psique a la hora de hacerse cargo de esos frentes. Nosotros las hemos llamado conciencia de la muerte y conciencia trágica, para así señalar unas operaciones ejercidas sobre dos fenómenos que, siéndonos comunes, nos afectan profundamente desde el plano individual: la tragedia y la muerte; ambas visibles y reconocibles en el "teatro" de nuestra vida cotidiana, a la vez que tremendamente ocultas, imprevisibles e ignotas. Después vendrá una cierta diferenciación, aunque toda diferenciación depende también de otras diferenciaciones.

Acaso el equilibrio resida en la memoria: si me voy diferenciando, esto es, si voy conociéndome a mí mismo cada vez mejor, es porque estoy aprendiendo a la vez a relativizar ese conocimiento en aras de un conocimiento futuro; el cual, paradójicamente, se hace posible solo en la medida en que recuerde mi propia indiferenciación, es decir, mi propio desconocimiento.

Esa es la vía por la que conviene retocar nuestro principio energético. Nuestra energía primera es la oscura o negativa. Solo desde ella cabe esperar un lento y nunca definitivo trasvase hacia posiciones positivas: solo desde ahí merece la pena hablar de proceso de individuación, como también de símbolo, de metáfora, de creatividad; porque, en definitiva, una cosa es hablar de esos conceptos, incluso de forma grandilocuente, y otra es habitar aquellas profundidades: adentrarse -esta vez para pintar- en aquella cueva, o tela; componer a tientas y con gran atención y memoria unos sonidos hasta lograr aquella melodía; o, fruto a medias de la inspiración y del consenso, traducir en palabras imágenes y situaciones que son lo que son y que a la vez son representación de lo que no son.

Como ya puede intuirse, la operación simbólica, la creativa y la metafórica, se constituyen *desde* y *sobre* el pozo irreductible de lo negativo y lo oscuro: desde ahí despliegan su significado auroral, a la vez perceptible e inaprensible; y al desplegarse sostienen un principio homeostático que solo es imaginable con la permanencia, al lado del resultado, del aliento de la operación que lo constituye, aliento necesariamente oscuro, tanto como luminoso –y aun tenebroso- llega a ser el resultado.

Parece necesario, pues, asegurar el principio homeostático de la individuación, entre individuo y colectividad, entre memoria y proyecto, entre negatividad extrema y el inicio de una cierta positividad, capitaneada desde la experiencia vivida y por la continua alusión a lo inaprensible. Y para lograr ese objetivo, conocedor y limitado, durable e intenso, mas siempre asentado en su naturaleza precaria y relativa, se diría que la individuación precisa de la conciencia de la muerte y de la conciencia trágica para llegar a ser algo más que un simple espejismo. Entonces acontece la experiencia, y, en contadas ocasiones, como en estas notas para el *Empédocles* de Hölderlin, incluso el símbolo, exportado desde el nivel experiencial y diáfanamente vivido hasta la palabra poética.

En el medio está la muerte del ser singular, es decir, aquel momento en que lo orgánico depone su yoidad, su particular ser-ahí, que se había convertido en extremo, y lo aórgico, su universalidad, no en una mezcla ideal, como al principio, sino en la lucha real más alta, por cuanto lo particular, en su extremo, ha de universalizarse activamente cada vez más frente al extremo de lo aórgico, ha de arrancarse cada vez más de su punto medio, y lo aórgico ha de concentrarse cada vez más frente al extremo de lo particular y, cada vez más, ganar un punto medio y hacerse lo más particular: *en donde lo orgánico que se ha hecho aórgico parece volver a encontrarse a sí mismo y retornar a sí mismo, en cuanto que adopta la individualidad, y el objeto, lo aórgico, parece encontrarse a sí mismo, en cuanto que encuentra también a la vez lo orgánico en el más alto extremo de lo aórgico, de modo que en este momento,* EN ESTE NACIMIENTO DE LA MÁS ALTA HOSTILIDAD, PARECE SER UNA REALIDAD LA MÁS ALTA RECONCILIACIÓN…

CAPÍTULO X

REFLEJO Y RECONOCIMIENTO EN EL PROCESO PSICOTERAPÉUTICO[1]

En cierto sentido también la Locura es una máscara, ya que todos poseen una máscara, ya que el mundo es todo un juego de espejos, y de imágenes: de rostros celados por las máscaras, de aspectos reflejos y cambiantes, puestos del derecho y del revés. La locura es la "verdad" de la vida, de la escuela, de la sociedad. La locura no puede ser ni extirpada, ni "separada". Sin la locura, ¿quién se ocuparía de conservar y de reproducir la vida? Lo que demuestra que la verdad se ve invertida en la locura, hasta que una más alta locura deja alcanzar aquella más alta verdad que es la conciencia irónica de la inseparable conexión entre sabiduría y locura, es más, su dialéctica coincidencia.

Eugenio Garin.
Introducción al *Elogio de la Locura*, de Erasmo de Rotterdam.

1. Reflejar y reconocer. El aparecer de dos movimientos.

Tendríamos un todo si pudiésemos realizar el significado de la unidad.
Pero el significado de la unidad es multíplice. El individuo particular
es una unidad que es infinita; si quiero conocerlo, lo descompongo en
las muchas maneras del ser individual; al ser conocido, el individuo
pierde precisamente su unidad a favor de esas muchas unidades que lo
constituyen. La existencia singular (Existenz) es una idea filosófica; como
empleo el Uno en el pensamiento trascendental para iluminar el aspecto
incondicionado de la existencia absoluta. Nosotros aprehendemos
las unidades durante el proceso del conocimiento, pero nunca las
unidades últimas: ni las del individuo, ni las de la existencia absoluta.
Karl Jaspers.

Desde los albores de lo que concebimos como historia de la humanidad, el ser humano ha debido hacer las cuentas con un estado de inquietud provocado por la incertidumbre y la angustia del conocimiento de su destino mortal. La experiencia de ser cambiantes, mutables, móviles, ha fijado en nuestro conocimiento la imposibilidad de concebirnos como un todo unitario de modo perdurable. El uno, se diría, es una medida en el espacio que poco puede compartir con los empujes del tiempo.

Basta volver la mirada a las etapas de la vida. Una inicial simbiosis, caracterizada por la experiencia sensorial de presente continuo, cede el paso al comienzo de las relaciones y a los movimientos intencionados. Luego el dolor, la palabra, la focalización paulatina de la posesión del cuerpo, el caminar… Apenas una etapa llega a su culminación, la momentánea unidad alcanzada procede por el camino de su propia aniquilación y se decide a abordar una nueva fase caótica y llena de peligros, traicionada por el propio deseo de nuevos horizontes y por los estímulos del mundo relacional.

Si así no fuese, el sujeto interrumpiría la búsqueda y, azotado por los peligros del mundo en derredor, se encerraría en su caparazón defensivo (para defender su unidad) y abandonaría el transcurso del tiempo. Es el sueño autístico, el cual se aferra a una especie de mundo en miniatura donde la búsqueda desesperada y final de mantener el uno en eterno, se paga con el esfuerzo de una continua elaboración de murallas para asegurarse el cobijo. En el autismo, entonces, el tiempo sucede solo en negativo, no en el ser, sino en la heroica y descomunal arquitectura del castillo protector del ser unitario que debe ser conservado dentro.

Pero esto no es más que la excepción. Lo más frecuente es que la vida se manifieste como búsqueda incesante de unidad y que, una vez vislumbrada esta, la fuerza vital desgarre ese espejismo (el conocer el paso del tiempo así lo hace intuir) con el propósito de iniciar una nueva búsqueda de unidad. Eso es lo que explican las etapas de la vida. Alcanzar la infancia es despojarse de ella, alcanzar la madurez presagia el abandono de ella, así como alcanzar la vida entera presagia ya la muerte. La realidad vital tiene que ver con el tiempo, con el tiempo que pasa y se lleva los espejismos, uno a uno, por lo menos cuando nuestro cuerpo ha traspasado el lugar de la visión y no se ha detenido allí, sino que ha continuado su camino; en un incesante proseguir donde tiene poca importancia dirimir si el motor del pasaje es el desengaño o un deseo renovado de trasladar la unidad más adelante, hacia un futuro más o menos cercano.

Quien siente haber alcanzado verdaderamente su unidad, deja de caminar y empieza a amurallar el lugar de la visión, hasta encerrarse dentro para poder ser siempre unidad, tal como hemos visto que sucedía en el autismo.

Quien se ha detenido a una distancia prudente del espejismo, vale decir, lo suficientemente cerca como para vislumbrarlo y lo suficientemente lejos como para no tener que verificar su autenticidad, camina en todas direcciones pero como en círculo: sin abandonar nunca, aun sin poder entrar en él, el punto de referencia de la visión. Camina en cualquier dirección, y a sabiendas de no poder progresar en el camino, pues ha decidido, en simple hipótesis, dónde pueda hallarse la unidad. Entonces hay que volver periódicamente a las cercanías del templo de la visión; ese templo que en un futuro nos revelará, gracias a nuestra fidelidad esperanzada, una muestra extemporánea de nuestra unidad indeleble. Eso sucede porque el sujeto, cansado o carente de confianza en poder alcanzar una auténtica unidad en el tiempo (que una vez alcanzada, como hemos visto, se convertiría en espejismo y habría que seguir caminando y buscarla de nuevo), establece un pacto con la realidad. Hace el vacío espacial en un lugar específico: a cierta distancia del reflejo, de modo de no tener que determinar si es un espejismo o una realidad unitaria; y, hecho ya el vacío, sitúa allí su unidad de futuro, en la creencia de poder dedicarse sin fatiga (sin exploración ni búsqueda) a la reconstrucción de las imágenes del pasado. Es lo que sucede en la neurosis. Un reposo en el pasado, con el proyecto de seguir el camino en un futuro no muy lejano, cuando desde las afueras del templo podamos percibir con claridad el referente de nuestra imagen auténtica (una imagen espacial): aquella que nos demuestre que vale la pena desalojar las inmediaciones del templo y proseguir por propia cuenta el camino. En la neurosis, el sujeto espera obtener con ese medio las fuerzas que le faltan para llevar a cabo la experiencia vital. Quiere la demostración de que exista una unidad, quiere pruebas, seguridades, puntos de referencia que le aseguren el éxito de la empresa. Mientras tanto espera, espera pacientemente hasta que el tiempo pasa y, comenzando a tener una visión retrospectiva de la vida transcurrida en la infructuosa espera, decae aún más la confianza y, finalmente, se instala en el desasosiego.

Cada vez más cansado y alejado de los lugares que no podrá ya atravesar, aquejado de esa sensación de retraso que invade siempre la psique del neurótico, no le queda ya más opción que resignarse y abandonar las posibilidades de alcanzar una unidad. Dos sensaciones lo asaltan, en alternancia perfecta: la inquietud -el ansia- y el apego desesperado, cada vez más fervoroso y expectante, al antro que debe anunciar su unidad. Más adelante, una de esas dos sensaciones superará a la otra. Si prospera la inquietud, el sujeto dejará de recriminarse por su retraso y no tendrá más remedio, si es que quiere salvarse, que actuar; para lo cual pedirá ayuda a otra persona, especialmente si esa persona es intuida como libre de la fascinación por el templo. Si, por el contrario, vence el apego, el amor ciego a la realidad de la renuncia, el sujeto irá abandonando paulatinamente la inquietud a medida que se acerque al templo, hasta situarse tan cerca de sus paredes que estas puedan proyectarle, si es que no una imagen unitaria, sí al menos imágenes continuas y variables acerca de sí mismo. El sujeto aguza progresivamente su capacidad perceptiva, y cada vez toma más confianza en las paredes del templo, las cuales van cristalizando y volviéndose especulares a medida que aumenta su amor por ellas. A mayor transparencia de las paredes del templo, menor la esperanza de alcanzar la unidad, que debía procurársela el contenido del templo. El templo se achata (el vacío auroral que le servía de estructura deja de ser antro de esperanza) y, tras comprimirse, llega a hacerse tan plano como un espejo. El sujeto no deja de acercarse, y en correspondencia las imágenes se hacen cada vez más claras y definidas. Mientras tanto, el espejo va volviéndose agua y las imágenes son cada vez más claras y duran menos (son rechazadas con mayor soltura); por lo cual el sujeto, a la búsqueda desesperada de amor por sí mismo, intenta fundirse con el espejo, hacerse uno con él: productor y producto de imágenes de sí mismo: el amor, finalmente. Entonces Narciso se introdujo en las aguas…

Quien tiene fuerzas suficientes para concebir la vida como una serie de fases, cada una de ellas caracterizada por la búsqueda de unidad, es decir, por la continua disposición de volver a tocar, eso sí, en un tiempo sucesivo, un poco más allá, el momento primigenio de la dispersión, entonces ese sujeto no tiene más remedio que acompañar su soplo vital y recorrer con él un camino hacia adelante de metas (proyectos de unidad) alcanzables y superables. La actividad será, pues, en ese sujeto su misma vida, y el reposo no será nada más que el asiento momentáneo antes de reemprender el camino. Eso no significa que no exista reposo o que este sea fugaz. No hay apresuramiento. El camino es largo y hay que sujetar los caballos. Hay que alargar la sensación de vida. Por eso hay que encontrar el ritmo, la cadencia necesaria para llegar al destino, a la imagen unitaria; mas con las pisadas hechas, con la etapa completamente cumplida, si es que se desea alcanzar la unidad.

Todo este proceso sería más producto de dioses que de seres humanos si no fuera porque existe la memoria. La memoria que trabaja dejando atrás la imagen unitaria (siempre con sus pretensiones definitivas) de identidad alcanzada, pero que lo hace de tal forma que siempre nos deja una base donde modelar la identidad sucesiva. Es la memoria que, aun al permitir alejarnos de la imagen fija de la infancia, guarda cautelosamente el sentido artístico de su construcción. El objeto niño se vuelve sustancia activa del tiempo, para llegar esto a demostrar que no es necesario pararse por miedo a perder lo alcanzado, sino que basta caminar para alcanzar el recuerdo. Para que el chaval llegue a la cancha de deporte, es necesario que lo acompañe aquel que un día se irguió por primera vez, quizá por el simple deseo de poder apoyar una mano sobre la mesa. Pero el proyecto de ir a la cancha debe estar libre de toda turbulencia: hay mil monstruos que lo acechan en ese momento. Para eso está la memoria, que le custodia el recuerdo. Él debe estar ahí, en la cancha, él solo, con todos sus miedos y toda su emoción, como si fuera la primera vez, si es que habrá de encontrar sentido en la contienda. Pues de eso está también hecho el sentido de la vida: de poder aparecer muchas veces por primera vez.

Ese es el camino natural e impuesto del ser humano. Es un camino natural porque ha sido cruzado por muchos seres naturales. Y es impuesto porque es también el fruto de la relación, sin la cual probablemente no existiría siquiera el camino, la meta unitaria, ni quizá el recuerdo.

Veamos ahora de qué forma el sujeto emprende el camino, con qué armas, cuáles son las operaciones que realiza en esa búsqueda de unidad. Veremos así dónde se puede interrumpir el camino, qué tipo de sufrimiento se desencadena. Cómo ese sufrimiento se manifiesta dentro del espacio de cura que pretende ser la psicoterapia.

Utilizaré los términos *reflejar* y *reconocer* para ilustrar mi pensamiento. No hay ningún carácter de necesidad en ello. No son ni tan siquiera términos en boga en el ámbito psicológico. Pero si hablamos de espejo, de imágenes, quizá podamos referirnos adecuadamente al mundo de imágenes de la psique, sin duda uno de sus más plausibles contenidos. Por otro lado, vivimos actualmente en un mundo de comunicaciones por imágenes. Quién sabe si la excesiva exposición a esa lluvia exterior no pueda estar desviándonos siempre más del camino de búsqueda de unidad.

***

Reflejar significa *rechazar una superficie en cierta dirección, determinada por leyes físicas, cualquier radiación u onda que llega a ella; como la luz o el sonido*[2]; o, en lenguaje corriente, *devolver una superficie brillante, como el espejo o el agua, la imagen de un objeto*[3]. También significa espejar de nuevo, repetir una operación de búsqueda o producción de imágenes. El campo semántico de reflejar se abre en la dirección de reverberar, de refractar, de repercutir, sea en sentido directo, indirecto o reflexivo. En último término, reflejar puede llegar a significar el cumplimiento de un acto o gesto destinado a representar el significado de una cierta cosa. En ese sentido reflejar está emparentado con expresar y con mostrar [4, 5].

Pero concentrémonos en el significado corriente de la palabra reflejar, o sea, en ese devolver una superficie brillante, como el espejo o el agua, la imagen de un objeto. Lo primero que llama la atención es el sujeto de la acción. Una superficie brillante, como por ejemplo el espejo o el agua, devuelve las imágenes de un objeto. Es propio de esa superficie brillante ejecutar ese tipo de operaciones. Preguntémonos ahora cuáles pueden ser esas "superficies brillantes" y cuál relación puedan tener con el ser humano. Los ejemplos, aun escuetos, ya nos abren una posibilidad. El espejo y el agua. Pero el espejo es un producto del hombre, no es como el agua, que representa la mayor parte de la naturaleza terrestre, incluidos nuestros cuerpos. Los dos reflejan, eso sí, pero el agua no está hecha para reflejarnos: sirve, entre otras muchas cosas, para reflejarnos, pero sirve también para humedecer, para pescar, para preservar las costas, para eliminar la sed, para cocinar, para limpiar nuestros cuerpos y nuestros utensilios, para la experiencia de suspenderse en ella -para nadar o navegar-. El ser humano siempre ha tenido y tiene una relación especial con el agua. Una buena parte de los ritos se fundamentan en ella. Muchos conflictos entre poblaciones vecinas han tenido y tendrán su explicación en el abastecimiento de agua y en el diferente entendimiento respecto de las fronteras marítimas. El agua, entonces, no es un elemento especializado en reflejar imágenes. Tiene muchísimas otras propiedades y valores, como apenas hemos esbozado. Quizá por ello, en un determinado momento de la historia del hombre, se tuvo la necesidad de inventar un objeto exclusivamente reflejante, siempre a mano, para beneficiarse de esa expectativa en cualquier circunstancia, dondequiera que estuviera el hombre, sin tener que emprender el camino (imaginemos que, a veces, había que alejarse del poblado para alcanzar el arroyo, el lago, el agua del mar). ¿Por qué el hombre tuvo necesidad de inventar el espejo? ¿Qué tipo de deseo, respecto al agua, este llegaba a satisfacer? Dejemos responder a Séneca:

Ya que el amor ínsito en el hombre por sí mismo daba placer a los mortales al ver su propio semblante, ellos volvieron cada vez más la mirada a aquellas superficies en las cuales vieran sus imágenes[6].

Esta cita da razón de una necesidad creciente de los hombres de ver reflejadas sus imágenes. Pero no dice nada respecto de la invención del espejo. Continuemos con Séneca, ahora parafraseado por Luisa Martina Colli:

Al principio, en efecto, el espejo de los hombres era algo prestado por la naturaleza misma: era el AGUA. Sobre el agua, el espejo era el confín entre la profundidad invisible y secreta y la exterioridad de los cuerpos y de los objetos reales. Pero en tiempos sucesivos la avidez empujó a los hombres a excavar las profundidades de la tierra y a violar el carácter secreto de la naturaleza, para apoderarse de lo que esta habría querido que quedase velado. El hombre aprendió a extraer y a fundir los metales, a construir armas y objetos. Con los metales, el hombre aprendió también a fabricar los espejos, pero contemporáneamente se olvidó siempre más del sol y de los astros, se olvidó de *conocerse a sí mismo*, perdió el contacto con la naturaleza. Mirándose siempre con mayor frecuencia al espejo, el hombre acabó, de esa manera, abandonándose a la vez, sea al amor de sí, que al olvido de sí mismo[7].

Digamos que en un principio el hombre tenía suficiente con buscar imágenes reflejadas por la naturaleza. El agua conseguía dar una buena idea de la exterioridad de los cuerpos y de los objetos reales, además de una visión intuitiva de las profundidades, puesto que era confín, y sugería una sustancia interior, en sí misma y en el hombre que la contemplaba. Por mucho tiempo eso fue suficiente. Pero en un determinado momento apareció la técnica, y el hombre aprendió (por curiosidad o avidez, o por ambas cosas a la vez) a extraer y manipular los metales. De la mano de la técnica, el hombre siguió hacia adelante, abandonando siempre más la guía del sol y los astros, del agua y de la profundidad de sí. Es muy posible que se abriesen expectativas excesivas. La técnica situaba al hombre en una mayor autonomía, pero también en un mayor desamparo. De ese desamparo, una vez violados los templos y las entrañas de la naturaleza, el hombre se introdujo en la soledad y, tras quedarse solo, tuvo necesidad, para distraerse, de una mayor cantidad de imágenes que lo reflejasen, lo que llevó a la necesaria invención del espejo. Eso trajo consigo la salvaguardia exterior de la propia autonomía (el amor de sí, el espejo, el retrato), pero por ello tuvo que pagar un duro precio: el olvido de sí mismo, es decir, quedó sin sustancia, sin profundidad, proyectado en la multiplicidad formal de la naturaleza como simple apariencia de sí mismo.

Pues es verdad que uno puede espejarse sea en el agua sea en un espejo, pero no hay duda de que existe una enorme diferencia entre la cualidad y calidad de las imágenes obtenidas. Para empezar, la calidad de las imágenes reflejadas en un espejo es mayor, más nítida, más estable. Si nos imaginamos a un hombre con un espejo en la mano, entenderemos que puede estar todo el tiempo que quiera recibiendo su rostro reflejado, sin variar la imagen que con ese objeto obtiene. Habría que pensar en un temblor en su mano o en un terremoto para imaginar turbulencias en la visión de su rostro invertido. Incluso podríamos añadir que ese mismo hombre, junto a su imagen exterior reflejada, podría obtener del espejo, bastante nítidamente y dependiendo del ángulo que recogiese, imágenes relativas, pongamos por caso, a los árboles que lo rodean o a las nubes que en ese día pueblan el cielo a sus espaldas. Lo que del objeto espejo no puede obtener es la profundidad. Esa cualidad es abastecida en mejor medida por las aguas. El agua es confín: cuando en ellas nos espejamos vemos, en su superficie, solo la capa superficial de nuestra imagen, pero cuando miramos el agua no podemos olvidar que es una sustancia líquida, no podemos olvidar que tras esa capa superficial se esconden una infinidad de planos que se escapan a nuestra visión. El reflejarse en el agua, por tanto, recoge una imagen superficial de sí, que, por fuerza (por mimesis con la materia reflejante), está en relación con la gran infinidad de capas y planos que se esconden detrás de ese ángulo del rostro que se hace visible. El espejo, por el contrario, es plano, y quien en él se mira no puede olvidarlo; con lo cual su imagen, y también las imágenes de los demás elementos que podrían rodearla (los árboles, las nubes), concurren en un mismo plano, sin relación de profundidad, confundidas, sin cualidad diferente, pues la cualidad reside en el espejo, que a todas las abarca por igual.

El reflejo en el agua, entonces, ofrece una imagen parcial, una apariencia invertida, sin pretensión ni posibilidad de ser juzgada como imagen de un todo, sino como imagen de un solo aspecto de la persona o cosa reflejada, de un solo instante. Y a pesar de ese límite, justamente gracias a él, el hombre alcanza, gracias a la inabarcabilidad del agua, una sensación que lo relaciona con su propia sustancia inaprensible y total, quizá cósmica, aunque sea una sensación que no traduzca pruebas. Pero la oscuridad inaprensible del agua, que no se deja aferrar por debajo de su superficie aparente, es una verdad que no necesita pruebas. Y de agua, también, está hecha la sustancia del hombre.

Pero en tiempos sucesivos la avidez empujó a los hombres a excavar las profundidades de la tierra y a violar el carácter secreto de la naturaleza, para apoderarse de lo que esta habría querido que quedase velado… El hombre se olvidó de "conocerse a sí mismo", perdió el contacto con la naturaleza. Estos pasos de Séneca querían ponernos sobre aviso de un gran peligro. El peligro de perder, gracias a los datos aparentes y marginales de sí, el conocimiento auténtico de sí mismo, solo cognoscible por vía intuitiva y sintética… Pero el pensamiento de Séneca no era compartido por su época. El uso común del espejo se multiplicaba. Los filósofos discutían sobre la propiedad de los espejos. Sabemos por Marco Fabio Quintiliano[8] que el gran orador Demóstenes preparaba sus oraciones estudiando su eficacia en un espejo. Plinio el Viejo, encontraba cual virtud natural del espejo la reflexión.

Desde ahí, el espejo va siendo indicado como la causa de la reflexión en el hombre. Escuchemos las palabras de Plinio el Viejo, de nuevo parafraseado por Luisa Martina Colli:

Solo a causa del espejo el hombre puede reflexionar, y es por aquel que este puede *conocer* su propio reflejo, de la misma manera que el hombre reconoce su sombra a causa del sol. El espejo -como forma y como materia- llega a asumir el relieve simbólico más importante, en cuanto límite y mediador entre apariencia y esencia, entre mundo sensible y mundo invisible[9].

Estos son algunos de los pasajes que se pusieron en boga. ¿Pero estamos seguros de que el espejo es la causa de la reflexión? ¿Estamos seguros de que, como el sol causa la sombra, el hombre puede "conocer" su reflejo? Empecemos con lo de la reflexión, sin duda un término que volverá más veces en este trabajo, debido a su característica indefinición, al menos en algunas acepciones.

El malentendido estriba a nuestro parecer en el sujeto de reflexión. Pues uno de los significados de reflexión es el derivado de la acción de reflejar o reflejarse, pero también es la acción de reflexionar, o la cualidad de reflexivo, o una consideración. De esta manera, podemos decir que un espejo refleja, o que un hombre reflexiona, y decir que el resultado de todo ello es una reflexión. Pero no es lo mismo un espejo que refleja que un hombre que reflexiona. Cuando decimos que el espejo refleja, queremos significar que esa superficie rechaza, debido a leyes físicas, cualquier radiación u onda que llega a ella, como la luz o el sonido. Ya lo habíamos dicho, pero es necesario volverlo a recordar. En el lenguaje común, decir que un espejo refleja significa que ese objeto devuelve la imagen de otro objeto. En ese sentido, el reflejar está emparentado de forma especial con otro verbo, el refractar, con la refracción derivada y con el verbo espejar.

Sería difícil encontrar otro verbo tan alejado de reflejar como el de reflexionar. Enunciar que el hombre reflexiona significa que ese hombre examina sus propios estados íntimos y pensamientos. Se trata de una operación de carácter indudablemente subjetivo. Con una reflexión "interior" el sujeto, por sí mismo, considera, examina, estudia, medita, repasa sus propios pensamientos. Aquí no se trata de una superficie. Es la conciencia la que, recogiendo e interiorizando el papel del agua, da al propio sujeto imágenes de valoración y contemplación de su propio contenido. De ello se deduce una reflexión, pero cuya imagen intraducible no puede reflejarse, puesto que no nada en la superficie, sino en la profundidad de la conciencia.

Lo que se recoge a través de un espejo no es más que una imagen objetiva (invertida e indudablemente parcial) emanada de otro objeto. La verdad es que, a riesgo de parecer senequianos, era más fácil reflexionar ante las aguas que ante un espejo, por perfecto y artístico que fuera.

El hombre, con toda probabilidad, ya reflexionaba antes de cruzarse con un espejo. También es obvio que obtenía una imagen de sí mismo a través de las aguas, o del iris de la persona amada. Lo cierto es que el conjunto de esas dos cosas, especialmente el hecho de reflexionar con tanta frecuencia debido al flujo alocado de sus pensamientos y de sus percepciones, acabó por provocar el nacimiento de la imagen corpórea de sí mismo. La imagen del cuerpo: superficie –tacto-, vista que escruta y recoge, oído, gusto, olor, pero también sensación, peso, cansancio, latido, aquel pequeño dolor que ya desencadena el miedo, la premonición erótica de un placer todavía no consumado, la memoria, sobre todo ella.

Todo esto se resume en el saber que se tiene un cuerpo. Eso no lo puede resolver un espejo. Bastaría perder la memoria un instante para que el hombre, dejando de reconocer su reflejo, se quedara con la mirada perdida y estupefacta, aunque le pusieran delante un centenar de espejos.

El espejo, sobre todo si es de grandes dimensiones, rechaza una imagen que puede ser considerada representante de un esquema corpóreo. Pero el esquema corpóreo no implica conocer el cuerpo. Para "conocer" el propio cuerpo, es necesario tener una imagen interior de él, sentirlo pulsar, gozar de él, "verlo" con los ojos interiores de la conciencia. El hombre, pues, no reflexiona a causa del espejo, sino a causa de sí mismo: no conoce su propio reflejo mediante el espejo, ni este es útil para discernir cuál sea la diferencia entre la apariencia y la esencia del hombre; sino que el hombre ejecuta esas operaciones, si es que las ejecuta, por sí mismo, para sí mismo.

Y no es que el espejo no tenga ningún tipo de utilidad. A veces es el hombre quien se hace espejo, quien lo interioriza, lo asume, quien se hace superficie técnica y quien, desde allí, esparce destellos e imágenes de otros seres humanos; porque estos no "ven", o han confundido sus sensaciones, o han perdido momentáneamente su capacidad de reflexionar, de "conocer" su vida. Pero a eso nos dedicaremos más adelante.

***

Vayamos ahora a ocuparnos del otro término que nos sirve de guía para este trabajo. Se trata del término reconocimiento. Reconocimiento cuyo significado filosófico es, en general, *conocer alguna cosa por lo que es*[10]. En ese sentido, se puede decir, "lo he reconocido apenas lo he visto", o "reconozco que tienes razón". En una segunda acepción, el reconocimiento es *uno de los aspectos constitutivos de la memoria, en cuanto a ella los objetos le son dados como precedentemente ya conocidos*[11]. Por esta acepción, el reconocimiento se convierte en un *re-conocimiento*, es decir, en un volver a conocer aquello que ya se conoce, pero no como si fuera la primera vez. No es un aspecto marginal este. La memoria no podría constituirse sin esa base fundacional, que implica que las cosas conocidas en un determinado momento puedan conservar ese valor cognoscitivo (a través de la memoria) en el tiempo. Lo ya conocido se vuelve, así, en reconocido más adelante.

La palabra reconocimiento posee innumerables significados en nuestro lenguaje cotidiano, como derivados de la acción del verbo reconocer. Pues el verbo reconocer puede significar, entre otros, identificar, darse cuenta de que una persona o cosa es precisamente aquella determinada y no otra, admitir, juzgar a alguien poseedor de cierta cualidad, conceder, confesar una falta o error, convenir, declarar vasallaje o legitimidad a algo, mostrarse agradecido por cierto beneficio recibido, examinar algo o a alguien detenidamente, para darse cuenta de su estado o de lo que tiene dentro. En este sentido, el verbo reconocer entra en relación con la medicina y con la química, con todas las técnicas dedicadas a inspeccionar o examinar un terreno u otro campo de acción. En su forma reflexiva, reconocerse significa admitir una culpa, conocerse a sí mismo o tener alguien idea clara de sus verdaderas cualidades, buenas y malas, de sus circunstancias, etcétera[12].

Y si reconocer tiene como sinónimos explorar, aceptar, recordar, considerar, distinguir, observar, contemplar, advertir, bien podemos darnos cuenta de que su espectro de acción abarca casi todas las facultades de la conciencia; sean las que se distinguen por el recoger datos externos, o sean las que aparecen al expresar situaciones interiores por lo que son, o al considerar como ya conocido un determinado evento, o rostro u otro dato. Desde ahí, es bien fácil darse cuenta de la dimensión temporal y multiespacial del reconocimiento. Desde la conciencia, bóveda que sostiene al edificio de las admisiones vitales de la existencia, el reconocimiento se despliega con sus funciones trascendentes, esto es, de fuera a dentro, de dentro a fuera, de dentro a dentro, en otra dimensión espacial o temporal. Nada podría obtener el carácter de lo propio existencialmente, si antes no fuese reconocido. La construcción del sujeto es la arquitectura cuya argamasa reside en el reconocimiento, en la facultad de reconocer y reconocerse.

El sujeto que se reconoce a sí mismo, reconoce los diferentes tiempos de su vida, los pasados, los presentes, los futuros. Desde ahí proyecta, "puede" proyectar; de la misma forma que recuerda, "puede" ahora también recordar. Antes del reconocimiento podía hablar, evocar, pero no conseguía "expresarse", puesto que no lograba distinguir lo que le pertenecía de aquello que le pertenecía al otro. Quien perdiese la facultad de reconocer y de reconocerse, no podría ya considerar las cosas por lo que son, como tampoco podría sentir que existe a lo largo de la duración de su vida. Quizá no existiría siquiera lo que se entiende por "su vida"; sí desde una mirada indirecta, como la de otra persona, pero no desde la propia experiencia.

Una de las características principales del reconocimiento es su ubicuidad. Se reconoce mediante un órgano del sentido, mediante una operación intelectual, de la misma forma que se reconoce mediante el aparato de la reflexión. Es esa característica la que hace del reconocimiento el arma fundamental de nuestro "ser conscientes". La conciencia, dice Jaspers, es todo lo que en nuestra presencia viene aprehendido, pensado, reconocido, no solo con los sentidos sino con el "ojo interior" de la introspección. No existiría, entonces, lo que se llama interioridad sin el reconocimiento.

Solo el hecho de tener que estar presentes pone límites al reconocimiento. Por lo demás, parece no tenerlos. Se reconoce una cara, el cuerpo al que corresponde, el recuerdo ligado a ella, el semblante, el paso del tiempo, la expresión. De un solo vistazo "reconocemos" la profundidad que acompaña a un rostro. El rostro nos es visible, quizá está presente en aquella fotografía. No sabemos cuál es su profundidad, ni qué hay detrás de él, pero aun así no podemos eliminar la sensación de que hay mucho detrás de él. Eso es el reconocer. Ahí se detiene: deja su verdad, aun intuyéndola, detrás del aspecto con que la imagen aparece. La verdad inaprensible de la vida que no nos pertenece, y que, a pesar de ello, vive. Vida que tiene que estar viviendo en toda su plenitud, y que es bastante más que ese solo aspecto que a nosotros llega. Eso es muy diferente que el mirar a secas, que el recoger una imagen. Una imagen sin profundidad intuida no es nada más que imagen, objeto de visión. Y ya sabemos qué ocurre cuando nosotros nos relacionamos con "objetos": que creemos poseerlos, completamente. Nada se esconde detrás ni debajo ni dentro de ellos. El objeto, para que sea objeto, tiene que ser visto como un todo. Y, si es un todo, ya no puede esconder ningún arma que le sirva para defenderse: la imagen se ha vuelto susceptible de ser manipulada, puesto que al perder su profundidad ha perdido también su inaprensibilidad, su misterio. De ahí el rostro manipulado, la publicidad, la visión plana, el espejo en el que el consumidor cree poder proyectarse. Y es que, solitarios moradores de un fragmento infinitesimal de la naturaleza (cuando ese límite es visto como inaceptable), nuestros ávidos sentidos nos engañan y pretenden extenderse sin limitaciones, más allá del cuerpo, en una infinita e inmediata proyección sin profundidad, sin peso ni conciencia. Contra eso, solo puede oponerse el reconocimiento, la memoria, la reflexión en nosotros mismos. Como dice Leibniz:

La reflexión no es nada más que llevar la atención a lo que está en nosotros, mientras que los sentidos no nos dan en absoluto eso que ya llevamos con nosotros[13].

Nosotros caemos en el mundo proyectivo y plano del espejo por culpa de esa incapacidad de aceptar los límites que nos ha suministrado la naturaleza. Para el ser que se ha reconocido o que se dispone a reconocerse, dicho límite es un don, algo que la naturaleza le ha suministrado para que pueda efectuar ese reconocimiento de sí. Para el ser que no se ha reconocido, ese límite, por el contrario, es la coraza que le impide expandirse hasta alcanzar (fuera del cuerpo) la imagen ideal de sí mismo. Para ello va a la búsqueda de espejos, en la extenuante espera de que un día, de aquel espejo unitario o de un espejo hallado por casualidad, brote la luz que ilumine su existencia.

Porque no se existe si no se emprende un camino: la diferencia estriba en si el camino está en esta vida o más allá de ella. De ello se deducirá el reconocimiento, la contemporaneidad consigo mismo, el estar caminando; o, todo lo contrario, la expectativa reflejante, por la cual el camino será emprendido solo cuando aparezca la luz que nos ilumine, con la consiguiente sensación de retraso. Ambas posiciones se amparan en la figura del héroe; pero, o se es el propio héroe -creyendo además que así pueda suceder en cada uno-, o esa labor la desarrollará otro, quizá el presunto héroe de turno cuya imagen planee, desde su posición de espejo, sobre el escenario colectivo. Pues todos precisan de salvación y redención; mas una cosa es caminar para salvarse y otra, muy distinta, es la espera de ser salvados. Como puede quedar esclarecido con estas palabras de Campbell:

El héroe es el símbolo de aquella divina imagen creativa y redentora que está celada dentro de todos nosotros y que espera a ser reconocida y llevada a la luz[14].

2. Los dos conceptos de malestar en la psique.

> *...¿Qué es el hombre,*
> *Si tiene que emplear todo su tiempo...*
> *En dormir y comer?*
> *Una bestia, nada más.*
> *Mas es cierto que, quien nos hizo...con tan vasto intelecto,*
> *Capaz de mirar el antes y el después, no nos dio*
> *Esta capacidad y divina razón*
> *Para que enmoheciese en nosotros sin ser usada...*
> **William Shakespeare, *Hamlet*, IV, 4.**

No existe ninguna duda de que el hombre, desde su más tierna infancia hasta la última etapa de su vida, se ve azotado por una miríada de impulsos y movimientos que, combatiéndose entre sí, le causan continuas turbulencias. Las antinomias y las oposiciones entre diferentes necesidades lo conducen, en no pocas ocasiones, hacia el desasosiego y la desesperación. Esa es una realidad irrefutable y presente en todos y cada uno de los seres humanos.

El hombre, así, es presa del ansia. El ansia es el color base de nuestro estado psíquico. La continua tensión generada entre los diversos parámetros con los que desarrollamos la existencia, es el tejido del que partimos para ejecutar nuestras respuestas, nuestra personalidad. Todas las contraposiciones que seamos capaces de imaginar, son reales y pertinentes al fondo oscuro de nuestra vida psíquica. Las oposiciones unidad/multiplicidad, individuo/colectividad, vida/muerte e identidad/diferencia, pueden servirnos de ejemplo de todas las demás. Nada existe para nosotros que no sea el resultado de estas antinomias, vividas afortunadamente en el estrato más profundo e inalcanzable de nuestra existencia. Casi siempre es así, y de esa batalla interior no "conocemos" más que el armisticio final, resuelto en una sensación de alivio, en una problemática y angustiosa pregunta filosófica o en una propuesta de comienzo.

Esas continuas batallas en la oscuridad forman parte de nuestra naturaleza, son el sustrato de nuestra especie. Somos nosotros quienes vemos a través de semejanzas y diferencias.

Somos nosotros quienes agrupamos sensaciones y las distribuimos en valores. Somos nosotros quienes hemos inventado códigos lingüísticos, jurisprudencia, convenciones; de la misma manera que somos nosotros quienes decimos que somos miembros de una determinada especie, que somos de esa determinada nación, lengua, provincia, ciudad o aldea, familia, a la vez que somos nosotros mismos, en cuanto individuos, quienes estipulamos unos deberes y unos derechos que todavía tienen que ser desarrollados.

Esa es nuestra naturaleza. Vivir, para nosotros, es vivir esa infinidad de aspectos y sentirse, a la vez, uno, quien vive estos aspectos. Todo esto es materia común del hombre. De ahí su soledad, de ahí su sociabilidad sintónica, con toda su gama de matices.

¿Qué es lo que hace de un ser humano precisamente un ser humano? Esa es una pregunta que excede nuestras posibilidades de respuesta. Intentaremos, entonces, una aproximación: el ser humano "se siente" un ser humano por su ansia de fondo, por esa batalla incesante entre los opuestos que lo conforman. Eso es lo que hace que nos sintamos de una determinada especie, independientemente de la fase histórica que nos pertenece. Es el ansia de fondo que subyace al interés por la historia, por las matemáticas, por la antropología, por cualquiera de las ramas del saber. Es también el trasfondo de los afectos, de la amistad, de la antipatía. Es lo que hace que intuyamos una profundidad detrás de un relato que trata de una persona que no hemos conocido, quizá muerta hace mucho. Los relatos memorables se nos hacen memorables porque sabemos que son producto de un ser humano: que, a pesar de tener que hacer las cuentas con esa ansia de fondo, el ser humano decide, actúa, de aquella inesperada manera. Todo valor se estipula sobre un contravalor. Ese contravalor es el ansia, que es lo que hace resaltar el valor: es el verdadero "sentido" del valor, la explicación de nuestro interés por la narrativa, por el relato heroico, por aquella poesía, por la música, por el arte. Nosotros damos importancia a los eventos -nuestros y de los demás- en cuanto son respuesta a esa tensión interior traducida por el ansia. Nosotros no nos distinguimos, entonces, por el ansia, puesto que ella nos fundamenta; sino que nos diferenciamos, sobre todo, por la respuesta diferente con que nos enfrentamos con ella.

Enfrentarse con el ansia no significa considerarla el enemigo. Eso es solo una posibilidad. Enfrentarse con el ansia es tener que hacer forzosamente las cuentas con ella. De ahí se derivará el valor o el malestar, según la modalidad de relación empleada.

En efecto. El ser humano se relaciona con el ansia. Esa es su primera relación, y la más duradera: la que lo va a acompañar hasta el final de sus días. Es como si se tratase de los cimientos del edificio: el hombre, ese ser humano, se construye sobre su ansia. Si careciese completamente de ella, le sería imposible forjar una experiencia, "sentirse" en el tiempo. El hombre sin ansia, indolente, vive en la ignorancia de ser: es, pero no para sí mismo, y, sin *pathos*, le será imposible embocar los senderos del eros y sus peripecias.

Los primeros momentos del aprendizaje son las primeras experiencias en torno al ansia. El ansia es el sustrato de los movimientos alrededor del seno, de toda expresión, de todo movimiento dirigido. Antes de ser vehículo de comunicación con el "otro", antes aún de que exista la posibilidad de tener conciencia del "otro", existe el movimiento desesperado y su relación con el ansia. Desde ahí la primera experiencia. Los primeros valores: lo que te calma, lo que te irrita. Esperar la calma, temer la irritación: la caída en la fragmentación. Aprender una operación cualquiera, repetirla, recordarla, olvidarla de nuevo: idas y venidas en torno al ansia.

El ansia es la sensación dolorosa de la experiencia del tiempo. El bebé, fuera del huevo que estuvo depositado en el útero, sigue nadando, pero esta vez en las aguas del tiempo. Es uno, siente una unidad; luego se fragmenta, y experimenta la multiplicación de su sensibilidad sin referencia. El bebé no puede controlar el proceso, no puede asegurar ni vivir con certeza su estado unitario, y, entonces, "sabiendo" que es susceptible de volver a fragmentarse, vigila y entra en alerta para favorecer sus dominios. A pesar de este esfuerzo, cae de nuevo en la fragmentación, en la multiplicidad; y cuando más tarde vuelve a sentirse suspendido en las aguas del tiempo, su alerta se vuelve más imperiosa y, a la vez, más pesimista. La historia del ansia es la historia de ese combate, el cual se pone en acto por hacer vencer a uno de los polos de la pareja de opuestos. Es una batalla extenuante, donde no es posible vencer completamente, pero que fortalece el ánimo y regala el inicio de lo que va a ser la identidad.

La experiencia, desde esa primera sensación de identidad, se desarrolla por agrupaciones cuyo punto de referencia es el ansia. Poco a poco van erigiéndose las primeras piedras del edificio: las primeras fases del aprendizaje. Luego, de la mano de las primeras experiencias de aprendizaje (ejecutadas desde la soledad pulsante), el ser va localizando las figuras que tiene a su alrededor: la búsqueda de calma se traslada a los seres más cercanos: calmar a la madre, al padre, "leer" lo que ellos esperan de él. Más tarde viene la escuela, se aprende, todo tiene un color de buscar la calma, la propia y la de los profesores, la de los compañeros, la de los padres. Lo que calma al "otro" protege la dedicación a otras piedras del edificio. El edificio va creciendo, a pesar de las continuas caídas en la irritación desesperada, de los continuos derrumbes. Va construyéndose la identidad del ser en crecimiento: la relación de estilo -todas esas imágenes me corresponden, llevan mi color- entre las diferentes identidades que el vaivén de la fragmentación va destejiendo.

Recapitulemos. El ansia representa los cimientos del edificio. La construcción se estipula sobre la batalla entre la búsqueda de la unidad y la irremediable caída en la fragmentación. El nombre de ese edificio sería el de la identidad en el tiempo. Pero nos falta el ejecutor, quién es el arquitecto, cuál la mano de obra. Quién construye, o a quién se solicita la construcción de la que depende nuestro *ser en el tiempo*.

Todo dependerá de nuestra conciencia del ansia. El ansia ya está presente, se tiene experiencia de ella. De lo contrario estaríamos cobijados en la fortaleza del autismo. Pero lo importante es definir su sitio: si es un sitio interior (los cimientos de nuestro edificio del ser) o un sitio exterior (la amenaza objetiva que debemos evitar).

La vida se conformará, entonces, como una lucha *desde el ansia* o como una lucha *contra el ansia*. Y siendo el ansia una realidad para el hombre, los resultados serán claros: el ansia es el punto de partida de mi realidad (ansia productora de realidad); o, por el contrario, es la realidad (externa) quien produce mi ansia. Desde ahí se buscará el despliegue de las fuerzas psíquicas en un camino hacia adelante, generador de existencia; o, en su defecto, la psique será mi esperanza cuando la realidad (externa) deje de incordiarme con sus amenazas.

Veamos ahora cómo la acción de reflejarse y de reconocerse cambia la identidad del arquitecto y de la mano de obra.

***

En el reflejarse, el sujeto extiende la construcción de su edificio de identidad al mundo de relaciones con el "otro". El "otro" es considerado una posible ayuda en el combate que se establece entre el sentimiento unitario y el peligro de fragmentación correspondiente. Esa es una experiencia que es común a todos. Si el "otro" (la madre, el padre, la maestra, el amigo, el agua, el juguete) está calmado en mi presencia, asumo esta calma exterior como tregua de mi ansia. Así se aprende a obtener una disminución de la propia ansia a través de figuras u objetos exteriores. Mientras más objetual sea el "otro" (mientras menos cambie su posición en el tiempo), más se aprende a controlar los beneficios que él suministra. Mientras más se aprende a controlar los beneficios, más puede manipularse el objeto-otro para obtener de este una disminución del ansia interior. Por ese camino, el sujeto va viendo la realidad en derredor como fármaco y droga que calma, o que es susceptible de calmar su fuego interno. Respecto a la sensación interior del ansia, esta otra versión de los hechos es mucho más consolatoria, por lo menos al principio: existe algo fuera de mí que puede hacerme vencer la batalla, incluso de forma definitiva, es decir, que puede hacerme ganar la guerra.

La cuestión se hace simple. Yo *siento* el ansia, pero la resolución de mis problemas está fuera de mí, en mi mundo alrededor. Frente al ansia que siento, debo buscar el auxilio de *otro*, más "poderoso" que yo, que me ayude a resolver mi problema.

Este es un camino que establece dependencias: dependencias de la madre, del juguete, del amigo protector, del dios salvador. Manipulación y dependencia: cada una causa y efecto de la otra, en perfecta circularidad. Para poder manipular al "otro", debo tenerlo siempre a mano, y, para tenerlo siempre a mano, especialmente si es móvil, tendré que seguir sus pasos donde-quiera que él se dirija, es decir, me haré dependiente de él.

Como hemos dicho, la operación es simple y consolatoria, especialmente al principio. ¿Quién, siendo niño o adulto, no sentiría alivio respecto de su ansia, de tener de su lado a un "otro" protector y salvador, aun teniendo que pagar por ello con la dependencia?

Para cumplimentar esa operación hay que saber reflejarse. Ya no buscamos al arquitecto interior, sino que, gracias a los efectos de la proyección en el "otro" salvador, acabamos "reuni-dos" en un templo relacional en donde el "otro" tendrá el privilegio y la obligación de salvarnos, de construir nuestro edificio existencial. Veamos la naturaleza de esta relación. Sentimos ansia, imaginamos que otro pueda ayudarnos en la batalla; es él o ella o ello el gran arquitecto, el héroe, quien conoce la técnica y la estrategia para hacerme ganar la batalla: la disminución del ansia, de la tensión producida por mis opuestos. Por eso el otro debe ser lo más potente posible. Poco a poco, a medida que pasa el tiempo, querré asegurarme sus servicios, tener la seguridad de que me acompañará en cada batalla, hasta la conquista total del campo enemigo.

Me reflejo en el agua porque creo que ella puede devolverme una imagen de mí mismo y de la que carezco. La búsqueda de una identidad. Pero el agua supone una profundidad que no veo y, entonces, ella me refleja una imagen que también esconde tras de sí una profundidad. Dada la invención del espejo, dejo el agua y paso a ese objeto, que puedo manipular y del que puedo servirme en cada momento. Voy en busca de una imagen fija, plana, sin las tinieblas ni la fluidez incierta de la profundidad. Si el reflejo que obtengo por ese procedimiento no es su-ficiente (porque, a fin de cuentas, proviene de un simple espejo), entonces pasaré a reflejarme en un ser humano, al que considero omnipotente, para que haga las veces de espejo; y, si eso no es suficiente todavía, dejaré el ser humano e iré a espejarme directamente en las aguas del mito, del superhombre.

Reflejarse -buscando un espejo de donde sacar imágenes de unidad- es una operación natural en el hombre. La visión del hombre no ha sido nunca del todo solitaria. La psique ha sido morada de toda clase de dioses y espejos salvadores. Si acaso, el problema es otro: la avidez (como había dicho Séneca), el querer asegurarse para siempre los favores de un dios, el abo-rrecimiento del ansia primordial, el abandono y el olvido de sí mismo. Una cosa es saber que siempre se sentirá ansia y acudir, cuando eso acontezca, a la búsqueda de un reflejo consolador;

y otra es definir, de una vez por todas, quién habrá de sacarme -ahora y siempre- del apuro. Una cosa es, cuando las fuerzas nos faltan, emprender el camino hasta la contemplación del mar, para reanimarnos con su profundidad y belleza; y otra muy distinta es tener encerrado un espejo que "debe" eliminar toda posibilidad de desasosiego, y por cuyo efecto "obtendremos" la fortaleza.

Reflejar y reflejarse. El compendio de esas dos operaciones hace que uno deba moverse: caminar hasta el mar para poder aliviarse con su belleza. La avidez, por el contrario, lleva al hombre a la adquisición del espejo personal, y al consecuente abandono del camino. Veamos qué sucede, entonces, con su ansia.

***

Hemos dicho que el ansia es inelimable y que proporciona los cimientos al edificio del ser en el tiempo. Pero si el edificio que se pretende construir es un edificio contra el ansia, esa ansia deberá ser proyectada fuera del terreno donde quiero construir el edificio. De ahí la búsqueda de auxilio en una figura exterior. Puesto que es la realidad (exterior) la responsable de mi ansia, no debo ocuparme de ella directamente, sino que debe hacerlo ese "otro" (exterior); quien deberá vencer la batalla contra esos elementos que, pretendiendo dañarme y no haciendo nada más que turbarme, no me permiten construir mi edificio. Solo cuando ese "otro" haya vencido por completo a las fuerzas que me provocan el ansia, podré dedicarme a construir el edificio. El arquitecto seré yo, pero, por el momento, preciso del concurso de otro arquitecto que calme antes las fuerzas maléficas de la naturaleza que me rodea.

Es la espera en la construcción del edificio del ser la característica principal y primaria que llevará al malestar psíquico. Lo que al principio, con el abandono de la lucha, es visto como alivio y placer (reflejarse en un espejo que deberá crear un clima propicio para mí), poco a poco se demuestra inútil y frustrante. El tiempo pasa y el espejo no logra ganar la batalla contra las fuerzas del mal. Lo noto porque, a pesar de todo, *padezco* el ansia.

Frente a esta situación de espera frustrante (el tiempo pasa), el individuo no tiene más remedio que darle al espejo nuevos poderes. Más larga la espera, mayor la esperanza de que el espejo salvador ejecute una operación definitiva. Esa es la única defensa contra el paso del tiempo: que sirva para solucionar, de un solo golpe, todos nuestros problemas. Pero sigue pasando el tiempo y yo continúo en la dolorosa espera. Ya no tendré tiempo de construir mi edificio del ser. Entonces espero que el espejo, llevado a sus últimas y omnipotentes consecuencias, me regale el edificio en pago a mi devoción. Él ya no eliminará solamente las fuerzas del Mal: ahora se encargará, en contraprestación a mi fervor, de regalarme la unidad en el tiempo. Será él el arquitecto. Y mientras mayor sea el tiempo existencial perdido en la espera, mayor será la dimensión temporal y espacial del edificio que, a cambio, espero.

Es obvio que por ese camino el ansia se convierte en un fuerte malestar. En este caso, la única cosa que el sujeto desea es eliminar el ansia, eliminar una tensión que para él procede del espacio exterior. Sintiéndose constantemente amenazado, el sujeto deja de "comprender" su ansia, deja de considerarla suya. Y así comienza esa sensación de alerta desagradable, esa constante sensación de peligro, que proviene de la búsqueda de delimitar (siempre en un espacio considerado exterior) la ubicación del enemigo. "Siento que está por ocurrir algo tremendo", "tengo una sensación continua de peligro", "no sé de qué tengo miedo, pero no puedo evitar sentirlo". El sujeto no encuentra ya tregua. El enemigo, aun invisible, lo acecha desde un lugar no bien determinado, pero situado en un futuro próximo. La libertad desaparece. La espera se hace cada vez más dolorosa. El mismo cuerpo (temblor, taquicardia, sudoración) ejecuta una respuesta de lucha. Pero el enemigo es invisible. Esa es la llamada neurosis de ansia.

Solo más tarde el sujeto encontrará una defensa, que en un principio será eficaz. La alerta ya no será indiferenciada. O será un temor espacial (la fobia), es decir, un temor circunscrito en la realidad exterior, lugar o circunstancia que sea: un mercado, un ascensor, un animal determinado, una planta, etcétera. O será un temor de la voluntad, y entonces la duda obsesiva, la ceremonia repetida y obligada, con la sensación de pasividad que acompaña a un evento ahora extraño y ajeno (no soy yo: yo no puedo oponerme a esa coerción que procede de fuera). O será el ansia concentrada en un órgano corpóreo, con esa imaginación que sacrifica una parte del cuerpo para poderla controlar desde el pensamiento. O será una anestesia generalizada, con una desaparición imaginal del cuerpo y de su realidad, en el intento de llegar a formar parte de otra corporeidad, de fundirse con el "otro".

Esas defensas conseguirán adormecer, parcializar, ritualizar o contextualizar el ansia, pero solo en un principio. El edificio que se pretende construir será siempre en el futuro, y deberá construirse *contra* el ansia. Y el tiempo pasa igualmente, con sus meses y sus estaciones. No pudiendo eliminar la fuente del ansia (por lo demás ineliminable), el sujeto vuelve a encontrarse en una situación de alerta desagradable y cada vez más incomprensible. Ya no le bastará un amigo con quien hablar; ya no encontrará beneficio al espejarse en las aguas. Tendrá necesidad, dada la proliferación de imágenes sin sentido, de hallarse a solas con un espejo. Querrá verse tal cual es, aun sabiendo que a través del espejo eso es imposible. No obstante, pedirá ayuda igualmente. Esa es la motivación principal de la existencia de la psicoterapia, que trataremos más adelante.

Pero, por otro lado, sin reflejo no existiría la proyección de imágenes. Sin el agua y sin el espejo no se obtendrían formas diferidas de la luz. Sin malestar de la psique no existiría el grito, el dolor. El ser humano ha sentido dolor desde el principio. Al creer que podía exteriorizarlo, ha favorecido el lenguaje, la pertenencia, la colectividad. Sin malestar psíquico no existiría la tragedia, ni nadie podría tranquilizarse con una fábula. Todos esos alivios pertenecen a la posibilidad de comunicación, fundamental en el acto de reflejarse mutuamente. Si eliminásemos la posibilidad de espejarnos los unos en los otros, los problemas matrimoniales de Madame Bovary y las imaginaciones del Quijote no tendrían sentido para nosotros. La facultad de leer, como también la de escuchar, pertenecen a la capacidad de reflejarse en los protagonistas y en los oradores. Sin el espejo no existiría el narcisismo, pero tampoco el signo, las leyes, la necesidad de explicar nuestras cosas a los demás.

Casi todos los problemas ligados al reflejarse y al espejo pertenecen al uso impropio y totalizador del espejo, no a su uso cotidiano. Si la labor de espejarse fuese siempre acompañada de la reflexión (en sentido interior), probablemente no existiría la psicopatología. Si el lenguaje no eliminase la profundidad que detrás de él se esconde, ese lenguaje siempre lograría expresar lo que a él le compete.

Pues el espejo ha garantizado el método, la técnica, las normas sociales, los principios generales que rigen la colectividad, la posibilidad de comunicar; pero también es verdad que todo eso no tiene validez alguna por fuera de los sujetos, por fuera de esa profundidad particular que acompaña y distingue a cada sujeto. Pues detrás del método, de la técnica y del rol, existe un sujeto que debe operar con plena responsabilidad individual. Y ese sujeto necesita reflexionar, sintetizar, crear a su manera. Y eso ya no pertenece al reflejo (al método, la técnica, el rol), sino al reconocimiento interior que se erige como arquitecto de sí mismo.

Reconocer el ansia significa disponerse a ser el arquitecto del edificio de la propia personalidad. Se aceptan las antinomias de base, al reconocerlas como propias e ineliminables. El ansia de fondo (los cimientos) es la sensación de reconocimiento del ser en el tiempo, es su principio, la inauguración del sentido.

Ya desde la más tierna infancia el niño aprende a reconocer. Se siente un sujeto porque se siente *separado* de los objetos y de los demás, porque siente esa *distancia*. Reconocer es darse cuenta de lo que son en realidad las cosas. Es la guía que permite orientar las experiencias. Es, sobre todo, la memoria, la capacidad de recordar experiencias ya conocidas. Pero reconocer también sirve para darse cuenta de quién se es, tras identificar así el conjunto de particularidades que conforman la unidad del ser, y también para darse cuenta de quiénes son los otros individuos a nuestro alrededor. Se grita por reflejo, pero el aprendizaje de las palabras es producto del reconocimiento. Se reconoce la voz del padre, de la madre. Se reconoce la piel propia y ajena, gracias al contacto con los objetos y personas. Se reconoce que aquel problema que nos ha puesto el maestro en la escuela ya lo habíamos completado precedentemente, o se reconoce la semejanza con otro problema ejecutado con anterioridad. Se reconoce la escuela, la sensación de los días de fiesta. Se reconoce un amigo, un color, un olor, un sonido, un sabor...

La vía del reconocer es la vía del establecimiento de una continuidad existencial. El niño va despertando a la vida -a esa continuidad en la vivencia que es la vida- gracias a esta función. Sin la facultad del reconocer no tendríamos lo que se llama conciencia, y el edificio del ser se derrumbaría a cada paso, sin dejar el "valor" de las experiencias ya hechas. Sin poder reconocer estaríamos obligados a empezar a cada instante como si fuera la primera vez, sin poder elaborar a partir del punto ya adquirido o desarrollado. La vida no podría ir profundizándose, como tampoco podríamos profundizar en aquella amistad, o desde aquel primer beso.

Y sin reconocer no existiría la posibilidad ni el proyecto de erigirse en el arquitecto de la propia vida. Sin reconocer, el niño no recordaría lo que ya ha aprendido, como tampoco admitiría el error, ni lo recordaría tras haberlo cometido una segunda vez. Tampoco podría confesar un hecho, menos aún después de un tiempo de haberlo silenciado. Sin reconocer, por otro lado, no existe ni similitud ni diferencia, es decir, es interrumpida la cadena de asociaciones. Ni tan siquiera la contemplación sería posible, puesto que sin explorar ni recordar no cabe concebir esa alta función. En definitiva, nada de lo que llamamos consciente tendría cabida sin el reconocimiento.

El estado más alto de reconocimiento es la aceptación primaria del ansia como propia, producida por la tensión de los opuestos que componen nuestra peculiar caja de relaciones que es la psique. Ese estado sería, asimismo, el producto de reconocer en el ansia la capacidad de hacer las veces de los cimientos de nuestro edificio del ser en el tiempo.

Pero esa alta aceptación no es ni fácil ni, sobre todo, inaugura nuestro camino de vida. En todo caso, el reconocimiento nos lleva a la conciencia de que nosotros, y cada "otro" que existe -conocido o no-, contiene en sí mismo una profundidad. El reconocimiento es la base de la diferencia y distancia entre *yo* y el *otro*. La visión de la complejidad respecto a la "apariencia" de las cosas, en definitiva, es una de sus mayores características.

Reconocer es eliminar la posibilidad de proyectarnos completamente en una existencia que no nos compete. Es conocer los límites de nuestra observación, conocer el punto de excesiva flexión donde el espejo puede servir de prejuicio, el límite donde ninguna verdad inmanente nos da permiso de "especular".

Porque la conciencia tiene sus límites. Pertenece a una capacidad cognoscitiva limitada a una existencia. De la misma manera que la memoria tiene sus límites: se estipula siempre desde nuestra *visión* y *vivencia* de las cosas. El reconocer significa ponerse como ser humano en su sitio, en su límite que le permita esperar un crecimiento, desde sí. Como en este fragmento de una genealogía de los maoríes:

Desde la concepción el crecimiento,
Desde el crecimiento el pensamiento,
Desde el pensamiento el recuerdo,
Desde el recuerdo la conciencia,
Desde la conciencia el deseo.
El mundo se volvió fecundo... [15]

El mundo se vuelve fecundo como consecuencia de esos pasajes entre áreas que el ser humano es capaz de reconocer como propias. El ser humano que se reconoce como tal, encuentra en las fases de la vida la posibilidad de alcanzar el eros. Desde ahí el ser humano despliega sus deseos y camina en búsqueda de un sentido. Pues el reconocer es fundamental para la orientación, y la orientación es fundamental para poder elegir el camino, para la libertad.

Pero de vez en cuando el sujeto deja de reconocerse, pierde su espejo e imagen interiorizados, deja de sentir confianza y olvida su profundidad. Entonces vaga sin sentido hasta que se despiertan los cimientos, el ansia, que intenta devolverle la conciencia de su identidad. Habiendo dejado de reconocer, el sujeto siente su ansia, pero la atribuye al mundo que tiene alrededor. El ansia aumenta. El sujeto se defiende del enemigo. Pero en un determinado momento todo se demuestra inútil. El sujeto está herido, siente dolor, y eso no es capaz de proyectarlo. Entonces no tiene más remedio que reconocer el dolor, lo explora, lo advierte, reaparece su memoria, aun en una clave dolorosa y frustrante. Es la sensación de pérdida, de auténtico olvido de sí mismo. Cuando el dolor ha llegado al punto de no poder ser ya más soportado, y tras haber reconocido su localización en la profundidad de la propia existencia, el ser humano piensa en pedir ayuda, acaba por pedir ayuda. Llegado a este punto, en ocasiones, acude a un psicoterapeuta.

Veamos entonces qué sucede.

3. Reflejo y reconocimiento en la psicoterapia.

> El más hábil intérprete de sueños es aquel que sabe observar las similitudes [...] Hablo de similitudes, puesto que los fantasmas oníricos son parecidos casi en todo a las imágenes reflejadas en el agua [...] En estas, en efecto, si el movimiento del agua es muy intenso, la representación no es parecida en absoluto, y las imágenes (no se asemejan) a la verdad de los objetos. El hombre que vale para interpretar las representaciones es, entonces, aquel que es capaz de distinguir ágilmente y de reconocer las fragmentaciones y las deformaciones de las imágenes[16].
>
> **Aristóteles.**

Bastaría este párrafo de Aristóteles para entender la pertinencia de nuestro discurso acerca de los reflejos y del reconocimiento en la psicoterapia. Desde la antigüedad ya se introducía límites bien precisos a la actuación del intérprete de sueños, es decir, del psicoterapeuta.

Pero empecemos desde el principio. Definamos el campo en el que a nuestro entender nos movemos. ¿Qué es la psicoterapia? ¿Cuáles son sus presupuestos? ¿Cómo actúa? ¿Qué persigue?

La psicoterapia es la relación que se establece entre dos psiques bajo la propuesta de una de ellas (la del paciente) de atenuar, a través de ese particular diálogo, el dolor o el sufrimiento que la aflige.

La psicoterapia es así una relación entre dos psiques con fines terapéuticos para una de ellas. Es una relación establecida a solicitud de un paciente que sufre psíquicamente. Y paciente significa "que soporta", "que padece", "que sufre". Y significa también quien sabe esperar con paciencia la resolución de un contratiempo, de una enfermedad; quien, en posición *pasiva*, recibe la acción del *agente*. En última instancia, paciente significa una persona que está en tratamiento para curarse [17, 18].

La psicoterapia inicia, pues, al amparo del presupuesto de la búsqueda de alivio del sufrimiento de la psique del paciente. Ese es el estatuto principal. Pero no olvidemos de qué sufrimiento estamos hablando. Hablamos de sufrimiento psíquico, es decir, de uno ubicado en un lugar no bien delimitado pero que, sin embargo, define el *tono* general de la vida de una persona, su capacidad de existir humanamente; tono, entonces, que le da el carácter de propio, de "mío", a la vivencia, al conjunto de experiencias que paso a paso acompañan al sujeto.

Antes hemos visto cómo una persona, en el intento de conservar o alcanzar la unidad, puede llegar a perderse de vista en la contraposición que ella misma ejerce respecto de la tensión entre sus opuestos; esto es, cómo intenta proyectar su ansia, cómo busca un arquitecto, cómo retrasa la construcción de su edificio existencial, cómo sigue sintiendo dolor igualmente, cómo acaba finalmente tomando conciencia, vale decir, reconociendo ese dolor como propio, aun cuando la causa fuera considerada externa. Desde ahí, el sujeto, ya sin defensas, se siente vencido, extenuado, y busca ayuda.

Así llega el paciente. Disminuidas sus fuerzas por la tremenda lucha que lo ha visto perdedor, acude, resignado, "pacientemente", al estudio del psicoterapeuta. A veces le queda alguna fuerza residual con la cual intenta la última batalla en contra el reconocimiento de su dolor. Pero todo acaba demostrándose inútil. Él sufre, y acaba admitiéndolo: no tiene más remedio que admitirlo.

Las dos psiques que se movilizan en ámbito psicoterapéutico ven la psicoterapia desde ángulos diferentes. La psique del paciente quiere instituirse desde su posición de paciente, es decir, desde una posición pasiva, y espera recoger los beneficios de la acción del sujeto agente, del terapeuta. Para el paciente, las dos psiques no pueden ser similares. Si pensase que el terapeuta no cuenta con más armas que las que él mismo posee, entonces no llegaría a la decisión de pedirle ayuda para aliviar su sufrimiento, no empezaría el tratamiento, no se pondría en sus manos. Por otro lado, el paciente tiene la convicción de que la causa de su dolor, de su ansia, está situada en el exterior de sí mismo. Sufre las consecuencias, en clave de ansia, de las amenazas del mundo en derredor. Necesita, pues, del concurso de un profesional-mediador que calme esos ataques, que mitigue, a través de la comprensión, por lo menos el carácter amenazador con que esos ataques se sufren.

El terapeuta, en cambio, sabe o debe saber las similitudes de base que existen entre cada psique, incluida, claro está, la suya. Si las psiques no fuesen semejantes, no podría indagar (con los presupuestos de su propia psique) sobre otra. No le sería válido el conocimiento general de la psicología, ni su experiencia personal, ni la de sus colegas. Por otro lado, el terapeuta es uno que conoce la posición desde el otro lado: también él ha sido paciente, es decir, también él se ha puesto a disposición del diálogo con otro hasta reconocer la naturaleza de su propio sufrimiento, fuera este explícito o tuviera que recorrer un largo camino en profundidad hasta dar con él. Conoce esa espera paciente, esa especulación diferida, las defensas que cada uno opone a la evidencia de nuestra ansia de fondo. Él mismo ha opuesto resistencia a ir en profundidad, a tocar con la conciencia el fondo oscuro de nuestros cimientos. Será mejor que no olvide nunca la dificultad de este viaje.

La psicoterapia comienza, pues, desde una gran similitud y una gran diferencia de base. Las dos psiques son similares, pero, por el momento, se encuentran en una posición y una disposición muy diferentes.

Comienza así la psicoterapia. Comienza la lluvia de imágenes. El paciente habla a través de imágenes de su dolor, cuenta su vida, se le solicita que relate sus últimos sueños, da visiones de lo que ha sido su curso vital. El terapeuta escucha, pone preguntas, intenta conocer cuanto sea posible el estilo de problema que aflige al paciente.

Todo se desarrolla a través del lenguaje. El paciente usa sobre todo el lenguaje verbal, pero ahí está también su mímica, su gestualidad, su posición, la manera particular de usar aquellas palabras y no otras, aquellos giros verbales, aquellas tonalidades. El trasvase de significados (gracias a la similitud de base) se ejecuta mediante el binomio acción-sugestión, que es el fundamento de toda comunicación. Cada frase, cada palabra, cada gesto (en sí mismos particulares, diferentes de persona a persona) se acompañan, a su lado, debajo o contemporáneamente, de una generalidad dinámica que es la sugestión. Esa característica propia del hombre, que Hippolyte Bernheim estudió y conceptualizó con extremo cuidado[19], hace que nuestros propios actos sean verdaderamente dinámicos y susceptibles de intuición por parte de un tercero, y viceversa. Cada acto psíquico, cada palabra dicha por otro, nos *sugiere* una cadena asociativa que va más allá de su puro significado literal. Dado que la sugestión, al acompañar a los actos –a las palabras-, los limita y a las vez los amplifica, y dado que nunca llega a ser independiente de ellos ni a excluirlos, entonces podríamos suponer que sea ella misma una función: una que causa (y a la vez preserva de miradas demasiado interesadas en recoger solo elementos que estén a la mano y sean cuantificables) aquella profundidad propia e inalienable del hombre. Es lo que hace que entendamos las materias humanísticas de una manera tan diferente respecto a las materias científicas. A fin de cuentas, podemos verificar el resultado de una compleja fórmula matemática, o completar nuestro conocimiento de la órbita de un determinado planeta; pero a nadie se le ocurriría cuantificar, o elevar a verdad científica, la emoción que nos produce un cuadro de Chagall o un pasaje de un libro de Pessoa.

El paciente confiesa a su manera el sufrimiento que lo acompaña. Esta es la primera fase. La fase de la confesión, o la fase del *espejo*, del reflejarse en el espejo-terapeuta.

Sin embargo, si no se instaurase espontáneamente esta primera fase, y cualquier terapeuta que tenga alguna experiencia en el campo de las psicosis sabe cuánto hay que esperar y trabajar antes de que esto acontezca, será el terapeuta quien deba rellenar los espacios de relación, a la espera de que el paciente pueda comunicar. Tendrá que ser él quien se presente; pues cuando el paciente decide no reflejar su sufrimiento, no se conforman hacia afuera imágenes, confesiones, especulaciones. El paciente incapaz de reflejarse tampoco es capaz de ejecutar el acto fundacional de un relato de sí. Pues vive en una realidad poblada por alucinaciones (multiformidad de las imágenes del espejo disparadas hacia afuera), o bien tiene una sensación incorpórea, o bien sufre una completa fragmentación del sí-mismo, a través de la angustia de desaparecer de un momento a otro, o a través de la conexión desesperada e instintiva con la coherencia final por medio de elaboraciones ruinosas: el delirio, las conductas fijas y estereotipadas, la conducta catatónica, el suicidio, etcétera. A veces, de lo que se trata es de un pensamiento negativo: "No hay nadie que pueda escucharme, puesto que no existo, yo soy el mal, y cuando existo, desaparezco antes de llegar a la segunda palabra". Otras veces es la culpa presente en la depresión: "He cometido un delito que desconozco, y por cuyo efecto no tengo las fuerzas de comenzar ni tan siquiera una frase". Se trata de los campos de la disociación y de la parada ideo-motora, del autismo y de la letanía (conjunto de palabras dirigidas a un interlocutor fantasma, nunca presente; quien, por ello, no me puede escuchar, y quien, sobre todo, no me responderá jamás). En este caso, el paciente tampoco puede llegar a contar un sueño o un recuerdo: las palabras se subsiguen, si es que existen, de forma fragmentaria, indiferente o incoherente, según dicte la casuística.

En estas circunstancias, tampoco se conforma claramente una propuesta terapéutica. El paciente acude al espacio de la psicoterapia, pero es el terapeuta el que se refleja, aun no teniendo este más espejo que sí mismo. Lo que se requiere entonces es una capacidad de esperar actuando, o de actuar esperando a que sea posible inaugurar verdaderamente la primera fase de la psicoterapia.

Afortunadamente, estos casos, aun más frecuentes de lo que se cree, no eliminan el hecho usual, cual es la institución sin mayores dilaciones de la psicoterapia. Es más, lo que suele ocurrir en quien decide instaurar espontáneamente una psicoterapia (es decir, libremente, después de haberlo pensado durante más o menos tiempo), es, por el contrario, la sensación de haber dejado de tener una imagen de sí mismo. Es por ello que, desde el inicio de la relación psicoterapéutica, el paciente muestra predisposición a recibir imágenes reflejadas por el espejo-terapeuta. El terapeuta conoce bien esa fase, esa pasividad. No tiene más remedio que aceptar hacer las veces de espejo. El paciente cuenta una preocupación o un sueño, y el terapeuta, tras idear una comprensión, devuelve las imágenes. Esta fase requiere, sobre todo, de los conocimientos generales, además de la experiencia personal y profesional. Ese es el modo de gestionar profesionalmente el inicio de la psicoterapia, y de suministrar desde el principio una lectura, ampliada y sintética, de las imágenes que el paciente comunica.

Las dos psiques (similares en su fondo, diferentes en su posición en el tiempo) empiezan a conocerse a través de las máscaras iniciales. El terapeuta sabe que esto es así; sabe que debe aceptar ser visto como punto de referencia máximo, como una superficie neutra reflejante, como materia sobre la que son proyectadas las imágenes, aún no comprensivas, aún no vividas como propias, del sufrimiento del paciente. Antes de llegar a la psicoterapia, el paciente tomó su decisión porque creía que un profesional podría darle una mejor comprensión de su sufrimiento. Ahora ya está en psicoterapia; y, dados los conocimientos y la disposición del terapeuta, la sensación de poder servirse de esa ayuda exterior se hace más patente, más motivada. Empiezan las ampliaciones. De vez en cuando el paciente entra en fascinación. No creía que detrás de un sueño, de un síntoma o de una imagen cualquiera, todos producidos a solas, pudiera estar contenida tanta riqueza. A veces, incluso, cree estar volviendo a la vida. Es la fase del espejo, y todos estos efectos de ampliación prospectiva no los atribuye a las ciencias del saber en general, a la psicología o a la experiencia milenaria de nuestra especie. En la psique del paciente, esa ampliación de imágenes se debe a un hecho bien particular: a la cualidad de "su" espejo, a "su" terapeuta.

El tiempo va pasando y, a pesar de las máscaras, las dos psiques van conociéndose mejor. El terapeuta puede ir sintetizando cada vez más su lenguaje; puesto que, simultáneamente, va dándole mayor espacio a la persona particular que tiene enfrente, a su peculiar biografía, a su estilo de vida. Eso encoge por el momento la ampliación de imágenes que son devueltas al paciente. Es un momento particular, es el inicio de una fase de esclarecimiento; en la que el paciente encuentra imágenes solo de una determinada clase reflejadas en su espejo, es decir, de una clase limitada y personal. Es un momento de la psicoterapia en el que, a veces, aflora en el paciente el cansancio y algunos signos de oposición. El espejo ya no le devuelve sus imágenes ampliadas al infinito, sino que le devuelve imágenes de un particular ser humano, concéntricas. La fascinación decrece. A veces aparece la rebeldía. "Mi espejo ya no me obedece". "Este terapeuta no es lo que yo pensaba". "No rechaza mis imágenes al infinito, ampliando mi dimensión; sino que me las devuelve y me persigue con esos contenidos, con esos límites que yo no tengo ni reconozco".

Es en este momento que resulta crucial la memoria del psicoterapeuta. El paciente se cansa, de la misma manera que le ocurrió a él. Siente el abandono y la vuelta a la dimensión humana, que ya una vez no pudo soportar. Se trata de un momento de desencanto. Por otro lado, tiene la sospecha o, a veces, la firme convicción, de que el terapeuta quiere dañarlo, de no serle ya simpático, de que el terapeuta ha tomado la dirección de pedirle cuentas. El paciente todavía considera que el terapeuta es un espejo, pero se irrita por no poder controlar el ángulo desde el que visualizarse.

A veces la psicoterapia se interrumpe en esta fase, pues el paciente, que durante tanto tiempo ha mantenido proyectada fuera de sí su ansia, tiene la sensación de que esta viene acercándose peligrosamente a su propia órbita. Hasta ahora ha visualizado imágenes de sí mismo fragmentarias, pero que en proyección le han parecido totales. Ahora, en cambio, el espejo empieza a devolverle imágenes que se asemejan demasiado a su realidad, precisamente esa realidad de la que un día expulsó ciertos inconvenientes. Es el pasaje más delicado para quienes estuvieran aquejados de problemas de narcisismo. Y es que, en los casos de narcisismo primario, el espejo debe ser controlado en sus efectos reflejantes; porque el narcisista, jugando con una expresión al respecto de Freud, guardaría la misma relación con las imágenes producidas por el espejo, que aquella que guarda el cuerpo de un organismo ameboidal con los seudópodos que emite[20]. A veces el narcisista no tolera esa emancipación de las imágenes reflejadas. Pero el terapeuta, forzado por su ética profesional, ha de dirigirse hacia esta nueva fase. Si no lo hiciera y volviera atrás, a la fase del espejo, dos riesgos importantes se cernirían sobre ambos: el terapeuta acabaría por instalarse, perennemente, en la todopoderosa posición de espejo (se identificaría con él); y, por consiguiente, el paciente se alejaría progresivamente de sí mismo (de poder un día integrar su ansia y reanudar la unidad en el tiempo), con el peligro añadido de quedar inflacionado por la expansión de imágenes reflejadas por el terapeuta-espejo.

No queda más remedio que pasar a esta fase de *esclarecimiento,* aun a riesgo de interrumpir la relación. Si ambos interlocutores la superan, verán limitado el campo de acción respecto a la fase precedente; pero, en contrapartida, las psiques se conocerán mejor, y, siendo menor su número, las imágenes reflejadas se verán mejor, menos deformadas por la superficie antes completamente plana del espejo.

Normalmente la relación puede continuar y los dos interlocutores se acostumbran a elaborar de una manera más metódica y continua. El espejo, tras curvarse y hacerse más cóncavo, refleja imágenes más dirigidas y precisas. Es una fase intermedia, sin puntas, donde el paciente empieza a hacer las cuentas con el grupo de imágenes que le llegan de aquel espejo; el cual, habiéndose curvado de aquella manera, de vez en cuando deja entrever algún resquicio de presunta humanidad detrás de él.

Pero el ansia queda todavía lejos de la órbita del paciente. Todavía existe la esperanza de encontrar la causa de las turbulencias en algún planeta vecino, en un satélite o en el mismísimo sol. Por eso estamos aún entre una lluvia de imágenes. Estas habrán disminuido en su copiosidad, pero todavía no son sólidas, no pertenecen al "cuerpo" de la psique, aún no son aprehendidas por ella.

El psicoterapeuta es quien tiene la responsabilidad de ser guía del proceso. En la primera fase ha aceptado hacer las veces de espejo. En la segunda fase ha curvado la superficie del espejo hasta volverla cóncava, con algunos pliegues u orificios por los que transparenta la profundidad acuosa que hay detrás. Pero el proceso no ha terminado aún. Al cabo de un tiempo (variable, como la vivencia, de caso a caso), debe aumentar la curvatura del espejo hasta que no quede la posibilidad de reflejarse en él. Se cierran así las dos primeras fases de la psicoterapia, que podemos sintetizar con el nombre de *psicoterapia por imágenes reflejas, o psicoterapia a través del "espejo".*

Ahora nos encontramos ante un nuevo momento de dificultad. El paciente, que ya ha aceptado la transformación del espejo plano y generoso en reflejos en espejo curvo, cóncavo y menos asiduo a reflejar imágenes, ahora está obligado a prescindir de todo espejo en el que reflejarse. Si no fuera por el peso de la relación humana que, por vías sugestivas, ha venido forjándose, la psique optaría por el abandono. De hecho, de vez en cuando los pacientes se retiran en este punto, aunque es verdad que lo hacen en número muy inferior al que lo hacen entre las dos primeras fases. La psicoterapia entra, pues, en la tercera fase, que podemos llamar fase de *toma de conciencia de la realidad*.

Tampoco es fácil para el terapeuta afrontar esta desaparición del espejo. Se había acostumbrado a ese prestigio derivado de poder comunicar a través de un espejo. Cada frase, sacada de sus conocimientos generales o de su experiencia, encontraba una ampliación fascinante frente a la escucha del paciente. Salir de esa posición de confusión con el espejo es, sin embargo, necesario. Tener bien claros los presupuestos de la psicoterapia (la semejanza de base, devolver el sentido -la imagen de sí mismo- al paciente), y preservar la memoria (la propia ansia, la propia incertidumbre), lo ayudan a ejecutar ese desenmascaramiento.

Lo que no desaparecen son las imágenes. Las imágenes, descubren los dos interlocutores, no necesitan de espejo para conformarse. Simplemente constatan que esas imágenes de ahora serán acompañantes de las propias palabras, de ese conjunto de particularidades personales que, reunidas, sacan a flote, hacen renacer, o nacer por primera vez, la conciencia.

El paciente, sin espejo en el que reflejarse, comienza con sus propias especulaciones, obviamente dirigidas sobre sí mismo. Merced a esas especulaciones reflexivas, el paciente deja de ser un "paciente", y empieza a darse cuenta de ser el propio "agente" de su vida psíquica. Es el nacimiento -o el renacimiento- de la conciencia. Un momento antes de que esto aconteciera, ha vivido, sin embargo, un instante de suspensión (ya sin espejo y aún sin conciencia), al que podemos llamar el *momento cero* de la conciencia. La conciencia, en esos instantes, ha transitado por una situación similar a la del recorrido que efectúa el niño por el canal del parto, después de que se han roto las aguas y antes de que el cuerpo asome por fuera de la vagina dilatada de la madre. Ese momento cero de la conciencia acoge, a la vez, las características de situación-límite (tal como la entiende Jaspers) y de momento auroral: sin duda un instante de suspensión y pasaje, pero también anunciador de un primer instante de vida.

Ahora, una vez alumbrada la conciencia, las dos psiques entablan comunicación solamente con sus propios instrumentos. La psique del paciente y la psique del terapeuta, no obstante, aún no pueden establecer un diálogo paritario, pues todavía están diferenciadas por la diversa función que anima a cada una, y también por la diversa dirección de sus reflexiones. Por lo demás, en esta fase ambas psiques son similares, del mismo modo en que aparecen dos cuerpos cuando, tras despojarse de sus distintas vestimentas, quedan visibles en su desnudez.

***

En la psique del paciente, además de la conciencia, aparecen dos funciones igualmente muy importantes, sin duda posibles gracias al concurso de la conciencia. Son la *asimilación* y la *integración*. Estas dos funciones, estudiadas por Jung en varios de sus artículos sobre psicoterapia[21], servirán, especialmente, para la reconquista de aquella unidad perdida por culpa de la proyección del ansia, de la búsqueda de un arquitecto exterior que proyectara y llevara a cabo en el futuro el propio edificio sin construir, y de la dispersión de las imágenes antaño reflejadas por cada espejo. Ahora, en su soledad autorreflexiva (debido a la pérdida del punto de referencia de sí mismo antes situado en el exterior, en el espejo), el paciente necesita más que nunca recomponer su unidad. Este será el instante inaugural del reconocimiento: el deseo de recomponer su unidad originaria: la visión de su superficie corporal. Aún estamos lejos del pleno reconocimiento, es decir, de la visión de sí mismo en profundidad. Pero el camino ya está trazado. Lo que falta será suministrado por la labor que desarrollarán la integración y la asimilación. Veamos de qué se ocupa cada una.

La integración es una función caracterizada por su fuerza reunificadora. Partes consideradas alejadas entre sí, diferentes, quizá fragmentadas o contrapuestas, pasan a formar parte de un conjunto que se erige como un todo. La psique, antes dispersada en su búsqueda de obtener reflejos, se hace con esas partes distintas y las unifica en un todo: las integra. Por esa vía, todas las proyecciones (el ansia, las sensaciones aisladas de control, las manipulaciones, las inferencias ilimitadas, los síntomas, las defensas, las fascinaciones, etcétera) pasan a ser concebidas como pertenecientes al mismo ámbito que el del dolor, del fracaso, de la esperanza. Todas las causas y consecuencias del estado psíquico pasan a ser reconocidas -exploradas, descubiertas y admitidas- en la propia disposición existencial, en la propia caja de resonancia que es la psique.

Es una fase de gran emoción. Desentrañado el enigma que custodiaba el templo del espejo, el sujeto "siente" en directo que todas las partes, todas las quejas y temores, todas las defensas y síntomas, todos los proyectos y recuerdos le pertenecen. El "reconocimiento" les ha devuelto, pues, la unidad.

Estos eventos acontecen paulatinamente, a lo largo de toda una fase. Lo más importante es no olvidar el dolor. El terapeuta hará bien en ponerlo como trasfondo de todo lo que va ocurriendo. Ha sido el sufrimiento la guía del entero proceso, y es el sufrimiento lo que le da sentido a la nueva fase. Por otro lado, no hay que descuidar la posible omnipotencia frustrante relacionada con esta reunificación. "Qué lástima. Si lo hubiera descubierto antes. He echado mi vida a perder...". Estas frases denotan falta de cuidado por parte del terapeuta. La desmesura en las expectativas regalan siempre una queja hacia el pasado. Conviene dejar en claro que el proceso ha sido guiado por el dolor (y reiterar que este no debe ser olvidado nunca), no por una repentina iluminación. Y esto queda aún más claro cuando es el psicoterapeuta quien se ha puesto el primero la tarea de recordar la "verdad" de su propio proceso. Una vez puntualizado este detalle, se volvería difícil olvidar la "verdad" del proceso del paciente. Ya hemos repetido lo de la semejanza de base en toda psique. Ya hemos dicho que el psicoterapeuta hará bien en no olvidar jamás las tinieblas de las que él también procede. Pues si la meta tiene que ver con el reconocimiento del paciente, este mismo reconocimiento deberá haber acontecido antes en el psicoterapeuta. Y recordemos que el reconocimiento estaba emparentado con la memoria y con la conciencia.

La asimilación, por otro lado, sigue una dirección paralela a la de integración, pero no puede decirse que sea la misma. La asimilación tiene que ver con la unidad, pero no significa, como la integración, que se ocupe directamente de ella. Pues asimilar significa equiparar, considerar o presentar una cosa como similar o semejante a otra. Significa conseguir la plena incorporación a una unidad de elementos antes considerados extraños.

Significa poder aprender y comprender contemporáneamente. Por último, significa también sacar provecho de la alimentación.

Veamos de qué manera es importante la asimilación en psicoterapia. Para que una psique se reconozca, esta debe ser unitaria, esto es, debe ser un todo, formado por una multitud de partes distintas; y, asimismo, debe entender las semejanzas con nuevos elementos psíquicos antes considerados extraños, con los cuales ha de ser solidaria, y de los cuales ha de ser capaz también de enriquecerse. Debe, en definitiva, gozar de una permeabilidad disponible. Pues una psique no puede ser reconocida como en una fotografía: "vive", es dinámica, debe estar dispuesta a las variaciones que le propone el hecho de estar en el mundo. Esa plasticidad (asimilación), sumada a la unidad en el tiempo (integración), desemboca en el reconocimiento psíquico completo; el cual es, a la vez, un reconocimiento dinámico y unitario, e incluso tal vez el único modo que la psique encuentra para no tener que exponerse de nuevo, en un futuro, a la pérdida de la unidad. Por eso es necesaria esa disposición psíquica al enriquecimiento, pues la psique, como todo lo que vive, también habrá de alimentarse, si quiere vivir en el tiempo.

Cuando la psique se haya reconocido completamente (suyas el ansia, el arquitecto, el proyecto, la conciencia, la construcción, la experiencia, el deseo), habrá vuelto a ser una unidad en el tiempo, se habrá "individuado", habrá aceptado la posibilidad y el límite del vivir, se habrá caído del árbol de los espejos. Entonces tendrá una voz, y el espejo habrá sido asimilado con su doble naturaleza subjetiva: autorreflexiva en lo que concierne a ella, y, en lo que concierne a terceros, reflejante de sí misma frente al *otro*. El individuo ya no esperará soluciones contra el ansia, contra la incertidumbre; sino que, por el contrario, habrá reconocido en esos aspectos el punto de partida de cualquier decisión personal de "libertad". Estamos ya en la cuarta fase de la psicoterapia, quizá la más enriquecedora de todas: la fase del *pleno reconocimiento de sí, de la individuación y de la posibilidad del diálogo.*

Los dos interlocutores, antes de cerrar definitivamente la relación profesional que habían instituido desde posiciones ciertamente asimétricas, ahora pueden permitirse el diálogo, la comunicación sin máscaras respecto de la vida, de sí mismos, de lo que cada uno decida libremente. Es el momento de poner en movimiento lo que, de ahí en adelante, el que había sido "paciente" podrá incorporar al conjunto de vivencias y relaciones que lo tienen en contacto con el mundo, con cada "otro".

Y que el diálogo que se abre con la individuación esté bastante alejado del concepto de iluminación, de "verdad" trasplantable por fuera de la vivencia psíquica, lo demuestra la naturaleza de la individuación misma. Al menos en la acepción que le daba el Aristóteles de la *Metafísica*:

Todas las cosas que son numéricamente muchas tienen materia: ya que el concepto de tales cosas, por ejemplo, del hombre, es uno e idéntico para todas, mientras que Sócrates (que tiene materia) es único[22].

Es decir, llegados a la individuación, ahora se es aquel individuo, pero no se es más que un individuo similar a los demás. Lejos de la naturaleza salvadora que proponen otros campos, como la religión, y lejos también de naturaleza alguna de validez universal, como es el caso de las ramas de la ciencia, la individuación psíquica, aquí propuesta como punto final de la psicoterapia, no significa, pues, más que concluir una serie de pasajes en la psique que la lleven a reconocerse como tal. Para que, desde ahí, sin espejo exterior, mas con la brújula del reconocimiento, el ser humano pueda "sentirse" unidad en el tiempo y, a la vez, sea portador de una voz y de una escucha frente al "otro".

Tal como parecen traslucirlo las palabras sabias y humildes de Séneca, dedicadas a Lucilio[23]:

...si fuese posible, preferiría dejar entrever mi pensamiento más bien que describirlo mediante palabras [...] Solo querría demostrarte esto: yo siento todo lo que digo, y no solo lo siento, sino que también lo amo. Una cosa es besar a una amiga, otra besar a los propios hijos, y, sin embargo, también de aquel abrazo tan puro y controlado se trasluce, y no poco, la ternura. No entiendo con esto, por Hércules, que sean expresados con un lenguaje desmañado y árido argumentos tan importantes -por lo demás, la filosofía no repudia las ocurrencias ingeniosas-, pero no es preciso emplear tanta fatiga en la búsqueda de las palabras. Pues esta es la sustancia de nuestro asunto: decir lo que pensamos, pensar lo que decimos; el lenguaje concorde con el estilo de vida.

CAPÍTULO XI

PSICOTERAPIA[1]

1. Psicoterapia.

Psicoterapia de la psique (analítica, psicológica, psicoanalítica, psiquiátrica, existencial…) significa el tratamiento o la cura de la psique a través de la psique. Ese es el presupuesto inicial y el resultado que se espera obtener a lo largo del peculiar encuentro entre terapeuta y paciente, formalizado alrededor de la noción de sufrimiento psíquico.

El encuentro psicoterapéutico implica, entonces, el encuentro entre dos psiques. La psique del paciente, que trata de comunicar su sufrimiento, y que por tanto es miembro cofundador de la relación psicoterapéutica, busca ser acogida -aceptada y comprendida- por la psique del terapeuta. La psique del terapeuta, a su vez, se dispone desde el principio a lograr esos mismos objetivos; de lo cual se deduce que, para ejercer esa función, debe estar capacitada y motivada desde antes de la aparición del paciente.

Encuentro y diálogo entre dos psiques, la psicoterapia es el campo donde actúan las psiques en toda su extensión: hablando de sí misma, de la del interlocutor y del mundo, por ese orden en el caso del paciente; hablando de la psique del interlocutor, del mundo y de sí mismo, según el orden de la perspectiva del terapeuta.

Una vez aclarado el concepto de la psicoterapia cual encuentro entre las psiques, o, más etimológicamente todavía, cual curación o cuidado de la psique a través de la psique, la primera interrogante que podría plantearse es: cuál es la modalidad bajo la cual la psique se manifiesta o, mejor aún, cuál es la vía que usa la psique para comunicar su sufrimiento. El paciente, ya desde el primer encuentro psicoterapéutico, relata las peculiaridades de su dolor, y lo hace fundamentalmente con el lenguaje hablado, aun acompañándolo de gestos, de una disposición particular en el estudio, de inflexiones emocionales, de una mímica y de una mirada de expectativas, entre otras cosas. El terapeuta, de igual manera, se dedica a escuchar las verbalizaciones del paciente, observa los otros datos antes reseñados de forma somera y, finalmente, utiliza el lenguaje hablado para preguntar, indagar o informar de los planes necesarios para el andamiento terapéutico.

Es decir, en ámbito psicoterapéutico, ya desde el primer encuentro, las psiques de los dos interlocutores optan por conducir sus respectivos contenidos a través de la palabra. Digamos que la psique, en esa circunstancia terapéutica, "actúa" a través del lenguaje hablado, se sirve de la palabra para transmitir sus contenidos e, incluso, para transmitir las formas e imágenes de su dolor y su alienación.

Pero todos sabemos o intuimos que la psique extiende sus dominios más allá del reino de la palabra. Todos sabemos la importancia de los sueños, de las fantasías, de los afectos o del estado del humor, por poner unos pocos ejemplos. Sabemos también que esas experiencias pueden servirse solo parcialmente de la palabra, tan bien habilitada para conducir aspectos normativos o puramente conceptuales. Y, en cambio, esas experiencias, tan poco dadas a la palabra, representan una buena parte de los discursos que se establecen en el ámbito psicoterapéutico. ¿Cómo hacen -paciente y terapeuta- para devolver al campo de lo que no es expresable el material subyacente a esas palabras o acompañante de las mismas, y restaurar así su potencial expresión futura que enriquezca lo ya expresado? ¿Cómo hacen para no quedarse anclados, simplemente, en conceptos y teorías, o en la mera representación verbal de la propia biografía? Recordemos por un instante que estamos hablando de psicoterapia, es decir, de la terapia de una psique a través de otra psique. Eso debería inducir a la reflexión sobre la naturaleza afín de las psiques: tan psique es la psique del paciente como la del terapeuta. Y las dos hablan en el ámbito de la psicoterapia mediante el lenguaje, aunque lo hagan con unos lenguajes totalmente diferenciados, a veces incluso contrapuestos. Ese detalle resulta comprensible, dados los presupuestos del dolor de una de ellas; pero, ¿cómo consiguen ponerse en relación, si lo que hablan son lenguajes tan diferentes? ¿Cómo hace cada psique para relativizar su propio rol y su propio lenguaje, de manera que resulte asequible y pueda ponerse en relación con la psique de su interlocutor?

En psicoterapia cada palabra trasluce una acción. En el caso del paciente, la acción mediatizada por la palabra proviene del pasado, o conduce algo del presente, o tiende simplemente hacia un futuro. Además, habla de conceptos, o de síntomas, o de imaginaciones o deseos, o quizá expresa, en los casos más graves, directamente su desmoronamiento. En el caso del terapeuta, la acción mediatizada por la palabra proviene de su cultura, de su formación terapéutica y de sus motivaciones profundas, y este la dirige a la psique del paciente de la manera más clara y diáfana posible, de modo que pueda entrar en relación con ella.

La acción transportada mediante las palabras del paciente suscita imágenes, sentimientos y eventos que corresponden al arco de su vida, junto a una motivación personal para buscar salida o solución a su problemática actual. Esta problemática actual puede hundir sus raíces en el pasado, o en un presagio infausto, o bien derivar de alguna circunstancia presente. Pero desde el instante que se expresa en la sede de la psicoterapia, la palabra-acción, que dramatiza la sensación de sufrimiento psíquico, hace revivir en modo actual la dimensión vital y problemática del paciente. Porque sus palabras expresan el contenido de su vida.

La acción que transportan las palabras del terapeuta traduce un saber. Él no acude a la sede de la psicoterapia para expresar su historia familiar, sus dudas y sus problemas afectivos o existenciales. Pero se supone que lo haya hecho previamente. Es más, el paciente supone que el saber del terapeuta proviene de esa experiencia personal, en sede psicoterapéutica, y que luego se haya visto refrendada por unos conocimientos, una formación y una toma de contacto profesional con otros pacientes. Las palabras del terapeuta traducen una experiencia vital a la que se añade una experiencia profesional.

¿De qué manera la psique del paciente, mediante palabras que expresan a veces el entero arco de su vida, es capaz de incidir en la psique del terapeuta, para comunicarle su sufrimiento, su terror, su alienación o su tristeza? Recordemos que el terapeuta no "ve" la vida del paciente, no conoce de qué manera desarrolla auténticamente sus movimientos; sino que "escucha" un relato subjetivo, una visión autobiográfica, cuyo estilo y dimensión semántica puede tener relación con la vida real del paciente, de la misma manera que puede concernir directamente al encuentro terapéutico. Volveremos sobre ello más adelante.

¿De qué manera consigue la psique del terapeuta, cuya acción es conducida por las palabras (no solo, pero sí en su mayor parte), manifestar su saber, sintetizar y clarificar sus dotes de penetración y entendimiento, al límite de hacerlas asequibles e incisivas para la vida de ese otro al que, recordemos, solo conoce escasamente? Hemos dicho que se supone que el terapeuta haya hecho experiencia personal de psicoterapia. Es decir, que conozca el límite impuesto por el horario preciso y por el hecho de explicar su vida a través de palabras, por añadidura frente a otra persona de la cual no conoce más que su capacidad profesional, esto es, de la que no se intuye aún una vida.

2. El aparecer de una autobiografía.

Lo primero que sucede cuando una persona constata un sufrimiento de naturaleza psíquica, es el preguntarse por sus causas. Siente que ha topado con un obstáculo, que ha olvidado algún hecho o evento fundamental, o que ha extraviado, por una cadena de circunstancias, el sentido de su vida. Naturalmente, estos no son más que ejemplos, como ejemplos son la pérdida de la libertad individual, el sentimiento de frustración, o la progresiva decadencia de intereses. Son casi infinitas las formas con que la psique constata inicialmente su malestar. Entonces se pone en acción buscando las causas de ese malestar. No siempre lo consigue, eso es cierto, pero de todas maneras ya pone los cimientos de un contacto con su vida personal, con su autobiografía. La acción de la psique, consiguientemente a la constatación de su malestar y a la búsqueda de las causas que puedan haberlo producido, es la construcción de una autobiografía. En ella está contenida una idea biográfica, aún general y borrosa, relacionada con el sufrimiento psíquico que se ha producido. Si la persona, a pesar de esa operación, no logra hacer disminuir el malestar, o considera que solo se ha logrado de manera parcial, entonces es susceptible de acudir a un psicoterapeuta. Una vez llegada a la sede de la psicoterapia, la persona intentará sintetizar en palabras su malestar, así como también esbozará una idea autobiográfica.

3. La aparición de una teoría.

Un psicoterapeuta, como ya hemos dicho, es depositario de un saber. Ese es al menos el estatuto que presuponen los miembros –paciente y terapeuta– que se disponen a establecer una relación psicoterapéutica. Podrá ese saber ser relativo, limitado o en crecimiento, pero desde luego sin ese saber (sentido por ambos miembros como tal) no se consigue iniciar una psicoterapia.

La primera acción que cumple una persona para acceder a ese saber, es llevar a cabo una experiencia psicoterapéutica. Resultaría muy difícil avalar un saber en el individuo, cuya psique deba contactar con otra psique, sin que antes él mismo no haya conocido las sombras y modos de expresión de la suya propia en una relación no interesada con un psicoterapeuta ya en activo. La psicoterapia personal, entonces, es una condición *sine qua non* para la persona cuyos intereses se deriven hacia la posibilidad de convertirse en psicoterapeuta.

Una vez que la persona que quiere convertirse en terapeuta conozca, por medio de la experiencia seguida con otro profesional, sus propios complejos, potencialidades y límites, entonces habrá tomado contacto con su propia autobiografía. Esta, por supuesto, habrá cambiado en el transcurso de esa experiencia como resultado de la acción de sí mismo y de la acción de su psicoterapeuta, y en el ínterin se habrá enriquecido tras revisar los problemas que la ensombrecían, hasta el punto de avalar las ventajas de la terapia con la psique.

En ese punto, el psicoterapeuta en ciernes buscará los métodos, conocimientos y psicologías que le puedan servir de ayuda en su tarea de instaurar una relación con otras psiques diferentes. Se irá delineando, así, una teoría, un método, construidos sobre su propia experiencia y conocimientos, con los que informar a los pacientes y a los demás psicoterapeutas del camino a seguir y, posteriormente, de los resultados obtenidos en cada caso terapéutico.

La acción de la psique del terapeuta procederá, así, de la suma de su autobiografía y del método y teorías con las que desarrollar su función terapéutica. Y toda esta acción psíquica llegará al paciente a través de palabras, generalmente.

4. La acción oculta de las palabras.

Llegado el momento de hablar de lo que ocurre en sede psicoterapéutica, es forzoso precisar que, durante la psicoterapia, no siempre la acción se evidencia a través de palabras o discursos. Está claro que en uno y otro lado existen otras modalidades de comunicación que se manifiestan con tanta evidencia como las de la palabra. Baste pensar en los gestos, los hábitos de posición, las tonalidades de la voz o las miradas. Son ejemplos de la llamada comunicación no verbal. Nadie duda de que representen acciones valorables dentro del marco psicoterapéutico, aunque acaben en más de una ocasión por ser verbalizadas o, en el peor de los casos, por ser reconocidas solo en la persona del paciente.

Introduzcamos pues el momento cero de cualquier psicoterapia. Se encuentran dos psiques personales, la del paciente y la del terapeuta, bajo la premisa de la búsqueda de la transformación de una de ellas –la del paciente- gracias al efecto de su relación con la psique del otro –la del terapeuta-. Eso debería introducirse en la autobiografía del paciente, de manera que viera aliviados sus sufrimientos

El paciente actúa y relata sus vivencias. El terapeuta acoge, escucha, observa e indaga partiendo del relato autobiográfico que ha hecho el paciente. Las dos psiques se han puesto ya en acción, a la espera de desarrollar sus presupuestos. Poco a poco, el terapeuta sintetiza delante del paciente el resultado de sus observaciones, a la vez que instaura un mecanismo que le sirva para informar de los métodos de que dispone.

Palabras de un lado y palabras del otro. Se habla de la vida, del sufrimiento existencial del paciente, de sus posibles causas y de sus extensas consecuencias. Todo esto en los tiempos estipulados, en la sede estipulada, sin contacto directo del terapeuta con la vida real del paciente. La acción autobiográfica del uno, y la acción autobiográfica y técnica del otro, van desarrollándose así, por lo general mediante las palabras.

¿Cómo hace la psique del paciente, anclada en una problemática cuya solución hasta ahora no ha encontrado, para saber lo que decir en un tiempo por lo general tan escaso? ¿Cómo sabe qué es lo que va a sacarlo del atolladero, si lo que sucede es que puede estar negándoselo por razones ocultas de terror o conveniencia? Y el terapeuta, ¿cómo puede ayudarlo si es que el paciente no le ha relatado, o si es que no consigue mediante preguntas que se lo relate, aquello que, según su inevitable método o teoría, debería ser la causa primaria del sufrimiento que lo aflige? Conviene de nuevo recordar, nunca es suficiente, que tan psique es la del paciente como la del terapeuta. Y la de este último, es obvio, también podría estar anclada en un prejuicio y estar negándose lo que sería evidente para otro terapeuta. Eso es imaginable, en cualquier caso y con cualquier nivel de experiencia y de método. Lo cual conllevaría a la ausencia de acción verbal respecto de aquel problema. Cualquiera que se adentrase en el inmenso bosque de las teorías psicoterapéuticas, entendería que cada una de las divergencias, es más, la divergencia de base del lenguaje teórico con que las teorías se estructuran sobre la idea misma de psique, implica necesariamente la parcialidad y valor relativo de cada una de ellas. Pero cada teoría habla de aspectos posibles del desarrollo de toda psique humana. Cada teoría explica una vivencia psíquica correspondiente a la autobiografía de su autor, sumado al bagaje personal de sus experiencias clínicas. Cada una de ellas, también, deja de lado necesariamente aspectos interesantes de las demás.

Pero la pregunta es la siguiente: ¿la única acción en una psicoterapia es la desarrollada por los relatos que paciente y terapeuta hacen sobre la psique de aquel? La capacidad terapéutica de un profesional, ¿se mide solo por lo que él mismo puede conceptualizar de su método o por cómo verbaliza la experiencia terapéutica? Y si le preguntamos a un paciente que ha visto satisfechas sus aspiraciones respecto de la psicoterapia, ¿sabría expresar la vía por la que ha llegado al bienestar? O, rizando aún más el rizo, ¿atribuiría a unas palabras concretas o a una teoría concreta la labor efectuada por su terapeuta? Está claro que, en muchas ocasiones, las palabras no pueden hacer más que atribuirse el papel de metáforas de algo mucho más complejo, a veces desconocido, que no puede hallar por sí mismo, de forma directa, una expresión evidenciada, sino a lo máximo sugerida, suscitada, casi simbolizada en su carácter abstracto e indecible.

Porque la relación tempestuosa de un sujeto joven con su madre no siempre corresponderá a una verdad prefijada en el saber del psicoterapeuta. Para unos encontrará expresión en el mito de Edipo, en la ambivalencia de su relación con el seno materno, o en una visión narcisística de su personalidad, o en una conflictualidad con la Gran Diosa, o en la búsqueda frustrada de su retorno al antro materno, o en una fragmentación del Yo, o del sí-mismo, etcétera, etcétera. Pero cada una de esas imágenes, pertenecientes al método y saber del psicoterapeuta, serán entendidas o acogidas por el paciente; el cual las filtrará y devolverá a la dimensión autobiográfica, donde a su turno se encontrará con una nueva lectura causal de ese problema de relación que bien poco tenía que ver con dimensiones míticas o semánticas. Después de hallar esa nueva lectura, la totalidad de la psique del paciente variará bajo su impacto y, en consecuencia, ampliará sus horizontes hasta el punto de introducir cambios en la expresión subsiguiente de su autobiografía. ¿De qué modo una lectura causal –la relación entre una dimensión mítica, por ejemplo, y el problema particular- es capaz de introducir cambios en la óptica del problema por parte del paciente, hasta el punto de transformar su psique y la dimensión autobiográfica futura? Y, viceversa: ¿cómo logra el terapeuta, valiéndose de un método y de unas teorías, remitir el problema particular que se le está relatando a una lectura general, mítica, del Yo, de la Gran Diosa, de forma que eso cure y transforme la psique afligida de su paciente?

¿Cuál es la vía, entonces, que recorre la psique desde la constatación de su sufrimiento, la posterior autobiografía que lleva a manifestarlo, la búsqueda y encuentro de nuevas lecturas, el acceso a una metodología más o menos eficaz plasmada por su terapeuta, hasta la sensación de haber resuelto el sufrimiento? El paciente amolda su psique a la experiencia psicoterapéutica, y eso pasa por la transformación paulatina de su autobiografía, que, recordemos, antes era insuficiente respecto a las causas y soluciones del sufrimiento que la aquejaba. Asimismo, el terapeuta amolda su psique a medida que "escucha" y participa en los nuevos desarrollos de su paciente; para ello, sin embargo, tendrá que relativizar sus iniciales teorías, pues la dimensión humana y particular de una transformación psíquica no puede ser sustituida por una dimensión técnica, amorfa y predeterminada de una teoría generalizadora.

El paciente pone a disposición el esbozo incompleto e irresuelto de su autobiografía. Lo hace generalmente con las palabras, a las que viene a añadirse con discontinua evidencia la comunicación no verbal. El terapeuta pone a disposición de su interlocutor la experiencia personal que avala la validez de la psicoterapia, así como también su formación y conocimientos sobre la psique en general. Actúa prevalentemente con las palabras, junto a otras comunicaciones no verbales captadas solo en algunos casos por el paciente.

Y sobre todo, cada uno pone a disposición del otro una psique que presupone la posibilidad de la trasformación. No obstante, ¿es la psique susceptible de aparecer en su entera magnitud? Sabemos que la psique "habla" a través de palabras, que aparece en los gestos, en los sentimientos y en su modo de relacionarse; que demuestra su presencia en una idea del mundo y en conceptos ideológicos; que aparece en los valores y en el modo en que estos se plasman… Eso, que no es más que un leve ejemplo, sucede en la psique del paciente y en la del terapeuta. Mas, en lo que respecta al modo en que se relacionan entre sí, ¿existen posibilidades de conocimiento mutuo que no pertenezcan al campo de lo observable? Palabras de la autobiografía de uno, palabras de la autobiografía del otro, palabras del relato de los sueños, elaboración de fantasías… ¿Existe una acción oculta bajo las palabras pronunciadas durante la psicoterapia?

5. La respuesta del espíritu científico.

Es innegable que el recorrido psicoanalítico, que Freud inauguró hacia finales del Siglo XIX y que sigue vigente y operativo hasta nuestros días, ha tratado de eliminar, desde sus comienzos y mediante continuas e interesantes profundizaciones, la posibilidad de una acción oculta bajo las palabras que terapeuta y paciente utilizan en la sede de la cura. Es decir, si en los inicios de la psicoterapia (Berheim) las dos psiques comunicaban en un lenguaje común, esto es, a través de la sugestión, lo que presuponía mecanismos análogos en uno y otro lado del campo terapéutico, poco a poco, desde Freud, empezó a hablarse de psicoanálisis, lo que por fuerza implicaba mecanismos diferentes en uno y otro lado del citado campo. Paralelamente, el concepto de sugestión cayó en desuso, hasta que pasó a formar parte del pedigrí del falso terapeuta.

Todo ello es comprensible, más aún si tenemos en cuenta que la obra y conceptos de Freud nacieron en el período de máximo esplendor de las ciencias modernas. Las ciencias naturales, revolucionadas bajo el influjo del evolucionismo, hicieron de piedra basilar a los primeros conceptos de Freud. El instinto, la evolución de la psique y el inconsciente, cual receptáculo de los mecanismos naturales del hombre que su conciencia esconde, representan las conceptualizaciones sobre las que él mismo, y enteras generaciones de psicoanalistas, volverán una y otra vez a indagar. El sujeto-terapeuta científico intentará, desde Freud, traducir con sus conceptos lo que encubre el velo espurio de la conciencia del objeto-paciente. Una y otra vez serán desenmascarados los mecanismos aberrantes ocultos tras los síntomas de los pacientes, lo que pondrá al descubierto la inestable condición en que sumen a la conciencia, demasiado ocupada en reprimir la verdad natural escondida detrás de la máscara acomodaticia a las conveniencias impuestas por la moral colectiva y familiar.

Nadie puede dudar de la importancia de ese tremendo esfuerzo de conocimiento, que destapa los mecanismos más oscuros en que se debate la psique humana con tal de mantener un orden moral coherente con la sociedad en que se mueve y con las propias aspiraciones y ambiciones. Aparecen las investigaciones sobre los sueños, sobre los síntomas, sobre los mecanismos de defensa. Surge la idea central de la represión. Aparecen los discípulos y los desarrollos de la teoría psicoanalítica. Ocurren luego las primeras escisiones: Adler y, posteriormente, Jung. Y desde ahí van desgajándose teorías sobre la psique que difieren respecto a la sustancia conceptual relativa a cómo esta se mueve. La libido no es para Jung un simple motor sexual; Adler repesca la idea de Nietzsche sobre la voluntad de potencia y la engarza con las teorías freudianas, aun cuando tome distancia creciente de ellas. Aquí y allá se multiplican los discípulos y las escisiones de la escuela psicoanalítica, pero nadie vuelve históricamente hacia atrás. Esto deja prácticamente intactos los fundamentos del psicoanálisis, y, por mucho que aparezcan nombres de nuevas psicologías que pretendan poner en cuestión la validez de las propuestas de sus precedentes, lo cierto es que, más tarde, los nombres de cada terapia, y los términos en que estas encuentran fundamento, llegarán a dar al conjunto de las terapias psicológicas la dimensión y multiformidad de un inmenso rompecabezas.

Quiero decir que, a pesar de la explosión aparente de las psicologías desde los inicios mismos del psicoanálisis, y a pesar de las luchas intestinas acaecidas en su seno, la noción de psicoterapia que cada una de estas psicologías conlleva, dista menos de las demás de lo que pudiera parecer a simple vista. Por ejemplo, en cuanto al paciente, la práctica totalidad de las teorías que amparan a sendas psicoterapias, contemplan el sufrimiento psíquico como un dolor producido por fuerzas inconscientes. Será el Ello, con sus pulsiones irrefrenables; será el inconsciente en su totalidad, con sus aspiraciones de grandeza; será el inconsciente colectivo, con sus arquetipos, o bien los complejos ideo-afectivos. Es decir, difícilmente encontrará discusión la noción de inconsciente como matriz problemática, que como tal buscará imponerse a la conciencia hasta el punto de reducirla a mero soporte de sus pulsiones y apetencias. Tales psicoterapias, en consecuencia, basarán sus presupuestos –quiero decir, los fundamentales- en devolverle a la conciencia el control de su propia responsabilidad operativa. Integración del inconsciente, asimilación o reconocimiento de las ambiciones, serán algunos de los términos usados para expresar esta función aunadora de la conciencia, labor que los terapeutas tratarán de devolver bajo el control de los pacientes.

La psique, entonces, a fuerza de ser "analizada", pierde su condición unitaria y acaba "diseccionada" bajo el bisturí del terapeuta científico, cada vez más alejado de la similitud de base que reclama la primaria noción de psicoterapia. Esa similitud, o sea, una relativa simetría estructural, finaliza por ser vista como un valor negativo para la labor investigativa que el psicoanálisis comporta. Poco a poco, bajo el empuje de las fuerzas y de las necesidades metodológicas, acaba perfilándose incluso una competitividad jerárquica entre los conceptos de psicoanálisis –los de cada uno de sus múltiples epónimos- y de psicoterapia. El psicoterapeuta científico, pues, será propenso a distanciarse del esfuerzo gnoseológico dedicado a la cuestión basilar de la psicoterapia (la terapia a través de la psique), de igual modo que aborrecerá la noción de sugestión. Extraño destino el de estos dos términos –psicoterapia y sugestión- que, precisamente, y con cargo a reclamar su justa primicia o en su defecto a reconocer su eventual plagio, servirán como título de la siguiente reflexión.

6. Psicoterapia y sugestión.

Esclarecido al menos primariamente el término *psicoterapia*, podríamos dirigirnos ahora hacia ese otro término que hemos llamado su compañero de fatigas, mucho más denigrado aún: la *sugestión*. Partimos de la base de que este despreciado término, en nuestros días totalmente desacreditado, ha pasado a convertirse en el verdadero límite del que se sirve el psicoanálisis –cada una de sus escuelas y desarrollos- para erigirse, frente a la comunidad, cual especialidad científica. Para las escuelas de psicoanálisis, la sugestión es la influencia perniciosa que el terapeuta dirige al paciente, y cuyo ejercicio lo aleja de su dimensión científica. El terapeuta que actuase con la sugestión, entonces, se asemejaría mayormente a la figura del sacerdote, del gurú o del charlatán, y no podría denominarse un verdadero psicoanalista.

Pero antes de entrar en razones sobre si es posible o no desprenderse de la componente de sugestión que subyace al operar común de la psicoterapia, creo que es necesario aclarar cuál es el significado de este término; pues sería difícil encontrar otro ejemplo más significativo en lo que respecta al modo en que actúan los prejuicios sobre el investigador, específicamente cuando este se encuentra con un elemento problemático capaz de poner en cuestión la coherencia total de su edificio teórico. Porque no parece demasiado arriesgado el pensar que las diversas teorías psicoanalíticas, sin excepción, hallan su común fundamento en la necesidad implícita de sustraerse al influjo de la sugestión: cada una construye su "verdad" alejándose de lo que no es observable; se vuelve "fuerte" en la medida en que es capaz de dar total respuesta del aparato psíquico y sus múltiples anomalías, para luego, ya en la práctica, cuyos elementos deberán ser enteramente observables y discernibles como ramas de la propia teoría sobre la que se funda, atribuir los resultados terapéuticos a la "verdad" fáctica de sus propios supuestos. De ese manera han venido constituyéndose las verdades de cada metodología, cuya consecuencia ha sido la dramática dispersión del significado auténtico de la praxis psicoterapéutica, separada en infinitos lenguajes, infinitos supuestos e infinitas curaciones. Con la consecuencia añadida de la multiplicación de imágenes –solo ligadas por su carácter negativo- con que dichas teorías se refieren a la sugestión.

Por el contrario, si todas la teorías tienen una idéntica imagen de la sugestión, solo límite o peligro para cada uno de sus respectivos supuestos teóricos, acaso podría lograrse, toda vez que se consiguiera encontrar una comprensión única del fenómeno de la sugestión, imaginar una equivalencia detrás de la arquitectura formal con que nos llega cada una de las teorías, a las que a su vez podríamos imaginar finalmente como distintas lecturas de un mismo obrar terapéutico.

Pero no nos precipitemos. Nos queda aún por desglosar el campo semántico de la palabra sugestión, que, como veremos, a veces se extiende más allá de lo aprehensible.

La misma palabra sugestión se emplea como el resultado final de dos acciones: las conducidas por los verbos *sugerir* y *sugestionar*. Ya en ese segundo verbo se notan los efectos de un cierto clima cultural: en un principio, existía solo el verbo sugerir y su acción, la sugestión; luego, una de las acepciones de la sugestión (más adelante veremos cuál) fue separada de las demás y produjo, para enuclear su acción, el verbo sugestionar. Recapitulando: de un verbo original se produce una acción, y de esta acción se separa un elemento cuya matriz dará origen a otro verbo presuntamente más específico. Así, la acción del primer verbo (sugerir) produce un segundo término (sugestión), del cual a su vez se escinde una de sus propiedades. Esta escisión obliga a instaurar otro verbo, sugestionar, con el cual pueda ser explicada esa única propiedad que ha merecido especial atención. El resultado de esta operación es que la sugestión se convierte en un término completamente inestable, "producto" de una actividad genérica, y, contemporáneamente, "productor" de una actividad presuntamente específica.

Intentemos reconstruir la operación desde otra perspectiva. El verbo primario -sugerir- procede del latín *suggérere*, compuesto de la raíz *sub*, que significa por debajo, y del verbo *gérere*, que significa llevar. Pongamos que el significado etimológico de tal composición fuera "llevar por debajo"; o que sugerir equivaliera, por simpatía con la operación seguida por el verbo conllevar, a "subllevar". Y si llevar implica una acción discernible en la evidencia de su movimiento, sugerir ("subllevar") representaría, pues, toda la gama de movimientos no visibles que se esconden por debajo de la acción de llevar. De ahí que sugerir se convierta en todo lo que está por debajo, que está cercano, que es parecido o atenuado respecto a la acción de llevar.

Veamos ahora algunas de las implicaciones comunes del verbo sugerir. Sugerir significa *inspirar*, provocar en alguien cierta idea; *indicar, insinuar* y también *evocar*. Desde esas primeras significaciones, el diccionario encuentra relaciones semánticas con otros términos y expresiones. Así, sugerir se extiende hacia *apuntar, hacer concebir, dictar, dar a entender, dejar entrever* y *suscitar*. Más adelante, el verbo sugerir encuentra relación con los términos *signo* y *símbolo*. Es decir, entre una persona y otra, entre una persona y su entorno, existiría una serie de movimientos no directamente evidenciables, que hallarían la posibilidad de ser aprehendidos a través de la acción de sugerir. En ese sentido, si una persona le dijera a otra una determinada cosa, entonces suscitaría en esa otra persona, más allá de la percepción de eso que verdaderamente dice, imágenes u otro tipo de entendimiento evocados por ese campo que subyace a la palabra. Si un paciente relata un sueño durante un encuentro psicoterapéutico, provocará en el psicoterapeuta, más allá de las palabras que empleó para transmitirlo, tanto imágenes como asociaciones, cuyos hilos conductores se pierden en el propio mundo subjetivo; de tal modo que, en el psicoterapeuta, acabará conformándose una "visión" personal de ese mismo sueño. Esa cadena de imágenes, todo lo que las palabras del paciente darían a entender y todo lo que en él mismo y en su interlocutor suscitarían, todo ese movimiento escondido bajo las palabras, aunque conducidas a través o mediante o por debajo o al lado de ellas, encuentra su definición en ese subllevar llamado sugerir. Si el sueño que, a manera de ejemplo, hemos mencionado no fuera capaz de sugerir toda esta cadena de movimientos asociativos, el relato que el paciente hará de su sueño sería un relato plano, sin ningún significado para él ni para su interlocutor. Y, por el mismo motivo, el único efecto que el relato produciría sería la perplejidad del paciente. Pues al no encontrar ningún tipo de implicación imaginal en lo que de imágenes estaba formado, el sujeto finalizaría por no tener acceso a las causas de haberlo relatado. Y cuando esa conexión se ha perdido, el paciente ya no entiende por qué dice lo que dice, o por qué actúa de ese modo y no de otro; con lo cual experimenta la sensación de extravío, de sinrazón y, por tanto, de perplejidad.

A nadie se le ocurriría, doy eso por sentado, encontrar peligros o, al menos, hacer una lectura negativa de la acción de sugerir. Gracias al hecho de que las palabras sugieren, suscitan pensamientos, imágenes, es decir, gracias a que son capaces de provocar una cadena de asociaciones en grado de enriquecer, multiplicar y profundizar las implicaciones de eso que se dice, es que existen relaciones humanas, además de las complejas relaciones que cada ser humano mantiene con el mundo circundante. Si una obra de arte no es capaz de suscitar en un individuo que la contempla una vivencia subjetiva (vivencia basada en la capacidad de la obra de arte de sugerir un mundo que la trasciende, y de cuya naturaleza la obra de arte habla por debajo o al lado de la forma que tiende a simbolizarla), sin ninguna duda el individuo podrá, por motivos ideológicos o colectivos, seguir considerándola racionalmente una obra de arte, pero carecerá de una "experiencia vivida" frente a ella; con lo cual difícilmente obtendrá vivencia alguna, ni menos aún podrá transformarse a consecuencia de su contemplación. Para que una obra de arte, entonces, pueda cumplir su cometido, debe ser capaz de "decir" algo (y eso es una expresión directa: la forma con que se propone) y también de "sugerir" una imagen, un movimiento, un recuerdo, una visión o cualquier tipo de vivencia; y eso, aun siendo conducido por la forma elegida, ya forma parte de un mundo más complejo que por necesidad la trasciende.

Sugerir es lo que se espera que produzca una poesía, más allá de su dimensión formal (aunque conectada con ella); es también lo que se espera de una audición musical, de la contemplación de un paisaje o de la visión de una película; es lo que se espera de la conversación con un amigo o de proyectar un viaje. En fin, dentro de la realidad vivida, los hechos se permeabilizan de un sentido hasta construir una vivencia gracias a que son capaces de evocar en nosotros una experiencia vivida, un episodio de nuestra biografía, cuya riqueza y profundidad sería imposible sin el efecto desencadenante de reflejos y posibilidades de transformación contenidos en el concepto de la sugestión.

Para la filosofía, la sugestión es cualquier tipo o forma de asociación psíquica. Es decir, sin la existencia de la sugestión (en este caso, acción de sugerir), el individuo no tendría la capacidad de asociar dos conceptos similares o dos imágenes contiguas. Textualmente, Pierce nos dice:

La modalidad de sugestión por la cual durante la inducción la hipótesis sugiere los hechos, es la de la contigüidad, por el conocimiento familiar según el cual las condiciones de las hipótesis pueden ser realizadas en ciertos modos experimentales.

El razonamiento inductivo, pues, no sería posible sin el concurso de la sugestión. Partiendo de unos hechos particulares y diferenciados entre sí, jamás lograríamos encontrar semejanzas tales que nos permitieran asociarlos hasta ascender, mediante ese procedimiento, a la construcción de una hipótesis o a la formulación de una ley explicativa de todos ellos.

Digamos que el sugerir y su acción, la sugestión, tienden a conformarse dinámicamente. Asocian, suscitan, construyen hipótesis, permeabilizan al sujeto de modo de volverlo propicio a las vivencias, a experimentar la estética, a intuir un mensaje, a fascinarse con un paisaje, con una poesía, con un cuadro o con un proyecto personal. Es decir, la sugestión (siempre entendida como acción de sugerir) es un movimiento profundo, no observable directamente y que tiende a transformar al sujeto, al hacerlo más permeable a los influjos de su mundo circundante. Por otro lado, partiendo de hechos particulares y llevándolos por inducción a principios generales, la sugestión comporta en el sujeto una visión sintética y abierta de su vida; y lo habilita

–aun considerando las diferencias- a sintonizar con su entorno a través de las similitudes con el "otro", así como también a conectar dos orillas contrapuestas (de otro modo quizá definitivamente separadas) a través de un puente de afinidades que les permita la comunicación.

Bajo esta perspectiva, la sugestión, en su continuo fluir de imágenes, asociaciones y similitudes, le da al sujeto la posibilidad de vivir en el tiempo, o sea, de cambiar de opinión, de gustos o de instaurar decisiones antes consideradas imposibles sin tener que racionalizarlo todo, esto es, sin tener que estar obligado a abastecerse de pruebas previas que le demuestren la necesidad del cambio.

En la sede donde va a desarrollarse la psicoterapia, la sugestión, cual efecto final de la genérica operación de sugerir, y por muy inobservable y mutable que sea, se convierte en la auténtica base de la posibilidad de transformación. Es más, la sugestión puede llegar a transformar al sujeto precisamente por su naturaleza atenuada, oculta y mutable.

¿Cómo podría el terapeuta acompañar al paciente en su búsqueda de sentido, si su concurso no fuera capaz de suscitar en él imágenes y versiones y posibilidades que antes le estaban vedadas? ¿Cómo puede esperarse que suceda algo nuevo al paciente, en grado de aliviarlo en su sufrimiento, si uno y otro, cuando se hablan, no son capaces de suscitar en el interlocutor una imagen, un esbozo de sentido, un deseo? ¿Qué sería de la psicoterapia sin que esta supiera conducir su "inspirar", su "hacer concebir", su "dar a entender" o su "dejar entrever", que, tal como ya lo hemos recordado, son nociones derivadas de sugerir y, por tanto, portadoras, ocultamente, de sugestión? Realmente, vistas así las cosas, se nos hace difícil pensar que la psicoterapia pueda ejercer la función de transformación de la psique del paciente sin la ayuda de ese sublevar que, bajo los conceptos, las palabras y las biografías, está conducido por la capacidad de sugerir, no ya un relato concreto (un diagnóstico), sino la profundidad incierta y maleable de una vida.

Veamos ahora qué sucede cuando se llega a la carencia de esta capacidad de sugerir, o sea, ¿cómo se mueve un sujeto incapaz de la permeabilización ínsita en el concepto de sugestión hasta ahora estudiado?

7. El influjo de la autosugestión.

Hemos dicho que la psicoterapia de la psique es la terapia de la psique del paciente mediante la psique del terapeuta. Ese contacto, ese puente que comunica sentido, se vuelve posible gracias a los supuestos profesionales que antes hemos indicado: experiencia del terapeuta sobre sí de lo que significa una psicoterapia; una motivación, una preparación teórica y una experiencia profesional; todo ello junto a la existencia, claro está, de su propia autobiografía, siempre en curso. Eso por lo que se refiere al terapeuta. El paciente aporta su sufrimiento psíquico y un grado mayor o menor de conocimiento sobre lo que se espera de la psicoterapia.

Una vez iniciada la psicoterapia, cuando han comenzado a aflorar la biografía del paciente, sueños, imágenes, frustraciones, miedos, etcétera, y una vez que el terapeuta haya plasmado su metodología, biografía personal y bagaje existencial de manera de hacer resultar de todo ello algo comprensible para el paciente, las dos psiques se pondrán a actuar. Siempre que no exista un rechazo entre las dos personas, ambas buscarán la mutua colaboración con miras a movilizar la psique del paciente de modo que este encuentre aliviado su sufrimiento, por lo general caracterizado por la pérdida más o menos extensa de sentido.

El trasvase de sentido desde el paciente al terapeuta (de modo que este último pueda intuir problemáticas, llegar a entender, poderlas comprender), y el trasvase de sentido desde el terapeuta al paciente (de modo que este último encuentre lecturas, conciencia de las causas de su sufrimiento, comprensión –incluso relativa- de sus imágenes oníricas...), se establecen gracias a una relación de similitud entre ellos. Terapeuta y paciente no son una única persona, por supuesto. Es más: su posición dentro de la relación terapéutica es diametralmente diferente, así como también los supuestos que los han llevado hasta esa posición. Pero el trasvase de sentido implica una similitud general: quizá la similitud entre dos seres humanos, cuyas psiques, nunca será exagerado volverlo a recordar, valen lo mismo la del uno que la del otro. A ese trasvase de sentido lo he llamado capacidad de sugerir, y, a su efecto, sugestión; ciertamente deudor, respecto al último término y a su valencia, de los estudios de Hippolyte Bernheim.

Pero, ¿qué puede impedir que ese trasvase de sentido, que es la metáfora de lo que esperamos de la psicoterapia, se manifieste en el encuentro de las dos psiques, a veces hasta hacerse dramáticamente inalcanzable? Infinidad de respuestas han sido ofrecidas al respecto, dependientes todas ellas del aparato teórico que empleara su propulsor. Entre ellas: resistencia; falta de introyección; carencia de asimilación; fenómenos proyectivos, entre ellos la famosa traslación, más conocida como *transfert*; confrontación con el arquetipo; fijación en una fase del desarrollo; o, en su defecto, y ya directamente, la obstinación del paciente, sus mecanismos agresivos, su omnipotencia, la envidia. No son más que unos pocos ejemplos de cómo este problema ha sido abordado hasta ahora. Y, realmente, sería muy difícil no encontrar esos aspectos dentro de cualquier tipo de relación humana. Pero lo que cabría destacar, en una mirada panorámica sobre esos aspectos, es la lateralización de ellos sobre la figura del paciente. Es él quien impide ese trasvase de sentido; por lo general a través de mecanismos que, si nos alejamos por un instante de la convencionalidad de la práctica cotidiana, no pueden ser considerados más que como mecanismos perversos que impiden u obstaculizan los esfuerzos del terapeuta.

Ciertamente, el psicoterapeuta que utiliza los conceptos que por el momento podemos sintetizar como "resistencias" a la psicoterapia, no atribuye a maldades la causa de tales obstáculos a su labor. El terapeuta piensa que es el miedo, la incertidumbre o la angustia del paciente la causa última de su modo de obrar. Ese es el motivo por el cual el paciente, quizá durante años en equilibrio inestable con su mundo intrapsíquico y relacional, encuentra dificultades temporales para arriesgar y modificar, a través de las lecturas que de ello pueda aportar el terapeuta, su vivencia de sí y del mundo. Por todo ello, el terapeuta creerá necesario esclarecer –interpretar- la resistencia del paciente, y en consecuencia dilucidar la causa principal de que esta se produzca.

No existe la menor duda de que una interpretación de ese tipo es una de las modalidades posibles con las que esclarecer el momento de dificultad que, con extrema frecuencia, surge durante el curso de la psicoterapia. Resulta una visión muy razonable. Quizá por esa causa sea una de las más extendidas. Sin embargo, para que esta sea la única explicación al problema del impedimento de trasvase de sentido en la relación psicoterapéutica, es necesario que los dos interlocutores, las dos psiques, se diferencien en un punto cardinal. El miedo, la angustia o la conveniencia, así, solo pueden existir en la psique del paciente. De ahí que la "resistencias" solo puedan provenir de ella, y nunca de la psique del terapeuta.

Vayamos por partes. Hemos dicho que la psicoterapia tiene la función de construir ese puente capaz de conducir sentido de una parte a otra y viceversa. Y que para ello es necesario el esfuerzo y la dedicación de cada uno de los interlocutores. Resulta obvio, entonces, que las interferencias que se oponen a este esquema pueden provenir, por igual, de uno y otro lado; eso siempre y cuando aceptemos, claro está, que una psique vale lo mismo que la del otro, equiparación que hace imposible que demos por descontado que todas las "resistencias" provienen, en exclusiva, del terror del paciente. Será obligatorio, pues, encontrar un común denominador que, implicando por igual a los dos miembros de la relación psicoterapéutica, explique las interferencias que impiden el trasvase de sentido y el alivio de la perspectiva vital del paciente.

Habíamos llamado sugestión al efecto derivado de la capacidad de sugerir. Y hemos visto también cómo, sin esa capacidad de sugerir, de dar a entender, de suscitar imágenes, las comunicaciones del paciente respecto de su sufrimiento y de su biografía no llegarían nunca a ser verdaderamente comprendidas –o, al menos, intuidas- por el terapeuta. Asimismo, visto desde la otra parte, si fuera al terapeuta a quien le faltase la capacidad de sugerir, muy difícilmente sus palabras e interpretaciones, y hasta la entereza de su edificio metodológico inclusive, podrían ser comprendidos, intuidos y, por tanto, resultar útiles para el paciente a quien iban destinados. De ello resulta que, en ámbito psicoterapéutico, llamemos sugestión al resultado de la capacidad de sugerir de los dos miembros de la psicoterapia. Es la sugestión el puente que transmite, a veces en forma oculta o atenuada respecto a las posibilidades de observación, el sentido que, más pronto o más tarde, sería deseable que fuera asimilado por el paciente, de forma que este viera aliviado su sufrimiento. Si esa experiencia se ha dado en él, su psique asumirá una nueva perspectiva individual; y la nueva confianza en sí mismo hará que pueda esperar construir ese puente o, quizá, nuevos puentes con otros individuos provenientes de los distintos ámbitos de la vida, en el sentido de que los puentes no aproximan las dos orillas sino que simplemente las ponen en comunicación.

De esa manera, las "resistencias" son impedimentos a la sugestión, a la construcción del puente de sentido. Son fenómenos que se oponen a la sugestión. Y las causas de esos fenómenos, a no ser que provengan de una imposibilidad estructural (por ejemplo, las dos personas se repulsan o sienten mutua antipatía, o hablan lenguas totalmente distintas que además los interlocutores desconocen) han de ser buscadas en cada uno de los miembros de la psicoterapia. Esos impedimentos a la sugestión podrían ser llamados contra-sugestiones si no fuera porque, debido a la naturaleza inextricable de la sugestión (recordemos, núcleo de la asociación psíquica; eso que acompaña, de modo oculto, por debajo o al lado, a la acción misma), resulta imposible que un sujeto actúe "contra" ella, que halle una dimensión en que pueda impedirla. Por eso llamamos a los impedimentos de la sugestión, "auto-sugestiones"; pues, proviniendo de un sujeto, y sin cancelar en modo absoluto el efecto en su propia persona de la sugestión, esa palabra compuesta nos da la posibilidad de indicar algo que se opone a la comunicación con el "otro". Algo que, pese a requerir de la asociación psíquica y del circuito de sentido entre la idea y el acto, se opone drásticamente a la construcción de un puente a la otra orilla, quizás con el propósito, y esta es una de las posibilidades, de defender la propia orilla.

Podemos decir, entonces, que la autosugestión es lo que impide la sugestión. Porque no es posible eliminar lo que subyace a una idea, o la naturaleza sugestiva de una asociación psíquica; pero sí puede eliminarse la condición que lleva a una persona a suscitar imágenes en otro, o que ponga trabas a ese dar a entender, hacer comprender, necesario para la construcción de una relación que conduzca en ambas direcciones un sentido. Es decir, la sugestión, cual condición final de la acción de sugerir o de suscitar imágenes o comprensiones en el otro, lleva a la construcción de una relación psicoterapéutica. La sugestión como presupuesto individual, en cambio, si es utilizada en un circuito cerrado y no tiende a reclamar en el otro una asociación, una imagen, una hipótesis, o cualquier tipo de participación, aun cuando fuera lejana y relativa, admite en consecuencia solo una lectura autorreferencial, concéntrica, herméticamente encerrada en sí misma, al punto incluso de no admitir intercambios pasivos, o sea, manifestaciones espontáneas por parte de su interlocutor. Con lo cual, obviamente, acaba por constituirse como una sugestión parada, autónoma, detenida por la sola mano de quien la ha producido, susceptible solamente de una crisis planteada por el mismo sujeto. Y nunca, así, derivará en material que tienda a la construcción de aquel puente de sentido que hemos denominado relación psicoterapéutica.

Veamos ahora cómo se produce una autosugestión, cuáles puedan ser las implicaciones, en uno y otro campo de la relación terapéutica y, por consiguiente, qué pueda hacerse, una vez teorizada, para superarla.

La autosugestión es llamada por el diccionario de María Moliner: *influencia psíquica del propio sujeto por la que experimenta estados de ánimo o físicos sin causa objetiva*. En el diccionario italiano, el *Nuovo Zingarelli*, la autosugestión es vista desde dos vertientes, una más genérica, como *sugestión ejercida sobre sí mismo*, y otra más específica, concretamente de ámbito psicológico, cual *técnica que sirve para mejorar las propias condiciones de salud o el propio comportamiento a través de la repetición de fórmulas verbales hasta conseguir el fin deseado*.

Si entrelazamos estos conceptos, quizá podamos esclarecer de qué modo y por qué la autosugestión se presenta en el ámbito de una relación psicoterapéutica. Queda claro que uno de los sujetos –terapeuta o paciente- ejerce, mediante la repetición de fórmulas verbales, y sin cesar hasta conseguir el fin deseado, una influencia psíquica sobre sí mismo con el propósito de mejorar las propias condiciones de salud o su comportamiento, tras lo cual experimenta estados anímicos o físicos sin causa objetiva.

Es decir: la autosugestión nace de la pretensión de alcanzar, a través de una o más fórmulas verbales dirigidas hacia el propio sujeto, ciertos resultados considerados subjetivamente como óptimos. Dicho de otra manera: durante una psicoterapia, una persona cesa de hablar con la intención de suscitar en el otro una comprensión y una participación ulterior en lo que dice, para acabar por retraer las palabras hacia sí mismo. En este caso las palabras adquieren el significado de un rito. Evidentemente, ello significa una crisis en la psicoterapia, pues el sujeto deja de moverse y ya no trata de establecer aquel puente de sentido del que hemos hablado.

Se diría que, cuando surge la autosugestión, no se tiene confianza en la psicoterapia. Pero eso no siempre es cierto. A veces, especialmente en el caso del paciente, dos fuerzas encontradas y concurrentes se alternan la expresión: un lenguaje nuevo, dirigido al terapeuta concreto, por motivo de la búsqueda en común de sentido, y un lenguaje interior, dirigido hacia el paciente mismo, que es el hábito, en general fallido, de encontrar sentido por su cuenta.

Como es fácil comprender, en el caso del paciente la autosugestión no aporta grandes cosas respecto a las líneas generales de los fenómenos de resistencia. Algo en él se detiene, un bloqueo de su psique, que es renuente al eterno fluir de la vida. Así, de una intuición, de una idea, no resulta la formalización de un proyecto, de una matriz de actos, a falta de los cuales tampoco se toma conciencia de la realidad, de la situación; lo que de producirse desembocaría, por el contrario, en un acto, en una serie de actos, que a su vez llevarían al sujeto a tomar conciencia de sí mismo y también de lo que ha hecho, para finalmente quizá cambiar, mediante la reflexión, la autoconciencia, la crítica y la autocrítica, el núcleo de su intuición, de su idea, y luego continuar de manera sucesiva y ya sin renuncias el proceso. No sucede así cuando aparece la autosugestión; porque es entonces cuando el curso del río se detiene, a despecho del pasar y el transcurrir del tiempo que podría darle sentido al proceso. La energía vital queda concentrada, encastillada, en uno solo de sus elementos; y desde esa parte de la psique el individuo construye su identidad, o algo que él confunde –o que se ve obligado a confundir- con su identidad, aunque no contenga el tiempo. Lo hace a través de fórmulas verbales, imaginales o ideativas, a las que les atribuye un poder curativo, quizá en sentido abstracto, respecto del terror contra el cual no queda tiempo para elaborar otras opciones: la relación psicoterapéutica, por ejemplo.

El individuo que paraliza su fluir psíquico –la cadena de las transformaciones psíquicas, diría Berheim- y construye una autosugestión, responde a un dilema insoluble. Si la psique fluye incesantemente, esto es, si el supuesto que nos lleva a determinados actos cambia de acuerdo con la reflexión posterior a la verificación del efecto de tales actos, entonces no queda ya la posibilidad de una identidad fija, bien definida. Y la incertidumbre, la duda, la relativización de una psique que conoce su mutar en el tiempo, hace mella en el sujeto, quien así se ve obligado a seguir una dirección maleable, discontinua y de conformación precaria. La autosugestión no es más que la respuesta a la imposibilidad de aceptar esa cadena de transformaciones continuas. Y, por tanto, tal como ocurriría al hablar de resistencia, la autosugestión estará presente allí donde no sea posible aceptar el carácter dinámico y mutable de la sugestión. Es una defensa, pues, que aparece cuando se desconoce la naturaleza benéfica de la sugestión. Quizá, con el tiempo, si por lo menos se aventurara la posibilidad de ese tiempo terapéutico, la autosugestión construirá un diálogo con la sugestión, diálogo que atenuará las infaustas (cuando solas) características de aquélla. Solo así se verá colmada la verdadera petición terapéutica: hallazgo o construcción del sentido de sí, sentido que da a la psique una dimensión particular, individual e irrepetible; y hallazgo o construcción del sentido del "otro", sentido que, al dar a la psique una similitud con la otra psique, permite constituir el diálogo.

Pero cuando la autosugestión está a solas debido al terrorífico vértigo que le produce el imparable flujo del tiempo, la psique confluye y se concentra en el elemento autosugestivo, el cual va ganando en potencia a medida que recibe la energía vertida por la psique. Desde ahí cobran forma la rigidez, la convicción, la certeza, la ausencia de la imaginación continua que caracteriza, por ejemplo, al delirio. Si la psique entera, la inmensa extensión espacial y temporal que la conformaba, vierte su energía sobre una idea particular, o, viceversa, si la idea particular es capaz de reclamar y arrastrar hacia ella la totalidad de la energía psíquica antes diseminada sobre la completa extensión de la psique (idea, intuición, imagen, recuerdo, proyecto, experiencia...), entonces desde esa idea, ahora elevada a la condición de único representante del individuo, el sujeto constatará su identidad: ahora finalmente "sabe" quién es; ha encontrado una posición fija desde la que "interpretar" todo lo que lo rodea. Por ejemplo, ya no duda respecto de los movimientos en sociedad de su mujer, cuya intención antes se le escapaba: todo está claro ahora; y su mujer se mueve para llamar la atención de aquel conocido, se ha cambiado de peinado para satisfacer a su amante, sonríe porque piensa en él, en un encuentro inmediato, y así sucesivamente, hasta constituir un delirio de celos. O bien, y siempre amparado exclusivamente por la fijación de la autosugestión, lo que hace es "intuir" sin tener que verificar que esa intuición es errónea, o quizá cumple un acto intempestivo, desprovisto de intencionalidad, o sin valorar sus consecuencias. Porque la autosugestión que adquiere para sí la suma energética de la psique entera, irrumpe siempre en la realidad como algo incontrastable e incomprensible, casi como si fuese un automatismo tremendamente poderoso y sin conciencia.

Cuando la autosugestión, en cambio, está acompañada en la psique de mecanismos sugestivos, es decir, existe la cadena de las transformaciones psíquicas, pero, de vez en cuando, con duración y extensión variables, se efectúa una parada, un relativo detenimiento durante el que la psique no fluye, aun regresando a su fluir espontáneamente, sin mayor significación que la del recuerdo de esa parada, entonces el sujeto habla de "síntoma". Y ese síntoma, o a veces una agrupación sintomatológica, del cual el individuo tiene conciencia y por el cual sufre, mantendrá, en este caso, una relación biunívoca con el resto de la psique, considerada sana por cuanto acusa pérdidas solo relativas de su energía. Es decir: el síntoma contiene una energía, pero también el resto de la psique contiene a su vez la suya propia. De ese modo la psique logra superar sus necesidades energéticas primarias, con lo que el individuo tiene una doble experiencia: por un lado, vive en un discurrir continuo de tiempo, a la par que sus semejantes, y entonces esto lo considera "normal"; y, por otro lado, aunque de manera involuntaria y sin que eso tenga relación directa con su temporalidad, asiste a una repetición autosugestiva, cuya razón de aparecer desconoce, pero que siente como un límite a su libertad psíquica aun cuando reconozca que sigue siendo él mismo, al producir ese doloroso punto de referencia atemporal denominado "síntoma".

De ahí que el síntoma represente una energía que se ha escapado de su contenedor natural que es la psique, y que luego ha aparecido, delimitada y sin cambios ni transformaciones, en un lugar virtual donde no está expuesta a sufrir variaciones. Ese lugar virtual, nuevo contenedor del síntoma, representa así un ahorro de energía, antes susceptible de derivar en fenómenos psíquicos; pero que ahora yace y reposa como si, al no tener relación con lo que el individuo considera subjetivamente su psique, fuera a servir para contrastar el peligro que supone el continuo fluir de la vida. Pero lo que en un principio debería significar una prudencia, una operación defensiva frente al miedo de perderse en el incontenible flujo de la existencia, bien pronto es sentido como una amenaza, como un peligro añadido. Es entonces cuando el individuo siente que a su psique le falta esa energía, necesaria para dirigirse hacia el futuro siguiendo las trazas de adaptación posibles y acordes a sus deseos. Es entonces cuando se siente amenazado por una construcción propia, de la que ya ha olvidado su causa, y que ahora le sustrae la esperanza de encontrar un sentido. Un día retuvo el recorrido de su río vital, y ahora, cuando para sobrevivir necesita toda la energía que es capaz de producir, no encuentra el modo de devolver el caudal de agua estancada al cauce principal. A veces, incluso, el terror se multiplica cuando ve que la tendencia es contraria a sus deseos, es decir, cuando el embalse, ávida y malévolamente, no hace más que derivar lo que queda de río hacia sus propios dominios, y él, por mucho que haga, no podrá ya oponer resistencia a ese dramático hurto al que se ve sometida su vida.

Cuando un individuo recurre a un psicoterapeuta, lo que esperará, en primer lugar, es resolver esa pérdida de energía: quiere o necesita la energía contenida en el cuadro sintomatológico. Quiero decir que, desde la perspectiva del paciente, la psicoterapia inicia debido a que el paciente piensa obtener de ese tiempo problemático de la relación y por el que paga de uno u otro modo, de esa discontinuidad a que somete su vida, una experiencia ventajosa. Por el momento, sin embargo, no está entre sus prioridades establecer una relación coherente con el psicoterapeuta. Solo bastante más adelante comprenderá que si no se construye aquel puente de sentido, no verá nunca satisfechas sus aspiraciones. El diálogo psicoterapéutico será, entonces, la última etapa de la relación psicoterapéutica, etapa inaugurada después de los continuos vértigos que la acción oculta del verbo sugerir provoca sobre la autosugestión primaria. Muchos serán los problemas, las lecturas rechazadas, los miedos, los malentendidos, la autosugestión defensiva (las "resistencias") que, a lo largo de la relación psicoterapéutica, pondrán a prueba la entidad de su petición.

Y tal como había sucedido ya antes de instaurar la psicoterapia, cada vez que el paciente no constate la objetividad de su mejoría, o, por añadidura, cada vez que sienta que la condición para que su terapeuta verifique la objetividad de su mejoría sea pagar, además de económicamente, con la puesta en duda de ciertas convicciones, de ciertas anteriores seguridades, entonces la respuesta más común será la de oponerse al terapeuta y considerarlo un "agresor".

Cada vez que sucedan estas crisis, el terapeuta hará bien en reaccionar, haciendo entender al paciente –y comprendiéndolas- las razones de su obrar; para lo cual habrá de hacerle recordar los presupuestos de la psicoterapia, el sufrimiento con el cual el paciente había desarrollado su petición. Para ello deberá reconstruir, hasta que el paciente lo comprenda, los pasos dados hasta ese momento. Deberá, también, retomar su técnica y "leerle" al paciente su perspectiva relativa al problema que ha surgido. Pero, sobre todo, si antes que nada se considera un ser humano, un individuo limitado y cuya psique vale lo mismo que la de su paciente, el terapeuta hará bien en imponerse una serie de reflexiones. Independientemente de su edad y de la experiencia profesional que lleve a las espaldas. Ese será el dilema existencial con que deberá pagar el hecho de haberse decidido a trabajar como psicoterapeuta.

8. Las razones de la crisis psicoterapéutica. El problema de la autosugestión en el terapeuta.

Hemos visto hasta ahora el modo en que surgía la autosugestión en el paciente, cual respuesta al terror existencial proveniente de la incertidumbre de su temporalidad: ya sea que surgiera previamente a la psicoterapia, en tanto razón oculta de su síntoma o de su cuadro sintomatológico, o ya sea que surgiera una vez iniciada la relación psicoterapéutica, en tanto defensa y "resistencia" a la toma de conciencia de las causas de su sufrimiento.

Veamos ahora dónde el terapeuta pueda estar ejerciendo una labor autosugestiva, cuyo efecto fuese susceptible de impedir el acceso a la construcción de aquel puente de sentido que hemos llamado la acción final de la labor de sugerir.

El terapeuta es ante todo una persona. Una persona que es de suponer conoce por experiencia personal los beneficios de la psicoterapia. Es decir, en cierto modo se trata de un paciente que obtuvo, de la relación terapéutica con un profesional, un alivio respecto de su problemática situación anterior. Todo el mundo sabe la distancia que existe entre ser paciente y convertirse en terapeuta. Muy pocos pacientes llegan a ser terapeutas. Porque, al margen de la experiencia personal, deberá tomar muchas decisiones que no entran en la dimensión de paciente. Cumplirá una serie de estudios; añadirá una psicoterapia didáctica; esperará, en algunas ocasiones durante años, para obtener un título o la confianza del colectivo de terapeutas para que su labor se vea reconocida y pueda desarrollarse con normalidad. Pero, de cualquier forma, todos los terapeutas han sido –o, al menos, deberían haber sido- pacientes en su día. Existen multitud de razones para que eso sea visto como algo necesario, la mayor de las cuales es, según creo, la misma aspiración de llegar a establecer un diálogo. Porque si el terapeuta no conoce su dimensión de paciente, es que ha surgido algo así como por generación espontánea y, por tanto, ha sido siempre terapeuta, con lo cual el paciente siempre será paciente. Por lo que cabe concluir que la terapia no va a tender ya hacia una dimensión de semejanza relativa, y que en consecuencia se hará inútil esperar un diálogo –hablar la misma lengua-. Así que, de esa guisa, lo más probable es que la terapia inevitablemente acabe tornándose interminable.

El terapeuta es, entonces, una persona que, habiendo sido paciente, efectúa una serie de pasajes, seguido por sus didactas o por sus escuelas de formación, hasta verse habilitado como terapeuta. Como veremos enseguida, mejor será que no olvide nunca, durante los años que ejerza su labor, ese pasado que relativiza la dimensión de paciente.

Mas el terapeuta es un ser humano, y además un profesional, o así lo espera. Y como sucede siempre, todo profesional necesita ciertas dosis de convicción en su trabajo. Porque no puede estar dudando de continuo y, sobre todo, no puede estar haciéndolo delante del paciente, menos aun cuando este le está pidiendo, especialmente al principio, simplemente un poco de seguridad, un apoyo.

Digámoslo de otro modo. La vía por la que un terapeuta consigue llegar a reconocerse como profesional, es larga, ardua, a veces sumamente dura. Será puesto a prueba: teorías y capacidades humanas; conocimientos y profesores; lecturas y esfuerzos serán diseccionados y puestos a prueba por quienes le darán al final la posibilidad de ejercer esa profesión. Pasarán muchos meses antes de conseguirlo, años, en que dudará del éxito de su proyecto. Puestas así las cosas, una vez que haya obtenido el reconocimiento de su profesión y los pacientes acudan con regularidad, al cabo de un tiempo de todo ello, tenderá a pensar: "yo soy un terapeuta". Y poco a poco irá olvidando las dudas iniciales, los miedos, las dificultades y los momentos de desasosiego. Al igual que ocurre con las demás profesiones. Ahora es ya un terapeuta: todo lo anterior era una espera necesaria, indispensable para llegar finalmente a la seguridad de esos bellos momentos. El esfuerzo no ha sido baldío, se dirá. Cómodamente instalado sobre sus teorías, sobre su seguro método –que ya le ha dado buenos resultados-, amparado por un mundo de relaciones con otros profesionales de su misma escuela, participará en congresos, recibirá encargos, muchas veces felicitaciones. De vez en cuando ilustrará frente a una platea de profesionales el "caso clínico". En resumen: ya no queda nada en él de la persona-paciente que un día fue; ahora, todo en él apunta a un terapeuta, nada más y nada menos que a un terapeuta.

Nadie puede poner en duda la honestidad de una carrera que además supone una carga de servicio a los demás. De esa manera el psicoterapeuta encuentra la dimensión profesional e incluso el lenguaje apropiado para reflexionar sobre su trabajo. Todo eso, además, es parte de lo que los pacientes pedirán a su psicoterapeuta: que esté avalado por otros profesionales; que traduzca una dimensión técnica; que conozca su trabajo.

Desde el Siglo XIX, gracias a los primeros psicoterapeutas, hay acuñado un lenguaje capaz de manifestar problemas de los pacientes que hasta entonces carecían de expresión, de comprensión posible. Nacieron teorías sobre aquello que los pacientes comunicaban a esos pioneros. Poco a poco, cada uno de esos pioneros, dependiendo de su personalidad y del espectro social y geográfico al que pertenecían sus pacientes, entraron en desacuerdo y diversificaron sus opiniones acerca de la causa de los síntomas, de las neurosis, de la paranoia, de las psicosis. De todo ello derivó una riqueza lingüística, un léxico psicológico, cuyo aporte nadie pone en duda. El "nacimiento" del inconsciente, los estudios sobre los fenómenos de la conciencia, el "Yo", las defensas del Yo, la represión, el inconsciente "colectivo", el "arquetipo", la función trascendente, la "condensación"… el estudio sobre las fantasías, las fases del desarrollo, la posición esquizo-paranoide… las estructuras de la psique, el símbolo, el sí-mismo, la interpretación… La labor del psicoterapeuta, amparada por ese lenguaje poco a poco conocido, apurado, multiplicado, ha finalizado por dar respuestas a casi todas las posibilidades de la psique.

De todo ello, la humanidad debe sentirse orgullosa. Tantos han sido los avances, incluso, que, desde la experiencia psicoterapéutica, han nacido algunos campos del saber y otros se han visto enriquecidos por ella. No seré yo, desde luego, quien ponga en duda el inmenso enriquecimiento de la cultura resultante de la práctica psicoterapéutica. O la necesidad implícita de su misma pulverización conceptual. Simplemente, llegados al momento de preguntarse de nuevo sobre qué es la psicoterapia, y queriendo preguntarme sobre el hecho mismo de la práctica, resulta curioso observar, de un lado, la casi infinita cadena de teorías –métodos, causas, interpretaciones, escuelas, léxicos, casos clínicos, reflexiones…- que nacen de la experiencia psicoterapéutica, y, por otro lado, el silencio casi total, casi como si fuera inexistente por sí misma, de la psique del terapeuta.

Ya lo habíamos avanzado. La psique del paciente vale lo mismo que la psique del terapeuta. Y la psicoterapia con la psique estriba en tratar la psique sufriente del paciente con la psique del terapeuta. Obviamente, el lenguaje y la direccionalidad bien definida que se halla en superficie durante cualquier encuentro psicoterapéutico, hace que la atención gire en torno a la psique del paciente. Es esto lo que se supone que acontezca al hablar de terapia. Un sujeto que sufre acude a otro sujeto –un profesional- esperando que el concurso de este último sirva para aliviar su dolor.

Pero la psicoterapia contiene una diferencia fundamental respecto al resto de terapias. Porque el dolor psíquico suele tener raíces profundas, no siempre evidentes, donde a ciertas connotaciones plausibles vienen a sumarse sensaciones puramente subjetivas. Y estas raíces profundas del sufrimiento psíquico sí que han encontrado una voz en las teorías –sobre todo, vistas en su conjunto- que, de decenio en decenio, vienen a colorear y profundizar el campo del saber psicológico. Sin embargo, no estamos hablando meramente de psicología, sino que nos estamos preguntando sobre qué es en verdad la psicoterapia. Y la diferencia principal, entonces, no es la vastedad del estudio sobre un objeto de investigación: psique, cuerpo o relaciones entre ellos. Cada uno de los tipos o modalidades de terapia desarrollan una investigación sobre el objeto hacia el que dirigen su acción. Cada terapia, y cada visión psicológica, añaden elementos de saber que vendrán a confluir en el tronco común de la cultura. La diferencia principal entre la psicoterapia y los demás tipos de terapia, o entre la psicoterapia y la psicología, reside precisamente en lo que la psicoterapia usa como mecanismo terapéutico: la psique del terapeuta. Y, en cambio, de ese instrumento vital para la consecución de los presupuestos que se pone la psicoterapia, no nos han llegado, salvo en poquísimos casos, más que conocimientos parciales; y, por añadidura, las noticias que nos han llegado parecen ser, más que acciones primarias del terapeuta, reacciones secundarias al actuar del paciente.

Vayamos por partes. Las literaturas psicoanalítica y psicológica consiguen llenar por sí solas una librería cualquiera. Las especulaciones sobre el malestar psicológico o sobre la enfermedad mental, junto a consignas y recetas para aliviarlos, han representado uno de los mayores esfuerzos de la cultura desde el Siglo XIX. El florecimiento de escuelas, de tendencias y de escisiones hacen del panorama erigido en torno a la psique uno de los más vitales y ricos de nuestra era, al ahondar sin cesar en distintas hipótesis sobre la causa del sufrimiento psíquico, en estudios sobre las dificultades de relación, sobre los problemas del comportamiento humano.

Pero la psique no es solo patrimonio de la ciencia. El camino por el cual se han disparado las teorías sobre el sufrimiento psíquico, poco a poco han dado cabida a miradas cada vez más alejadas de la práctica psicoterapéutica. Los filósofos, los sociólogos, los antropólogos, se han acercado progresivamente, junto a psicólogos y médicos también alejados de la práctica clínica, al campo de investigación de los desarreglos de la psique enferma. Y cuando la psique enferma está demasiado alejada de la psique del investigador, la primera finaliza por adquirir unas dimensiones totalmente diferenciadas respecto de la segunda; hasta que llega un momento, como en la actualidad, en que los pacientes parecen tener un cierto tipo de psique mientras que los terapeutas científicos (los que privilegian el *a priori* teórico respecto de la observación directa con el paciente), junto a los estudiosos provenientes de cualquier campo del saber, parecen tener otro tipo de psique, quizá más avanzada, o más consciente, o más coherente, o más sana.

Y este es el punto de partida de la que podemos llamar "autosugestión del observador". Pongamos unos ejemplos:

Cuando Freud comienza a plasmar sus estudios sobre la psique, sobre los sueños, sobre los síntomas de la neurosis, su ánimo es el de aclarar ciertas observaciones directas recabadas de la relación con personas que declaraban su sufrimiento. En ese punto inicial de la investigación psicoterapéutica, Freud trabaja por asociaciones, inducciones y semejanzas. No se considera a sí mismo, tal como lo demuestran su autoanálisis, sus cartas y sus conferencias, de una especie distinta a la de sus pacientes. También él tiene síntomas. De algún modo, él es su primer paciente. Y no parece que lo haya olvidado nunca, como puede deducirse del hecho de haber creado una obra abierta, en la que caben sensaciones de haber descubierto algo, reflexiones, desasosiegos y autocríticas. De la empiria, pues, y de las reflexiones sobre ella, nacieron sus conceptos, más tarde elevados a teorías.

En nuestros días, en cambio, las librerías están atiborradas de teorías. El léxico se ha multiplicado hasta tal punto, que los mismos términos pueden tener un significado totalmente distinto en función de la teoría a la que van ligados. Así sucede con el "sí-mismo", con el concepto de inconsciente, de símbolo, y la lista no terminaría nunca. Es decir, antes de medirse con la empiria, el futuro terapeuta tendrá la posibilidad de valerse de un conocimiento científico. Estudiará, se educará pensando en disminuir su inseguridad y su miedo a través de conocimientos previos a la relación humana que un día, cuando sepa y conozca cómo es el mundo psíquico del paciente, será capaz de dirigir.

La autogestión del terapeuta acontece cuando los términos con los que actúa, cuando las teorías con las que "interpreta", no han sido vividas como experiencia personal, en modo de garantizar a la psique del paciente el mismo estatuto de validez que el de la psique propia. Recordemos lo que hemos dicho sobre la autosugestión: la influencia psíquica del propio sujeto por la que experimenta estados de ánimo o físicos sin causa objetiva. En otras palabras: un terapeuta autosugestionado será aquel terapeuta que, olvidando su similitud con el paciente (su mismo ser o haber sido paciente), haya confundido su entera psique con el papel "curativo", que no es más que una parte de ella. Y un terapeuta así ya no dudará, ya no conocerá en sí mismo lo que es el miedo, la incertidumbre o la angustia, y cada vez que estas, durante la relación psicoterapéutica, se presenten, atribuirá al paciente la raíz y la causa de esos estados de ánimo que él, por sí mismo –que es científico, que "conoce" *a priori* cualquier eventualidad; que, por tanto, es superior a su paciente- no sentiría.

Un terapeuta autosugestionado será aquel que, durante una relación psicoterapéutica, atribuirá al "saber" científico del que es poseedor cualquier mejoría de su paciente, y al terror del paciente, cual núcleo de su resistencia, el andamiento negativo de la relación entre ambos. De ahí el progresivo alejamiento de la persona del psicoterapeuta, a veces vagamente intuida como una máscara abstracta y plenamente neutral, como una sombra sin atributos, en muchos casos clínicos de apariencia puramente técnica y científica. Poseedor de una verdad prefijada, el terapeuta autosugestionado "analizará", sin dar peso a su propia mirada y gestualidad, las miradas y gestos de su paciente; "interpretará", sin sopesar la modalidad de su propio comportamiento, como "resistencias" cualquier tipo de dificultad durante la relación psicoterapéutica. Y en los espacios de reflexión posteriores al encuentro psicoterapéutico (en soledad, durante la conversación con otro profesional o durante la exposición del caso clínico), tenderá a recoger sus propias emociones y dificultades -llegado el momento, el desasosiego hará inevitable tener que conceptualizarlo- en un significado únicamente de respuesta. Llámese proyecciones o identificaciones proyectivas del paciente, llámese contratransferencia, a las dificultades e influencias causadas, inexorablemente, por la psique del paciente, en cualquier caso será como si no le restara ninguna otra posibilidad, como si no pudiera entrar en su dimensión de psicoterapeuta la posibilidad de ser él la causa de sus emociones e, incluso, de la crisis de la relación psicoterapéutica.

Veamos ahora cual es el resultado de ese distanciamiento entre las dos psiques.

9. La raíz y el mito del sugestionar.

La psicoterapia, que al principio responde a la búsqueda de alivio del sufrimiento del paciente, bien pronto se convierte en una "experiencia vivida", en una vivencia. La temporalidad del paciente, su biografía, va encontrando en el encuentro terapéutico una voz cuyo eco acabará plasmándose en el entero arco de la vida.

Dadas estas características, el sentido común llevaría a relativizar el contenido de las palabras que, conjuntamente al resto de posibilidades de expresión y comunicación, fundamentan la relación psicoterapéutica. Hemos dicho antes que, si se acepta la similitud humana entre las dos psiques que entran en relación, las palabras "sugieren", suscitan en el otro una imagen, una vivencia directa que puede servir para darle entender o hacerle comprender el dilema en que se encuentra, el dolor, el miedo, el sufrimiento o la falta de libertad subjetiva. La búsqueda del sentido llevará al terapeuta, pues, a dejarse impregnar de las palabras del paciente, aceptando, claro está, que estas conducen una biografía no directamente expresable en la relación, puesto que la biografía es solo intuible, concebible, como algo situado más allá de las palabras. El paciente, a su vez, se deja impregnar de las lecturas que de sus problemas ofrece el terapeuta, escucha sus palabras y, desde luego, debe aceptar que la biografía de este, del profesional al que ha acudido, está situada más allá de sus palabras, y que de esa guisa le es completamente desconocida.

La psicoterapia con la psique es una relación profesional, con un presupuesto bien claro (el alivio del sufrimiento psíquico del paciente), es decir, con los roles de paciente y terapeuta bien definidos, pero con las dos psiques que se equivalen –por eso estas se sugieren, hablan, "actúan" tratando de dar a entender al otro-, y cuyo resultado dependerá de la capacidad de esos dos mismos miembros de construir un puente de sentido que el paciente pueda utilizar para aliviar su dolor (por lo general debido, como hemos visto, a una pérdida mayor o menor de sentido); sin que ello implique darle garantías "súper-humanas" de certezas o principios generales que, por el contrario, podrían dañarlo, quizá irreparablemente, en su verdadera dimensión humana y existencial.

Digámoslo así: la relación psicoterapéutica es una relación limitada, que debe tener continuo cuidado de relativizar los mismos términos con los que actúa, para no empujarse más allá de la dimensión intersubjetiva que le sirve de marco y límite para alcanzar su objetivo: dar a la psique del paciente una motilidad, elasticidad y conocimiento de las causas de su pasado dolor, que le sirvan para poder "dialogar", sin perder su propia voz, con el "otro"; sea este otro el terapeuta, el mundo, el compañero o el amigo. Para ello la psicoterapia usará asociaciones, palabras, sueños, interpretaciones o conceptos generales, pero llevándolo todo a la dimensión humana que les dará auténtico sentido. Terapeuta por un lado y paciente por el otro suscitarán en el respectivo interlocutor imágenes, vivencias a través de todo aquello que se encuentra por debajo de las palabras, aun estando relacionado plenamente con ellas.

La sugestión, cual puente de sentido del conocimiento intersubjetivo, dará la posibilidad, siempre que esta sea resultado de una acción continua (la búsqueda de sentido), de establecer –auto-limitándose- una relación que sirva para dar vivacidad a cada una de las psiques, hasta el momento en que la psique del paciente sea capaz de hacerlo por su cuenta, a través de los múltiples diálogos que propone la vida.

Sin la capacidad de sugerir, esto es, sin la capacidad de asociación de las imágenes, no sería posible hallar ese puente de sentido al que debe tender y al que debe orientarse la psicoterapia; del mismo modo que para un niño que escucha la fábula que le cuenta su padre tampoco le sería posible, sin el auxilio de la capacidad de sugerir que se esconde por debajo de las palabras con que le llega la fábula, acceder a la experiencia emotiva e imaginal de "comprenderla", de establecer nexos imaginales con ella, hasta vivirla como una experiencia subjetiva y propia.

Y entonces, ¿por qué desde la sugestión, que tenía la connotación positiva del resultado continuo de la acción de sugerir, se ha pasado al sugestionar, que por el contrario evoca la negatividad de una influencia psíquica basada en el poder? Resulta obvio, más aún cuando el sufrimiento psíquico está acompañado de una desesperación existencial que impide al sujeto salir de su terror, que ese sujeto buscará hallar en el terapeuta una certeza, un apoyo seguro, un "poder" del que fiarse de manera absoluta y total. Es decir, el paciente, llevado por su desesperación, tiende a "construir" el poder del terapeuta, al evitar tomar conciencia de la naturaleza humana de este. Por otra parte, el terapeuta que hubiera efectuado una larga escalada para llegar a la consecución de su propósito profesional, a través de títulos y conceptos teóricos pero sin haber profundizado, con igual esfuerzo y denuedo, en su propia existencialidad, donde acaso habría tomado contacto con sus propios miedos, límites, prejuicios y defensas, difícilmente pondrá trabas, ya antes de la comparecencia misma del paciente, a ser el detentor moral del "poder" terapéutico. De esa manera, una vez que llegue al conocimiento del sufrimiento y de la condición crítica de su paciente, no hallará otra salida para aliviarla que ejerciendo ese poder que el mismo paciente le reclama.

Pero el poder que el paciente "construye" al inicio de una psicoterapia, fundamentado en su necesidad de confianza frente a la desesperación que le incumbe, no debería tener en la psicoterapia más interés que el de traducir una petición de ayuda. Así lo entendería un terapeuta que recordara cada uno de los pasos –a pesar del miedo, de la angustia y de la soledad- que ha tenido que dar en su vida. Si, además, ha ejercido en el pasado de paciente, o lo sigue haciendo todavía, con un terapeuta de su estima, recordará que su propia petición de ayuda inicial representa, ella misma, la relatividad en el tiempo, una vez construido el diálogo con su terapeuta, de la posición de terapeuta y paciente.

Bien, cuando esto no sucede, cuando la única arma de cura es el poder del terapeuta, las dos orillas que se hablan durante el encuentro psicoterapéutico dejan de pertenecer a un mismo plano, y acaba la una situándose por encima de la otra. Desde esa posición desequilibrada no puede establecerse la similitud de base de las dos psiques, con lo cual el verdadero diálogo, que implica la existencia de dos voces con igual validez o, dicho de otra manera, de dos orillas distintas pero colocadas en un mismo plano, dejará de constituirse como la tendencia a la que debe someterse la psicoterapia una vez transcurridos los periodos de acogimiento del sufrimiento del paciente, de la comprensión de este, y del estudio y toma de conciencia de las causas que, más allá de lo meramente objetivo, puedan haberlo ocasionado.

¿Qué ocurre entonces? El paciente no está obligado por ningún tipo de contrato oficial a continuar una relación con un terapeuta que no le satisface. Muchos pensarán: si el paciente, después de confiar primariamente en el terapeuta, percibe que este, además de absorber de forma ilimitada el poder que se le ha atribuido, no piensa dejar de usarlo ya sea a través de veleidades interpretativas, de un tono de superioridad, o de forzamientos teóricos (aun cuando el paciente sienta que lo que hace el terapeuta es tratar de imponerle, valiéndose del papel que ejerce, su propia opinión), entonces el paciente es libre de abandonar la psicoterapia. En efecto, esto es algo que puede suceder. A veces, el paciente decide abandonar el curso de una psicoterapia por este motivo. No siempre cabe hablar de resistencia ("no es capaz de sostener las implicaciones naturales de una psicoterapia") cuando un paciente desiste de continuar una psicoterapia, como algunos psicoterapeutas creen, demostrando con ello carecer por completo de autocrítica.

El problema del abandono de la psicoterapia por parte del paciente, visto de manera superficial, podría parecer resuelto con la decisión de ponerla en crisis definitiva. En el fondo, pensará alguno, una vez concluida la psicoterapia, poco le importará al paciente la lectura que de esa crisis pueda dar el terapeuta. Podría cambiar de terapeuta, hasta encontrar uno del que sienta que trabaja para favorecer sus intereses. Es verdad, a veces el paciente resulta ser la máxima instancia en lo que a definir la psicoterapia se refiere, a través de una elección responsable de su terapeuta. Pero eso supone que tal paciente piense que la psique del terapeuta no vale más que la suya y que, por tanto, el terapeuta inicial, con el que había tenido incomprensiones, fuera simplemente incompatible con sus características. Es decir, el paciente que se pone, después de la crisis con un primer terapeuta, en disposición de establecer una relación psicoterapéutica con otro terapeuta, es un paciente que reconoce haber tenido problemas con "aquel" terapeuta y no con todos. Pero quien conoce los entresijos y las dificultades que preceden y acompañan a la decisión de una persona de efectuar una psicoterapia, sabe muy bien que eso se dará en muy pocas ocasiones. En efecto, una vez que por la mente del paciente se vislumbre la sensación de que algo no funciona durante la psicoterapia que ha iniciado, lo que sucede con mayor frecuencia es o el abandono de cualquier forma de psicoterapia –no buscar a otro terapeuta-, o, más grave aún, prefijarse de antemano que toda angustia producida durante la psicoterapia, toda duda, toda agresividad hacia el psicoterapeuta, forman parte del mismo problema que lo llevó a solicitar su ayuda, cuestión que en breve nos servirá para introducir otra temática.

En este segundo caso, el paciente piensa que el terapeuta es infalible, absolutamente alejado de cualquier forma de parcialidad. Es decir, él llegó a instaurar la relación psicoterapéutica en condiciones pésimas: sufría, por eso pidió ayuda a un psicoterapeuta. Y mientras que el psicoterapeuta hace todo lo necesario para aliviarle su sufrimiento, entre ello mostrarle tantas cosas que antes no sabía, ahora él, puesto que no llega a entender las redes teóricas que solo las personas inteligentes, como su psicoterapeuta, son capaces de tejer, va y se pone a dudar sobre la figura de su benefactor. Eso es lo que tiende a pensar, pues está encastillado en una imagen subalterna respecto del psicoterapeuta infalible. Obviamente, esa imagen no denota una inferioridad absoluta cuando pertenece al comienzo de la relación: cualquier persona de buen sentido común puede intuir que un exceso de reticencia en el paciente, más aún cuando este todavía no conoce los pormenores (puesto que es la primera vez) del proceso que ha instaurado para cambiar la cadena imparable que lo adolora, hará que sea el mismo paciente quien en principio se considere un estorbo para sus propios intereses. La claridad inicial de un psicoterapeuta, en el momento de darle a entender esos prejuicios al paciente –el miedo a cambiar, pues nada puede garantizarle que abrazar una complejidad mayor respecto de sus problemas vaya a aliviarle de forma efectiva su sufrimiento-, serán agradecidos por este una vez asumido el proceso.

El problema que aquí nos ocupa, sin embargo, es otro: se trata de cuando un paciente, una vez guarecido de sus miedos a través de lo que él supone sea algo así como un contacto con un ser superior –su terapeuta-, dé por zanjada su búsqueda individual de sentido y, acto seguido, se disponga a una relación duradera en la que, más por trasvase de conocimientos que por un auténtico diálogo entre diversidades símiles, pueda acceder un día a elevarse por encima de sus problemas, tal como él supone habrá hecho también su terapeuta. Para poder elevarse en el futuro, pues, hay que asumir que ahora se está por debajo, parecería que le sugiere una voz interior. Es decir, él se sitúa en la orilla baja y espera, después de un buen periodo de iniciación, que le sea consentido cambiar de lado. Un día, cuando haya entendido los mecanismos con los que se mueve la psique, podrá valerse de ellos para controlar, ser superior, y para poder mirar desde lo alto la vida inicua de sus semejantes. Del mismo modo que hace su terapeuta, según piensa. O bien, y esto es mucho más frecuente, el paciente abandona cualquier esperanza respecto de hallar el sentido extraviado: se considera un enfermo irremediable. Antes sufría en soledad, ahora un psicoterapeuta vivaz le da a entender cada uno de los episodios, cada una de las decisiones erróneas que lo han llevado a la hecatombe psíquica, de las que ni un héroe mítico lograría restablecerse; todo está perdido, solo queda acatar la realidad y aceptar la voz de la ciencia, esa es la única expiación de sus culpas.

Esos son los dos esquemas primarios con los que el paciente, al igual en un caso que en otro, tiende a hacer infinita y estable la construcción del poder del terapeuta. En ambos casos se da la total distinción entre ambas posiciones, distinción de carácter ontológico y no simple. Más que una distinción, diríase un distanciamiento, un desnivel, casi como si pertenecieran a una especie diferente. En ambos casos también, y mal que nos pese, es necesario el concurso para su continuidad de la acción coordinada del psicoterapeuta. Ya hemos hablado del camino que sigue un psicoterapeuta hasta que se constituye en cuanto tal. Naturalmente, cuando un psicoterapeuta –hombre o mujer que sea, claro- se dispone a ser por encima de todo una persona humana, con sus características peculiares, que lo diferencian de las demás personas, y también con la generalidad común, que lo sitúa como un elemento similar al resto de los miembros de la especie, difícilmente se verá alcanzado por las implicaciones penosas que yacen en el interior del concepto de "sugestionar", y menos aún en el momento de establecer la psicoterapia. Entenderá la dimensión crítica y no necesariamente eterna del sufrimiento del paciente, así como también la relatividad temporal de su petición de ayuda. Pero cuando un psicoterapeuta se ha alejado de la conciencia de su propio dolor, cuando ya no recuerda la postración a que lo sometieron sus pasadas crisis, sus quiebras psíquicas y sus fracasos y desilusiones, entonces tenderá a considerar atemporal su dimensión de terapeuta, casi como si hubiera nacido ya preparado para "curar". Entonces se siente lejos del recuerdo, de la verdad de la vida psíquica y de la existencia misma, tan acompañadas de la incertidumbre y de las variaciones y periodicidades.

El psicoterapeuta que ha olvidado su dimensión de paciente (o que ni tan siquiera la conoce), tenderá como es lógico a instalarse desde el principio y sin condiciones en la orilla alta del desequilibrado esquema antes mencionado. Desde ahí, con la comodidad y el poder que le proporcionan el convencimiento de sus teorías, indagará minuciosamente en el mundo del paciente, como si nada de este le perteneciera ni formara parte de su misma experiencia de vida. De esa manera, vendados sus ojos respecto de la mirada hacia sí mismo, reconocerá, por ejemplo, los arquetipos que constelan la vida psíquica de su paciente, sus defensas y terrores, su morboso apego al pasado y al autoengaño, la obstinación a no asumir su realidad, aunque sin nunca hacerle entender que todas estas problemáticas son problemáticas que acontecen, aun en tiempos y con modalidades diferentes, en cada persona, incluido su terapeuta. No por ello se desviaría la responsabilidad y personalización de la crisis que incumbe al paciente; pero quizá, si se le hiciera partícipe de cuán común es la experiencia del fracaso –visto este no siempre y necesariamente como frustración, sino también como la dimensión que abre y posibilita el cambio y la transformación-, entonces terapeuta y paciente podrían tender a situarse como dos puntos separados, mas colocados en un mismo plano, o como dos orillas diferenciadas entre las cuales discurren las aguas del río (pues no existe ahora un desnivel que pueda provocar un desbordamiento), representantes del curso de la relación y de la esperanza de encontrar un sentido.

Veamos ahora, después de lanzar una mirada ciertamente no exhaustiva sobre sus causas, las implicaciones del desequilibrio entre terapeuta y paciente. Para ello tienen que darse las condiciones preliminares de la elevación y el poder –cual atributo de la cura- por parte del terapeuta, y la correspondiente ubicación del paciente en una dimensión más baja respecto de aquel; sin que ni uno ni otro, además, haga de esta problemática la principal preocupación de la psicoterapia ni se dispongan, por tanto, a tratar de paliarla o resolverla.

Sugestionar significa, según el diccionario de Maria Moliner, *influir en la manera de enjuiciar o percibir las cosas o cierta cosa una persona, ejerciendo sobre ella cierto poder que obscurece su propio juicio*. Según el diccionario italiano ya citado anteriormente, de forma aún más concisa, sugestionar es *inducir por sugestión*, es decir, utilizar la sugestión como arma para hacer cambiar o imponer en un determinado sujeto cierta idea.

La unilateralidad que subyace en este término no deja lugar a dudas ni en un diccionario ni en otro. De la misma forma, la falta de reciprocidad que comporta el concepto, nos habla bien claro de la diferencia de base entre la persona que sugestiona y la persona que es sugestionada. Para que obre la función derivada del "sugestionar", no basta que existan dos personas; es necesario además que esas dos personas (o más) estén relacionadas sobre la base de la premisa incuestionable de la aceptación, por parte de ambas, de la idea de la existencia cualitativa de una diferencia sustancial entre ellas. Esto es, uno y otro deben estar de acuerdo en cuál de ellos tiene "poder" y cuál no. Las dos personas se asemejan solamente en el detalle de que comparten la misma opinión, aunque paradójicamente esa opinión las sitúe en una posición por completo desnivelada. Desde ahí, en consecuencia, el psicoterapeuta es solo eso, terapeuta, y no un individuo con su complejidad, y así se mantendrá durante todo el arco de la relación. El paciente, en paralelo, es solo eso, paciente, y no un individuo que, descubriendo su complejidad y la de su interlocutor, pueda establecer una relación de intercambio mutuo con aquel.

No es difícil intuir que resulte imposible abordar, cuando la relación está constituida sobre pilares tan fijos, aquellas dos premisas principales que pueden dar sentido y razón de ser a la relación psicoterapéutica: la paulatina construcción de un diálogo, y la esperanza de una transformación en el paciente, capaz de devolverle un sentido de sí con el que deshacerse de la frustración y del sufrimiento derivado de ella.

Y entonces, ¿qué ocurre cuando la psicoterapia se instituye sobre el supuesto concreto del poder del terapeuta? ¿Por cuáles vías va a conducirse el sugestionar al paciente? Ya ha sido dicho en repetidas ocasiones: cuando el arma terapéutica está basada en el poder del terapeuta –totalmente confundido con su rol, es decir, incapacitado para usarlo-, tanto las palabras que utiliza para comunicar con el paciente, como sus interpretaciones, cuanto las teorías prefijadas bajo las que concibe y traduce en síntomas determinadas problemáticas del paciente, finalizan por convencer al paciente de su inamovible inferioridad. Convicción que a este lo deja con el único amparo de "saber" que su sufrimiento, lejos de representar la quiebra existencial por circunstancias que a todos nos son comunes (experiencia que el mismo psicoterapeuta debería ser capaz de haber asumido en sí antes aún de iniciar los pasos de formación), fue provocado por un fallo estructural en su personalidad, por un error o cadena de errores en la base misma de su manera de existir; puestos de manifiesto, según el caso, cuando no supo superar la agresividad hacia el "seno materno", cuando prefirió identificarse con el mito de Edipo o con las fantasías de Narciso, cuando por falta de coraje no supo aceptar la soledad existencial y procuró defenderse haciendo "simbiosis", "incestos", relaciones ambiguas y ambivalentes, o a través de otras maneras de esconderse de la verdad. Todas estas, y todas las otras infinitas posibilidades de establecer las causas con las que explicar la situación de extravío, frustración y dolor en que viene a encontrarse el paciente, actúan durante una psicoterapia que haya sido erigida en base al poder del terapeuta (y no en base a la construcción de un diálogo) "sugestionando" al paciente de la extensión global de su problema y eliminando, pues, la esperanza que en el fondo estaba contenida en su petición de ayuda.

De ahí en adelante, desde el momento en que ambos se hayan convencido de que el psicoterapeuta es inmune al dolor, a la sensación de fracaso, al descorazonamiento, así fuera en etapas del pasado o en las circunstancias más adversas, entonces las palabras del psicoterapeuta, su "cultura", sus teorías, su capacidad de análisis, de metaforizar un diagnóstico, o de "interpretar" un sueño, dejarán de hallar en el paciente un interlocutor activo, capaz de sopesar y añadir otras asociaciones a las lecturas que hubiera hecho el psicoterapeuta, y a veces hasta de contraponerse a ellas, no siempre sin razón. Y si sucede que las palabras del psicoterapeuta no obtienen ningún tipo de respuesta –porque son aceptadas de antemano por el paciente-, en simultáneo este último las recogerá sin criticarlas en ningún caso, no las amoldará o las reciclará para poder servirse individualmente de ellas, sino que las aceptará como Moisés aceptó el decálogo proveniente de la revelación de su dios.

El peligro de que esto suceda durante una psicoterapia nunca será aclarado del todo. Lo cierto es que el presupuesto inicial de toda psicoterapia con la psique, es decir, la terapia de la psique del paciente a través de su contacto con la psique del terapeuta, es una premisa totalmente desautorizada por el prejuicio en vigor de que la segunda de ellas sea superior en sí misma a la primera. Y entre otras cosas, aparte de cancelar toda esperanza de construir un diálogo (lo cual debería favorecer un intercambio y, por tanto, favorecer a ambos), ese prejuicio puede desencadenar, en el peor de los casos, la inversión total del concepto de terapia; que, en tanto tal, está obligada a portar alivio, curación o salud respecto del dolor o sufrimiento enclavado en el paciente. Porque todo esquema de relación que tienda a aumentar la sensación en el paciente de ser inadecuado, o fallido, o inferior (que son los motivos más frecuentes por los que una persona decide instaurar una psicoterapia), para proteger así la imagen de infalibilidad y poder que esta conlleva en la figura del terapeuta, pierde automáticamente la credibilidad y la ética de seguir llamándose una terapia. Y cuando las dos personas, en vez de tender a encontrar las similitudes necesarias para la construcción de ese puente de sentido (bajo el que transcurren las aguas de aquella función que he llamado el "sugerir recíproco y continuo", y que también podemos llamar "diálogo"), generan por el contrario una relación basada en la perpetuación progresiva de los roles de terapeuta y paciente, entonces la psicoterapia deja de existir como realidad y pasa a convertirse en una relación conservadora, basada en el desequilibrio y perpetuadora de él; una relación de la que es inútil esperar las transformaciones benéficas a las que toda terapia, psicoterapia incluida, debería tender si quiere seguir llamándose tal.

Se abre de ese modo una posible comprensión de la complejidad que acompaña la construcción de una relación psicoterapéutica. Una relación en donde, al inicio y solo en apariencia, se encuentran dos lenguajes totalmente distintos, dos posiciones por completo diferentes, dos problemáticas absolutamente opuestas; muchas veces, incluso, dos sexos, dos edades o dos culturas disímiles y peculiares, pero que a fin de cuentas sigue siendo una relación entre dos seres humanos. Una relación en la cual, si en su seno se concibe y construye la posibilidad de un diálogo, los dos lenguajes podrán afianzarse sobre la variación y el progreso al que tiende la acción continua del "sugerir", aun a riesgo de relativizar y limitar el alcance de cada una de las respectivas posiciones. Si eso no ocurriera, y la psicoterapia se condujera por la vía del predominio y de la manutención a toda costa de la desigualdad ontológica, tal operación, aparte de ser una fantasía que subvierte los límites de lo razonable, constituiría una preparación al fracaso ético de los mismos supuestos que fundamentan la existencia de la psicoterapia.

Si la psicoterapia, entonces, no tiende al progreso y al intercambio de material psíquico entre paciente y terapeuta (ese sugerir o subllevar que por debajo de las palabras conduce un sentido aprehensible para la psique, aportando dinamismo y capacidad de transformación), lo que sucede es que la psique de ambos potenciales interlocutores se esconde y agoniza bajo la máscara del poder; y que, tras perder así su conexión con el tiempo de la existencia, se arrastra, atrapada por el mito de la fijeza y de la inmutabilidad, hacia el escondrijo donde se niega la sugestión: ese lugar del silencio donde lo callado (mas no por callado menos activo) pierde su naturaleza maleable y comunicativa, para luego convertirse en el arma jerarquizadora e inmóvil en manos de su detentor, inconsciente o no del poder, tal como ha sido descrito en el apartado del "sugestionar".

Por eso resulta peligroso negar la existencia y el influjo de la sugestión, es decir, del efecto indirecto conducido bajo las palabras. Porque, y hasta la historia de los campos cercanos a la práctica psicoterapéutica así lo han demostrado, nosotros podemos eliminar de nuestra conciencia los sectores de realidad que nos resultan incómodos, pero con ello no hacemos más que derivar esos sectores –que generalmente están emparentados con la conciencia del límite- hacia un lugar en el que no nos queda más remedio que asistir impotentes a la multiplicidad de efectos de su realidad psíquica. Si no queremos ser conscientes, entonces, de la existencia de la sugestión, y no la equilibramos y conducimos de manera responsable a través del mutuo sugerir que relativiza nuestro obrar, y si, además, no nos acercamos a la dimensión humana donde terapeuta y paciente hallan la comunicación posible, entonces a nosotros, terapeutas, nos tocará un día tener que asumir, quizá en el silencio que produce la vergüenza, que no hemos sido más que fáciles sugestionadores, perpetuadores de "verdad", vaya esta disfrazada de ciencia no demostrada, teoría dogmática o especulación sobre la diversidad étnica o cultural.

CAPÍTULO XII

EL ESTIGMA EN EL PSICOTERAPEUTA[1]

Triunfamos sobre lo pequeño
y el mismo éxito nos hace pequeños.
Ni lo eterno ni lo extraordinario
quieren ser doblegados por nosotros.
Rainer Maria Rilke.
El libro de las imágenes (fragmento).

Antes de adentrarnos en el tema específico del estigma en el profesional, quisiera recordar el amplio abanico semántico de la palabra estigma, con el fin de no caer precisamente en el error de estigmatizarlo…

En una primera acepción del diccionario de la Real Academia Española, el estigma se refiere a *marca o señal en el cuerpo*. En una segunda acepción, significa *desdoro, afrenta, mala fama*. En una tercera acepción, muy curiosa, por cierto, significa la *huella impresa sobrenaturalmente en el cuerpo de algunos santos extáticos, como símbolo de la participación de sus almas en la pasión de Cristo*.

Luego es considerado, de forma específica, como *marca impuesta con hierro candente, bien como pena infamante, bien como signo de esclavitud*. Por otro lado, en botánica, el estigma es el *cuerpo glanduloso, colocado en la parte superior del pistilo, que recibe el polen en el acto de la fecundación de las plantas*. En medicina, en cambio, es aquella *lesión orgánica o trastorno funcional que indica enfermedad constitucional y hereditaria*. Y en zoología, por último, es *cada uno de los pequeños orificios que tiene el tegumento de los insectos, arácnidos y miriópodos, por los que penetra el aire en su aparato respiratorio, que es traqueal*.

Si nos detenemos en la extensión semántica del concepto estigma, podemos observar, más allá de la aporía y la paradoja respecto de su origen (puesto que puede ser el resultado de un hecho sobrenatural, pero también un asunto vergonzoso e infamante, o incluso abiertamente enfermizo y hereditario), una cierta estabilidad formal, por cuanto el estigma parece ser algo que siempre se muestra, o se dispone o quizá se asoma para señalar un determinado asunto que, de otra manera, quedaría oculto, yermo o sepultado en un rincón inalcanzable a la simple observación.

Así, el estigma parece devolver aquello que la naturaleza humana hubiese preferido que permaneciera negado; parece des-velar lo que, de uno u otro modo, hubiésemos deseado que quedase velado, cobijado lejos del alcance de los órganos del sentido.

Sea una marca vergonzante, sea una señal de la parentela sobrehumana propia de esos santos que contactan directamente con los dioses, el estigma vierte en superficie aquello que de una u otra manera seguiría en la profundidad de sí mismo, lejos del alcance de los hombres, en un lugar lejano e íntimo del ser.

Pero el estigma siempre opera contra la voluntad de los hombres. La voluntad siempre es otra: cubrir, guarecer, custodiar en lugar seguro esos elementos de intimidad, esa marca negativa o sobrehumana, que acompaña a la vida de ciertos hombres…

En palabras de María Zambrano:

Allí donde empieza la vida, empieza también la astucia, la simulación y la máscara. La naturaleza física no se envuelve en nada; aparece desnuda. Y mucho menos, podemos imaginarnos dentro de ella, una fuerza, un poder que intente resistir al conocimiento humano. En cambio, todo lo que está vivo, se esconde. Y lo humano mucho más que todo. La primera condición de lo psíquico humano sería la tendencia a encubrirse. El afán de vestido, de máscara[2].

Así que lo psíquico humano es el encubrimiento, el desarrollo de esa tendencia tan nuestra a dejar elementos y partes de lo psíquico fuera de todo conocimiento, fuera de toda posibilidad comunicativa, puesto que se oculta a la vista de los otros, pero posiblemente también se oculta a la visión de sí mismo, a las posibilidades de la elaboración y del reconocimiento.

Pero junto a esa faceta encubridora, y quién sabe si a causa precisamente de ella, quizá como forma compensatoria o bien como faceta también natural y propia del hombre, existe asimismo la faceta expresiva, que tiende a mostrar, pues, elementos y materiales psíquicos para darlos a conocer, a los demás o bien a uno mismo. Sigamos con las palabras de María Zambrano:

Tenemos que considerar otra característica: la expresión. Todo lo psíquico se expresa de algún modo. Parece que se trata de algo escondido, recluso, que tiene necesidad de mostrarse para que alguien semejante lo perciba. Huye y aparece; llama y se enmascara. Es verdaderamente un enigma. Enigma que nos está pidiendo ser descifrado[3].

Así que tenemos, al parecer de María Zambrano, dos grandes características respecto de lo psíquico: la psique se encubre de forma natural, tiende al disfraz, al escondite, al enmascaramiento; pero también se muestra y, de forma idénticamente natural, tiende asimismo a la expresión, a la comunicación.

Velarse y revelarse son pues los dos grandes movimientos del latido psíquico, dos movimientos que nos conducen a interrogarnos sobre la gran pregunta que recorre esta breve digresión: el estigma en el profesional o –más concretamente aún- el estigma en el terapeuta.

Recorramos la acción. Hasta ahora hemos tratado de elucidar el concepto de estigma, aun de forma somera y en sus rasgos más amplios y generales. Ese concepto, pues, parece un concepto muy concurrido y arraigado en toda nuestra querida especie. Pero, llegados a este punto, es de justicia plantear la siguiente pregunta: ¿también el terapeuta forma parte integrante de la mencionada especie? Y, en caso afirmativo, ¿es lo mismo cuando hablamos de estigma en un grupo humano que en otro? ¿Hay diferencias significativas? O, finalmente, ¿es lícito o incluso conveniente hablar de estigma en el terapeuta?

Bueno, yo pienso que existen varias razones que permiten hablar de estigma en el caso de los terapeutas. Esas razones son las que justifican esta intervención; que yo haya aceptado el reto de hablar de ciertas cosas que existen en el otro lado del paciente, justamente a su lado, o enfrente: en *nuestro* lado.

Así que vamos a merodear en esas razones, en busca de pistas que nos permitan una leve aproximación.

1. La razón profesional.

Aquí hay que recordar las acepciones de estigma como huella sobrenatural (en correspondencia a una parentela con los dioses) y la que proviene de la botánica (cuerpo superior del pistilo que recibe el polen en el acto de la fecundación de la plantas).

Todo terapeuta que se precie ha debido transitar un largo periplo de capacitación formativa que abarca años de estudios, de lecturas, de análisis personal, de supervisión. La construcción de su función de terapeuta está acompañada, así, de años de inquietud, de incertidumbres, de pasos en falso, de desconfianza en sí mismo y en sus formadores, etcétera.

Todo ello en aras de obtener aquel adiestramiento técnico y humano que le permita labrarse una profesión y una experiencia con las mínimas garantías de resistencia a las dificultades que, por supuesto, se van a presentar.

Pero la profesión de psicoterapeuta, siendo como es una profesión como cualquier otra, es también una profesión muy particular, muy distinta a las demás. El psicoterapeuta trabaja con el mismo material (su propia psique) que aquel material al que pretende aliviar o curar (la psique del paciente): esa es la característica crucial de toda psicoterapia; y asimismo la que la separa y aleja de otras terapias psíquicas, capaces de incidir igualmente sobre la psique de los pacientes, pero mediante técnicas y conocimientos específicos que no implican el concurso de la entera psique del terapeuta, ni el establecimiento de un puente cuya construcción, desarrollo y cualidad dialógica va a ser la cuestión más incisiva en la terapia misma.

Así que psique con psique, nada menos. Y de cuya relación va a depender el alivio o la cura de la psique de una de ellas, la del paciente.

No es raro entonces que el psicoterapeuta se imagine, tras el largo adiestramiento que ha de llevar a cabo hasta ser capaz de acometer tan ardua tarea, que su psique acabe afectada de uno u otro modo por el estigma de la marca sobrenatural. Pues ningún paciente, piensa, se prestará a una psicoterapia sin creer que su psicoterapeuta tenga esas dotes de aliviarlo o curarlo. Así que, o es sobrenatural o, como poco, es ese órgano que, recibiendo el polen, participa de forma tan directa en su fecundación…

Idas y vueltas en torno a la transferencia, y al peligro de inflación en el terapeuta.

Mas poco a poco, a través del contacto asiduo de la periodicidad terapéutica, va aflorando, ya no un caso clínico general, sino una personalidad más específica de cada paciente, esto es, un caso clínico en cierta medida irrepetible.

Y mientras más irrepetible sea la psique concreta de cada paciente, más específica será, también, la psique de cada terapeuta.

Detrás del estigma del ser sobrenatural, que es de orden necesariamente general, justo entre sus grietas, aparece entonces la personalidad concreta del psicoterapeuta, el reverso de aquel estigma que lo señala como técnicamente capaz, tan capaz como lo son solo los dioses. Es el aparecer de la humanidad del terapeuta, sus formas, tonos y maneras que también hacen de él o ella alguien irrepetible.

Este es el estigma que el terapeuta encuentra más difícil de acatar, pues implica la asunción clamorosa de sus límites técnicos y cognoscitivos. Y es a su vez el estigma más conocido por cada uno de sus pacientes. Es el estigma que aparece cuando aparece esa marca, ese conjunto de ideas, la personalidad del psicoterapeuta; la cual se impone -¡ay!- una y otra vez al orden técnico y estable de su misma capacitación.

2. La razón social.

En este apartado cabe retomar las acepciones de estigma en cuanto desdoro, afrenta o mala fama. Y es que sobre el profesional de la cura se han vertido, casi desde el aparecer de dicha ocupación, renuencias, reservas, críticas de uno u otro estilo, que han tratado en algunos casos de desprestigiar, infravalorar o directamente menospreciar una práctica (en general médica o psicológica) instaurada sobre la tentativa de paliar esa notoria facilidad de todo ser humano a desequilibrarse psíquicamente, a afligirse o incluso a disociarse.

A pesar de la ya más que centenaria aparición de médicos, psicólogos, psiquiatras, a veces filósofos o de otras profesiones, que han encarado mediante su propia psique aflicciones muy severas de la psique de innumerables pacientes, en muchas ocasiones con éxito y a la par ofreciéndole al gran público descripciones de las profundidades psíquicas nunca antes conocidas (baste mencionar las figuras de Freud, Jung, Ferenczi, Adler, Fromm-Reichman, Minkowski, Binswanger, etc), a pesar de todo ello, sobre la psicoterapia y, más especialmente, sobre los psicoterapeutas, ha recaído un conjunto de sospechas de tal magnitud, que el impacto ha hecho tambalear la clara conciencia del rico fondo de su historia y de la labor llevada a cabo tras esa larga preparación técnica y humana.

Una parte de la sociedad, compuesta también por médicos y psicólogos, ha tildado tradicionalmente la psicoterapia de verdadero engaño, y a los psicoterapeutas de charlatanes, peseteros, vende-humos y otros calificativos de similar calibre, lo cual en alguna ocasión quizá haya hecho mella en la moral y la confianza de los terapeutas mismos.

Tratar temáticas como la Sombra, la represión, la proyección, la sumisión, la paridad, y hacerlo desde una instancia intersubjetiva, abierta y no alineada, no iba a resultar tarea tan nimia como para dejar indiferentes a grandes colectivos que prosperan o están cómodamente instalados en las antípodas del diálogo franco entre psiques que se interrogan…

En este caso, el estigma es un producto social que encuentra amparo en ciertos descreimientos y temores del terapeuta mismo. Estigma que acaba por presentarse como desconfianza en saber ejercer la profesión, como convencimiento de estar sumido en el caos personal y el desorden, como una vaga y ambigua sensación de engaño y afectación, es decir, como el recelo de ser un impostor.

3. La razón humana.

Aquí conviene recordar el estigma en cuanto marca impuesta como signo de esclavitud. A pesar de la evidente compañía de que se goza durante el desarrollo de la profesión de terapeuta, fruto de la relación continua con cada paciente, una de la cuestiones más desconocidas y paradójicas que le atañen, sin embargo, es la insoslayable soledad que reviste su vida, tanto durante el desarrollo de su profesión como –en ocasiones, y como no podía ser de otra forma- en el día a día de su vida cotidiana.

Es posible que esta soledad sea el resultado de una auténtica enfermedad profesional, una especie de esclavitud concomitante al imparable separarse de sí, del mundo de las emociones, de su propia memoria, de los propios proyectos personales, de las metas…

Profesionalizarse en la cura de los pacientes no es, entonces, un arte gratuito. Puede generar dislocación; probablemente, una cierta despersonalización.

La Sombra del terapeuta es, así, el ser humano mismo en que consiste su esencia. Un ser humano con todas las letras, que bucea a veces en las profundidades abisales de la relación terapéutica, que sufre ora en silencio, ora en la anomia, ora en el imparable e impávido transitar del universo…

Si ser paciente significa que uno sufre pero a su vez anhela, espera… (ese es el doble significado de la palabra paciente), ser terapeuta significa intentar curar, y sufrir, pero demasiadas veces sin compañía, sin un atisbo de esperanza.

El estigma en este caso es, así, un dolor callado, la marca de una indefectible soledad, el franco peligro de aislamiento.

En virtud de esta temática hace ya tiempo traté de proponer una *psicopatología a dos*, cuya medida fuera establecer la conveniencia de recoger los datos, detalles y relatos en torno a la patología de los pacientes, y de examinarlos a la luz de una clara conciencia de la patología del profesional, del terapeuta.

Era esa una manera –poco convencional, es cierto- de evitar el aislamiento en el terapeuta; pero también de esclarecer el método dialógico en psicoterapia, y de inaugurar el camino –no exento de dificultad epistemológica, pero también un verdadero reto filosófico- hacia una posible *cura a dos*. O dicho de otra forma, una cura y un acompañamiento mutuos, lejos de aislamientos y estigmas, lejos de las inflaciones y de las proyecciones nocivas; y cerca, por el contrario, de ese lado humano que, aun descomponiéndose una y otra vez, podemos imaginar en incesante recomposición, y que, nutriéndose de los mejores ingredientes de la relación, consiga desarrollarse de forma amable hacia las líneas de vida que a ambas partes les proponga el destino.

Modos de sortear el aislamiento y el estigma social, como parece sugerir esta cita de Shakespeare, proveniente de un fragmento del CXII soneto, y que nos servirá de cierre:

**Vuestro amor y piedad allanan la
marca que el escándalo público había
impreso sobre mi frente. Pues, ¿qué
importa lo que de bueno o malo de mí
se diga, con tal que cubráis mis faltas
con vuestra indulgencia y aprobéis
mis cualidades?**

4. Humano demasiado humano.

Anda el que fuera paciente
con paso resuelto y ligero
sobre botines de plomo y sedimento
hacia el camino de Swann

Anda y aguza la vista
para merodear el detalle y
deleitarse con la cambiante
atmósfera
de la vida animada
entre luces y sombras
entre reptil y el mundo
que ha de llegar
entre sufrido y amado
entre el grito y la espera
entre lo muerto y la Aurora

Anda y por un instante titubea
tentación de Babel y Silencio
reflejo divino y humano
acompañado y solo
humano
demasiado humano.

El autor.

NOTAS

NOTAS

(Traducciones del autor.)

Capítulo I: Perspectivas de la psicología junguiana

[1] Conferencia en el Colegio de Psicólogos de Barcelona, por encargo de la SEPA (Sociedad Española de Psicología Analítica), 1994.

[2] Enmanuel Kant, *Werke*, Vol. 7, pp. 411-431.

[3] Henry F. Ellenberger, *La scoperta dell'inconscio*, Boringhieri, Turín 1972, p. 240.

[4] Henry F. Ellenberger, *La scoperta dell'inconscio, op. cit.*, pp. 242-243.

[5] *Ibidem*, p. 243.

[6] *Ibidem*, p. 245.

[7] *Ibidem*, p. 256.

[8] L. Wittgenstein, *Zettel*, Turín 1986, p. 104.

[9] A. Gaston, *Genealogia dell'Alienazione*, Ed. Feltrinelli, Milán 187, p. 41.

[10] *Ibidem*, p. 44.

[11] G. Cullen, *Genera morborum praecipue definita additis ex Sauvagesio pecibus*, Edimburgo 1771.

[12] B. A. Morel, *Traité des maladies mental*, Ed. Masson, París 1860, pp. 65-66.

[13] E. Kraepelin, *Trattato di Psichiatria* (1883, compendium), Milán, Vol. 2, p. 2.

[14] Obra que puede hallarse en *Pathologie und Terapie der Psychischen Krankheiten* (1861) en su edición francesa, traducción de la 2° edición alemana, París 1865. [Nota del Autor.]

[15] *Ibidem*, p. V.

[16] C. G. Jung, *Recuerdos, sueños, pensamientos*, Ed. Seix Barral, Barcelona 1986.

[17] C. G. Jung, *El problema de la enfermedad mental*, Ed. Boringhieri, Turín 1975, p. 44.

[18] C. Gullota, "Jung y la psiquiatría", en *Aut Aut*, n 229-230, Milán 1989, p. 53.

[19] M. Trevi, "Por una valoración crítica de la obra de C. G. Jung", en *Aut Aut*, n. 229-230, Milán 1989, p.6.

[20] *Ibidem*, p. 6.

[21] C. G. Jung, *El problema de la enfermedad mental, op. cit.*, p.20.

[22] M. Trevi, "Por una valoración crítica de la obra de C. G. Jung", revista cit., p. 6.

[23] C. G. Jung, *Reflexiones teóricas sobre la esencia de la psique* (1947/1954), en *Opere complete di C. G. Jung (OO. CC.)*, Ed. Boringhieri, Turín 1976, vol. 8, p. 199.

[24] *Ibidem*, p. 207.

[25] C. G. Jung, *Fundamentos psicológicos de la creencia en los espíritus* (1920/1948), en *OO. CC., op. cit.*, vol. 8, p. 233.

[26] C. G. Jung, *Simbolismo del mandala* (1950), en *OO. CC., op. cit.*, vol. 9, tomo 1, p. 352.

[27] C. G. Jung, *El símbolo de transformación en la misa*, en *OO. CC., op. cit.*, vol. 11, p. 260.

[28] M. Zambrano, *De la aurora*, Ed. Turner, Madrid 1986, p. 50.

[29] E. Cassirer, *Mito e Cocetto*, Ed. La Nuova Italia, Florencia 1992, p. 105.

[30] C. G. Jung, *La estructura del inconsciente* (1916), en *OO. CC., op. cit.*, vol. 7, p. 294.

[31] *Ibidem*, pp. 294-295.

[32] *Ibidem*, p. 295.

[33] C. G. Jung, *Qué es la psicoterapia* (1935), en *OO. CC., op. cit.*, vol. 16, p. 127.

[34] C. G. Jung, *Principios de psicoterapia práctica* (1935), en *OO. CC., op. cit.*, vol. 16, p. 14.

[35] C. G. Jung, *Algunos aspectos de la psicoterapia moderna* (1930), en *OO. CC., op. cit.*, vol. 16, p. 37.

[36] C. G. Jung, *Tipos psicológicos* (1921), Ed. Boringhieri, Turín 1977, p. 470.

[37] C. G. Jung, *Mysterium coniunctionis* (1955-56), en *OO. CC., op. cit.*, vol. 14, p. 330.

[38] C. G. Jung, *La guérison psychologique*, Libraire de l'Université, Georg et Cie, Genéve 1970, p. 154-155.

[39] C. G. Jung, *La estructura del inconsciente*, en *OO. CC., op. cit.*, pp. 292-293.

[40] C. G. Jung, *Cuestiones fundamentales de psicoterapia* (1951), en *OO. CC., op. cit.*, vol. 16, p. 128.

[41] C. G. Jung, *Mysterium coniunctionis*, en *OO. CC., op. cit.*, p. 222.

[42] C. G. Jung, *Algunos aspectos de la psicoterapia moderna*, en *OO. CC., op. cit.*, p. 38.

[43] C. G. Jung, *Qué es la psicoterapia*, en *OO. CC., op. cit.*, p. 32.

[44] C. G. Jung, *Fines de la psicoterapia* (1929), en *OO. CC., op. cit.*, vol. 16, p. 50.

[45] C. G. Jung, *Conciencia, inconsciente e individuación* (1939), en *OO. CC., op. cit.*, vol. 9, p. 279.

[46] C. G. Jung, Algunos aspectos de la psicoterapia moderna, en *OO. CC., op. cit.*, p. 39.

[47] *Ibidem*, p. 39.

[48] C. G. Jung, *Aplicabilidad práctica del análisis de los sueños* (1931), en *OO. CC., op. cit.*, vol. 16, p. 167.

[49] C. G. Jung, *La estructura del inconsciente*, en *OO. CC., op. cit.*, pp. 284-285.

[50] C. G. Jung, *Aplicabilidad práctica del análisis de los sueños*, en *OO. CC., op. cit.*, p. 164.

[51] C. G. Jung, *La estructura del inconsciente*, en *OO. CC., op. cit.*, p. 297.

[52] C. G. Jung, *Problemas de la psicoterapia moderna* (1929), en *OO. CC., op. cit.*, vol. 16, p. 78.

[53] C. G. Jung, *Tipos psicológicos, op. cit.*, pp. 501 y ss.

[54] C. G. Jung, *Principios de psicoterapia práctica* (1935), en *OO. CC., op. cit.*, vol. 16, p. 13.

[55] *Ibidem*, p. 13.

[56] C. G. Jung, *Problemas de la psicoterapia moderna* (1929), en *OO. CC., op. cit.*, pp. 65 y ss.

[57] C. G. Jung, *Medicina y psicoterapia* (1945), en *OO. CC., op. cit.*, vol. 16, pp. 98-99.

[58] C. G. Jung, *Principios de psicoterapia práctica*, en *OO. CC., op. cit.*, p. 9.

[59] *Ibidem*, pp. 12 y ss.

[60] C. G. Jung, *La guérison psychologique, op. cit.*, pp. 104-105.

Capítulo II: la Psicología Analítica o el arte del diálogo.

[1] El título que da nombre a este capítulo corresponde al título de la tesis doctoral del autor, *La psicología analítica o el arte del diálogo. Una reflexión sobre la esencia de la psicoterapia a través de la obra junguiana y posjunguiana*, sustentada en julio de 1999, en la Facultad de Psiquiatría de la Universidad Autónoma de Madrid, que obtuvo el grado *Summa Cum Laude*. [N. del E.]

[2] Este apartado corresponde al capítulo I, "Psicologia analitica y psicoterapia dialogica. La doble referencialidad de la obra junguiana y posjunguiana", de la misma tesis doctoral. [N. del E.]

[3] Bajtin, M. (1963), *Problemy poetiki Dostoevskogo*. (Trad. ital. 1968), Dostoevskij, Ed. Einaudi, Turín, pp. 143-144.

[4] Buber, M. (1923), (Trad.esp. 1984), *Yo y Tú*, Ediciones Nueva Visión, Buenos Aires, pp. 32-33.

[5] Gadamer, H.G. (1975), *Wahrheit und methode*, 3ª edic. revisada, (Trad. esp. 1977), *Verdad y método*, Ed. Sígueme, Salamanca, p. 52.

[6] Jung, C.G. (1935), *Fundamental psychological conceptions: a report of five lectures*, (Trad. ital. 1991), C. G. Jung, *OO. CC., op. cit.*, vol. XV, pp.134-135.

[7] Jung, C.G. (1935), (Trad. ital. 1981), *Principi di psicoterapia pratica*, en C. G. Jung, *OO. CC., op. cit.*, vol. XVI, p. 16.

[8] Jung, C.G. (1929), (Trad. ital. 1975), *Il contrasto tra Freud e Jung*, en *OO. CC., op. cit.*, vol. IV, p. 214.

[9] Jung, C.G. (1921), (Trad. ital.1970), *Tipi psicologici*, en *OO. CC., op. cit.*, vol. VI, p. 500.

[10] *Ibidem*, p. 501.

[11] Jung, C.G., *Principi di psicoterapia pratica, op. cit.*, p. 9.

[12] Jung, C.G. (1945), (Trad. ital. 1981), *Medicina e psicoterapia*, en *OO. CC., op. cit.*, vol. XVI, pp. 98-99.

[13] Jung C.G. (1951), (Trad. ital. 1981), *Questioni fondamentali di psicoterapia,* en *OO. CC.,* cit, vol. XVI, p.128.

[14] Jung, C.G. (1957), (Trad. ital. 1981), Prefazione, en *OO. CC., op. cit.,* vol. XVI, p.3.

[15] Schopenhauer, A. (1819), (Trad. ital. 1989), *Il Mondo come volontà e rappresentazione,* Ed. Mondadori, Milán, p. 912.

[16] Trevi, M., *Interpretatio duplex,* Ed. Borla, Torre Annunziata, 1986, p. 23.

[17] Trevi se refiere aquí a una página de Jaspers contenida en el primer tomo de su *Filosofía,* de 1932. [Nota del Autor.]

[18] Trevi, M., *L'Altra lettura di Jung,* Ed. Cortina, Milán, 1988, pp. 120-121.

[19] Hillman, J. (1975), (Trad.ital.1983), *Re-visione della psicologia,* Ed. Adelphi, Milán, pp. 55-56.

[20] Hillman, J., *Saggi sul puer,* Ed. Cortina, Milán, 1988, p. 122.

[21] Trevi, M., *Il lavoro psicoterapeutico,* Ed. Theoria, Roma-Nápoles, 1993, p. 18.

[22] Hillman, J. (1983), *Healing fiction,* (Trad. ital. 1984), *Le storie che curano,* Ed. Cortina, Milán, pp. 21-23.

[23] Véase nota 1 del Cap. II. [N. del E.]

[24] Véase *Unamuno y el pensamiento dialógico,* de Iris M. Zavala, Ed. Anthropos, Barcelona, 1991. [Nota del Autor.]

[25] Unamuno, M. de, *Obras Completas,* 16 vols., Ed. A. Aguado, 1958-1961, vol. VII, 1046.

Capítulo III: El análisis del terapeuta. La psicología de la transferencia.

[1] Este apartado corresponde al capítulo VII, "PSICOTERAPIA II. El análisis del terapeuta. Psicología de la transferencia", de la misma tesis doctoral. Véase Nota 1 del Cap. II. [N. del E.]

[2] Zambrano, M. (1943), *La confesión: género literario.* Ed. Mondadori, Madrid 1988, p. 19.

[3] Jung, C.G. (1935) (trad. it.1981) *Principi di psicoterapia pratica,* en *OO. CC., op. cit.,* vol. XVI, p.12.

[4] *Ibidem,* p. 12.

[5] Jung, C.G. (1929) (trad. it.1981) *I problemi della psicoterapia moderna,* en *OO. CC., op. cit.,* vol. XVI, p. 80.

[6] *Ibidem,* p. 80.

[7] Jung, C.G. (1951) (trad. it.1981) *Questioni fondamentali di psicoterapia,* en *OO. CC., op. cit,* vol. XVI, p. 127.

[8] Jung, C.G., *Principi di psicoterapia pratica, op. cit.,* p.12.

[9] Trevi, M., *Il lavoro psicoterapeutico.* Ed. Theoria, 1993, Roma-Nápoles.

[10] Jung, C.G., *Principi di psicoterapia pratica, op. cit.,* pp. 13-14.

[11] Gadamer, H.G., *Verdad y método, op. cit.,* pp. 457-458.

[12] Jung, C.G. (1946) (trad. it. 1981) *La psicologia della traslazione,* en *OO. CC., op. cit.,* vol. XVI, p. 187.

[13] *Ibidem,* p. 186.

[14] *Ibidem,* p. 187.

[15] *Ibidem,* p. 187.

[16] *Ibidem,* p. 189.

[17] *Símbolo, creatividad y metáfora.* Obra del mismo autor y de próxima aparición en Editorial Traducciones Junguianas. [N. del E.]

[18] Jung, C.G. (1946) (trad. it.1981) *La psicologia della traslazione, op. cit.,* vol. XVI, p. 189.

[19] *Ibidem,* pp. 205-206.

[20] Abbagnano, N. (1949), *Storia della filosofia,* U.T.E.T, Turín, vol. I, pp. 89 y 90.

Capítulo IV: Fases de la relación psicoterapéutica.

[1] Este apartado corresponde al capítulo XI, "PSICOTERAPIA III. Asimilación e integración. Fases de la relación psicoterapéutica", de la tesis doctoral del autor. Véase Nota 1 del Cap. II. [N. del E.]

[2] Tesis defendida especialmente en *Psicología de la dementia praecox* (1907) y en *Psicogénesis de la esquizofrenia* (1939). [Nota del Autor.]

³ *Diccionario de uso del español*, de María Moliner. Voz "asimilar".

⁴ *Ibidem*.

⁵ *Ibidem*.

⁶ Jung, C.G. (1934) (trad. it. 1981), *L'Applicabilità pratica dell'analisi dei sogni*, en *OO. CC.*, *op. cit.*, vol. XVI, p. 163.

⁷ *Ibidem*.

⁸ *Ibidem*, pp.163 y 164.

⁹ Idea desarrollada por Jung en *Psicología de la dementia praecox*, y que es la que llega a la voz "asimilación" de los *Tipos psicológicos*. Desde este último texto, Jung pasa a ver la asimilación como una tarea que debe ser afrontada por la conciencia. [Nota del Autor.]

¹⁰ Jung, C.G., *L'Applicabilità pratica dell'analisi dei sogni*, *op. cit.*, p. 167.

¹¹ *Diccionario de uso del español*, de María Moliner. Voz "integrar".

¹² *Ibidem*.

¹³ Retroceder para volver a saltar. [N. del E.]

¹⁴ Jung, C.G. (1946) (trad. it. 1981), *La psicologia della traslazione*, en *OO. CC.*, *op. cit.*, vol. XVI, p. 241.

¹⁵ Jung, C.G. (1929) (trad. it. 1981), *I problemi della psicoterapia moderna*, en *OO. CC.*, *op. cit.*, vol. XVI, pp. 65 a 84.

¹⁶ Jung, C.G. (1935) (trad. it. 1981), *Princìpi di psicoterapia pratica*, en *OO. CC.*, *op. cit.*, vol. XVI, p. 13.

¹⁷ Carretero, R. (1995), *Reflejo y reconocimiento en el proceso psicoterapéutico*. Seminario impartido en *Historia della Critica dell'Arte, Facoltà di Lettere*, Universidad de Roma *La Sapienza*. [Véase en este volumen el Capítulo X., N. del E.]

¹⁸ Jung, C. G. (1929) (trad. it. 1981), *Scopi della psicoterapia*, en *OO. CC.*, *op. cit.*, vol. XVI, p. 48.

Capítulo V: El sí-mismo. El proceso de individuación.

¹ Este apartado corresponde al capítulo XV, "PSICOTERAPIA IV. El sí-mismo. el proceso de individuación", de la tesis doctoral del autor. Véase Nota 1 del Cap. II. [N. del E.]

² Berkeley, G., *A treatise concerning the principles of human knowledge*, Dublín, 1710, introd., p. 24.

³ Jung, C. G. (1935) (trad. it. 1981), *Princìpi di psicoterapia pratica*, en *OO. CC.*, vol. XVI, p. 7.

⁴ *Ibidem*.

⁵ *Ibidem*, p. 11.

⁶ Véase Capítulo IV, "Fases de la relación psicoterapéutica". [N. del E.]

⁷ La transformación de la disposición consciente del paciente es la tarea de la psicoterapia, tal como podemos comprobarlo en varias obras de Jung, especialmente, véase: *Alcuni aspetti della psicoterapia moderna* (1930), en *OO. CC.*, *op. cit.*, vol. XVI, pp. 37 y ss. [Nota del Autor.]

⁸ Valéry, P. (1958) (trad. it. 1986), *Monsieur Teste*, Ed. Il Saggiatore, Milán, 2ª ed., p. 62.

⁹ *Enciclopedia di filosofia*, Ed. Garzanti, Milán, 1993, voz "sé".

¹⁰ Jung, C. G. (1921) (trad. it. 1977), *Tipi psicologici*, Ed. Boringhieri, voz "sé", p. 518.

¹¹ *Ibidem*.

¹² Trevi, M. (1988), *L'Altra lettura di Jung*, Ed. Cortina, Milán, p. 118.

¹³ Trevi, M. (1989) "Per una valutazione critica dell'opera di C. G. Jung", en *Aut Aut*, n° 229-230, Milán, p. 6.

¹⁴ Trevi, M., *L'Altra lettura di Jung, op. cit.*, p. 109.

¹⁵ *Ibidem*, pp. 109-110.

¹⁶ *Ibidem*, p. 110.

¹⁷ Jung, C. G. (1935) (trad. it.1979), *Prefazione a D. T. Suzuki, la grande liberazione. Introduzione al buddismo zen*, en *OO. CC.*, *op. cit*, vol. XI, p. 553.

[18] Jung, C.G. (1928) (trad. it.1983), *L'Io e l'Inconscio,* en *OO. CC., op. cit.,* vol. VII, p. 235.

[19] Jung, C.G., *Princìpi di psicoterapia pratica, op. cit.,* p. 9.

[20] Aristóteles, *Metafísica,* XII, 8, 1074 a 33.

[21] Abbagnano, N. (1971), *Dizionario di filosofia,* Ed. UTET, Turín, voz "individuazione".

[22] Buber. M. (1923) (trad. esp. 1984), *Yo y Tú,* Ed. Nueva Visión, Buenos Aires, p. 88.

Capítulo VI: Aplicabilidad práctica del análisis de los sueños.

[1] Este subtítulo corresponde al capítulo XII, "Aplicabilidad práctica del análisis de los sueños", de la tesis doctoral del autor. Véase Nota 1 del Cap. II. [N. del E.]

[2] Iapoce, A. (1996), *Programmazione...,* artículo *cit.,* p. 2.

[3] Aristóteles, *Parva naturalia* (De los sueños, y de la adivinación en el sueño).

[4] Lucrecio, *De rerum natura,* (ed. bilingüe lat/it.), Ed. Mondadori, Milán 1992, p. 292.

[5] Artemidoro, *La interpretación de los sueños,* Ed. Gredos, Madrid 1989.

[6] Leibniz, G.W. (1693) (trad. it. 1930), *Nuovi saggi sull'intelletto umano,* libro 1, Ed. Carabba, p. 124.

[7] Freud, S. (1899/1900), *La interpretación de los sueños.*

[8] Trevi, M. (1987), *Per uno junghismo critico,* Ed. Bompiani, Milán.

[9] Jung, C.G. (1916/1948) (trad. it. 1976), *Considerazioni generali sulla psicologia del sogno,* en *OO. CC., op. cit.,* vol. VIII, pp. 257 y ss.

[10] *Ibidem,* p. 285.

[11] Iapoce, A., *Programmazione...,* artículo *cit.,* p. 8.

[12] Jung, C.G. (1934) (trad. it. 1981), *L'Applicabilità pratica dell'analisi dei sogni,* en *OO. CC., op. cit.,* vol. XVI, p. 151.

[13] *Ibidem,* p.154.

[14] Hillman, J. (1973) (trad. esp. 1994), "El sueño y el inframundo", en *Arquetipos y símbolos colectivos,* Ed. Anthropos, Barcelona, p. 164.

[15] *Ibidem.*

[16] *Ibidem,* p. 185.

[17] Jung, C. G. (1926/1946) (trad. it. 1991), *Sviluppo ed educazione del bambino,* en *OO. CC., op. cit.,* vol. XVII, p. 58.

[18] Véase Jung, C. G. (1921), *Tipos psicológicos,* voz "símbolo".

[19] Jung, C. G. y colab. (1964) (trad. esp.1976), *El hombre y sus símbolos,* Ed. Caralt, Barcelona, pp. 281 y ss.

[20] Zambrano, M. (1992), *Los sueños y el tiempo,* Ed. Siruela, Madrid, p. 50.

Capítulo VII: La Teoría General de los Complejos

[1] Material de estudios del curso/materia del mismo nombre, dictado en el máster de Psicología Analítica de la *Universitat Ramon Llull* y de la Universidad Autónoma, en Barcelona, auspiciados por la SEPA (Sociedad Española de Psicología Analítica) y el *Institut Carl G. Jung de Barcelona,* miembros de la IAAP.

[2] C. G. Jung (1934/1954), *Los aspectos psicológicos del arquetipo de la madre.*

[3] C. G. Jung (1940/1951), *Psicología del arquetipo del muchacho.*

[4] Carl Gustav Jung, *Criptomnesia* (1905).

[5] Carl Gustav Jung, *Los tiempos de reacción en el experimento asociativo* (1905).

[6] Carl Gustav Jung, *Psicología de la dementia praecox* (1907).

[7] Carl Gustav Jung, *El contenido de la psicosis* (1908-14).

[8] Paolo Francesco Pieri, *Dizionario junghiano,* voz "complejo".

[9] Carl Gustav Jung, *Tipos psicológicos* (1920).

[10] Carl Gustav Jung, *Consideraciones generales sobre la teoría de los complejos* (1934).

[11] Carl Gustav Jung, *El Yo y el inconsciente* (1928).

[12] Jolande Jacobi, *Complejo, arquetipo, símbolo* (1957).

[13] Martín Buber, *Yo y Tú.*

[14] Amedeo Ruberto, "Teoría general de los complejos. Fundamentos y desarrollos" (1996), en *Fondamenti di psicología analítica,* ed. de Luigi Aversa, Ed. Laterza.

[15] Carl Gustav Jung, *Aspectos psicológicos del arquetipo de la madre* (1939/1954).

[16] Mario Trevi, *Metáforas del símbolo,* trad. esp. Ed. Anthropos, 1996.

Capítulo VIII: Hermenéutica y psicología analítica.

[1] Este capítulo corresponde al capítulo XVII, "Hermenéutica y psicología analítica", de la tesis doctoral del autor. Véase Nota 1 del Cap. II. [N. del E.]

[2] Jung, C. G. (1935) (trad. it.1981), *Princìpi di psicoterapia pratica,* en *OO. CC., op. cit.,* vol. XVI, pp. 12 y ss.

[3] Vattimo, G. (1993), en *Enciclopedia di filosofia...,* Ed. Garzanti, Milán, autor de la voz "interpretazione".

[4] Aristóteles, *De divinatione per somnio,* 464 b.

[5] Trevi, M. (1987), *Per uno junghismo critico,* Ed. Bompiani, Milán, p. 11.

[6] Vattimo, G., *op. cit.*

[7] Vico, G. (1730-1731), *La scienza nuova.* En ese texto, Vico, ensimismándose en las posibilidades recogidas de autores y pensamientos y culturas anteriores, pondría a la entera cultura occidental en una posición susceptible de desarrollo hermenéutico. [Nota del Autor.]

[8] Schleiermacher, F. D., *Ermeneutica,* Ed. Kimmerle, p. 87.

[9] Trevi, M., *op. cit.,* p. 13.

[10] Jung, C. G. (1913) (trad. it. 1969), *Sulla questione dei tipi psicologici,* en *OO. CC., op. cit.,* vol. VI.

[11] Jung, C. G. (1929) (trad. it. 1981), *Problemi della psicoterapia moderna,* en *OO. CC., op. cit.,* vol. XVI, p. 78.

[12] Jung, C.G., *Princìpi di psicoterapia pratica, op. cit.,* p. 13.

[13] Jung, C. G. (1916-1948) (trad. it. 1976), *Considerazioni generali sulla psicologia del sogno,* en *OO. CC., op. cit.,* vol. VIII, pp. 285 y ss.

[14] Trevi, M., *Per uno junghismo critico, op. cit.,* p. 7.

[15] Gadamer, H. G. (1975) (trad. esp. 1977), *Verdad y método, op. cit.,* p. 452.

[16] *Ibidem,* p. 453.

[17] Jung, C. G. (1945) (trad. it.1981), *Medicina e psicoterapia,* en *OO. CC., op. cit.,* vol. XVI, pp. 98-99.

[18] von Humboldt, W. (1836) (trad. esp. 1990), *Sobre la diversidad de la estructura del lenguaje humano y su influencia sobre el desarrollo espiritual de la humanidad.* Ed. Anthropos, Barcelona, p. 82.

[19] Jung, C.G., *Princìpi di psicoterapia pratica, op. cit.,* p. 12.

[20] *Ibidem.*

[21] *Ibidem.*

[22] *Ibidem.*

[23] *Ibidem.*

[24] Ricoeur, P. Nos referimos a las tesis presentes sobre todo en sus libros, *La metáphore vive* (1975) y *Temps et récit* (1983). [Nota del Autor.]

[25] Para estas nociones extraídas de la obra de P. Ricoeur, ver el trabajo de Mariano Peñalver, "Paul Ricoeur y las metáforas del tiempo", en el libro *Paul Ricoeur: los caminos de la interpretación.* Ed. Anthropos, Barcelona, 1991, pp. 333 y ss. [Nota del Autor.]

[26] Jung, C. G., *Princìpi di psicoterapia pratica, op. cit.,* p. 9.

[27] Trevi, M. (1991), *Adesione e distanza.* Ed. Melusina, Roma.

[28] Buber, M. (1923) (trad. esp. 1984), *Yo y Tú.* Ed. Nueva Visión, Buenos Aires, pp. 58-59.

[29] Pareyson, L. (1972), *Adesione e distanza*. Ed. Mursia, Milán, p. 23.

Capítulo IX: La individuación y la muerte. Variaciones sobre la tragedia.

[1] Ponencia (*single event*) en el XVI Congreso Internacional de Psicología Analítica, Barcelona, 2004.

Capítulo X: Reflejo y reconocimiento en el proceso psicoterapéutico.

[1] Seminario impartido en "Historia della Critica dell'Arte", Facoltà di Lettere, Universidad de Roma La Sapienza, 11 y 12 de mayo de 1995.

[2] María Moliner. *Diccionario de uso del español*, voz "reflejar".

[3] *Ibidem*.

[4] *Ibidem*.

[5] Nicola Zingarelli. *Vocabolario della lingua italiana*. Voz "rispecchiare".

[6] Séneca. *Quaestiones naturales*, XVII.

[7] Luisa Martina Colli. Paráfrasis de *Quaestiones naturales*, XVII.

[8] Marco Fabio Quintiliano. *Institutio oratoria*, libro XII.

[9] Luisa Martina Colli. Paráfrasis de Plinio el Viejo, *Historiae naturalis*, libros XXXVII:XXXIII, 45.

[10] Nicola Abbagnano. *Dizionario di filosofia*, voz "riconoscimento".

[11] *Ibidem*.

[12] María Moliner. *Diccionario de uso del español*. Voces "reconocer" y "reconocerse".

[13] Leibniz. *Nouv. Ess.*, Avantpropos, presente en el *Dizionario di filosofia*, de Nicola Abbagnano.

[14] Joseph Campbell. *L'eroe dai mille volti*. Ed. Feltrinelli, Milán, 1958, p. 41.

[15] *Ibidem*, p. 242.

[16] Aristóteles. *De divinatione per somnio*, 464 b.

[17] María Moliner. *Diccionario de uso del español*. Voces "padecer" y "paciente".

[18] Nicola Zingarelli. *Vocabolario della lingua italiana*. Voz "paziente".

[19] Hyppolite Bernheim. *Hypnotisme et suggestion*. Intr.

[20] Sigmund Freud. *Introduzione al narcisismo*. Ed. Boringhieri, 1975, Torino, p. 19.

[21] Carl Gustav Jung. *Pratica della psicoterapia*. Ed. Boringhieri, 1984, Torino, vol. 16.

[22] Aristóteles. *Metafísica*, XII, 8, 1074 a 33.

[23] Séneca. *Cartas morales a Lucilio*. Libro IX, de 2 a 4.

Capítulo XI: Psicoterapia.

[1] Seminario impartido en la Escuela de Especialización en Psiquiatría, Universidad de Roma Tor Vergata, 1991-1992.

Capítulo XII: El estigma del psicoterapeuta.

[1] Conferencia en el Congreso Nacional de Grupoanálisis. Palma de Mallorca, noviembre 2016.

[2] María Zambrano, *Hacia un saber sobre el alma*, Ed. Alianza Literaria, p. 129.

[3] *Ibidem*, p. 130.

SOBRE EL AUTOR

RICARDO CARRETERO GRAMAGE (Menorca, 1957).

- Licenciado en Medicina por la Universidad de Barcelona, 1980.
- Especialidad de psiquiatría en la *Università di Roma La Sapienza* (1989), psiquiatra con plenos votos con la tesis de especialidad *Della Suggestione*.
- Desde 1989 hasta la fecha ejerce la profesión de psiquiatra y psicoterapeuta en Roma, Madrid y Palma de Mallorca, donde reside en la actualidad.
- Profesor de psicopatología, psicoterapia, psiquiatría en la *Università di Roma Tor Vergata*, en el *Istituto di Logopedia di Roma*, en la Universidad Autónoma de Madrid, y en la *Universitat de les Illes Balears*.
- Miembro del comité científico internacional de la *Rivista di Psicologia Analitica*, Roma-Italia.
- Profesor de Teoría General de los Complejos y Psicopatología para el máster de Psicología Analítica en la *Universitat Ramon Llull* y la Universidad Autónoma (Barcelona, desde 1996 hasta la fecha.)
- Doctor en Psiquiatría por la Universidad Autónoma de Madrid, con la tesis *La Psicología Analítica o el Arte del Diálogo*. Calificación *Summa Cum Laude* por unanimidad.
- Psicoanalista titular y supervisor de la SEPA (Sociedad Española de Psicología Analítica) y luego del *Institut Carl Gustav Jung de Barcelona*, sociedades miembros de la internacional IAAP.
- Fundador y Director del Centro de psicoterapia *Metaxù*, de Palma de Mallorca. (Facebook: Metaxu Lugar de Encuentro.)
- Impulsor de los Seminarios *Arte y Psicología Profunda*, auspiciados por la Fundación Miró de Palma de Mallorca. (Facebook: Metaxu Lugar de Encuentro.)
- Traducción y presentación del libro de Mario Trevi (IAAP), *Metáforas del Símbolo*, para la editorial Anthropos.
- Conferenciante, traductor, escritor.
- Autor de *Símbolo, creatividad y metáfora*, libro de próxima aparición en Editorial Traducciones Junguianas.

Email: ricardocarreterogramage@hotmail.com

AGRADECIMIENTO

Editorial Traducciones Junguianas agradece a los hijos del gran pintor colombiano Ignacio Gómez Jaramillo la cesión de los derechos de autor de la pintura *Diálogo*, que ilustra la carátula del presente libro. Sirva esta síntesis biográfica como un pequeño homenaje. (*)

Ignacio Gómez Jaramillo (Medellín, 1910), pintor, dibujante y muralista colombiano, recibió sus primeras clases de dibujo con el escultor Antonio José Duque. Viajó en 1929 a Barcelona, España, para dedicarse al estudio de la arquitectura. Allí asistió al Real Círculo Artístico. En 1931 participó en la exposición colectiva de la Federación Universitaria Hispano-Americana de Estudiantes y obtuvo el primer premio. Realizó su primera exposición individual en el Heraldo de Madrid. De este año son el *Paisaje de Toledo* (hoy en el Club Rialto de Pereira) y *Vista panorámica de Toledo* (colección de Eduardo Santos).

Desde 1932 continuó sus estudios en París, en la célebre academia *La Grande Chaumière*, en Montmartre, donde conoció los últimos movimientos de la pintura gala y a los fauvistas Fujita y Van Dongen.

En 1934 regresó a Colombia. Su primera exposición fue en el Hotel del Prado, en Barranquilla, luego en el Club Unión de Medellín, y después exhibió cuarenta lienzos en el Teatro Colón de Bogotá. Además de un éxito de ventas, su pintura fue muy bien recibida por críticos de arte como Germán Arciniega, Javier Arango Ferrer, Gilberto Owen, Jorge Zalamea o Abelardo Forero Benavides, quienes escribieron artículos y dictaron conferencias sobre su obra. El *Retrato de los esposos Zalamea* y el *Desnudo en grises* fueron adquiridos por el Museo de Bellas Artes de Bogotá.

En 1936 viajó a México comisionado por el Ministerio de Educación para estudiar el muralismo mexicano. Allí conoce a *los cuatro grandes*, se hace amigo de David Siqueiros y pinta un mural en el Centro Escolar Revolución. Presenta sus obras en el Palacio de Bellas Artes de México D.F., bajo el patrocinio de la Secretaria de Educación Nacional. A su regreso a Colombia pinta dos murales en el Capitolio Nacional, *La liberación de los esclavos* y *La insurrección de los Comuneros*. Estos dos murales fueron cubiertos con cal por orden de su enemigo político, el conservador Laureano Gómez, en 1948, y sólo en 1959 fueron destapados por sus alumnos, estudiantes de la Universidad Nacional. Gómez Jaramillo se encargó de restaurarlos. Pintó en el Teatro Colón el mural *La invitación a la Danza*.

A partir de 1938 ilustra el suplemento *Lecturas Dominicales* del diario El Tiempo, iniciando así una larga colaboración con este importante medio de comunicación, y escribe artículos de arte, compilados más tarde en el libro *Anotaciones de un pintor*. En año obtiene el Segundo Premio en Pintura del Salón de Viña del Mar, Chile. Exhibe dieciocho obras en la galería Delphic Studios, de New York. *The New York Times* reseña la muestra y publica la foto de uno de sus desnudos. Participa en la muestra conmemorativa de los 50 años de la Unión Panamericana.

Premios, reconocimientos, exposiciones e información de interés:
1939: medalla en la *Golden Gate International Exhibition*, San Francisco.
1940: primer premio en pintura por *Retrato de la madre del artista*, Primer Salón de Artistas Colombianos. Director de la Escuela de Bellas Artes, pinta los murales *San Sebastián en las Trincheras* y *La Lucha*. Modifica el *pensum* e incluye la asignatura de pintura mural. Alumnos destacados: Rodrigo Arenas Betancourt, Eduardo Ramírez Villamizar, Edgar Negret y Alejandro Obregón. Permanece en el cargo hasta 1944.
1944: primer premio de pintura en el V Salón de Artistas Colombianos.
1945: participa en el VI Salón de Artistas Colombianos con el retrato de Gilberto Owen, poeta mexicano.

1946 y 1947: Secretario de la Embajada de Colombia en México.

1948: Exposición individual en las Galerías de Arte de la Avenida Jiménez de Quesada.

1949: segundo premio en el Salón Nacional de Tejicóndor, con *Doble retrato*.

1950: aprendió la técnica del monotipo y expuso veintidós obras en la Sociedad Colombiana de Arquitectos, en Bogotá. Años más tarde le enseñaría este procedimiento a Fernando Botero. Condecoración con la orden del Águila Azteca por el gobierno mexicano.

1951: segundo premio de pintura con el cuadro *San Sebastián en las Trincheras*, hoy en el Museo Nacional de Colombia.

1952: primer premio de pintura en el Salón del Deporte, en Bogotá, con *Nadadoras en el trópico*.

1953: funda junto con Jorge Elías Triana y Marco Ospina la Galería *Sala de Arte*. Los tres artistas pintan un mural conjunto para la fábrica Alotero en Bogotá. Con otros colegas proyecta un Monumento a la Paz y realiza gestiones infructuosas ante el General Gustavo Rojas Pinilla para su financiación.

1955: primer premio de pintura con el óleo *Violencia en la selva*, I Salón Nacional del Círculo Artístico de Barranquilla. García Márquez reseñó en El Espectador que la obra es "el equivalente plástico de las novelas de violencia en Colombia."

1956: expone con Triana y Ospina en Barranquilla. Nombrado presidente de la Asociación de Escritores y Artistas de Colombia. Exposición individual de retratos femeninos en Cali. Expone sus obras en el Círculo de las Fuerzas Armadas de Caracas. Pinta un mural para el Instituto de Crédito Territorial, aún conservado en la antigua sede de esa entidad (Cr. 13 18-51 de Bogotá).

1956 y 1957: exposición colectiva de la Guggenheim en París. Exposición en la Unión Panamericana de Washington.

1958: mural para el Museo del Oro del Banco de la República. Exposición en el Museo de Arte Moderno de Caracas. Bienal de México y exposición colectiva de la ONU en Nueva York.

1959: exposición en el Club de Profesionales de Medellín y en el Palacio de la Inquisición en Cartagena.

1960 y 1962: Salón de Arte contemporáneo en el Museo de Zea, Medellín. Exposición Guggenheim de París y muestra *3,000 años de Arte Colombiano*, de la Galería Lowe en La Universidad de Miami.

1962: muestra colectiva de El Automático de Bogotá. Palacio de Bellas Artes de Ciudad de México. Exposición individual en el Hospicio Cabañas en Chapingo y en el Hospital de la Raza de México D.F.

1963: exposición colectiva *30 pintores colombianos*, Ft. Lauderdale, Florida. Muestra *El siglo XX y la pintura en Colombia*. Exhibición individual en la Galería Arte Moderno de Bogotá. XV Salón de Artistas Colombianos.

1964: exposición individual en el Centro Colombo Americano de Bogotá.

1965: primer premio en el concurso para pintura mural organizado por el Banco de Bogotá en Medellín. Exhibió en el Primer Salón Panamericano de Pintura y el Salón de Plástica Mexicana.

1966: Pinta un fresco de 72 m2 en el Banco de Bogotá en Medellín.

1969: Exposición en la Galería de Arte Moderno de Bogotá

1970: Durante unas vacaciones en Coveñas muere súbitamente en el mar que tanto amaba.

1988: Exposición: *Ignacio Gómez Jaramillo, una visión retrospectiva*, Museo de Arte Moderno de Bogotá.

(*) Síntesis biográfica proporcionada por la familia del pintor Gómez Jaramillo.

TÍTULOS PUBLICADOS EN
EDITORIAL TRADUCCIONES JUNGUIANAS

Los orígenes e historia de la conciencia, Erich Neumann (Berlín 1905 - Tel Aviv 1960).

Considerado por muchos como el discípulo directo más brillante de Jung, en esta obra (publicada en 1949) Neumann traza un paralelo entre el proceso de nacimiento, desarrollo y consolidación de la conciencia como órgano de orientación respecto del mundo externo y del mundo interno, o Proceso de Individuación, y las mitologías -en especial el mito de Osiris e Isis- con que en todo tiempo y lugar nuestra especie describió ese mismo recorrido que también afrontó.

Neumann no sólo propone novedades como, por ejemplo, la centroversión: "la tendencia innata de una totalidad a crear unidad dentro de las partes que la componen y a sintetizar en sistemas unificados las diferencias que existen entre ellas". También les asigna a la creatividad y al individuo creativo sitios preponderantes, respectivamente, en el Proceso de Individuación y en la reformulación de los cánones culturales. Asimismo, constituye una vía de penetración y esclarecimiento de las ideas de Jung, que encuentran de este modo resonancias sorprendentes en las antiguas producciones culturales de la Humanidad.

Las narraciones de la mitología, obligadas a desplegarse de manera lineal, coherente y no contradictoria para resultar inteligibles a la lectura literal, una vez desprovistas de ese orden indispensable pero artificial se revelan, gracias a Erich Neumann, como metáforas de la psicodinámica; hasta entonces oculta en sus épicas, dramas y a veces tragedias, aunque personificada en dioses y semidioses, en ninfas y monstruos, en héroes y villanos.

Email: traduccionesjunguianas@gmail.com
www. traduccionesjunguianas.com
Blog: www. traduccionesjunguianas.blogspot.com
🅕 traduccionesjunguianas

PRÓXIMA APARICIÓN

Símbolo, creatividad y metáfora, Ricardo Carretero Gramage (IAAP).

[Extracto] Por eso el lenguaje, cualquier tipo de lenguaje metafórico, consigue estar cerca de los códigos convencionales y, a la vez, más allá de ellos. La metáfora gira alrededor de nosotros mismos de la misma manera que gira en torno a las cosas y a los demás sujetos que componen el mundo. Por eso la habitación de Van Gogh, *Mi cuarto en Arles*, es, "para mí", una habitación (con sus códigos de referencia aludidos por diferencia) y, en simultáneo, "algo más" que una simple habitación. Más allá de la habitación en donde se alojó el inmenso pintor, está esa "otra" habitación que me pertenece tanto como a él, hasta formar parte de mi "otra" biografía, que es su otra biografía, que es la otra biografía de todos los que, contemplando la misma obra, dejan sonar, brotar, la tremenda y humilde alusión que se dibuja desde la habitación del autor.

Paisajes de la psique. El Sandplay en el análisis junguiano, Paolo Aite (IAAP, AIPA). Idioma original: italiano.

Paolo Aite, el principal referente del *Sandplay* en Italia, comparte en este libro su experiencia de más de cuarenta años en el empleo de este método en psicoterapia junguiana.

[Extracto] Conocí a la analista junguiana, Dora Kalff, y al sandplay, en 1968 [...] La sucesión temporal de los escenarios indicaba con claridad que venía configurándose una historia que parecía a la espera de que la tradujeran a discurso compartido. [...] Tal como lo veía, los escenarios eran asociaciones estrictamente conectadas a la vida de su autor, y al mismo tiempo metáforas orientadas a comunicar un contenido problemático, uno que tal vez aún no era expresable en palabras.